“十四五”技工教育规划教材
职业院校医药类专业课程教材

医药商品学

高丽丽　张晓军　主编

中国劳动社会保障出版社

图书在版编目（CIP）数据

医药商品学 / 高丽丽，张晓军主编 . -- 北京：中国劳动社会保障出版社，2025. --（职业院校医药类专业课程教材）. -- ISBN 978-7-5167-7011-5

Ⅰ. F763

中国国家版本馆 CIP 数据核字第 2025Q89Z81 号

医药商品学

YIYAO SHANGPINXUE

中国劳动社会保障出版社出版发行

（北京市惠新东街 1 号　邮政编码：100029）

*

北京市科星印刷有限责任公司印刷装订　　新华书店经销

787 毫米 ×1092 毫米　16 开本　20.75 印张　443 千字

2025 年 12 月第 1 版　　2025 年 12 月第 1 次印刷

定价：56.00 元

营销中心电话：400-606-6496

出版社网址：https://www.class.com.cn

版权专有　　侵权必究

如有印装差错，请与本社联系调换：（010）81211666

我社将与版权执法机关配合，大力打击盗印、销售和使用盗版图书活动，敬请广大读者协助举报，经查实将给予举报者奖励。

举报电话：（010）64954652

《医药商品学》编审委员会

主　　编　高丽丽　张晓军

副 主 编　黎小英　邵　璟

编　　者　**（以姓氏笔画为序）**

司马硕丹（河南医药健康技师学院）

孙晓峥（山东医药技师学院）

邵　璟（江苏省常州技师学院）

张晓军（杭州第一技师学院）

宋新焕（杭州第一技师学院）

饶志红（江西省医药学校）

高丽丽（江西省医药技师学院）

崔荣娜（山东药品食品职业学院）

黎小英（江西省医药技师学院）

主　　审　卢　超（杭州胡庆余堂国药号有限公司）

吴华庆（浙江省中药材产业协会）

总前言

为了深入贯彻党的二十大精神和习近平总书记关于大力发展技工教育的重要指示精神，落实中共中央办公厅、国务院办公厅印发的《关于推动现代职业教育高质量发展的意见》，推进技工教育高质量发展，全面推进技工院校工学一体化人才培养模式改革，适应技工院校教学模式改革创新，同时为更好地适应技工院校医药类专业的教学要求，全面提升教学质量，我们组织有关学校的一线教师和行业、企业专家，在充分调研企业生产和学校教学情况、广泛听取教师意见的基础上，吸收和借鉴各地技工院校教学改革的成功经验，组织编写了本套职业院校医药类专业课程教材。

总体来看，本套教材具有以下特色：

第一，坚持知识性、准确性、适用性、先进性，体现专业特点。教材编写过程中，努力做到以市场需求为导向，根据医药行业发展现状和趋势，合理选择教材内容，做到“适用、管用、够用”。同时，在严格执行国家有关技术标准的基础上，尽可能多地在教材中介绍医药行业的新知识、新技术、新工艺和新设备，突出教材的先进性。

第二，突出职业教育特色，重视实践能力的培养。以职业能力为本位，根据医药专业毕业生所从事职业的实际需要，适当调整专业知识的深度和难度，合理确定学生应具备的知识结构和能力结构。同时，进一步加强实践性教学的内容，以满足企业对技能型人才的要求。

第三，创新教材编写模式，激发学生学习兴趣。按照教学规律和学生的认知规律，合理安排教材内容，并注重利用图表、实物照片辅助讲解知识点和技能点，为学生营造生动、直观的学习环境。部分教材采用工作手册式、新型活页式，全流程体现产教融合、校企合作，实现理论知识与企业岗位标准、技能要求的高度融合。部分教材在印刷工艺上采用了四色印刷，增强了教材的表现力。

本套教材配有习题册和多媒体电子课件等教学资源，方便教师上课使用，可以通过技工教育网下载。另外，部分教材针对教学重点和难点制作了演示视频、音频等多媒体素材，学生可扫描二维码在线观看或收听相应内容。

本套教材的编写工作得到了河南、浙江、山东、江苏、江西、四川、广西、广东等省（自治区）人力资源社会保障厅及有关学校的大力支持，教材编审人员做了大量的工作，在此我们表示诚挚的谢意。同时，恳切希望广大读者对教材提出宝贵的意见和建议。

本书前言

本教材是“职业院校医药类专业课程教材”之一，根据药品营销、中药等专业医药商品学教学大纲的基本要求和课程特点编写而成，可供药学类、医药类相关专业使用，也可作为医药行业员工继续教育和培训教材。

本教材的编写紧密结合《中华人民共和国药品管理法》（2019 年修订）相关要求，体现了医药现代职业教育改革方向和技工教育特点，以培养满足岗位需求、社会需求的高素质技能人才为宗旨，更新教学内容、增加新药品种，梳理知识链接、强化能力培养，体现工学结合、增加实训项目，具有药品对接临床、实训对接岗位、思政润物无声的特点。

本教材对接药品营销和药学服务岗位，分为二十六章，第一章至第五章为基础知识，第六章至第二十二章为药品类医药商品，第二十三章至第二十六章为非药品类医药商品，相关章节后设置了相应的实训。本教材围绕“提供合格药品、提供药学服务”的目标，以药品为载体，以安全、合理用药为主线，介绍医药商品的商品名、适应证、制剂及规格、典型不良反应、药物评价及贮藏等内容，通过“教学做评”的一体化实施，培养学生具备药品分类管理、用药指导和药学咨询等核心技能和职业素养，能够全面评价医药商品，完成药品购销、药品保管养护、药品推介、用药指导等岗位工作，顺利顶岗实习和就业。

本教材在编写时选取了《中华人民共和国药典》（2025 年版）和《国家基本药物目录（2018 年版）》《国家基本医疗保险、工伤保险和生育保险药品目录（2024 年）》中常见的药品，为了节省篇幅，对药品的适应证、典型不良反应、药物评价等内容作部分删减，在数字资源中配备了药品说明书供查阅。本教材为书网融合教材，配套有 PPT 课件、微课、知识回顾、题库等数字资源，教材中的“案例分析”“思考与练习”相关的答案解析也配套在数字资源中，方便教师使用。本教材的编写人员尽职尽责，圆满完成了编写任务。编写分工为：高丽丽（第一章至第六章、第八章），张晓军（第十章），黎小英（第七章、第十一章），邵璟（第九章、第十五章、第十六章），饶志红（第十七章、第十八章），崔荣娜（第十三章），司马硕丹（第十九章、第二十章、第二十三章、第二十六章），孙晓峥（第二十一章、第二十二章、第二十四章、第二十五章），宋新焕（第十二章、第十四章）。

在教材编写及数字资源的制作中，得到了许多专家的指导及编者所在单位的支持和帮助，在此表示诚挚的感谢。受编者学识水平所限，编写中难免有不足之处，恳请各位读者批评指正，以便日臻完善。

编者

2025 年 9 月

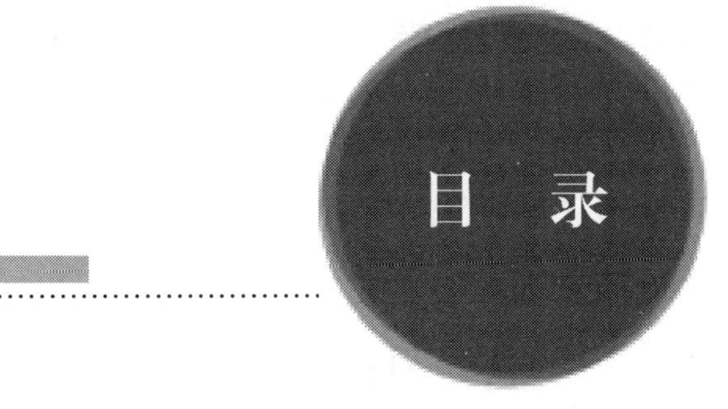

目 录

上篇　基础知识

中篇　药品类医药商品

下篇 非药品类医药商品

上篇

基础知识

第一章

医药商品与医药企业基本知识

学习引入

随着世界经济的发展、全球人口数量的增长、老龄化程度加深以及民众健康意识的不断增强，医药行业也在不断发展变化。医药行业是我国国民经济的重要组成部分，与人民健康密切相关，是关系和谐社会构建的重要行业，在国民经济中发挥至关重要的作用，被称为"朝阳产业"。医药商品是医药企业生产和经营的对象，更是人们预防、诊断和治疗疾病不可缺少的资源，医药商品质量直接关系着人们的生命和健康。

第一节　医药商品学和医药企业

学习目标

1. 掌握医药商品学的研究对象及主要内容。
2. 熟悉医药商品学的任务。
3. 了解医药企业类型。

一、医药商品学的研究对象及主要内容

医药商品主要用于人体防病治病、保健康复，通过专门的流通渠道到达消费领域以实现其使用价值。医药商品泛指能满足人们健康需要的商品，是与人类健康和生命息息相关的一类特殊商品，如图 1-1 所示。

医药商品学是商品学的一门分支学科，以药品、医疗器械等医药商品的质量和经营管理为核心内容，研究其商品特征和使用价值。医药商品学从商品学的角度研究临床使用的医药商品，阐述其在流通领域中质量的变化规律，研究与确保医药商品质量有关的经营管理等基本理论和实践问题。现代医药商品学是由商品学、经济学、临床医学、市场营销学、消费

者心理学等与药物学有机结合形成的一门应用学科，是连接医药产品与商品流通的桥梁与纽带。

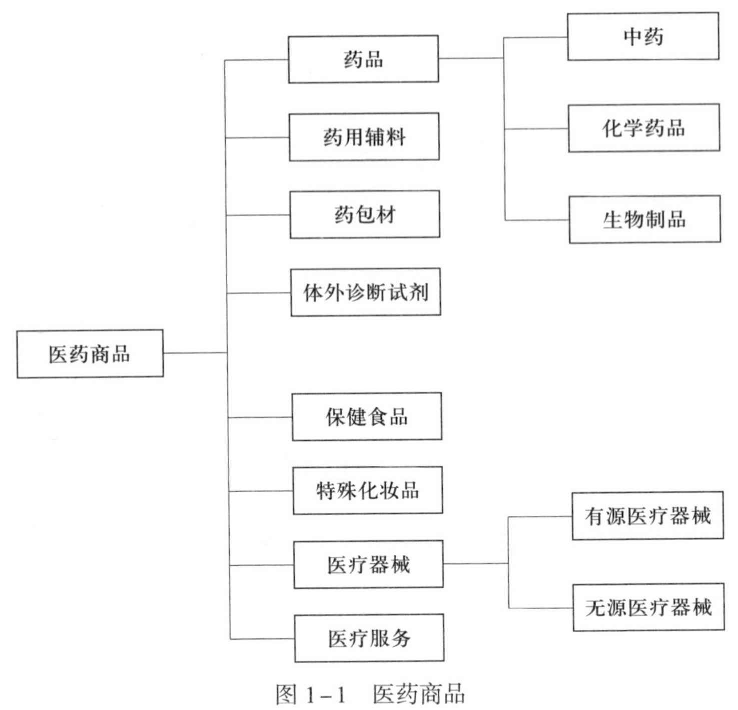

图 1-1　医药商品

医药商品学的主要内容为医药商品质量与质量标准、医药商品的信息收集及新品种的市场开发、医药商品的品种分析及品种发展规律、医药商品的分类管理与陈列、医药商品的包装、医药商品的合理使用。

随着我国市场经济的发展，医药商品学的内容也越来越丰富，医药商品的品种和质量是医药商品学研究的中心内容。

二、医药商品学的任务

医药商品学的任务主要是促进医药商品的生产、经营，满足消费者的需要，促进医药市场的健康发展，主要包括以下五个方面。

1. 规范医药商品经营，为公众提供质量合格、安全有效的医药商品。

2. 对医药商品进行全面评价，有效发挥其使用价值。

3. 研究医药商品的包装及包装上的各种标识，掌握流通过程中可能引起医药商品质变的各种因素，保证医药商品质量。

4. 实现对医药商品的科学分类与陈列管理。

5. 培养经营人员的药学服务能力，指导消费者合理用药。

医药商品学作为专门研究医药商品的一门应用学科，在实施药品分类管理和医疗卫生保障制度改革的今天，对于维护正常的医药市场秩序、指导合理用药、促进医药经济的发展等，具有较强的实际应用价值与指导意义。

三、医药企业

医药企业是指医药行业产业链上的企业。

（一）按产品类型划分为产品型医药企业和医疗服务企业

产品型医药企业有原料药企业、化学制剂企业、中成药企业、中药材企业等。原料药企业，是指生产原料药的企业。化学制剂企业，是指生产化学药品制剂的企业，包括仿制药和创新药。中成药企业，是指生产中成药产品的企业。中药材企业，是指从事中药材的繁育和销售的企业。

医疗服务企业是指提供医疗服务的专业机构。医疗服务是指医院或医疗技术人员运用医学科学技术及社会科学知识为大众提供的一种健康服务。现代的医疗服务已经由医院内扩大到医院外，形成综合医疗的概念，医疗内容也日益广泛，包括临床诊疗、急救处理、增进健康、健康咨询、预防疾病和灾害、健康检查、消灭和控制疾病、康复医疗等。

（二）按产业链企业功能划分为医药工业企业和医药经营企业

医药工业企业，又称为医药生产企业，是指研发生产医药商品的专营企业或者兼营企业。

医药经营企业，是指经营医药商品的专营企业或者兼营企业，分为医药商品批发企业和医药商品零售企业。医药商品批发企业，是指将购进的医药商品销售给医药商品生产企业、医药商品经营企业、医疗机构的医药商品经营企业。医药商品零售企业，是指将购进的医药商品直接销售给消费者的医药商品经营企业。医药商品零售企业直接为消费者服务，直接面对广大消费者，是医药商品流通的最终环节。医药经营企业的经营活动，即医药商品的买卖活动，通过向社会提供医药商品和服务，满足消费者对医疗、保健的需求。在满足消费者对医疗、保健的需求这一社会效益过程中取得经济效益，具有社会效益和经济效益双重性。

第二节　医药商品

学习目标

1. 掌握药品的定义及范围、医药商品的特殊商品属性。
2. 熟悉医疗器械、保健食品、化妆品的定义。

医药企业经营的医药商品范围较大，本节主要介绍其中的药品、医疗器械、保健食品、化妆品、消毒产品等。

一、医药商品类别

（一）药品

《中华人民共和国药品管理法》（2019 年修订，简称《药品管理法》）中关于药品的定义是。用于预防、治疗、诊断人的疾病，有目的地调节人的生理机能并规定有适应证或者功能主治、用法和用量的物质，包括中药、化学药和生物制品等。主要有以下三层含义：

1. 药品的使用对象是人，专指用于预防、治疗、诊断人的疾病。药品不包括农药和兽药。

2. 药品的作用是有目的地调节人的生理机能，并规定有适应证或者功能主治、用法和用量，这就与保健食品和化妆品区分开来。

3. 药品范围包括中药、化学药、生物制品等。具体有中药材、中药饮片、中成药、化学原料药及其制剂、抗生素、生化药品、放射性药品、诊断药品、血清疫苗和血液制品等，如图 1–2 所示。

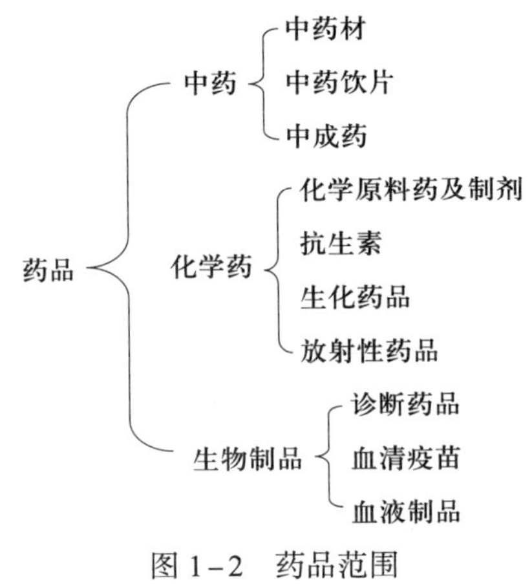

图 1–2　药品范围

（二）医疗器械

医疗器械是指用于人体，旨在实现某种预期目的的仪器、设备、器具、体外诊断试剂及校准物、材料以及其他类似或者相关的物品（包括所需要的计算机软件）。

医疗器械主要用于：①疾病的诊断、预防、监护、治疗或者缓解；②损伤的诊断、监护、治疗、缓解或者补偿；③生理结构或者生理过程的检验、替代、调节或者支持；④生命的支持或者维持；⑤妊娠控制；⑥医疗器械的消毒或者灭菌；⑦通过对来自人体的样本进行检查，为医疗或者诊断目的提供信息。

（三）保健食品

保健食品是指具有特定保健功能或者以补充维生素、矿物质为目的的食品，即适宜于特定人群食用，具有调节机体功能，不以治疗疾病为目的，并且对人体不产生任何急性、亚急性或者慢性危害的食品。

保健食品须具有以下属性：①食品属性；②功能属性，具有特定保健功能或者以补充维生素、矿物质为目的；③非药品属性；④对人体不产生急性或慢性的危害。

（四）化妆品

化妆品是指以涂擦、喷洒或者其他类似方法，施用于皮肤、毛发、指甲、口唇等人体表面，以清洁、保护、美化、修饰为目的的日用化学工业产品。

根据国家药品监督管理局的有关规定，化妆品分为特殊化妆品和普通化妆品。用于染发、烫发、祛斑、美白、防晒、防脱发的化妆品以及宣称具有新功效的化妆品为特殊化妆品。特殊化妆品以外的化妆品为普通化妆品。按此规定，牙膏为普通化妆品。

（五）消毒产品

消毒产品是指用于杀灭或清除传播媒介上的病原微生物的产品，如消毒剂、消毒器械、卫生用品等，起到消毒杀菌的作用。

根据《消毒管理办法》第四十五条的规定，消毒产品包括消毒剂、消毒器械（含生物指示物、化学指示物和灭菌物品包装物）、卫生用品和一次性使用医疗用品。

【案例分析】

药店新到一批医药商品，店长要求新员工小王将这批医药商品按药品、医疗器械、保健食品、化妆品分开摆放。

问题讨论：

1. 店员应怎样识别这批医药商品？
2. 店员识别医药商品的依据是什么？

二、医药商品的特殊商品属性

医药商品在市场上流通，与其他商品一样具有价值和使用价值两种属性。同时，医药商品是关系到公众生命健康的一类特殊商品，还具有医用专属性、作用两重性、使用时效性、质量严格性、种类复杂性、公共福利性等特殊商品属性。其中，药品作为医药商品的重要组成部分，其特殊商品属性主要表现在以下六个方面。

（一）医用专属性

药品的医用专属性表现在药品的使用针对性强，每种药品有其特定的治疗作用，必须通过医生对患者进行检查和诊断后才能合理用药，不同类别的药品间有不可替代性。药品在使用方面不具有随意性，必须“对症下药”。处方药必须在医生的检查、诊断、指导下合理使用，非处方药须根据病情合理选择，正确使用，才能达到防病、治病和保护健康的目的。

（二）作用两重性

药品的作用两重性，即药品的治疗作用和不良反应，是指药品在防病与治病的同时，也会发生某些不良反应，如毒性反应、变态反应、继发反应、后遗效应、耐受性与成瘾性等。许多药品，特别是新药，还需要在经过一段时间的使用后，通过大量的调查、统计和分析，进行再评价，才能发现其毒副作用。

（三）使用时效性

人患何种疾病、何时患病是不以人的意志为转移的，一旦生病，就会对药品产生强烈的需求，这就决定了药品具有时效性。因此，药品的供应必须及时、有效，品种规格齐全，只能“药等病”，不能“病等药”。在发生灾害、疫情、战争等紧急情况时，药品将成为“战略物资”。药品的使用时效性要求药品的生产、经营和使用单位要有超前和必要的储备意识。同时，药品都具有特定储存条件下的有效使用期限，一旦有效期到期，即行报废销毁，不可继续使用。

（四）质量严格性

药品的使用价值受制于药品质量，其质量必须保证安全有效、均一稳定，生产企业必须从原料、辅料、中间体到成品进行严格的检验，不合格的原辅料不得进厂，不合格的成品不得出厂、流通和使用。同时，国家设立了专门的监督管理部门，对药品的生产及流通环节进行监管和检查，确保药品质量符合法定标准。

（五）种类复杂性

全世界药品的具体品种有 2 万余种，我国目前中药制剂有 9 000 多种，中药材 5 000 多种，化学药制剂和生物制品 4 000 多种。药品的成分、药理作用、用法用量各不相同，药品的种类复杂、品种繁多。

（六）公共福利性

药品是防病治病的特殊商品，医药企业必须承担起为人类的健康和生命安全服务的社会职责。为了保证人们能买得起、用得到质量合格的药品，国家不仅对基本医疗保险药品等实行政府定价，而且对药品不断进行市场调节，逐步建立健全基本医疗保险制度和国家基本药物制度，体现了药品的公共福利性。

第三节　医药商品的质量与质量管理

学习目标

1. 掌握药品的质量特性及药品标准的基本内容。
2. 熟悉我国药品质量管理制度。
3. 了解医疗器械及化妆品的质量标准。

一、药品的质量特性

根据药品的用途以及人类长期用药经验，药品的质量特性主要包括有效性、安全性 、稳定性、均一性等方面，如图 1－3 所示。

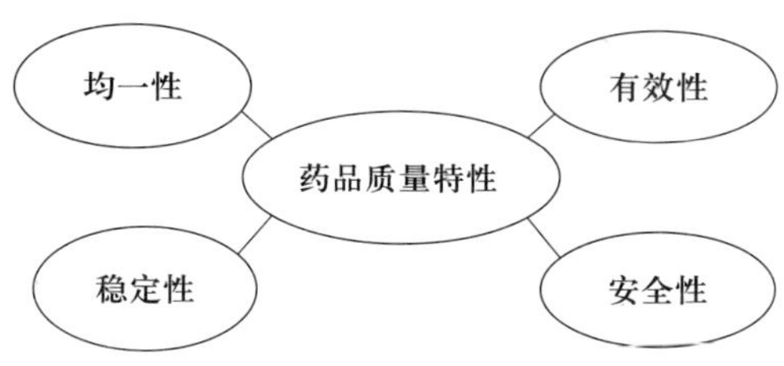

图 1－3　药品的质量特性

有效性是药品的基本特性，指药品在规定的适应证或者功能主治、用法用量的条件下，能预防、治疗、诊断人的疾病，有目的地调节人的生理机能的性能。

安全性是药品的基本特征，指按规定的适应证或者功能主治、用法用量使用药品后，人体产生毒副作用的程度。大多数药品均有不同程度的毒副作用，因此，只有在有效性大于毒副作用或可减轻、缓解毒副作用的情况下才使用某种药品。药品的安全性与有效性一起构成药品的真正质量特性。

稳定性是药品的重要特征，指药品在规定条件下保持其有效性和安全性的能力。"规定条件"一般是指在规定的有效期内，生产、贮存、运输和使用药品的要求。

均一性是药品的重要特征，指药品的每一单位产品（如一片药、一支注射剂，或一箱、一袋原料药等）都符合有效性、安全性的规定要求。

研究药品的质量特性，目的主要是合理使用药品。医生和药师必须根据患者的病情特点及经济状况选择适当药品，以适当的方法、适当的剂量，在适当的时间准确用药，注意药物的禁忌、不良反应、相互作用等，保证用药安全、有效、方便、经济。

二、药品标准

药品标准是衡量药品安全性、有效性和质量的标尺。《药品标准管理办法》指出，药品标准"是指根据药物自身的理化与生物学特性，按照来源、处方、制法和运输、贮藏等条件所制定的、用以评估药品质量在有效期内是否达到药用要求，并衡量其质量是否均一稳定的技术要求"。

我国药品标准体系由国家药品标准、药品注册标准、省级中药标准等组成。国务院药品监督管理部门颁布的《中华人民共和国药典》（简称《中国药典》）和药品标准为国家药品标准。《中国药典》增补本与其对应的现行版《中国药典》具有同等效力。

（一）国家药品标准

国家药品标准是国家对药品质量、规格和检验方法等的技术规定，是药品生产、流通、使用及检验、监督管理部门共同遵循的法律依据。下文主要介绍《中国药典》。

药典是一个国家关于药品标准的法典，是国家管理药品生产与质量的依据，和其他法令一样具有约束力。一个国家的药典在一定程度上反映该国的药品生产、医疗及科学技术水平，同时对保证用药安全有效、促进药品研究及药品生产水平的提高有很大作用。大部分国家的药典出版后，一般5～10年修订一次。出版新药典时，常淘汰一些旧品种，根据需要出版增补本。

《中国药典》是国家药品标准体系的核心组成部分。2025年3月，国家药品监督管理局、国家卫生健康委员会发布2025年版《中国药典》，于2025年10月1日起实施。2025年版《中国药典》为第十二版药典。对比上一版，2025年版《中国药典》收载品种总计6 385种，新增159种，修订1 101种，不再收载32种。其中，一部中药收载品种3 069种，主要收载药材和饮片、植物油脂和提取物、成方制剂和单味制剂等。二部化学药收载品种2 776种，主要收载化学药品、抗菌药物、生化药品及放射性药品等。三部生物制品收载品种153种。四部收载药用辅料品种387种。2025年版《中国药典》通过加强对药典相关通用技术要求和具体内容的制修订，整体提升我国药品标准水平，推进我国上市药品质量迈上新台阶。

（二）药品注册标准

药品注册标准是指经药品注册申请人提出，由国务院药品监督管理部门药品审评中心核定，国务院药品监督管理部门在批准药品上市许可、补充申请时发给药品上市许可持有人的经核准的质量标准。

药品注册标准针对指定的药品，如果该药品有多个企业被批准生产，就有多个药品注册标准，但均不得低于《中国药典》的标准；注册标准仅适用于特定的企业生产该种药品，不适用于其他企业；药品监督管理部门依据该企业的药品注册标准检验、监督，不能以这个企业的注册标准去检验另一个企业生产的同类药品，也不能仅以《中国药典》来检验和监督。

（三）省级中药标准

省级中药标准俗称地方药材标准，包括省、自治区、直辖市人民政府药品监督管理部门制定的国家药品标准没有规定的中药材标准、中药饮片炮制规范和中药配方颗粒标准。

【知识拓展】

何为假药和劣药?

根据《药品管理法》第九十八条的规定，禁止生产（包括配制）、销售、使用假药、劣药。

有下列情形之一的，为假药：药品所含成分与国家药品标准规定的成分不符；以非药品冒充药品或者以他种药品冒充此种药品；变质的药品；药品所标明的适应证或者功能主治超出规定范围。

有下列情形之一的，为劣药：药品成分的含量不符合国家药品标准；被污染的药品；未标明或者更改有效期的药品；未注明或者更改产品批号的药品；超过有效期的药品；擅自添加防腐剂、辅料的药品；其他不符合药品标准的药品。

三、药品质量管理

为加强药品的全面质量管理，我国于2019年第二次修订《药品管理法》，规定"国务院药品监督管理部门在审批药品时，对化学原料药一并审评审批，对相关辅料、直接接触药品的包装材料和容器一并审评"，从制药源头把住药品原辅料质量关；制定《药品生产监督管理办法》，对药品的生产活动进行规范和监督管理；制定并颁布《药品标准管理办法》，建立药品标准形成、提高与淘汰的长效机制；发布《药品经营和使用质量监督管理办法》，加强药品经营和使用质量监督管理，规范药品经营和使用质量管理活动。

我国制定实施的药品质量管理规范见表1–1。

表1–1　我国药品质量管理规范

规范名称	英文缩写	执行版本
《药品生产质量管理规范》	GMP	2010年
《药品经营质量管理规范》	GSP	2016年
《药物临床试验质量管理规范》	GCP	2020年
《药物非临床研究质量管理规范》	GLP	2017年
《药物警戒质量管理规范》	GVP	2021年

四、医疗器械质量标准

为了加强对医疗器械的监督管理，保证医疗器械的安全、有效，保障人体健康和生命安全，2000年国务院公布了《医疗器械监督管理条例》，并于2024年进行了第二次修订。国家药品监督管理部门先后颁布了《医疗器械标准管理办法》《医疗器械生产监督管理办法》《医疗器械经营监督管理办法》《医疗器械说明书和标签管理规定》《医疗器械临床试验质量管理规范》等一系列规范文件，以规范医疗器械的生产、经营、使用与管理，确保医疗器械的质量。

医疗器械质量标准分为国家标准、行业标准和注册产品标准（备案的产品技术要求）。

1. 国家标准。医疗器械质量国家标准由国务院标准化行政主管部门（国家标准化管理委员会）批准发布，具有法律约束力和权威性，包括强制性国家标准、推荐性国家标准等。

强制性国家标准（代号为GB）是保障人体健康、人身及财产安全的，法律及行政法规规定强制执行的国家标准，如GB 15810—2019《一次性使用无菌注射器》。

推荐性国家标准（代号为GB/T）由企业自愿采用，本身不具有强制执行的法律效力。但是推荐性国家标准一经企业接受并采用，或经各方同意纳入合同中，就成为具有法律约束力的技术要求。例如GB/T 19335—2022《一次性使用血路产品 通用技术条件》。

2. 行业标准。医疗器械质量行业标准系指未制定国家标准、由国家药品监督管理部门批准发布的医药行业标准，主要有强制性行业标准和推荐性行业标准两种。强制性行业标准（代号为YY）必须执行，如YY 0286.1—2019《专用输液器 第1部分：一次性使用微孔过滤输液器》；推荐性行业标准（代号为 YY/T）鼓励采用，不具有强制执行的法律效力，如 YY/T 1618—2018《一次性使用人体静脉血样采集针》。

3. 注册产品标准（备案的产品技术要求）。注册产品标准是指由制造商制定，应能保证产品安全有效，并在产品申请注册或备案时，经负责注册（备案）的药品监督管理部门依据国家标准和行业标准相关规定进行审评的产品标准。制造商应对注册产品标准（备案的产品技术要求）所规定的内容负责。医疗器械注册产品标准（备案的产品技术要求）由相应的药品监督管理部门负责管理。对于没有相应国家标准和行业标准的产品，其注册产品标准（备案的产品技术要求）是保障产品安全有效的基本技术依据。

五、化妆品质量标准

化妆品的质量标准可分为通用基础标准、卫生标准等。

1. 通用基础标准。包括 GB 5296.3—2008《消费品使用说明 化妆品通用标签》、GB/T 18670—2017《化妆品分类》、GB 23350—2021《限制商品过度包装要求 食品和化妆品》、GB/T 37625—2019《化妆品检验规则》等。

2. 卫生标准。包括 GB 7916—1987《化妆品卫生标准》、GB/T 17149.1—1997《化妆品皮肤病诊断标准及处理原则 总则》等系列标准。

思考与练习

一、选择题

1. 医药商品主要包含（　　）。（多选题）

A. 药品　　B. 药用辅料及药包材、体外诊断试剂

C. 保健食品及特殊化妆品　　D．医疗器械及医疗服务

2. 直接为消费者服务，是医药商品流通的最终环节，这指的是（　　）。

A. 医药工业企业　　B. 医药商业企业

C. 医药流通企业　　D. 医药商品零售企业

3. 每种药品有其特定的治疗作用，针对性强，这说明药品具有（　　）。

A. 医用专属性　　B. 作用两重性　　C. 质量严格性　　D. 使用时效性

4. 国家建立基本医疗保险制度和基本药物制度，体现了药品的（　　）。

A. 医用专属性　　B. 作用两重性　　C. 公共福利性　　D. 使用时效性

5. 药品的质量特性包括（　　）。（多选题）

A. 安全性　　B. 有效性　　C. 均一性　　D. 稳定性

二、思考题

1. 药品区别于普通商品的特殊商品属性是什么？
2. 我国有哪些药品质量管理规范？

实训一　中国医药企业排行榜信息查询实训

一、实训目的

1. 能够利用互联网等信息化工具，通过小组协作查询或自主查询近两年权威机构发布的中国医药企业相关排行榜信息。

2. 组织交流，培养学生主动获取医药企业信息的能力，提升学生对国内医药行业企业的认知度，增强专业兴趣。

3. 在训练过程中培养学生的洞察力、信息意识、信息素养和团队协作能力。

二、材料准备

1. 计算机、智能手机。
2. 企业信息表。

三、实施步骤

1. 全班分成4个组，6～7人为一组，人数少的班级，5～6人为一组。

2. 教师布置具体查询任务，包括近两年的中国医药工业百强榜、中国医药商业百强榜、中国连锁药店百强榜、中国医药企业品牌影响力排行榜、网上药店品牌排行榜等。

3. 开展小组讨论，并进行相应的分工。按照组内分工，分别进行信息查询，按年度和类别整理成Word文档。

4. 组内汇总查询结果，并从3个角度展开讨论、交流：从分布区域上探讨我国的医药大省分布；从所有制结构上探讨国有企业和民营企业的占比；从对该企业医药产品的认知度或其他视角浅谈对该企业的认识。

5. 各小组提交资料，由教师检验成果。

6. 教师组织班内总结分享，并发布排行榜。

【注意事项】

1. 查询排行榜时，要注意发布机构的权威性，以保证信息的准确性和有效性。

2. 排行榜单个文件命名格式为“年度+排行榜名称”，如“2024年度中国医药工业企业百强榜”。所有文档汇总到一个文件夹，以小组命名上交。

四、实训测评

按表 1－2 所列中国医药企业排行榜信息查询实训评分标准进行测评，并做好记录。

表 1－2　中国医药企业排行榜信息查询实训评分标准

序号	考核内容	考核标准	配分（分）	得分（分）
1	仪表仪态	仪表大方，谈吐自如	10	
2	语言表达	声音清晰，言简意赅，突出重点，条理分明	20	
3	信息查询	途径正确，内容准确	40	
4	文件上交	规范排版，上交及时，内容准确	20	
5	团队合作	分工协作，参与积极性高	10	
合计（分）			100	

第二章

药品的包装

无论是在医院的药房，还是在零售药店，总能看到药品被井然有序地陈列在货架上。然而，尽管有医护人员等专业人士的指导，用药错误仍时有发生，轻则损害身体健康，重则危及生命。一直以来，用药安全都是非常重要的话题。在药品包装设计之初，如果多考虑安全性因素，用药错误的风险就会大大降低。

第一节　认识药品包装

学习目标

1. 了解药品包装类别。
2. 掌握药品包装的基本要求、常用的药品包装。
3. 熟悉药品常用的包装材料与包装容器。

药品包装是一种特殊的商品包装，在保护药品质量的同时，也是药品信息的载体，方便医生、药师、护士及消费者获取必要的药品信息。药品包装是指选用适宜的容器、材料及辅助物，采用一定的包装技术为药品提供质量保护、方便应用及促进销售的一种形态。药品的包装应符合科学、经济、安全、美观、适用的基本原则。

一、药品包装类别

（一）按包装的特性分类

1. 内包装

内包装是指直接与药品接触的包装，如安瓿、输液瓶（袋）、药用铝箔等。直接接触药品的包装材料和容器可简称为药包材。

药包材是药品不可分割的一部分，贯穿药品生产、流通及使用的全过程。尤其是某些药物制剂，本身就是依附于包装而存在的，如胶囊剂、气雾剂、水针剂等。由于药包材长期与药品直接接触，有的组分可能被所接触的药品溶出，与药品发生相互作用，被药品长期浸泡腐蚀脱片而影响药品质量。有些药包材对药品质量及人体的影响具有隐蔽性，即通过对药品质量及人体的常规检验不能及时发现问题。例如，安瓿、输液瓶常会有组分被溶出及玻璃脱片现象，而细微的玻璃脱片容易堵塞血管，形成血栓或肉芽肿；天然橡胶塞中溶出的异性蛋白对人体可能是致热原，溶出的吡啶类化合物可致癌、致畸、致突变等。因此，药包材质量水平直接影响药品质量。

2. 外包装

外包装是指内包装以外的包装，由里向外分为中包装（又称为销售包装）和大包装（又称为运输包装）。应根据药品的特性选用不易破损、防潮、防冻、防虫鼠的外包装，能保护药品在流通、使用过程中的质量，促进药品的销售，合理指导消费者安全使用药品。大包装应从运输作业的角度考虑，采用缓冲、固定、防湿、防水等包装技术将药品放入箱子、袋子等容器里，起到保护药品和方便储运的作用。

（二）按药品流通要求分类

1. 运输包装

我国的国家标准对运输包装的定义是以运输储存为主要目的的包装，它具有保障产品的安全，方便储运装卸，加速交接、点验等作用。从国家标准可以看出，运输包装是以运输、保管为主要目的的包装，主要作用在于保护商品和方便搬运。运输包装的方式和造型多种多样，用料和质地各不相同，主要有木箱、纸箱、木桶等，以及衬垫物、防潮纸、麻袋、塑料袋等包装物。

为了方便药品的运输和保管，在运输包装上应有明显、清晰的包装标识，以便于识别货物，有利于装卸、运输、仓储、检验和交接工作的顺利进行。包装标识包括运输标识、指示性标识和警告性标识三种。

2. 销售包装

销售包装是指以销售为主要目的，并与药品一起到达消费者手中的包装。销售包装主要包括盛装药品的瓶、盒、塑料袋、盖等容器及药品的标签和药品说明书等内容。这类包装除必须具有保护商品的功能，还应具有促销功能。因此，医药企业对销售包装的造型结构、装饰画面和文字说明等方面的设计，都应与同类药品有区别。新颖独特的包装设计能给消费者留下深刻的印象，从而促进药品的销售。

药品品种、剂型的多样性，销售包装材料和造型结构与式样的多样性，使得药品销售包装多种多样。究竟采用何种药品销售包装，主要根据药品特性和形状而定。因此，医药企业应设计新颖、独特的药品销售包装，还可申请国家外观设计专利保护，使自己的产品不易被仿制。

（三）按包装容器分类

1. 密闭容器

密闭容器是指能防止尘土及异物等混入的容器，如玻璃瓶、纸袋、纸盒、塑料袋、木桶及纸桶（内衬纸袋或塑料袋）等。凡受空气中氧、二氧化碳、湿度影响不大，仅需防止损耗或防止尘埃等杂质混入的药品均可使用此类容器。

2. 密封容器

密封容器是指能防止药品风化、吸潮、挥发或被异物污染的容器，如带玻璃塞或木塞的玻璃瓶、软膏管、铁罐等，最好用适宜的封口材料辅助密封，适用于盛装易挥发的液体药品及易风化、易潮解、易氧化的固体药品。

3. 熔封和严封容器

熔封和严封容器是指将容器熔封或用适宜的材料严封，以防止空气与水分的侵入并防止污染容器，如安瓿或输液瓶等。用于注射剂、血清、血浆及各种输液的盛装。

4. 遮光容器

遮光容器是指不透光、保护药品不受光化作用影响的一种容器，如棕色玻璃瓶。普通无色玻璃瓶外面裹以黑纸或装于不透明的纸盒内，也可达到遮光的目的。该包装容器主要用于盛装遇光易变质的药品。

（四）按包装容器的形状分类

目前，市场上的药品包装有袋装、瓶装、泡罩包装、条形装、管装等。袋装有塑料袋、铝塑复合袋等；瓶装有塑料瓶、玻璃瓶等；泡罩板装主要有铝塑泡罩板等；条形装主要有复合膜条形包装；管装主要有金属软管。

（五）按包装技术与目的分类

1. 真空包装

真空包装是指将药品装入气密性包装容器内，抽去容器内的空气，使密封后的容器内达到预定真空度的包装方法。

2. 充气包装

充气包装是指将药品装入气密性包装容器内，用氮气、二氧化碳等气体置换容器中原有空气的包装方法。

3. 无菌包装

无菌包装是将药品、包装容器、材料或包装辅助器材灭菌后，在无菌的环境中进行充填和封合的包装方法。

4. 喷雾包装

喷雾包装是将液体或膏状药品装入带有阀门和推进剂的气密性包装容器中，当开启阀门时，药品在推进剂产生的压力下被喷射出的包装方法，如云南白药气雾剂。

5. 儿童安全包装

儿童安全包装是一种能够保护儿童安全的包装，其结构设计使大部分儿童在一定时间内难以开启或难以取出一定数量的药品的包装方法。例如，儿童退热药泰诺林的包装瓶盖即为儿童保险盖，儿童不易打开，可避免儿童误服。

二、药品包装的基本要求

按照《药品管理法》《中华人民共和国药品管理法实施条例》《药品说明书和标签管理规定》

的规定，药品包装必须符合以下基本要求。

1. 直接接触药品的包装材料和容器，必须符合药用要求，符合保障人体健康、安全的标准。

2. 药品包装必须适合药品质量的要求，方便储存、运输和医疗使用。

（1）药品包装、标签内容不得超出国家药品监督管理部门批准的药品说明书规定的内容。

（2）药品包装（包括运输包装）必须加封口、封签、封条或使用防盗盖、瓶盖套等；标签必须贴正、粘牢，不得与药物一起放入瓶内。

（3）凡封签、标签、包装容器等有破损的，不得出厂或销售。

（4）药品运输包装的储运图示标志、危险货物的包装标志等，必须符合国家标准和有关规定。

（5）在正常储运条件下，包装必须保证合格的药品在有效期内不变质。

3. 药品包装必须按照规定印有或者贴有标签并附有药品说明书。

（1）药品包装、标签上印刷的内容中，对产品的表述要准确无误，除表述安全、合理用药的用词外，不得印有各种不适当的宣传产品的文字和标识，如“国家级新药”“中药保护品种”“GMP 认证”“进口原料分装”“监制”“荣誉出品”“获奖产品”“保险公司质量保险”“公费报销”“现代科技”“名贵药材”等。

（2）每个最小销售单元的包装必须按照规定印有标签并附有药品说明书。药品的最小销售单元，是指直接供上市药品的最小包装。

（3）凡在中国境内销售和使用的药品，其包装、标签所用文字必须以中文为主并使用国家语言文字工作委员会公布的现行规范文字，民族药可增加民族文字。企业根据需要，在其药品包装上可使用条形码和外文对照。获我国专利的产品，也可标注专利标记和专利号，并标明专利许可的种类。

三、药品包装材料与包装容器

常用的药品包装材料与包装容器主要包括药用玻璃、金属、橡胶、塑料及其复合片（膜）等，以及缓冲材料、涂料、胶黏剂、装潢与印刷材料和其他辅助材料等。

（一）玻璃

玻璃具有保护性良好、化学性质稳定、不渗透、坚硬、不老化、价廉、美观的优点。玻璃容器若能配上合适的塞子或盖子与盖衬，可以免受外界物质的入侵，但光线可以透入。若需要避光，可选用棕色玻璃容器。安瓿、大输液玻璃瓶必须采用硬质中性玻璃。

玻璃容器的主要缺点是体积大、口部密封性差、稳定性差和易碎等，容易给药品质量和运输带来不良影响。

主要药用玻璃包装有普通玻璃瓶、抗生素粉针剂瓶、水针剂包装用玻璃安瓿、玻璃输液瓶等。

（二）塑料

塑料是一种合成的高分子化合物，可用于生产刚性或柔软的容器。塑料具有包装牢固、不易破碎、色泽鲜艳、重量轻、携带方便、价格低廉等优点，能够做成各种规格和形状的塑料瓶和塑料袋，能与多种包装材料复合制成高性能复合包装材料。

塑料存在透气、透湿、高温软化、化学性质不稳定等缺点，这些缺点均可加快药品氧化变质的速度，引起药品变质。

目前，常用于药品包装的塑料主要有聚氯乙烯（PVC）、聚乙烯（PE）、聚丙烯（PP）、聚酯、聚偏二氯乙烯（PVDC）等。塑料中的添加剂（如增塑剂、成型剂、稳定剂、抗氧剂及着色剂等）可能迁移至药品中，导致药品质量发生变化。

主要药用塑料包装有塑料瓶、塑料袋、滴眼剂瓶等，主要盛装各类胶囊剂、片剂、粉剂、颗粒剂、胶丸、口服液等固体制剂与液体。

（三）纸制品

纸制品包装材料的优点：原料来源广泛；成本较低；重量较轻；加工性能好，便于成型，能满足各类包装需求；无毒、无味，对包装物品不产生污染；可以回收进行二次利用，不会造成环境污染；可与塑料薄膜、铝箔等复合，成为性能更优良的复合包装材料。但纸制品存在耐水性差、撕裂强度低、易变形的缺点。常见纸制品有纸盒、纸袋、纸箱、纸桶、纸板等。

（四）金属

金属包装材料一般具有良好的阻隔光线、液体、气体、气味和微生物与药品的接触，耐高温、耐低温的性能。金属作为药品包装材料，应用较多的是铝、锡、铁等，可制成刚性容器，如筒、桶、软管、金属箔等。为防止内外腐蚀或发生化学作用，容器内外壁需要涂上保护层。铝材具有良好的包装加工性和保护、使用性能，防潮性好，气体透过性小，是防潮包装的好材料，主要有铝制软膏管、泡罩包装、条形包装等铝制容器。

（五）橡胶

橡胶具有很好的弹性，受外力变形后能迅速恢复，且易于清洗。在药品包装瓶中大都采用橡胶垫片、橡胶垫圈或橡胶塞，用于药品包装的密封。目前我国推广使用丁基橡胶。

（六）复合材料

复合材料是用塑料、纸、铝箔等进行多层复合而制成的包装材料。常用的有纸–塑复合材料、铝箔–聚乙烯复合材料、铝箔–聚氯乙烯复合材料等。复合材料由于其优良的性能，在药品包装中的应用越来越广泛。复合材料具有良好的机械强度、耐生物腐蚀性能、保持真空性能及耐高压性能等优点。例如，真空镀铝膜在塑料基材镀铝后，具有良好的装饰作用和良好的阻隔性，成为目前药品软包装主流材料之一。现代药品的包装材料逐渐向以纸代木、以塑料代纸，或以纸、塑料、铝箔等组成各种复合材料的方向发展。

1. 铝塑泡罩包装

铝塑泡罩包装又称为水泡眼包装（简称 PTP），是先将透明塑料硬片吸塑成型后，将片剂、丸剂或颗粒剂、胶囊剂等固体药品填充在凹槽内，再与涂有黏合剂的铝箔片加热黏合在一起，从而形成的独立的密封包装。铝塑泡罩包装具有良好的防潮性、气体阻隔性、安全性等，避免药品在携带和使用过程中被污染。该包装形式成为目前固体制剂包装的主要方式之一。

药用泡罩包装材料包括药用铝箔、塑胶硬片、封口材料。药用铝箔通常厚度为 0.02 毫米，由保护层、油墨层、基材与黏合层构成。因为药品对潮、湿、光非常敏感，所以要求所用泡罩包装材料对水、气、光等有高阻隔性。多选用 PVC、PVDC 或复合材料 PVC/PVDC、PVC/PE、PVC/PVDC/PE 等，现主要采用 PVDC 及其复合材料。因 PVDC 具有很强的阻隔性能，可阻隔空气、水蒸气、异味等，性能明显优于 PVC。例如，有些使用 PVC 或聚酯包装的维生素 E 胶丸，容易黏壁流液；还有一些需要高阻隔性包装的中成药，如风湿止痛膏，选用 PVDC 膜，气味就不会散失，也不会影响疗效。

2. 药品复合膜包装

药品复合膜系指各种塑料与纸、金属或其他塑料通过黏合剂组合而形成的膜，厚度一般不大于 0.25 毫米。复合袋系将复合膜通过热合的方法而制成，按制袋形式可分为三边封袋、中封袋、风琴袋、自立袋、拉链袋等。

药品复合膜包装主要用于片剂、胶囊剂、颗粒剂、丸剂、泡腾剂等常用固体口服制剂的包装，也有一部分用于贴剂等外用制剂和原料药的包装。中药颗粒剂、中药饮片一般采用药品复合膜袋包装。

大多数药品包装用复合膜都是高阻隔材料，一般由三层及以上的材料复合而成。根据材料不同可分为普通复合膜（聚酯 / 铝箔 / 聚乙烯）、药用条状易撕包装材料（玻璃纸 / 聚乙烯 / 铝箔 / 聚乙烯）、纸铝塑复合膜（纸 / 铝箔 / 聚乙烯）等。

条形包装（简称 SP）是利用两层药用条形包装膜（SP 膜）把药品夹于中间，单位药品之间隔开一定距离，在条形包装机上把药品周围的两层 SP 膜内侧热合密封，药品之间压上齿痕而形成的一种包装形式，是包装片剂、颗粒、散剂等剂型的主要包装形式，尤其适合包装剂量大、吸湿性强、对紫外线敏感的药品。目前，常用的 SP 膜是铝塑复合膜。条形包装是在条形包装机上连续作业的，特别适合大批量自动包装。取药品时，沿着齿痕撕掉 SP 膜即可，这样取用一次剂量的药品并不影响其他药品的包装。

3. 封口垫片

药用封口垫片通常由聚酯、聚乙烯复合膜与铝箔、纸板通过黏合剂制成，将其热合在固体药品包装瓶口上以达到密封的目的。

药用封口垫片根据材料的不同，分为药用聚酯 / 铝箔 / 聚酯封口垫片、药用聚酯 / 铝箔 / 聚乙烯封口垫片、药用纸 / 铝箔 / 聚乙烯封口垫片等。

（七）药用口服固体陶瓷瓶

陶瓷材料是用天然或合成化合物经过成型和高温烧结制成的一类无机非金属材料。药用口服固体陶瓷瓶制作精美、色彩艳丽，具有一定的防潮、防水性能。精美的陶瓷药瓶容易被客户接受，具有良好的包装推广、储藏药品的功能，特别适合中药产品的包装。

第二节　药品的包装标志

学习目标

1. 熟悉药品专用标识。
2. 掌握药品包装上的条形码。
3. 了解药品运输包装标志。

药品是一种特殊商品，在包装上不仅应有一般商品的包装标识，还应有药品的一些专用标识。

一、药品专用标识

麻醉药品、精神药品、医疗用毒性药品、放射性药品、外用药品和非处方药等国家规定有专用标识的，其药品说明书和标签必须印有规定的标识，如图 2－1 所示。

非处方药

外用药品

毒

医疗用毒性药品

麻醉药品

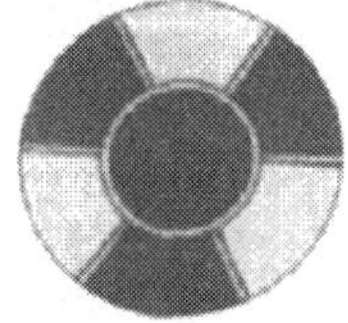

放射性药品

精神药品

图 2－1　药品专用标识

【案例分析】

药店新到一批药品，店长要求新员工小李将这批药品按处方药、非处方药、外用药等分类上架。

问题讨论：

1. 小李应怎样识别这批药品？
2. 小李识别药品的依据是什么？

二、药品包装上的条形码

（一）商品条形码

由于条形码技术的方便性、快捷性、准确性和经济性，目前全世界很多国家的商品包装上使用条形码技术。随着我国市场经济的发展，条形码技术在我国得到广泛推广，凡适合使用条形码的商品，特别是出口商品，应在商品包装上印制条形码。

条形码也叫条码，是由一组规则排列、宽度不同、黑白相间、平行相邻的线条组成，并配有相对应字符的码记，用来表示一定的信息。

商品条形码相当于商品的“身份证”，消费者购买商品时，收银员只要扫描商品条形码，计算机就可根据条形码查到事先设定的该商品的名称、价格等信息，并显示在收银机屏幕上，从而提高了购物结算的速度。

商品包装上的商品条形码具有国际通用性，大部分由 13 位数字组成。在我国申请的标准版商品条形码由 13 位数字组成（见表 2–1）。

表 2–1　　商品条形码表达方式

项目	厂商识别代码		商品项目代码	校验码
	前缀码	厂商代码		
结构一	690，691	★★★★	★★★★★	★
结构二	692，693	★★★★★	★★★★	★

前缀码俗称“国家或地区代码”。中国大陆（内地）的前缀码是 690～699，中国台湾地区和香港地区的前缀码分别是 471 和 489。前缀码只代表该商品条形码的注册地，并不代表商品的产地。根据商品条形码组成的规则，世界上任何两个厂商都不可能拥有相同的厂商识别代码。商品项目代码则由厂商按照产品的品种、商标、内装商品规格与数量及包装类型的不同而分配不同的号码，一般按照顺序号编制，没有特定的含义。

例如，盐酸莫西沙星片的条形码为 6924147655012，其中 692 代表中国，41476 代表生产医药保健商品的公司，5501 是盐酸莫西沙星片的商品代码，2 是校验码，如图 2–2 所示。

图 2–2　盐酸莫西沙星片的条形码

（二）药品追溯码

药品追溯码标识是在药品包装上采用印刷、粘贴等方式对药品追溯码及其相关信息所作的标识，由数字、字母、文字、条码组成。

药品追溯码标识原则包括：一是易识别性，药品追溯码标识应保证能够被使用者和相关设备方便、准确地识读；二是清晰性，药品追溯码标识应保证图像清晰、颜色与底色对比分明；三是显著性，药品追溯码应标识在明显可见之处，便于使用者快速寻找和定位。

药品追溯消费者查询结果显示的总体要求包括：一是通过药品追溯码在药品追溯系统查询到的药品追溯信息结果应符合国家相关法律法规和标准的要求；二是通过药品追溯码在药品追溯系统查询到的药品追溯信息应与药品实际情况一致。为便于消费者查询和避免引起误导，药品追溯系统提供的查询结果应直接显示药品追溯信息，包含“药品追溯信息”字样，并应在显著位置告知本次查询结果的药品追溯信息提供方，推荐采用“本追溯信息由××××（上市许可持有人）授权本追溯系统提供”字样。

三、药品运输包装标志

为了方便药品的运输和保管，运输包装上应有明显、清晰的包装标志，以便于识别货物，有利于装卸、运输、仓储、检验和交接工作的顺利进行。运输包装标志包括运输标志、指示性标志和警告性标志三种。

运输标志（即唛头）一般由一个简单的几何图形和一些字母、数字及简单的文字组成。运输标志的主要内容包括：目的地的名称或代号；收货人、发货人的代号；件号、批号；商品的品名、规格、出厂日期、有效期、原产地、许可证号和体积与重量等内容。

指示性标志又称为注意标志，是一种操作注意标志，提示人们在装卸、运输和保管过程中需要注意的事项，一般以简单、醒目的图形和文字表达，如小心轻放、易碎物品、怕晒、怕雨、禁止翻滚等。

警告性标志，又称危险品标志，是指在运输包装内装有爆炸品、易燃物品、有毒物品、腐蚀物品、氧化剂和放射性物品等危险货物时，运输包装上必须印有的表示各种危险品的标志，以示警告，使装卸、运输和保管人员按货物特性采取相应的防护措施，保护物资和人身的安全。

第三节 药品的说明书与标签

学习目标

1. 掌握药品说明书与标签的主要内容。
2. 熟悉药品常见用法用量、有效期等内容。
3. 掌握药品的贮藏条件。

药品的说明书与标签是药品包装的重要组成部分，既是医师、药师和消费者治疗用药的依据，也是医药企业向医疗卫生人员和消费者宣传介绍药品特性、指导合理用药和普及医药知识的主要媒介。药品生产企业不仅对药品质量负责，而且对药品的标签与说明书内容的准确性和真实性负责。药品说明书对疾病名称、药学专业名词、药品名称、临床检验名称和结果的表述，应当采用国家统一颁布或规范的专用词汇，计量单位应当符合国家标准的规定。药品外标签应当注明药品通用名称、成分、性状、适应证或者功能主治、规格、用法用量、不良反应、禁忌、注意事项、贮藏、生产日期、产品批号、有效期、批准文号、生产企业等内容。药品的内标签应当包含药品通用名称、适应证或者功能主治、规格、用法用量、生产日期、产品批号、有效期、生产企业等内容。

一、药品的名称

药品的名称是药品说明书与标签的首要内容，包括药品通用名称、商品名称、英文名等。药品名称应当科学、明确、简短（一般以 3～4 个字为宜），应避免采用可能给患者以暗示的有关药理学、解剖学、生理学、病理学或治疗学的药品名称。

（一）通用名称

通用名称是指列入国家药品标准的法定药品名称，如维生素 C、阿司匹林等。为了用药安全，医生开具处方必须使用药品通用名称。药品的通用名称不可注册成为药品的商标。

为了大力推广药品通用名称，《药品说明书和标签管理规定》强制要求药品通用名称明显标注，例如，对于横版标签，通用名称必须在上三分之一范围内显著位置标出；对于竖版标签，通用名称必须在右三分之一范围内显著位置标出。

（二）商品名称

商品名称是经国家药品监督管理部门批准的特定企业使用的名称。商品名称是不同药厂对生产的同一药品所申请的不同的名称，具有专属性，受到法律的保护。例如，阿莫西林为常用抗感染药，常见的商品名称有阿莫仙、阿莫灵、再林等。

药品商品名称不得与通用名称同行书写，其字体和颜色不得比通用名称更突出和显著，其字体以单字面积计不得大于通用名称所用字体的二分之一。

药品使用商品名称的意义主要有：突出产品的特性；便于医生、药师、患者选择；作为厂家品牌建设的一部分；保护厂家市场推广的积极性。商品名称使用不当也可能造成医疗使用的误解和不便。

（三）英文名

英文名一般是指由世界卫生组织制定的国际非专利药名（international nonproprietary name，INN），如阿司匹林的英文名为 aspirin。

在实际工作中会经常遇到一些药品有异名（别名），主要是该药品在原有的国家标准中的名称或长期沿用的习惯名称。例如，诺氟沙星又称为氟哌酸；阿莫西林又称为羟氨苄青霉素；马来酸氯苯那敏又称为扑尔敏；盐酸小檗碱又称为黄连素；对乙酰氨基酚又称为扑热息痛；阿司匹林又称为乙酰水杨酸。但异名（别名）一般不会出现在药品说明书和标签中。

二、药品的用法用量

药品用药方法的正确性与用药剂量的准确性是保障消费者用药安全、有效的重要基础，因此内容既要尽量详细，又要有较高的可读性及可操作性。药品的用药方法应明确、详细地列出，如口服、皮下注射、肌内注射、静脉注射、静脉滴注、外用、喷雾吸入、肛门塞入等。用药的剂量、计量方法、用药次数及疗程期限应准确地列出，并使用通俗易懂的文字，以正确指导用药。例如，该药品为注射液、注射用无菌粉末、片剂、胶囊剂、丸剂、颗粒剂、口服溶液剂、膜剂或栓剂等，注明相应的重量或容量的计数，如“一次 × 片，一日 × 次”“一次 × 支，一日 × 次”等。

三、药品有效期

药品有效期是指药品在一定的贮藏条件下，能够保证质量的期限。由于药品有效期是涉及药品效能和使用安全的标识，按国家规定药品有效期应在药品标签或说明书上标注。特别注意同一种药品或制剂因包装不同，有效期也可能不一样。

（一）国产药品有效期的标注

1. 药品标签中的有效期应当按照年、月、日的顺序标注，年份用四位数字表示，月、日用两位数字表示。药品有效期标注格式见表 2-2。

表 2-2　药品有效期标注格式

格式	举例
有效期至 ×××× 年 ×× 月	有效期至 2020 年 01 月
有效期至 ×××× 年 ×× 月 ×× 日	有效期至 2020 年 01 月 31 日
有效期至 ××××.××	有效期至 2020.01
有效期至 ××××/××/××	有效期至 2020/01/31

2. 预防用生物制品有效期的标注按照国家药品监督管理部门批准的注册标准执行，治疗用生物制品有效期的标注自分装日期计算，其他药品有效期的标注自生产日期计算。

3. 有效期若标注到日，应当为起算日期对应年月日的前 1 天，若标注到月，应当为起算月份对应年月的前 1 个月。

例如，药品生产日期为“170501”，有效期为 3 年，其有效期可标为“有效期至 2020 年 04 月”，代表 2017 年 5 月 1 日生产的药品，有效期为 3 年，药品到 2020 年 4 月 30 日仍有效。

（二）进口药品有效期的标示与识别

进口药品的有效期标示方法并不统一，各国有自己的习惯书写方法。如欧洲国家的产品按“日 – 月 – 年”顺序排列（如 8/6/17）；美国产品按“月 – 日 – 年”顺序排列（如 Nov.1,14）；日本产品按“年 – 月 – 日”顺序排列（如 2017-6-8）等。

进口药品有效期的英文标示如下：①expiry date（Exp. Date）、expiration 或 expiring，失

效期；②use before 或 use by，在……以前使用；③validity，有效期；④duration，有效期；⑤stability，稳定期；⑥storage life，贮存期限。

四、药品的批准文号

药品批准文号是指国家药品监督管理部门批准生产该药品的文号。药品生产企业在取得药品批准文号后，方可生产该药品，禁止未取得药品批准证明文件生产药品。因此，药品批准文号是药品生产企业合法生产药品的标志，也是消费者从外观上判定药品合法性的标志。2020 年 1 月公布的《药品注册管理办法》规定的药品批准文号格式如下。

1. 境内生产药品批准文号格式为国药准字 H（Z、S）+ 四位年号 + 四位顺序号。

2. 中国香港、澳门和台湾地区生产的药品批准文号格式为国药准字 H（Z、S）C + 四位年号 + 四位顺序号。

3. 境外生产药品批准文号格式为国药准字 H（Z、S）J + 四位年号 + 四位顺序号。

其中，H 代表化学药，Z 代表中药，S 代表生物制品。药品批准文号不因上市后的注册事项的变更而改变。

五、药品的生产批号

（一）概述

《药品生产质量管理规范》中规定，批号是用于识别一个特定批的具有唯一性的数字和（或）字母的组合。

“批”是经一个或若干加工过程生产的、具有预期均一质量和特性的一定数量的原辅料、包装材料或成品。为完成某些生产操作步骤，可能有必要将一批产品分成若干亚批，最终合并成一个均一的“批”。在连续生产情况下，“批”必须与生产中具有预期均一特性的确定数量的产品相对应，批量可以是固定数量或固定时间段内生产的产品量，如口服或外用的液体制剂以灌装（封）前经最后混合的药液所生产的均质产品为一批。

根据《药品管理法》的规定，未注明或者更改产品批号的药品为劣药，因此所有的药品都应标明药品的生产批号。根据药品的生产批号，可以追溯药品的生产源头。

（二）国产药品的生产批号标示

1. 按“年 + 月 + 流水顺序号”进行编制。药品生产批号的前两位数字（也有 4 位数字）为当年年份或年份的末尾两位数字，次两位数字为当月月份（不足两位的在月份前加 0），前面 4 位数字之后的（一般为 2～4 位）为流水序号或代号。例如，200106 或 20200106，即 2020 年 1 月第 6 批生产。也可采用亚批号，如 200106－03，即代表该药品为 2020 年 1 月生产的第 6 批第 3 小批或返工批号。

2. 按“年 + 月 + 流水顺序号 + 字母”进行编制。有 1 个字母的，也有几个字母加数字组成的。字母有在前的，也有在后、在中间的，其长度大都在 6 位数以上，如生产批号 20200610 A。

（三）进口药品的生产批号标示

进口药品的生产批号一般由各国制造厂商自定，表示方式与国产药品不同，从药品生产批号上一般看不出药品生产的日期和批次。例如，某制药厂的盐酸莫西沙星片生产批号标注为“BJ20624”，其生产日期实际为2020年6月21日。

六、药品的制剂规格与包装规格

（一）药品的制剂规格

药品的制剂规格是指每一支、每一片或其他每一个单位制剂中含有主药的重量（或效价）或含量（%）或装量。注射液项下，如规格标示为“1 mL：10 mg”，系指1毫升中含有主药10毫克；对于列有处方或标有浓度的制剂，也可同时规定装量规格。

生物制品的规格指每支（瓶）主要有效成分的效价（或含量及效价）或含量及装量（或冻干制剂复溶时加入溶剂的体积）。

不同药品或同一种药品的规格可以不同。如阿莫西林胶囊，有每粒0.125 g、0.25 g和0.5 g三种规格。

（二）包装规格

包装规格是药品生产企业根据药品性状、用法用量、贮存、运输、销售、使用的情况所选择的适宜的内包装材料材质和包装数量。常见的药品包装规格有以下三种。

1. 小包装

小包装是指直接与药品接触的内包装，也称为销售包装，是消费者购买药品时的基本包装单位，如“25 mg × 12片 / 盒”。

2. 中包装

中包装是以若干小包装组成的包装规格，如“25 mg × 12片 / 盒 × 10”，每10盒为一个中包装。

3. 大包装

大包装是由若干中包装组成的包装规格，如“25 mg × 12片 / 盒 × 10 × 30”，每30个中包装为一个大包装。

七、药品贮藏条件

2025年版《中国药典》的“凡例”中规定：阴凉处，系指不超过20 ℃；凉暗处，系指避光并不超过20 ℃；冷处，系指2～10 ℃；常温（室温），系指10～30 ℃；凡贮藏项下未规定贮藏温度的一般系指常温。

除另有规定外，生物制品应在2～8 ℃避光贮藏。避光贮藏指避免日光直射。

干燥处系指贮藏和保管药品的处所不潮湿，没有水分或水分很少。

思考与练习

一、选择题

1. 下列属于按包装的技术与目的分类的是（　　）。（多选题）

A. 真空包装　　B. 充气包装　　C. 无菌包装　　D. 喷雾包装

2. 下列药品有效期写法错误的是（　　）。

A. 2024 年 05 月　　B. 2024 年 05 月 30 日　　C. 2024.05　　D. 2024.05.30

3. 药品批准文号中，“中药”用（　　）字母来表示。

A. X　　B. Z　　C. H　　D. S

4. 药品批准文号“国药准字 H20200205”中的“H”代表（　　）。

A. 中药　　B. 化学药　　C. 保健药　　D. 生物制品

5. 药品包装除适用外，还要具有（　　）的基本原则。（多选题）

A. 科学　　B. 经济　　C. 安全　　D. 美观

6. 下列不属于玻璃包装材料缺点的是（　　）。

A. 质重　　B. 质脆　　C. 易碎　　D. 耐水性差

7. 关于“商品名是经国家药品监督管理部门批准的特定企业使用的商品名称，具有专属性”的说法是（　　）的。

A. 正确　　B. 错误

8.《中国药典》中规定的阴凉处，系指不超过（　　）。

A. 20 ℃　　B. 8 ℃　　C. 30 ℃　　D. 0 ℃

9. 运输包装标志包括（　　）、（　　）和（　　）三种。（多选题）

A. 运输标志　　B. 指示性标志　　C. 警告性标志　　D. 特殊标志

二、思考题

1. 如何识别药品的真伪?
2. 药品说明书及标签的主要内容有哪些?
3. 常见的药品软包装有哪些?
4. 国产药品有效期的标注格式有哪些?

实训二　药品包装认知及真伪鉴别

一、实训目的

1. 检验和拓展学生对医药商品包装的认识和综合评价能力。
2. 锻炼学生收集、整理知识的能力。
3. 根据包装进行药品真伪鉴别。

二、材料准备

1. 计算机、网络。
2. 药品包装盒、卡片、模拟药房（或教室）、多媒体投影设备。
3. 专业 APP。
4. 医药电商网站。
5. 国家药品监督管理局官方网站（简称 NMPA 官网）。

三、实施步骤

1. 任务布置

教师提前安排学生准备部分常见的药品包装。包装按材质分有玻璃、塑料、纸、金属等；按剂型分有片剂、胶囊剂、注射剂、喷雾剂、糖浆剂等。每个小组准备 2～3 种不同的药品包装。同时，教师布置学生利用课余时间查阅和学习药品真伪鉴别的知识。

2. 材料准备

学生利用课余时间准备材料、收集相关信息。

3. 交流分享

各组需根据分配的任务，对拟介绍的药品包装从材料、功能、技法、类别、标识、文字、图案等不同角度进行分析交流，并将查阅到的药品真伪鉴别知识和同学们分享。

4. 情景模拟

根据拟介绍内容制作幻灯片，采用不同的方式完成情景模拟。

【注意事项】

1. 选择品种时尽量选择具有代表性的，比如由知名厂家生产或者网店销量较大的。
2. 教师准备部分药品包装盒的伪品供学生对比识别。
3. 查询过程中同时收集商品的包装图片，利用直观记忆，强化品种知识。
4. 组内可自由开展商品图片鉴别竞赛——“看包装–辨真伪–说标准”。

四、实施测评

按表 2－3 所列药品包装认知及真伪鉴别评分标准进行测评，并做好记录。

表 2－3　　药品包装认知及真伪鉴别评分标准

序号	考核内容	考核标准	配分（分）	得分（分）
1	仪表仪态	仪表大方，谈吐自如	10	
2	语言表达	声音清晰，言简意赅，突出重点，条理分明	30	
3	包装材料准备、分析	包装材料准备充分，分析准确、到位	30	
4	真伪鉴别知识分享	药品真伪鉴别知识准备充分	10	
5	幻灯片设计	图文并茂，布局合理	10	
6	团队合作	分工协作，参与积极性高	10	
合计（分）			100	

第三章

药品的分类与使用

学习引入

医药商品是一个集合概念，它是由数以万计的医药商品品种集合而成的总体。我国的医药商品品种繁多、门类齐全，其生产、销售和消费的特点各不相同。随着医药科学技术的发展，各类药品在理论、配伍、组方、加工技术等方面相互渗透的现象越来越普遍。医药商品应该如何分类管理？通过什么样的方式和手段对分类进行管理？

第一节　药品分类

学习目标

1. 掌握按处方药与非处方药、普通药品与特殊管理药品进行分类的方法。
2. 熟悉国家基本药物制度。
3. 了解非处方药的合理使用。

药品品种繁多，性质各异，分类的方法也不尽相同。零售药店必须按有关规定对药品进行分类，其他商品按需要和特点进行分类，各种分类方法并非十分完善。常用药品分类有以下六类。

一、按处方药与非处方药分类

根据药品的安全性、有效性原则，依其品种、规格、适应证、剂量及给药途径等的不同，将药品分为处方药和非处方药进行分类管理。药品分类管理的核心是加强处方药的管理，规范非处方药的管理，减少不合理用药，切实保证用药安全有效。

（一）处方药与非处方药的概念

1. 处方药

处方药是为了保证用药安全，由国家药品监督管理部门批准，必须凭执业医师或执业助理医师处方才可调配、购买和使用的药品。处方药一般都具有较强的药理作用，专用性强，有的会产生毒性反应、变态反应和依赖性等不良反应。

处方药的警示语是“凭医师处方销售、购买和使用！”。

2. 非处方药（OTC）

非处方药是指由国家药品监督管理部门公布的，不需要凭执业医师和执业助理医师处方，消费者可以自行判断、购买和使用的药品。非处方药在国外又被称为“可在柜台上买到的药物（over the counter）”，简称 OTC，现已成为国际上非处方药简称的习惯用语。

非处方药的警示语是“请仔细阅读说明书并按说明使用或在药师指导下购买和使用！”。

（二）非处方药的分类

根据药品的安全性，非处方药分为甲、乙两类。我国将非处方药中安全性较高的药品划为乙类，乙类非处方药可在超市、百货商店等处销售。当然，这些普通商业企业须经相应的药品监督管理部门批准并达到要求后方可销售乙类非处方药。

在我国，非处方药使用国家统一的专有标识，该标识图案为椭圆形，图案中含有“OTC”三个英文字母（见本书第二章图 2－1）。其中，甲类非处方药专有标识为红色，乙类非处方药专有标识为绿色。

（三）非处方药的品种结构和适应证

我国非处方药的品种结构主要有呼吸系统用药、神经系统用药、维生素与矿物质类药、五官科用药、皮肤科用药、妇科用药等，包括感冒、咳嗽治疗药，抗酸、消胀药，解热、镇痛药，缓泻药，维生素类、滋补剂及微量元素补充剂，抗寄生虫药，驱虫药，避孕药，外用消毒药，外用止痛药，口腔清洁用品，祛疹用药，眼科用药，耳疾制剂，蚊虫叮咬药等。

（四）非处方药的特点

一般来说，非处方药具有以下 6 个特点。

1. 不需要医师开处方，但可在医师或药师的指导下使用。
2. 按标签或说明书使用，说明文字通俗易懂。
3. 适应证是患者能自己做出诊断的疾病。
4. 以口服、外用等剂型为主，使用方便。
5. 儿童、成人应用的非处方药分别制备或包装。
6. 药品的理化性质较稳定，质量可靠。

（五）非处方药的合理使用

非处方药虽然安全，但并非绝对保险而可以随便使用。药品的安全性只是相对而言的，凡药都有治疗作用和不良反应两重性。因此，在使用中应把握好“度”，否则，会由于使用不当而贻误治疗，甚至加重病情。

1. 准确判断病情，对症购药

非处方药大都用于诊断容易、治疗简单的疾病，如感冒、咳嗽、消化不良、腹泻、便秘、头痛、痛经、维生素缺乏等。据调查，我国相当一部分消费者已养成自我判断、自我药疗的习惯。在购买非处方药前，消费者常根据自己掌握的医学常识，对病情做出判断，或通过向药师或医师等专业人员咨询，达到对症下药的目的。消费者一定要摒弃“药品越贵越好，服用的种类越多越好”这一认识误区。

2. 检查包装，严格按照说明书的要求服药

购药时，要先检查药品包装，看清楚药品的剂型、贮存条件、生产日期、有效期等，绝对不能服用过期药品；服药时要仔细阅读药品说明书，弄清药理作用、适应证、禁忌、不良反应等，并结合自身的性别、年龄、体重等因素，准确掌握用法用量及疗程等。对于服药情况，最好做用药记录，以便于以后就医时为医生提供参考。

3. 用药出现异常情况，应立即就医

非处方药主要用于治疗或缓解能自我判断、自我药疗的轻微疾病，如感冒咳嗽、消化不良、便秘腹胀等，对症的非处方药是应用安全、不良反应较少、患者易于掌握的药物。

若用药后不见效或病情加重，或出现皮疹、瘙痒、发热、哮喘等异常情况，应考虑可能是用药不对症、药品过敏、不良反应严重等，应立即停药，并尽快就医，以准确诊断、对症治疗。

高血压、冠心病等虽是常见病，但常见病不等于能自我医疗的疾病，这些疾病比较复杂和严重，必须经医师诊治。处方药的选择权在医师，在药品应用时必须密切注意其疗效和不良反应，并根据病情调整剂量，因此这类药物不宜列为非处方药。例如，阿司匹林片（0.3 g）可作为解热镇痛类非处方药使用，但小剂量（0.1 g）用于抗血栓时，须按处方药管理。

二、按普通药品与特殊管理药品分类

国家对麻醉药品、精神药品、医疗用毒性药品、放射性药品实行特殊管理。为加强麻醉药品和精神药品的管理，国家制定了《麻醉药品和精神药品管理条例》。

（一）麻醉药品

麻醉药品是指对中枢神经有麻醉作用，连续使用后易产生身体依赖性、能成瘾的药品。

1. 麻醉药品的主要品种

我国生产的麻醉药品主要品种有：可卡因、二氢埃托啡、地芬诺酯、芬太尼、美沙酮、吗啡、阿片、哌替啶、布桂嗪、可待因、福尔可定等。

2. 麻醉药品使用注意事项

（1）麻醉药品仅限用于医疗、教学和科研需要。医疗机构需要使用麻醉药品的，应当经所在地设区的市级人民政府卫生主管部门批准，取得麻醉药品购用印鉴卡，方可向定点批发

企业购买麻醉药品。

（2）执业医师必须经过有关麻醉药品的培训、考核，经考核合格的，方可在本医疗机构开具麻醉药品处方。

（3）医疗单位要有专人负责、专柜加锁、专用账册、专用处方、专册登记。

（4）在医疗机构就诊断确需使用麻醉药品的癌症疼痛患者和其他危重患者，可以向执业医师提出申请，具有麻醉药品处方资格的执业医师认为要求合理的，应当及时提供。

（二）精神药品

精神药品是指直接作用于中枢神经系统，使之兴奋或抑制，连续使用能产生依赖性的药品。

1. 精神药品的主要品种

依据精神药品使人产生的依赖性和危害人体健康的程度，将其分为第一类精神药品和第二类精神药品。目前我国生产的精神药品主要品种如下。

（1）第一类精神药品：丁丙诺啡、氯胺酮、哌醋甲酯、司可巴比妥、三唑仑等。

（2）第二类精神药品：苯巴比妥、异戊巴比妥、布托啡诺、咖啡因、安钠咖、喷他佐辛、地西泮、阿普唑仑、艾司唑仑、氟西泮、劳拉西泮、硝西泮等。

2. 精神药品使用注意事项

（1）精神药品使用单位应当配备专人负责管理工作，其中第二类精神药品经营企业应当在药品库房中设立独立的专库或者专柜储存第二类精神药品。药品入库双人验收，出库双人复核，做到账物相符。专用账册的保存期限应当自药品有效期期满之日起不少于 5 年。

（2）第二类精神药品零售企业应当凭执业医师出具的处方，按规定剂量销售第二类精神药品；禁止超剂量或者无处方销售第二类精神药品；不得向未成年人销售第二类精神药品。

（三）医疗用毒性药品

医疗用毒性药品系指毒性剧烈、治疗剂量与中毒剂量相近，使用不当会致人中毒或死亡的药品。

1. 医疗用毒性药品的西药品种

医疗用毒性药品的西药品种包括去乙酰毛花苷、阿托品、洋地黄毒苷、氢溴酸后马托品、三氧化二砷、毛果芸香碱、升汞、水杨酸毒扁豆碱、亚砷酸钾、氢溴酸东莨菪碱、士的宁等。

2. 医疗用毒性药品使用注意事项

（1）医疗单位供应和调配医疗用毒性药品，凭医师签名的正式处方。零售药店供应和调配医疗用毒性药品，凭盖有医师所在的医疗单位公章的正式处方。每次处方剂量不得超过 2 日极量。

（2）调配处方时，必须认真负责，计量准确，按医嘱注明要求，并由配方人员及具有药师以上技术职称的复核人员签名盖章后方可发出。处方一次有效，取药后处方保存 2 年备查。

（四）放射性药品

放射性药品是指用于临床诊断或者治疗的放射性核素制剂或者其标记药物。

1. 放射性药品的品种

我国国家药品标准收载的放射性药品都是由放射性核素制备的。2025 年版《中国药典》收载的放射性药品有碘 [^{131}I] 化钠口服溶液、锝 [^{99m}Tc] 焦磷酸盐注射液、锝 [^{99m}Tc] 聚合白蛋白注射液、锝 [^{99m}Tc] 喷替酸盐注射液、锝 [^{99m}Tc] 亚甲基二膦酸盐注射液等。

2. 放射性药品使用注意事项

（1）医疗单位使用放射性药品应当符合国家有关放射性同位素安全和防护的规定，具有与所使用放射性药品相适应的场所、设备、卫生环境和专用的仓储设施。

（2）医疗单位使用配制的放射性制剂，应当向所在地省、自治区、直辖市药品监督管理部门申请核发相应等级的放射性药品使用许可证。

（3）放射性药品的包装必须安全实用，符合放射性药品质量要求，具有与放射性剂量相适应的防护装置。放射性药品的运输，按国家运输、邮政部门制定的有关规定执行。严禁任何单位和个人随身携带放射性药品乘坐公共交通工具。

三、按国家基本药物目录分类

为保障群众基本用药，减轻医药费用负担，2009 年卫生部、国家发展改革委、人力资源社会保障部、食品药品监督管理局等九部门联合发布了《关于建立国家基本药物制度的实施意见》《国家基本药物目录管理办法（暂行）》，正式启动国家基本药物制度实施工作。

我国的基本药物是指适应基本医疗卫生需求，剂型适宜，价格合理，能够保障供应，公众可公平获得的药品。国家基本药物目录是医疗机构配备使用药品的依据。国家基本药物目录包括基层医疗卫生机构配备使用和其他医疗机构配备使用两个部分。

《国家基本药物目录（2018 年版）》于 2018 年 11 月 1 日起施行。该目录主要分为化学药品和生物制品、中成药及中药饮片 3 个部分。其中，化学药品和生物制品部分包括抗微生物药、抗寄生虫病药、麻醉药等 26 类药品，中成药部分包括内科用药、外科用药、妇科用药等 7 类药品。与《国家基本药物目录（2012 年版）》相比，《国家基本药物目录（2018 年版）》共调入药品 187 种，调出 22 种（其中有 17 种为化学药），目录总品种数量由原来的 520 种增加到 685 种，其中西药 417 种、中成药 268 种（含民族药）。

国家基本药物的主要特点有以下 4 点。

1. 基本药物是临床必需、疗效确切的药品。

2. 基本药物全部纳入政府定价范围，由省级集中网上公开招标采购。

3. 基本药物全部纳入基本医疗保障药品报销目录，报销比例明显高于非基本药物。

4. 国家发展改革委负责制定基本药物全国零售指导价格。基本药物全国零售指导价格原则上按药品通用名称制定并公布，不区分具体生产经营企业。

四、以剂型为主的药品分类

药物剂型即药物制剂，是指药物根据医疗需要，为了使用、运输和贮存方便，常被加工成不同的制剂形式。药物剂型有几十种，常按给药途径、药品形态等进行分类，见表 3－1。

表 3－1　　以剂型为主的药品分类

分类依据	类型
给药途径	口服制剂：片剂、胶囊剂、颗粒剂、散剂、丸剂、口服液体剂等 外用制剂：软膏剂、贴剂、滴眼剂、眼膏剂、含漱剂、栓剂、阴道片等 呼吸道吸入制剂：气雾剂、喷鼻剂、粉剂、喷雾剂、雾化吸入剂等 注射给药制剂：注射液、粉针剂、冻干粉针等
药品形态	固体制剂：散剂、颗粒剂、片剂、胶囊剂、丸剂等 液体制剂：水剂、溶液剂、注射剂、糖浆剂、合剂、洗剂、酊剂等 半固体制剂：栓剂、软膏剂、浸膏、膜剂等 气体制剂：气雾剂、喷雾剂等
医药商业保管习惯	针剂类：注射液、注射用无菌粉末（粉针）等 片剂类：片剂、丸剂及胶囊剂等 水剂类：液体制剂、半固体制剂、气雾剂等 粉剂类：原料药、颗粒剂、散剂等

五、按药品的来源分类

药品按照来源的不同，可以分成以下六类。

1. 植物药：利用植物的皮、花、根、茎及果实等药用部位制成的药物。例如，阿片中的吗啡，茶叶中的咖啡因，麻黄中的麻黄碱，黄花蒿中的青蒿素等。中药以植物药为最多，许多来源于植物的药物现已人工合成，如盐酸小檗碱（黄连素）等。

2. 动物药：利用动物的全体或部分脏器及其分泌物制成的药物。例如，从动物脏器中提取的抗凝血药肝素钠，从健康人尿中提取的尿激酶等。

3. 矿物药：直接利用矿物或经过加工而制成的药物，如硫黄、硼砂等。

4. 抗生素：细菌、真菌或其他微生物在生活过程中所产生的具有抗病原体或其他活性的一类物质。例如，从青霉菌的培养液中分离的青霉素，链霉菌产生的链霉素等。

5. 生物制品：以微生物、细胞、动物或人源组织和体液等为原料，应用传统技术或现代生物技术制成，用于人类疾病预防、治疗和诊断的药品，如人血白蛋白、干扰素等。

6. 人工合成药：用化学方法合成的药物。该类药可分为全人工合成药和半合成药，例如，阿司匹林、哌替啶等为全合成药，阿莫西林、琥乙红霉素等为半合成药。

六、按药理作用和临床用途分类

按药理作用和临床用途分类的优点是可以指导医师、药师、患者使用，使治疗不同疾病的药品名目清晰；缺点是每类药品剂型复杂，给储存与保管带来不便。本书将药品按药理作用与临床用途来进行综合分类，分为以下四大类。

1. 抗感染药、抗变态反应药。

2. 呼吸系统、消化系统、心血管系统、泌尿系统、血液系统、内分泌系统、神经系统用药。

3. 解热镇痛药、生物制品、维生素类及矿物类药。
4. 调节免疫功能及调节水、电解质、酸碱平衡药等。

第二节　药品的使用方法

学习目标

1. 掌握常见口服制剂、滴眼剂、滴耳剂、滴鼻剂和气雾剂的正确使用方法。
2. 熟悉软膏剂及乳膏剂、皮肤贴剂、栓剂、含漱剂的使用方法。

一、固体剂型药品的正确使用方法

（一）口服片剂、胶囊剂、散剂

服用方法：先少量饮水或者用水漱口以保持口腔湿润，将药片或胶囊放在舌根部，用水送服。如果药片或胶囊过大，可按药品说明书将药片捻碎、胶囊倒空，置于汤勺中，用水混合服下。

包衣片、肠溶片（胶囊）、缓（控）释制剂等须完整吞服。

口服散剂不能干服，应与水或糖水等其他液体混合后吞服。

泡腾片：口服泡腾片时，宜先用 100～150 mL 凉开水或温水浸泡，待药物充分崩解和释放（完全溶解或气泡消失）后再饮用。严禁直接服用或口含；若药液中有不溶物、沉淀、絮状物不宜服用。

咀嚼片：先在口腔内充分咀嚼，后宜喝少量温开水送服。

含片：普通含片放在面颊与齿龈之间含化，切勿在含有药片的情况下入睡，因为含片可能会滑至咽喉部，造成窒息。舌下含片（如硝酸甘油片）的正确服用方法是，将药片放在舌下，闭合口腔，接着在舌下聚集唾液，并尽量减少吞咽唾液的频率，以便让药片溶解；至少等待 5 分钟再喝水。

（二）局部用软膏剂及乳膏剂

清洗患处皮肤，擦干，将药膏按规定剂量尽可能薄地涂抹在皮肤上，轻轻按摩患处，直至药物被皮肤完全吸收。

（三）皮肤贴剂

选择在剧烈运动时皮肤相对稳定、不易受明显牵拉与摩擦的部位，如上臂，在无毛发或刮尽毛发之处贴上药片即可。及时更换新的药片，保证给药的连续性。为避免皮肤过敏，每次更换药片最好贴到身体的不同部位。

（四）栓剂

直肠栓剂：先排便清空肠道，洗手并擦干，取侧卧位，同时屈膝，一手戴上指套或手套取出栓剂，将栓剂的尖头朝里，尽量推至直肠深处，以舒适为宜，并拢双腿，静坐几分钟。

阴道用栓剂：取平卧位，同时屈起双膝，一手戴上指套或手套取出栓剂，将栓剂轻轻推入阴道中，并拢双腿，并保持仰卧姿势20～30分钟。

二、液体剂型药品的正确使用方法

（一）滴眼剂

滴眼液：将手洗净擦干，取坐位或卧位，保持双眼睁开，向上看，拇指或食指将眼睑下拉，形成小囊，滴管靠近眼睑（在眼睑上方2～3厘米，勿使管口触及眼睑或睫毛，以免污染），挤出规定剂量的药液到此小囊，闭上眼睛，用手指按压鼻侧眼角1～2分钟即可。若双眼患病，应先滴病变较轻的一侧，再滴病变较重的一侧；同时使用两种药液，宜间隔10分钟。

眼膏剂：挤出约1厘米长的线状眼膏，置于下拉眼睑形成的小囊中（如眼膏为盒装，则将药膏抹在玻璃棒上，涂敷于下眼睑内），使眼膏在眼中均匀分布。

（二）滴耳剂

将滴耳剂握在手中使其接近体温，将头偏向一侧，受感染的耳朵朝上，一手抓住耳垂轻轻向后上方拉起，使耳道变直，另一手持滴管，手掌根置于耳郭旁，滴入规定剂量的药液，轻压耳屏数次，使药液进入中耳腔。注意避免滴管污染。

（三）滴鼻剂和鼻腔用喷剂

滴鼻剂：张大鼻孔，将头后仰，滴入规定剂量的药液，保持5～10秒钟后，轻吸鼻2～3次即可。

鼻腔用喷剂：将喷雾器喷嘴插入鼻孔，挤压喷雾器，吸气即可。注意：将喷雾器从鼻孔中抽出之前，不要松手，防止鼻腔内的黏液和细菌进入喷雾器污染药物。

（四）气雾剂

使用前充分摇匀，保持站立，张口缓慢呼气，将气雾剂喷口装置放至嘴里或嘴边，开始吸气并按下按钮，缓慢吸入，屏住呼吸约10秒钟后用鼻慢慢呼气。如需多次吸入，休息1分钟后重复操作。

（五）含漱剂

使用前先将含漱剂按要求进行稀释，用清水漱口，将稀释后的含漱剂倒入口中，坚持含漱2～5分钟后吐出。因含漱剂中的成分多为消毒防腐药，含漱时不宜咽下；同时，使用含漱剂半小时内，不宜马上饮水和进食。

【案例分析】

一名老年患者到药店购买滴眼液，由于看不清药品说明书上标注的用法，请店员指导滴眼液的使用。

问题讨论：店员应指导该患者如何正确使用滴眼液？

思考与练习

一、选择题

1. 解热镇痛药属于按照（ ）分类。

A. 药品来源 B. 药理作用和临床用途

C. 药品剂型 D. 处方药和非处方药

2. 哌替啶属于（ ）。

A. 麻醉药品 B. 精神药品 C. 放射性药品 D. 医疗用毒性药品

3.《国家基本药物目录（2018 年版）》总品种数量为（ ）种。

A. 520 B. 685 C. 417 D. 268

4. 严禁直接服用或口含的片剂是（ ）。

A. 咀嚼片 B. 含片 C. 泡腾片 D. 肠溶片

5. 警示语为“凭医师处方销售、购买和使用！”的是（ ）。

A. 非处方药 B. 外用药 C. 处方药 D. 国家基本药物

6. 下列对处方药的描述正确的是（ ）。

A. 凭医师处方购买 B. 可自行判断购买 C. 可以向大众宣传 D. 安全性高

7. 下列药品剂型中，（ ）属于液体制剂。

A. 片剂 B. 胶囊剂 C. 气雾剂 D. 贴剂

8. 关于泡腾片的使用，下列说法正确的是（ ）。

A. 先在口腔内充分咀嚼，后宜喝少量温开水送服

B. 先用凉开水或温水浸泡，待药物充分崩解和释放后再饮用

C. 可直接口服

D. 掰开后口服

9. 使用口腔含漱剂（ ）分钟后可以饮水和进食。

A. 30 B. 5 C. 10 D. 20

二、思考题

1. 介绍片剂、胶囊剂、滴眼剂、栓剂等常用剂型的正确使用方法。
2. 介绍非处方药的主要特点。
3. 介绍国家基本药物的主要特点。
4. 特殊管理的药品有哪些？
5. 第二类精神药品具体有哪些品种？

实训三　常见药品分类实训

一、实训目的

1. 学生能够先利用医药商品包装上的专有标识、批准文号等信息对商品进行大类划分，再结合药品分类方法对药品类商品进行小类划分。

2. 小组协作完成分类任务单，并通过查阅现行版国家基本药物目录，绘制药品分类结构思维导图。

3. 通过实训巩固药品分类知识，掌握药品分类技能，强化药品分类管理的责任意识，达到学用结合的目的。

二、材料准备

1. 全班分成 8 个组，每组 6～7 人，人数少的班级可每组 5～6 人。

2. 每组有不同类别药品包装盒 60 种、现行版国家基本药物目录、计算机、网络。

三、实施步骤

1. 教师示范，以一个药品包装盒为例，通过包装盒信息读取，以及国家基本药物目录的查询，准确判断分类（从大类到小类），并完成分类任务单的内容。

2. 小组内分配任务，每人分配 10 个左右不同类别的药品，识别完毕后按教师示范要求完成分类，组内相互交换，进行检查。

3. 小组汇总数据，提交小组总分类任务单作业。

4. 小组讨论、协作完成药品分类结构思维导图，并提交作业。

5. 班内总结分享。

6. 教师评价总结。

【注意事项】

1. 优先选择具有代表性的药品品种。

2. 规范填写分类任务单中的商品信息。

3. 尽量避免选用分类有争议的药品。

4. 组内纠错时，教师要引导学生养成严谨扎实、精益求精的工作态度和职业习惯。

5. 绘制分类结构思维导图时，由教师引导启发，纸质版、电子版均可。

6. 预留时间让小组展示作业成果，尽量营造“比、学、赶、超”的学习氛围，进一步增强学生的获得感、成就感。

四、实施测评

按表 3-2 所列常见药品分类实训评分标准进行测评，并做好记录。

表 3-2　常见药品分类实训评分标准

序号	考核内容	考核标准	配分（分）	得分（分）
1	药品分区	药品、非药品分区正确	10	
2	药品分类	药品分类正确	40	
3	同组纠错	能够准确判断分类结果，并对错误的结果进行更正	20	
4	绘制思维导图	正确、全面地绘制思维导图	20	
5	团队合作	分工协作，参与积极性高	10	
合计（分）			100	

第四章

医药商品的陈列

学习引入

所谓陈列，就是将产品以引人注目的方式展示于合适的商店位置，满足客户需求，提升企业品牌形象。恰当的陈列能提升消费者的购买欲望，达到增加销售量的目的。因此，零售行业包括超市、药店等十分重视陈列技术，期望通过陈列优化增加门店客流量及销售额。

第一节　医药商品陈列原则和要点

学习目标

1. 掌握医药商品陈列的基本原则。
2. 熟悉医药商品陈列的基本要求。

医药商品陈列是一项技术性工作，不仅具有保管、宣传的作用，而且在一定程度上已成为衡量医药商品零售企业服务质量高低的重要标志，是企业决胜零售终端市场的有力保证。

医药商品是一种特殊的商品，陈列时必须符合《药品经营质量管理规范》的要求，同时也要符合销售商品的原则。

一、《药品经营质量管理规范》要求的陈列规范

根据《药品经营质量管理规范》，医药商品陈列应遵循“四分开”基本原则：①药品和非药品严格分开；②处方药和非处方药严格分开；③外用药和其他药品严格分开；④容易串味的药品严格分开。

在“四分开”基本原则的指导下，医药商品陈列还必须符合以下基本要求。

1. 处方药不得以开架自选的方式陈列和销售。处方药必须持处方购买，应集中摆放，并

制作明显标识，以提示消费者购买时出示处方。

2. 按剂型、用途及储存要求分类陈列，并设置醒目标志，类别标签字迹清晰、放置准确。为方便消费者选购和经营者取药，药店通常按用途和功能分类摆放药品。

3. 药品放置于货架（柜），摆放整齐有序，避免阳光直射。

4. 拆零销售的药品集中存放于拆零专柜或者专区。

5. 第二类精神药品、毒性中药品种和罂粟壳不得陈列。

6. 冷藏药品放置在冷藏设备中，按规定对温度进行监测和记录，保证存放温度符合要求，并按处方药、非处方药、内服、外用等相对集中陈列。

7. 中药饮片柜斗谱的书写应当正名正字；装斗前应当复核，防止错斗、串斗；应当定期清斗，防止饮片生虫、发霉、变质；不同批号的饮片装斗前应当清斗并记录。

8. 经营非药品应当设置专区，与药品区域明显隔离，并有醒目标志。

二、医药商品陈列的一般性原则

（一）易见、易取原则

商品正面面向顾客，不被其他商品挡住视线，货架底层不易看到的商品要平铺陈列或朝前陈列；货架顶层不宜陈列过高；过重和易碎的商品，应陈列在底层。

（二）先产先出、先进先出原则

药品零售企业在陈列药品时，应考虑到药品的有效期，根据药品有效期的远近进行药品摆放，近效期商品放在前面，以促进近效期药品的销售。

（三）纵向陈列原则

同类别或同一品牌商品采用纵向陈列方式摆放在货架不同高度的层位上，方便顾客选择，也方便营业员推荐商品。

（四）足量、整齐原则

陈列的商品一定要足量，让顾客有商品丰富、品种齐全的直观印象。同时，也可以提高货架的储存功能，加速商品周转。

在医药商品陈列时，为了更好地销售商品，也可采取突出主题、季节性陈列等方法，把主推的商品或应季商品陈列在端架、花车等黄金位置和醒目位置，容易吸引顾客注意，起到较好的陈列效果。

【案例分析】

近期，药店店长经盘点发现，个别药品有少量近效期库存，但近期采购的一批该药品有销售记录，便找店员小李了解，小李意识到有可能是药品上架陈列工作的问题。

问题讨论：

1. 小李在药品上架陈列中有可能未遵循什么原则？

2. 小李进行药品陈列还需要遵循哪些原则？

三、医药商品陈列的其他要点

1. 含特殊药品复方制剂的陈列要点：药品零售企业不得开架销售含特殊药品复方制剂，应当设置专柜集中陈列。

2. 同类化学药与中成药的陈列要点：同一类别的化学药和中成药不必分开陈列，但须相对集中陈列。

3. 外用药的陈列要点：外用药中有妇科、皮肤科、五官科等用药，较为复杂，因此可按药品科别相对集中陈列。

4. 包装规格具有差异性品种的陈列要点：药品包装相近或不同批号的药品要分开。同一功效药品，因剂型不同（如片剂、胶囊剂、口服液等）、包装不同［如瓶装（方瓶、圆瓶、扁瓶）、纸盒装、盆装等］，导致外包装规格差异大，在陈列时应注意品种或品类的造型。

5. 具体品种的陈列基本要点：①正面朝外勿倒置；②能竖不躺上下齐；③左小右大低到高；④价签商品要对齐。

6. 非药品陈列要点：非药品应在药柜之外摆放，不应与药品混放，更不能摆在药品中间。有经营避孕药具等家庭常用医疗器械资格的药店，应设置医疗器械专柜。

第二节　药店常见的分类陈列

学习目标

1. 掌握零售药店常见分类。
2. 熟悉药店内商品常见的分类陈列。

一、零售药店常见分类

由于药店的规模、经营模式、主营品种、地理位置、性质、服务群体等的不同，药店之间存在着很大的差异。药店类别不同，其医药商品陈列方式也有所不同。零售药店常见分类主要有以下三种。

（一）按药店规模分类

1. 连锁药店：以连锁形式存在的药店，在一个地区通常有多家药店，甚至跨地区、跨省经营。药店经营的商品中，除处方药外，其余的非处方药、非药品多采用开架式，以便于顾客自由选购，一般营业面积相比于单体药店较大。

2. 单体药店：以个人注册形式存在的药店，通常只有一家。一般营业面积较小，工作人员少，更注重交易的便捷性。

（二）按药店经营模式分类

1. 超市自选类：开放式货架的陈列，顾客自选购药，开放式货架不能摆放处方药。

2. 指导购药类：顾客第一时间接触不到药品，需营业员指导购药，也称全封闭。

3. 半指导购药类：顾客第一时间接触不到处方药，需营业员指导购药，也称半开架。

（三）按药店经营品种分类

1. 多品类经营店：不仅有药品，还有食品、日化用品、化妆品的大型药店。

2. 药品专业店：以药品为主，不涵盖食品、日化用品、化妆品的药店。

3. 特色专业店：经营特色品种的专业店，如肿瘤药品店。

二、药店内商品常见的分类陈列

对于药店内商品的陈列，首先确认所要经营商品的大类、中类和小类，然后按照中西药、价格、剂型等要素进行细分。

（一）药店商品大类的分类陈列

药店常见的商品大类的分类陈列见表 4－1。

表 4－1　　药店常见的商品大类的分类陈列

第一种	第二种	第三种	第四种
化学药品	化学药品	化学药品	化学药品
中成药	中成药	中成药	中成药
中药饮片	中药饮片	中药饮片	中药饮片
保健食品	保健食品	保健食品	保健食品
其他	医疗器械	医疗器械	医疗器械
	其他	化妆品	第二类精神药品
		其他	其他

（二）药店商品中类、小类的分类陈列

目前，药店内商品的中小分类没有统一标准。零售药店可结合各自的经营品种，根据其适应证或功能主治进行归类或添加。

1. 以药品为主、结合非药品的分类陈列

药店常见的以药品为主、结合非药品的分类陈列见表 4－2。

表 4－2　　药店常见的以药品为主、结合非药品的分类陈列

序号	品类	序号	品类
1	抗微生物药	6	泌尿系统用药
2	心血管用药	7	激素及内分泌系统用药
3	消化系统用药	8	免疫系统用药
4	呼吸系统用药	9	妇科用药
5	神经系统用药	10	五官科用药

续表

序号	品类	序号	品类
11	解热镇痛类药	17	第二类精神药品
12	清热解毒类药	18	含特殊药品复方制剂
13	维生素与矿物类药	19	综合类药
14	补益类药	20	医疗器械
15	骨伤科用药	21	保健食品
16	外用药	22	健康减肥产品

2. 特殊用品的分类陈列

调脂产品、性用品（含计生用品）、除臭止汗用品等可单独陈列。

3. 非药品的分类陈列

（1）保健食品：维生素与矿物质、美容补血、参茸补品、免疫力调节、减肥润肠、儿童健康、辅助治疗等。

（2）洗护产品：化妆品、护肤品、洗发护发产品、沐浴产品等。

（3）医疗器械：手术器械、血压计、植入式心脏起搏器等。

第三节 陈列方式

学习目标

掌握零售药店药品陈列方式。

一、货架陈列

药店货架是消费者识别、选择、获取医药商品的主要载体。开架自选的药品常采用货架陈列，药品陈列在开放式的货架或展台上，消费者能够更快、更便捷地挑选所需药品，使得药店与消费者之间更具互动性。

药店的货架管理就是根据所要陈列的商品选择合适的货架，对货架上医药商品陈列的顺序、位置、空间和容量等进行系统安排和科学合理利用。一般药品的包装较小，所以用宽 100 厘米、层距 35 厘米的四至五层货架即可，端架用高 140 厘米、宽 70 厘米、层距 35 厘米的四层货架。

在处方药区，陈列在背柜时，所有药品立式陈列，药品间隙较小；畅销药品和主推药品放于中间两层。

在非处方药区，货架第一层、第二层为黄金陈列位置，以主推商品为主，可采用立式和平铺式两种陈列相结合的方法。例如，在三层以下采取平铺式陈列，外用药在任何一层均可采用平铺式陈列。底层一般放置滞销商品或体积较大的商品，也可使用塑料篮集中陈列一些低价高销量的商品，如凉茶、小塑料包装袋等。

二、柜台陈列

现在药店里的柜台多为90～100厘米高，用两块玻璃隔板隔成三段，这种柜台比较适宜采用排队陈列或堆码陈列的分类、组合方式。

（1）药品采用平铺式陈列。陈列时要将商标、图案面向顾客。

（2）第一层满层陈列，其他层不得少于层板宽度的2/3。畅销药品和主推药品放于第一层，便于顾客购买。柜台的底层可整齐地码放储备的存货，以充分利用空间。

（3）对每个单元的艺术处理，都要注意局部和整体的统一，辅助的道具要精巧别致，陈列时可用丝织物加以衬托，以体现药品的高品质。

（4）瓶装商品（如药酒、口服液等）除去外包装后的陈列，能使顾客对商品的内在质地产生直观的感受，进而激发顾客的购买欲望。

第四节 陈列位置的选择

学习目标

1. 掌握零售药店药品陈列位置的选择。
2. 熟悉不同位置的药品陈列技巧。

医药商品种类繁多，同类的品种也较多，因此，只有将药品以适当的形式（考虑数量、价格、空间、组合方式等）陈列在适当的位置，才能吸引消费者选购药品，最大限度地提高销量。

一、黄金陈列位置

药店在进行陈列时，应考虑药品的规格大小、包装形状及药品的售出频率，主营品种要摆在消费者比较容易看见的位置。药店的商品陈列一定要遵循易见、易选、易找的原则，商品的最佳陈列位置为消费者视线的水平位置，因此一般离地面80～160厘米的位置为黄金位置。

（一）消费者经过的主要位置

消费者经过的主要位置如图4－1所示。

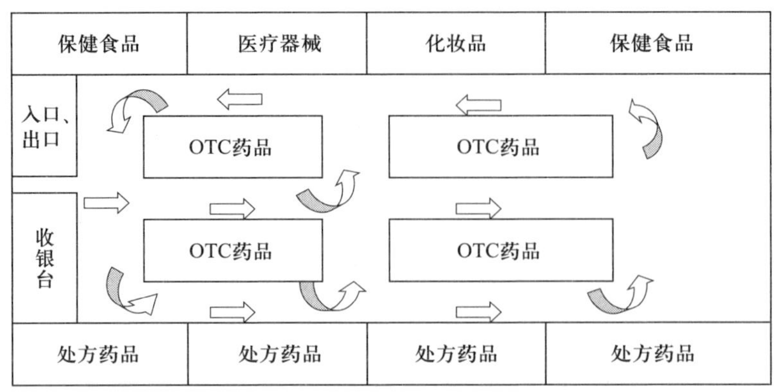

图 4－1　消费者经过的主要位置

1. 消费者进入药店，第一眼看到的位置，即卖场正对门口位置。

2. 各个方向不阻挡消费者视线（主要为沿卖场顺、逆时针行走时的视线）的位置。

3. 消费者经常经过的交通要道。

（二）消费者容易拿到或者看到药品的位置

1. 营业员后方柜台：视线与肩膀之间的高度。

2. 营业员前方柜台：柜台上面第一层。

3. 最贴近玻璃的地方。

4. 非处方药采用自选形式的，消费者较易拿取的位置为优势位置。

5. 同类药品的中间位置。

6. 著名品牌药品旁边的位置。

在收银台或入口、出口处，陈列一些小产品，如润喉片、抗酸药、维生素类药和微量元素类药等。

选择陈列位置时，除以上位置外，还应注意的是要根据药店药品类别布局而定；另外，要保持始终有一个固定位置的药品陈列，方便消费者重复购买。

二、关联性陈列

关联性陈列旨在引导消费者购药时，能自然而然地过渡到购买另一种药品上，既方便消费者，也能增加药品的销售机会。一方面要考虑消费者的购物习惯和购物顺序，例如，感冒药→清热解毒药→五官科用药→止咳药→消炎药。另一方面也要考虑药品之间、药品区与非药品区之间的关联性陈列，以及主力商品与辅助商品的搭配陈列。

（一）药品之间的关联性陈列

1. 抗生素和呼吸系统用药、消化系统用药、泌尿系统用药相邻陈列。

2. 感冒药常和清热解毒药、消炎药或止咳药相邻陈列。

3. 感冒药与消炎药、增强抵抗力等商品相邻陈列。

4. 妇科药品和儿科药品相邻陈列。

5. 维生素类药和钙制剂相邻陈列。

6. 儿童健康维生素矿物质产品和提高记忆力、补血类产品等相邻陈列。

药品之间的关联性陈列可使消费者购药时产生连带性，方便消费者购药。

（二）药品区与非药品区之间的关联性陈列

1. 老年心血管用药、补益类药尽可能和具有辅助作用的保健食品相邻陈列。

2. 治疗辅助、助眠产品与减轻疼痛、戒烟类产品相邻陈列。

3. 除臭止汗、性用品与健康器械相邻陈列。

4. 凉茶、减肥产品、通便茶等相邻陈列。

注意药品不能和医疗器械、保健食品等非药品在同一个货架上陈列，例如，紧急避孕药与避孕套，润嗓、祛火的保健食品与金嗓子喉片、西瓜霜润喉片等药品必须分开陈列。

（三）主力商品与辅助商品的搭配陈列

主辅陈列的目的主要是用高周转率的商品带动低周转率的商品销售。例如，将购买频率高的商品与购买频率低的商品搭配陈列，单位价格高的商品与单位价格低的商品搭配陈列。

三、端架陈列

端架是指整排货架的最前端或最后端，即消费者流动线转弯处所设置的货架，常被称为最佳陈列点。端架通常用来展示季节性药品、广告支持药品、特价药品、利润高的药品、新药品及重点促销的药品。端架可进行单一大量的药品陈列，也可几种药品组合陈列，所展示的药品应有固定位置。

四、堆头陈列

堆头陈列是在不同的季节将应季商品（药品）陈列在醒目的位置，陈列面和量较大，并悬挂海报以吸引消费者、促进销售的一种陈列方式，如图 4－2 所示。

图 4－2　堆头陈列

五、专柜陈列

专柜陈列包括以下五种。

1. 按品牌设立专柜：一般为同一厂商的各类药品的陈列。

2. 按功能设立专柜：将相同或关联功能的药品陈列在同一专柜，如男性专柜、减肥专柜、糖尿病专柜。

3. 利用柱子的“主题式”陈列：一般而言，柱子太多的店铺会导致陈列不便，但若将每根柱子做“主题式”陈列，不但突出，而且能营造气氛。

4. 陈列贵重精美仪器：如电子血糖仪、电子血压计、助听器等。

5. 陈列贵重药品：药店应按照提高药品价值感的思路去摆放药品。例如，贵重药品所在的玻璃橱柜中要留有适当的空间，周围用灯光和小饰物烘托氛围，以彰显药品价值。

思考与练习

一、选择题

1. 关于陈列的规定，下列描述错误的是（　　）。

A. 危险品不陈列

B. 药品与非药品分开存放

C. 药品根据温湿度要求，按规定储存条件存放

D. 处方药与非处方药可以同柜陈列

2. 零售药店在陈列药品时，一般不要求（　　）。

A. 药品与非药品分开　　B. 处方药与非处方药分开

C. 内服药与外用药分开　　D. 胶囊剂与片剂分开

3. 以下不属于医药商品陈列的一般性原则的是（　　）。

A. 易见、易取原则　　B. 足量、整齐原则

C. 突出展示重点原则　　D. 先进先出原则

4. 社会药房主推的药品要突出重点陈列，应将其陈列在顾客最容易看到的位置，如黄金地带、端架、堆头或黄金位置等，体现了（　　）。

A. 易见、易取原则　　B. 先进先出原则

C. 满陈列原则　　D. 同一品牌垂直陈列原则

5. 将高周转率的商品与低周转率的商品搭配陈列，体现了（　　）。

A. 主辅陈列　　B. 季节性陈列

C. 主题陈列　　D. 专柜陈列

二、思考题

1. 按照《药品经营质量管理规范》，医药商品陈列的基本原则及要求是什么？
2. 简述药店内医药商品的主要分类及归类原则。
3. 如何做好医药商品的关联性陈列？

实训四　医药商品陈列

一、实训目的

1. 掌握常见医药商品的陈列方式、陈列的基本原则及流程。
2. 能够按照不同的营销策略设计和实施不同的医药商品陈列。
3. 培养严谨、细心、认真的工作态度和创新意识。

二、材料准备

1. 全班分成 8 个组，6～7 人一组，人数少的班级可 5～6 人一组。
2. 模拟药房，货架、柜台、堆头等陈列设施若干。
3. 每组不同类别的医药商品包装盒 50 种。

三、实施步骤

1. 教师示范，明确陈列原则。

2. 小组抽签领取任务，每组分配 50 个不同类别的医药商品，小组根据商品选择不同的陈列方式。

3. 小组讨论、协作完成医药商品陈列，拍照并上传至学习平台。

4. 班内总结、分享和展示。

5. 教师评价总结。

【注意事项】

1. 优先选择具有代表性的医药商品品种，如知名度高或者网店销量高的。

2. 医药商品陈列应遵循“四分开”、先进先出等原则，同时注意易混淆医药商品的陈列。

3. 尽量避免选用分类有争议的医药商品用于实训。

4. 陈列时，教师要引导学生养成严谨扎实、精益求精的工作态度和职业习惯。

5. 预留时间让小组展示作业成果，尽量营造“比、学、赶、超”的学习氛围，进一步增强学生的获得感、成就感。

四、实施测评

按照表 4－3 所列常见医药商品陈列实训评分标准进行测评，并做好记录。

表 4－3　　常见医药商品陈列实训评分标准

序号	考核内容	考核标准	配分（分）	得分（分）
1	制定陈列方案	方案合理可行	20	
2	完成陈列	所陈列医药商品符合陈列原则，陈列正确、美观	40	
3	班内分享展示	声音洪亮，语言清晰，完整阐述	20	
4	团队合作	分工协作，参与积极性高	20	
合计（分）			100	

第五章

药物作用与合理用药

学习引入

提到药物，人们通常认为其作用是治病。但药物不仅能治病，还可能“致病”。俗话说，“是药三分毒”。合理使用药物可取得良好疗效；不合理使用则不仅达不到防病、治病的目的，而且可能会延误治疗、加重病情，甚至危及生命。临床实践中，不合理用药现象时有发生，轻则给患者带来不必要的痛苦，重则可能酿成医疗事故。实现合理用药需要多方面努力，包括医务工作者与患者之间的有效沟通、便捷可及的药学服务，以及政策制定者对药物供给与分配的合理规划。合理用药要求准确诊断疾病，针对病因和主要病症选择最适宜的药物，通过正确的途径，给予适当剂量，按合理时间间隔完成正确疗程，以达到预期目标。在无必要用药的情况下应避免用药；若必须用药，则需考虑疗效。为尽快治愈患者，在同类可选药物中，应在保证安全的前提下首选疗效最佳者。同时，需权衡疗效与不良反应的轻重。

第一节　影响药物作用的主要因素

学习目标

1. 掌握影响药物作用的主要因素。
2. 熟悉剂量的基本概念。

药物在体内产生的作用受多种因素的影响，主要包括药物方面的因素（如药物的化学结构、剂量、剂型、给药途径等）和机体方面的因素（如性别、年龄、体重、生理因素等）。上述因素不仅影响药物的作用强度，有时还会改变药物的作用性质。因此，在使用药物的时候不仅要了解药物的作用和用途，还应了解影响药物作用的因素，以便更好地掌握药物合理使用的规律，充分发挥药物的治疗作用，减少不良反应的发生。

一、剂量

药物的剂量与年龄、性别、体重等密切相关，不同剂量的药物所产生的作用是不同的。在一定范围内，剂量越大，体内的药物浓度就越高，作用越强，甚至会发生中毒，以致死亡。

1. 最小有效剂量，是指刚好产生有效作用的剂量。可因个人不敏感或疗效不明显而延误病情。

2. 极量，是指安全用药剂量的最大极限，超过极量就有发生中毒的危险。国家标准对某些作用强烈、毒性较大的药物规定了极量，可视为用药的极限。除非在必要且特殊的情况下，一般不采用极量，更不应该超过极量，否则可能引起医疗事故。

3. 常用量（治疗量），是指从最小有效量到极量之间的范围，是临床上常用于治疗疾病的剂量。在一般情况下，常用量既可获得较好的疗效，又比较安全。

4. 最小中毒量，是指能够引起中毒反应的最小剂量。

二、给药途径、给药时间和给药次数

（一）给药途径

给药途径不同会直接影响药物的吸收、分布、代谢和排泄，影响药物的作用强度和吸收速率。有的药物会因为不同的给药途径而产生不同的药理作用，如口服硫酸镁具有泻下作用，而注射则产生抗惊厥作用。还有的药物会因不同的给药途径而产生不同的药理活性。例如，儿茶酚胺类药物口服无效，只有注射给药才有拟交感活性。不同的给药途径会导致药物的吸收速度差异，药效产生的时间从快到慢依次为静脉注射、肌内注射、皮下注射、口服、皮肤给药等。

（二）给药时间、给药次数

大多数药物需在适当的用药时间服用才可以充分发挥药效。一般情况下，饭前服药吸收效果好，药效发挥作用较快；饭后服药吸收效果较差，起效也相对较慢。但是部分对胃肠道刺激性较大的药物适合饭后服用。用药次数应依据病情的需要和药物的半衰期确定，如肝、肾功能不全的患者用药剂量和用药次数应减少；半衰期短的药物给药次数应增加，但要考虑患者的耐受性。

三、联合用药

联合用药是指将两种或两种以上药物同时或先后应用进行治疗，目的是提高疗效、减少不良反应。如使用不当，会降低疗效，造成浪费，甚至产生严重的不良反应。联合用药既有协同作用，又有拮抗作用。

（一）协同作用

两种或两种以上药物合并应用，其作用互相协同，效应增加，称为协同作用。如磺胺类药与甲氧苄啶合用，阿莫西林与克拉维酸合用，可增强抗菌作用。

（二）拮抗作用

两种或两种以上药物合并应用后，因相互作用产生效应抵消，从而药效减弱，称为拮抗作用。合理正确地利用药物之间的拮抗作用，可以纠正一些药物引起的不良反应或用于解救药物中毒。

四、机体的因素

（一）年龄

年龄是影响药物作用的一个重要因素。婴幼儿和儿童的肝、肾功能及中枢神经系统等尚未发育完全，服用某些在肝脏代谢的药物容易引起中毒。例如，氯霉素主要在肝脏代谢，早产儿、新生儿的肝功能发育不全，极易引起中毒；婴儿的血脑屏障发育也不完善，对药物的代谢和排泄功能较弱，对药物的耐受性也较差，因此应按照体重或者体表面积来决定用药剂量。老年人由于肝、肾功能减退，对药物的代谢和排泄功能也减弱，用药剂量一般为成年人的 3/4；对升压药、麻醉药等特别敏感的，使用时应严格控制剂量。

（二）性别

性别的不同会影响药物的作用。女性体重一般低于同龄男性，在使用治疗指数低的药物时，女性可能需要较小剂量。女性机体的脂肪含量较男性高，水含量则相对较低，这可能影响药物的分布和作用。性激素及相关药物与性别关系密切，同样剂量的女性激素类药物对男性的作用较女性更明显，反之亦然。女性在特殊生理周期会受到某些药物的影响，月经期一般慎用泻药，妊娠期禁用具有致畸作用的药物，分娩期不可使用延长产程的药物，哺乳期则应避免使用可以经乳汁分泌的药物。

（三）精神状态

患者的精神状态对药物作用也有明显的影响。一般情况下，积极乐观的情绪对疾病的痊愈可产生有利的影响，而忧郁、悲观的情绪会影响药物的疗效。使用安慰剂后，很多疾病如高血压、心绞痛等的症状能够得到很大的改善。

（四）个体差异

在年龄、体重、性别等条件相同的情况下，多数患者的药物效应是相同的，但也有少数患者的药物效应是不同的。有的患者对某种药物特别敏感，使用最小有效量，却能产生较强的作用，对该患者而言可能就是中毒剂量，这种现象被称为高敏性；有的患者对某种药物特别耐受，需要用较大的剂量，可能到了通常的中毒剂量才能产生应有的疗效，这种现象被称为耐受性。所以，对于作用强而安全范围较小的药物，应根据患者的实际情况调整剂量，即剂量的个体化。

第二节　合理用药

学习目标

1. 掌握如何遵循合理用药的原则审核处方。
2. 了解促进合理用药的措施。

一、合理用药概述

（一）基本概念和意义

自 20 世纪 90 年代以来，国际药学界就合理用药问题达成共识，并赋予合理用药科学、完整的定义：以当代药物和疾病的系统知识和理论为基础，安全、有效、经济、适当地使用药物。

目前，让广大人民群众有病可医、有药可用，用则安全、有效、经济、适当是医药卫生工作者奋斗的目标。因此，合理用药的意义和目的就是充分发挥药物的作用，既关乎个人微观层面，也涉及国家与社会的宏观层面；不仅要实现经济效益，还要实现社会效益。

（二）基本要素

从用药的过程和结果考虑，合理用药应当包括安全性、有效性、经济性和适当性四大要素。其中，安全性和有效性是合理用药的首要条件。

1. 安全性

安全性是指药物使用过程中或使用后引起的不良反应或严重不良反应的情况，强调以最小的治疗风险取得最大的治疗效果，并非追求绝对无不良反应。

2. 有效性

药品在规定的适应证、用法和用量条件下，能够满足预防、治疗、诊断人的疾病，有目的地调节人体的生理机能的要求。

3. 经济性

经济性是指获得单位用药效果所投入的成本应尽可能低。不合理用药会造成严重的药品浪费，加重国家和社会组织的经济负担。因此，药品的经济性也是判断合理用药的指标。

4. 适当性

合理用药最基本的要求是根据用药对象选择适当的药品，在适当的时间，以适当的剂量、途径和疗程，达到适当的治疗目标。适当性原则强调尊重客观现实，立足当前医药科学技术和社会的发展水平，避免不切实际地追求高水平的药物治疗。

二、处方审核中应遵循合理用药原则

医师在开具处方时应遵循合理用药的原则，药师及护师应把好关，遵循合理用药原则审核处方。

（一）严格掌握适应证、禁忌证，正确选择药物

正确选择药物在治疗过程中起着重要作用，尤其是抗菌药物的应用。无指征地滥用抗菌药物不仅造成很大的浪费，加重患者的负担，而且增加发生药物不良反应的概率。临床用药指征掌握不严的情况也见于肾上腺皮质激素类药物，骤然停药后体内肾上腺分泌激素的量来不及相应地增加，从而出现疲乏无力、恶心呕吐等一系列症状，甚至会造成疾病加重或复发。另外，解热镇痛药和维生素类药的使用也要注意用药指征。

（二）明确联合用药的目的

联合用药的目的是增强疗效，降低毒性和减少副作用，延缓耐药性的发生。当今药物的种类越来越多，相互作用也越来越复杂，盲目联合用药不可取，明确联合用药目的，才能更好地使用药物。

（三）充分考虑影响药物作用的各种因素，制定合理的用药方案

影响药物作用的主要因素是药物因素及机体因素。量效关系、剂型、给药时间、给药途径及制剂工艺等均可明显影响药物的作用。

三、促进合理用药的措施

（一）推行基本药物政策

20 世纪 70 年代，世界卫生组织提出“基本药物”的概念。我国于 1992 年开展制定国家基本药物的工作，从我国临床应用的各类药物中遴选出符合基本医疗卫生需求、剂型适宜、价格合理、能保障供应、公众可公平获得的药品。

（二）开展用药监护

临床监护工作主要由临床药师向医师通报临床用药的药物信息、医院用药的新进展及处方用药方面存在的问题等，以达到不断提高临床用药水平的目的。

（三）加强药品上市后的再评价工作

药品上市后不再受临床试验时各种因素的制约，在用药病例增多、患者和疾病的复杂化、使用范围广泛等影响下，药品不良反应的发生概率就会增大，导致药物对特定患者产生特殊的情况增多。为保证药品的安全性和有效性，世界卫生组织从 20 世纪 60 年代开始就推行国际药物监测合作，我国于 1998 年参与。药品上市后监测制度是确保人民用药安全、有效的制度，是药品监督管理体系的重要组成部分。

（四）发挥执业药师的作用

执业药师既要准确无误地执行医嘱，又负有重要的把关责任。因此，执业药师应有相应的业务水平，在合理用药方面做到：保证药品质量，严格按要求妥善贮存保管，杜绝伪劣药品，防止用药差错，确保临床用药安全、有效、合理；有针对性地向临床医师推荐安全有效

的药物，提供医学情报，及时发现、报告药物不良反应，评价药剂的稳定性和疗效，收集和总结临床用药经验等。

思考与练习

一、选择题

1. 影响药物作用的主要因素是（　　）。（多选题）

A. 剂量　　B. 药物的剂型　　C. 给药途径　　D. 患者的生理因素

2. 治疗剂量的最大极限是（　　）。

A. 最小有效剂量　　B. 最小中毒量　　C. 极量　　D. 治疗量

3. 下列给药途径起效最快的是（　　）。

A. 静脉注射　　B. 肌内注射　　C. 皮下注射　　D. 口服

4. 合理用药最基本的要求是（　　）。（多选题）

A. 适当的药品　　B. 适当的时间　　C. 适当的剂量　　D. 适当的途径

5. 不属于合理用药四大要素的是（　　）。

A. 安全性　　B. 经济性　　C. 有效性　　D. 科学性

二、思考题

1. 药师如何审查处方中用药的合理性？
2. 采取哪些措施可以促进合理用药？

实训五　合理用药社区宣教训练

一、实训目的

1. 检验学生对合理用药概念的理解和认知。
2. 锻炼学生收集、检索、整理知识的能力。
3. 锻炼学生语言表达、知识讲解、沟通的能力。
4. 培养学生仁爱之心、关爱他人的品质，以及职业责任感和使命感。

二、材料准备

1. 计算机、网络。

2. 药品包装盒、卡片、模拟药房（或教室）、多媒体投影设备。

3. 模拟社区老人。

三、实施步骤

1. 任务布置。将学生分成四组，围绕选择适当的药物、剂量、时间、途径、患者、疗程等方面，由教师指导学生分别查找资料，重点关注合理用药、用药安全等宣教知识内容。

2. 信息搜索。学生利用课余时间准备材料、收集相关信息。

3. 确定发言稿。各组需根据分配的任务，根据健康宣教内容制作幻灯片，写出讲稿，小组内交流讨论。

4. 情景模拟。根据拟介绍的内容制作幻灯片，采用不同的方式完成情景模拟。

5. 教师点评。

【注意事项】

1. 查找资料时选取官方、权威的机构发布的宣教内容。

2. 学生准备宣教内容时，教师全程进行指导，确保知识的准确性、权威性。

3. 可加强演练，在过程中加深学生对合理用药的理解。

4. 组内可自由开展“小药师”竞赛，以准药师的身份提高学生对职业的兴趣和使命感。

四、实施测评

按表 5－1 所列合理用药社区宣教评分标准进行测评，并做好记录。

表 5－1　　合理用药社区宣教评分标准

序号	考核内容	考核标准	配分（分）	得分（分）
1	仪表仪态	仪表大方，谈吐自如	10	
2	语言表达	声音清晰，言简意赅，突出重点，条理分明	30	
3	宣教材料准备、分析	材料准备充分，分析准确、到位	30	
4	幻灯片设计	图文并茂，布局合理	20	
5	团队合作	分工协作，参与积极性高	10	
合计（分）			100	

中篇

药品类医药商品

第六章 抗感染药

学习引入

感染是指细菌、病毒、真菌、寄生虫等病原体侵入人体所引起的局部和全身性炎症反应。引起感染的原因包括感染性和非感染性因素（如炎症、肿瘤、免疫紊乱等）。20 世纪 40 年代以前，人类尚未掌握一种能高效治疗细菌性感染且副作用小的药物。虽然青霉素问世给人类带来了福音，但抗生素的滥用也导致耐药菌越来越多。各种新发传染病的出现，一方面给人类带来了挑战，另一方面也推动了抗感染药物的研发。

抗感染药物是指用于治疗由病原体（如病毒、衣原体、支原体、立克次体、细菌、螺旋体、真菌、寄生虫等）所致感染的各种药物。抗感染药物的给药方式包括口服、肌内注射和静脉滴注等。其中，静脉滴注因其起效快、生物利用度高、便于血药浓度控制等优点，成为临床上重要的给药途径，尤其在抢救危重患者时被广泛使用。

我国现有的国产抗感染药物品类众多，包括抗生素、人工合成抗菌药、抗结核病药、抗真菌药、抗病毒药、抗寄生虫药等。本章主要介绍抗生素、人工合成抗菌药、抗结核病药、抗真菌药、抗病毒药、抗寄生虫药等抗感染药物及其代表药品的基本信息。

本章关于抗感染药的相关概念包括以下内容。

1. 抗菌药物：指对病原菌具有杀灭或抑制作用的各种抗生素和人工合成抗菌药物。

2. 抑菌药：指仅能抑制病原菌生长繁殖而无杀灭作用的药物，如四环素类、红霉素类、磺胺类等。

3. 杀菌药：指不仅能抑制病原菌生长繁殖，而且具有杀灭作用的药物，如青霉素类、头孢菌素类、氨基糖苷类等。

4. 抗菌谱：指抗菌药物抑制或杀灭病原菌的范围。对多种致病菌或病原微生物有抑制或杀灭作用的药物称为广谱抗菌药，如氯霉素、四环素等；仅对某一菌种或菌属有作用的药物称为窄谱抗菌药，如天然青霉素、万古霉素等。

5. 耐药性：又称抗药性，分为天然耐药性和获得耐药性两种。天然耐药性属细菌的遗传特性，如铜绿假单胞菌对大多数抗生素均不敏感；获得耐药性是指病原菌反复接触抗菌药物后，通过结构或功能变异，对该药物的敏感性降低或消失。

第一节　抗生素

学习目标

1. 掌握抗生素的分类和常见抗生素的名称、适应证、常用制剂及规格。
2. 熟悉常见抗生素典型不良反应、药物评价及贮藏要求等。

抗生素系指由细菌、真菌或其他微生物在生命过程中所产生的，对细菌、真菌、病毒、立克次体、衣原体、支原体等病原微生物具有杀灭或抑制作用的一类产物。自 1943 年青霉素应用于临床以来，抗生素的种类已有几千种，临床上常用的有几百种。抗生素主要从微生物的培养液中提取，或者用合成、半合成的方法得到。

抗生素按其结构可分为 β- 内酰胺类（青霉素类、头孢菌素类、其他 β- 内酰胺类）、大环内酯类、氨基糖苷类、四环素类、酰胺醇类以及其他类抗生素。

一、青霉素类

青霉素自 20 世纪 40 年代投入使用以来，应用广泛，是一类重要的抗生素。青霉素类包括天然青霉素和半合成青霉素。天然青霉素对大多数革兰氏阳性菌（如链球菌、肺炎球菌、葡萄球菌、白喉杆菌、破伤风杆菌）和少数革兰氏阴性菌（如脑膜炎球菌、淋球菌），以及螺旋体和放线菌有强大的杀菌作用，但对病毒、真菌、支原体、立克次体无效。为了克服其不耐酸、不耐酶、抗菌谱窄、容易引起变态反应等缺点，人们对青霉素进行了结构改造，研制开发了耐酶、耐酸、广谱的半合成青霉素。

青霉素类药物的类别、特点及代表药物见表 6-1。

表 6-1　青霉素类药物类别、特点及代表药物

类别		特点	代表药物名称
天然青霉素		主要对革兰氏阳性菌有效，主治化脓性球菌感染，不耐青霉素酶	青霉素 G，苄星青霉素
半合成青霉素	耐酸青霉素类	抗菌谱与青霉素相同，耐酸，口服	青霉素 V，非那西林，丙匹西林
	耐酶青霉素类	对 β- 内酰胺酶稳定性高，具有抗耐药金黄色葡萄球菌的能力，耐酸	甲氧西林，氯唑西林，苯唑西林
	作用于革兰氏阴性菌的青霉素	主要作用于革兰氏阴性菌	美西林，匹美西林，替莫西林
	广谱青霉素	广谱，耐酸，可口服。对革兰氏阳性菌、革兰氏阴性菌都有杀菌作用；不耐酶，对耐药金黄色葡萄球菌无效	阿莫西林，氨苄西林，匹氨西林

续表

类别		特点	代表药物名称
半合成青霉素	抗铜绿假单胞菌广谱青霉素	对铜假绿单胞菌有强大作用，主要作用于铜假绿单胞菌	哌拉西林，羧苄西林，美洛西林，阿洛西林，磺苄西林，替卡西林
复合制剂		合用β- 内酰胺酶抑制剂，抗菌谱扩大，对β- 内酰胺酶稳定性增强	氨苄西林舒巴坦，阿莫西林克拉维酸钾，替卡西林钠克拉维酸钾

阿莫西林

【商品名】阿莫仙，阿莫林，再林[①]

【适应证】主要用于治疗敏感菌引起的各种感染。①上呼吸道感染：鼻窦炎、扁桃体炎、咽炎等。②下呼吸道感染：急性支气管炎、慢性支气管炎急性发作、肺炎、肺脓肿和支气管肺炎合并感染等。③泌尿系统感染：膀胱炎、尿道炎、肾盂肾炎、前列腺炎、盆腔炎、淋病奈瑟球菌尿路感染及软性下疳等。④皮肤和软组织感染：疖、脓肿、蜂窝织炎、伤口感染等。⑤其他感染：中耳炎、骨髓炎、败血症、腹膜炎和手术后感染等。

【制剂及规格】①阿莫西林片：0.125 g、0.25 g。②阿莫西林颗粒：0.125 g、0.25 g。③阿莫西林胶囊：0.125 g、0.25 g。④阿莫西林干混悬剂：0.125 g、0.25 g。⑤注射用阿莫西林钠：0.5 g。

【典型不良反应】①恶心、呕吐、腹泻及假膜性肠炎等胃肠道反应。②皮疹、药物热和哮喘等变态反应。③贫血、血小板减少、嗜酸性粒细胞增多等。④血清氨基转移酶可轻度增高。⑤由念珠菌或耐药菌引起的二重感染。⑥偶见兴奋、焦虑、失眠、头晕，以及行为异常等中枢神经系统症状。

【药物评价】①为广谱、耐酸、不耐酶的半合成青霉素，抗菌谱较青霉素广，对革兰氏阳性菌作用与青霉素相似，对部分革兰氏阴性菌亦具抗菌活性。②具有耐酸性，在胃肠道吸收好，一般不受食物影响。③能口服，服用方便，安全性高，疗效好，不良反应少，价格适宜。④用药前，必须做皮试。

【贮藏】遮光，密封保存。

阿洛西林钠

【商品名】赛柯偌朋，阿乐欣

【适应证】主要用于治疗敏感的革兰氏阳性菌及阴性菌所致的各种感染和铜绿假单胞菌感染，包括败血症、脑膜炎、心内膜炎、化脓性胸膜炎、腹膜炎，以及下呼吸道、胃肠道、胆道、肾及输尿管、骨及软组织和生殖器官感染，妇科、产科感染，外耳炎，烧伤，皮肤及手术感染。

【制剂及规格】注射剂（无菌粉末）：1.0 g、1.5 g、2.0 g、3.0 g。

【典型不良反应】①类似青霉素的不良反应，主要为变态反应（如瘙痒、荨麻疹等）。

① 部分药品的商品名众多，本书不一一列举，仅选取 1～3 个作举例说明。

②其他反应有腹泻、恶心、呕吐、发热，个别病例可见出血时间延长、白细胞减少等，电解质紊乱（如高钠血症）较少见。

【药物评价】①阿洛西林钠是广谱半合成青霉素，对革兰氏阳性菌和阴性菌及铜绿假单胞菌均有良好的抗菌作用。②因其抗菌谱广、抗菌作用强、疗效确切，同时耐受性好，不良反应发生率低，且多轻微，在临床上被广泛应用。③治疗革兰氏阴性杆菌和铜绿假单胞菌所致的严重全身性感染时，常与氨基糖苷类联合应用。

【贮藏】密封，在干燥处保存。

【案例分析】

患者王女士，年龄26岁。因咽痛在社区门诊肌内注射青霉素80万单位。5分钟后患者在回家的路上，突感胸闷、气急，并随即跌倒在地。急救人员到场发现患者意识不清，口唇发绀，脉搏细速，血压测不到，立即现场急救，但最终抢救无效，患者死亡。

问题讨论：

1. 该患者死亡的原因是什么？
2. 使用青霉素时应注意什么？

其他青霉素类药物品种信息见表6－2。

表6－2　其他青霉素类药物品种信息

药物名称	商品名	适应证	商品信息
青霉素V	仙芬，维百斯	用于青霉素敏感菌株所致的轻、重度感染，包括链球菌所致的扁桃体炎、咽喉炎、猩红热、丹毒等，肺炎球菌所致的支气管炎、肺炎、中耳炎、鼻窦炎及敏感葡萄球菌所致的皮肤软组织感染等；也可用于螺旋体感染和作为风湿热复发及感染性心内膜炎的预防用药	【制剂及规格】片剂：0.125 g，0.25 g。胶囊剂：0.125 g，0.25 g。颗粒剂：0.125 g，0.25 g，1.5 g。混悬剂：0.125 g，0.25 g。注射剂：0.5 g
阿莫西林克拉维酸钾	超青，奥格门汀，安灭菌，君尔清，奥先	用于下呼吸道、中耳、鼻窦、皮肤组织、尿路等部位感染。对肠杆菌属尿路感染也可有效	【制剂及规格】片剂：阿莫西林：克拉维酸钾＝2：1、4：1、7：1。颗粒剂：阿莫西林：克拉维酸钾＝4：1、7：1。干混悬剂：阿莫西林：克拉维酸钾＝4：1、7：1。注射用无菌粉末：阿莫西林：克拉维酸钾＝5：1

二、头孢菌素类

头孢菌素类是对天然的头孢菌素C侧链结构进行改造而获得的一类半合成β－内酰胺类抗生素。本类药可破坏细菌的细胞壁，并在繁殖期杀菌。对细菌的选择作用强，毒性低，具有抗菌谱广、抗菌作用强、耐青霉素酶、变态反应较青霉素类少见等优点，是一类高效、低毒、临床应用广泛的重要抗生素。根据头孢类药物的抗菌性能和研发时间，可分为五代。头孢菌素类药物的类别、特点及代表药物见表6－3。

自20世纪70年代以来，头孢菌素是治疗细菌感染，特别是青霉素类抗生素耐药菌株所致的感染及院内感染的良好抗菌品种。

表6-3　头孢菌素类药物类别、特点及代表药物

类别	特点	代表药物名称
第一代	主要作用于需氧革兰氏阳性菌，对革兰氏阴性菌的作用弱，对革兰氏阴性菌产生的β-内酰胺酶不稳定	头孢唑林，头孢拉定，头孢替唑，头孢噻吩，头孢氨苄，头孢羟氨苄
第二代	抗菌谱较第一代扩大，对革兰氏阳性菌的作用比第一代弱，对革兰氏阴性菌的作用比第一代强，对β-内酰胺酶的稳定性比第一代强	头孢呋辛，头孢孟多，头孢替安，头孢克洛，头孢丙烯
第三代	抗菌谱较第二代扩大，对革兰氏阳性菌的作用比第二代弱，对革兰氏阴性菌的作用比第二代强，对β-内酰胺酶的稳定性比第一代、第二代强	头孢噻肟，头孢曲松，头孢唑肟，头孢地嗪，头孢他啶，头孢哌酮
第四代	抗菌谱更广，对革兰氏阳性菌和阴性菌的抗菌活性更加平衡，对多数β-内酰胺酶的稳定性强于第三代	头孢匹罗，头孢吡肟
第五代	对革兰氏阳性菌的作用强于前四代，对革兰氏阴性菌的作用和第四代相似，对多数β-内酰胺酶高度稳定	头孢洛林，头孢妥仑，头孢吡普

头孢呋辛

【商品名】西力欣，新福欣，力复乐

【适应证】主要用于敏感菌（如革兰氏阴性菌的淋球菌、流感杆菌、大肠埃希菌、克雷伯菌、奇异变形秆菌、沙门菌属、志贺菌属等）所致的下呼吸道、泌尿系统、皮肤软组织、骨和关节、女性生殖器等部位的感染；对败血症、脑膜炎有效。

【制剂及规格】①头孢呋辛酯片：0.125 g、0.25 g、0.5 g。②头孢呋辛酯颗粒：0.125 g、0.25 g。③头孢呋辛酯干混悬剂：0.125 g。④头孢呋辛酯分散片：0.125 g。⑤头孢呋辛酯胶囊：0.25 g、0.5 g。⑥注射用头孢呋辛钠：0.25 g、0.5 g、0.75 g、1.0 g、1.5 g、2.0 g、2.25 g。

【典型不良反应】①偶见皮疹及血清氨基转移酶升高，停药后症状消失。②与青霉素有交叉变态反应。③长期使用本品可导致非敏感菌的增殖、胃肠失调，包括治疗中后期少见的假膜性结肠炎。④罕见短暂性的血红蛋白浓度降低，嗜酸性粒细胞增多，白细胞和中性粒细胞减少，停药后症状消失。⑤肌内注射时，注射部位会有暂时的疼痛。

【药物评价】①广谱，耐酸，耐β-内酰胺酶，为半合成的第二代头孢菌素。②其酯化产物头孢呋辛酯可口服，在体内被酯酶分解为头孢呋辛而起作用。

【贮藏】遮光，密封，在阴凉处保存。

头孢曲松

【商品名】罗氏芬、泛生舒复

【适应证】用于敏感菌所致的下呼吸道感染、尿路感染、胆道感染、腹腔感染、盆腔感染、皮肤软组织感染、骨和关节感染、败血症、脑膜炎等，以及术前感染预防，单剂可治疗单纯性淋病。

【制剂及规格】注射用头孢曲松钠：0.25 g、0.5 g、1.0 g、1.5 g、2.0 g、3.0 g、4.0 g。

【典型不良反应】①常见皮疹、发热、瘙痒、食欲缺乏、恶心、呕吐、腹泻等。②可致肝功能异常，一过性血尿素氮和肌酐增高。③偶见白细胞、中性粒细胞、血小板减少，嗜酸性粒细胞增多。④长期用药可致二重感染，如念珠菌病、假膜性肠炎等。

【药物评价】①本品为第三代长效头孢菌素。②在消化道不吸收，在尿液和胆汁中有很高的浓度，抗菌作用时间长，每日只需给药 1 次。③会引起双硫仑样反应，使用本品时应避免饮酒或使用含乙醇的注射剂、口服制剂。

【贮藏】遮光，密封，在阴凉处保存。

【案例分析】

小张，30 岁，公司职员，上班期间因感冒引起头晕头痛，从同事那里拿了以前未曾吃过的头孢克肟片，服用 1 片后，症状有所缓解。下班后和同事聚餐，喝了一杯啤酒后，出现心慌、恶心、呕吐等反应。

问题讨论：

1. 小张服用头孢克肟片的行为合理吗？
2. 小张为何会出现上述反应？

其他头孢菌素类药物品种信息见表 6-4。

表 6-4　其他头孢菌素类药物品种信息

药物名称	商品名	适应证	商品信息
头孢拉定	泛捷复，申优	用于呼吸道、泌尿道、皮肤和软组织等部位的感染	【制剂及规格】片剂：0.25 g，0.5 g。胶囊剂：0.25 g，0.5 g。颗粒剂：0.125 g，0.5 g。混悬剂：0.125 g，0.25 g，1.5 g。注射剂：0.5 g，1.0 g，2.0 g
头孢克洛	希刻劳，新达罗，再克	用于呼吸道、泌尿道、皮肤和软组织的感染，以及中耳炎	【制剂及规格】片剂：0.25 g。胶囊剂：0.25 g，0.5 g。颗粒剂：0.1 g，0.125 g，0.25 g，0.5 g。混悬剂：0.125 g，0.25 g，0.375 g，0.75 g，1.5 g

【知识拓展】

双硫仑样反应

双硫仑样反应，又称戒酒硫样反应，患者在用药期间饮酒（或接触乙醇）后会出现，表现为面部潮红、头痛、头晕、恶心、呕吐、眼花、呼吸困难、心悸、多汗、失眠、嗜睡、幻觉、恍惚等，甚至发生过敏性休克。其作用机制是抑制人体内乙醛脱氢酶，使乙醛不能氧化为乙酸，致使乙醛在体内蓄积，出现中毒反应。

引起双硫仑样反应的药物有头孢类（如头孢哌酮、头孢曲松、头孢唑林、头孢拉定等含甲硫四氮唑基团的药物）和咪唑衍生物（如甲硝唑、替硝唑、呋喃唑酮等）。其中，头孢哌酮致双硫仑样反应最明显，患者在使用后吃酒心巧克力、服用藿香正气水，甚至仅用酒精处理皮肤也会发生双硫仑样反应。需要指出的是，头孢噻肟、头孢他啶等因不含甲硫四氮唑基团，在使用期间饮酒不会引起双硫仑样反应。

三、其他 β-内酰胺类

其他 β-内酰胺类药物的类别、特点及代表药物见表 6-5。

表 6-5　其他 β- 内酰胺类药物的类别、特点及代表药物

类别	特点	代表药物名称
头霉素类	对拟杆菌属等厌氧菌的抗菌作用较头孢类强	头孢西丁，头孢美唑
单酰胺类	对需氧革兰氏阴性菌具有良好抗菌活性，与青霉素和头孢类交叉变态反应少	氨曲南
氧头孢烯类	抗菌谱广，对酶稳定，活性与头孢噻肟相似	拉氧头孢，氟氧头孢
碳青霉类	抗菌谱广，活性强，对酶高度稳定	亚胺培南，美罗培南

四、大环内酯类

大环内酯类是由链霉菌产生或经半合成制取的一类弱碱性抗生素，因其分子中含有一个大的内酯环而得名，一般为 14～16 元大环内酯。主要药品有红霉素及其结构改造产物，如琥乙红霉素、罗红霉素、阿奇霉素、克拉霉素等，以及乙酰螺旋霉素、麦迪霉素、交沙霉素和麦白霉素等。其中，我国生产的克拉霉素、阿奇霉素和罗红霉素是国际医药市场上的畅销品种。

琥乙红霉素

【商品名】利君沙，利特加

【适应证】主要用于耐青霉素的金黄色葡萄球菌所引起的各种疾病及对青霉素过敏的金黄色葡萄球菌感染患者。对于军团菌肺炎和支原体肺炎，可作为首选药应用。还用于溶血性链球菌及肺炎球菌所致的呼吸道、皮肤黏膜等感染。

【制剂及规格】①琥乙红霉素颗粒：0.05 g、0.1 g、0.125 g、0.25 g。②琥乙红霉素片：0.125 g。

【典型不良反应】①用后发生肝毒性反应者较服用其他红霉素制剂者多见，服药数日或 1～2 周后患者可出现乏力、恶心、呕吐、腹痛、皮疹、发热等症状。②可出现黄疸，肝功能试验显示胆汁淤积，停药后常可恢复。

【药物评价】①抗菌作用强，不良反应少，抗菌谱广，疗效确切，主要用于对青霉素耐药的葡萄球菌感染，特别是由军团菌、支原体、衣原体等引起的呼吸道感染。②红霉素可透过胎盘屏障和进入乳汁，孕妇和哺乳期妇女均须慎用。③老年人、儿童及肝肾功能不全者须慎用。④用药前必须详细询问患者的既往史，包括疾病史和过敏史。

【贮藏】遮光，密封，在干燥处保存。

罗红霉素

【商品名】欣美罗，罗力得

【适应证】用于敏感菌引起的呼吸道、泌尿道、皮肤和软组织、五官等感染。

【制剂及规格】①罗红霉素胶囊：50 mg、75 mg、150 mg。②罗红霉素分散片：50 mg、75 mg、150 mg。③罗红霉素片：75 mg、150 mg。④罗红霉素颗粒：50 mg。

【典型不良反应】①腹痛、腹泻、恶心、呕吐等胃肠道反应，但发生率明显低于红霉素。②偶见皮疹、皮肤瘙痒、头昏、头痛、肝功能异常，以及外周血细胞减少等。

【药物评价】①本品为红霉素的结构改造物，可克服红霉素口服给药不耐酸的缺点，口服稳定性增加，作用增强。②与红霉素存在交叉耐药性。③严重肾功能障碍及对同类药物有变态反应者禁用。④肝肾功能不全者，孕妇、哺乳期妇女慎用。⑤禁与麦角胺及二氢麦角胺配伍。

【贮藏】遮光，密封，于干燥处保存。

其他大环内酯类药物品种信息见表 6－6。

表 6－6　其他大环内酯类药物品种信息

药物名称	商品名	适应证	商品信息
阿奇霉素	希舒美，赛乐欣	用于敏感菌引起的呼吸道、皮肤和软组织的感染	【制剂及规格】胶囊剂：0.25 g，0.5 g。颗粒剂：0.125 g，0.25 g。混悬剂：0.125 g，0.25 g，1.5 g。注射剂（冻干粉）：0.5 g
克拉霉素	克拉仙，诺邦，卡斯迈欣	用于克拉霉素敏感菌所引起的下列感染：①鼻咽感染，包括扁桃体炎、咽炎、副鼻窦炎；②下呼吸道感染，包括支气管炎、细菌性肺炎、非典型病原体肺炎；③皮肤感染，包括脓疱病、丹毒、毛囊炎、疖和伤口感染	【制剂及规格】片剂：0.25 g。胶囊剂：0.25 g。干混悬剂：125 mg/5 mL

五、氨基糖苷类

氨基糖苷类是由链霉菌、小单孢菌产生或经半合成制取的一类碱性抗生素，包括由链霉菌产生的链霉素、新霉素、卡那霉素和核糖霉素，以及由小单孢菌产生的庆大霉素、奈替米星等。

由于氨基糖苷类抗生素在国际抗生素市场上所占份额较小，故被视为“小品种抗生素产品”，但其仍是临床治疗不可或缺的品种。

庆大霉素

【商品名】瑞贝克，塞透派勒链

【适应证】用于铜绿假单胞菌、耐药金黄色葡萄球菌、大肠埃希菌及其他敏感菌等引起的各种严重感染，如败血症、呼吸道感染、胆道感染及烧伤感染等。

【制剂及规格】①硫酸庆大霉素片：20 mg、40 mg。②硫酸庆大霉素注射液：1 mL∶2万U、1 mL∶4 万 U、2 mL∶4 万 U、2 mL∶8 万 U。③硫酸庆大霉素滴眼液：每支 8 mL∶4 万 U。

【典型不良反应】①用药过程中可能引起听力减退、耳鸣或耳部饱满感等耳毒性反应，影响前庭功能时可造成步履不稳、眩晕。②也可能发生血尿、排尿次数显著减少或尿量减少、食欲减退、极度口渴等肾毒性反应。发生率较低的有因神经肌肉阻滞或肾毒性引起的呼吸困难、嗜睡、软弱无力等。

【药物评价】①庆大霉素有耳、肾毒性，肾功能不全者慎用，儿童慎用。②本品有呼吸抑制作用，不可静脉推注或大剂量快速静脉滴注。③口服仅用于肠道感染或结肠术前准备。④可产生耐药性，但停药后可恢复敏感性，用药不宜超过 2 周。

【贮藏】原料及片剂应密封，在干燥处保存。注射液、滴眼剂应密闭，在凉暗处保存。

阿米卡星

【商品名】安卡星，立可信，米丽先

【适应证】用于对其他氨基糖苷类有耐药性的菌株所致的感染，如对庆大霉素、卡那霉素耐药的菌株引起的尿路、肺部、软组织、骨和关节、生殖系统等部位的感染，以及铜绿假单胞菌、变形杆菌所致的败血症。

【制剂及规格】①注射用硫酸阿米卡星：每瓶 0.1 g（10 万 U）、0.2 g（20 万 U）、0.4 g（40 万 U）。②硫酸阿米卡星注射液：每支 1 mL : 0.1 g、2 mL : 0.2 g。

【典型不良反应】①患者可发生听力减退、耳鸣或耳部饱满感。少数患者亦可产生眩晕、步履不稳等症状。②本品有一定肾毒性。患者可出现血尿，排尿次数减少或尿量减少，血尿素氮、血清肌酐值增高等。③软弱无力、嗜睡、呼吸困难等神经肌肉阻滞作用少见。

【药物评价】①肾功能减退、脱水、应用强效利尿药的患者以及老年患者均应慎用。②本品干扰正常菌群，长期应用可导致非敏感菌过度生长。③可抑制呼吸，不可静脉推注或大剂量快速静脉滴注。④治疗耐药性铜绿假单胞菌感染的疗效较好。

【贮藏】原料应密封，在干燥处保存。粉针剂应密闭，在干燥处保存。注射液应密闭，在凉暗处保存。

其他氨基糖苷类药物品种信息见表 6－7。

表 6－7　　其他氨基糖苷类药物品种信息

药物名称	商品名	适应证	商品信息
妥布霉素	托百士，秀瞳	用于呼吸道、泌尿道、皮肤和软组织等部位的感染	【制剂及规格】滴眼液：5 mL : 15 mg。眼膏：0.3%/3.5 g
硫酸小诺霉素	君为，美罗克，千里明	主要用于革兰氏阴性菌（如大肠埃希菌、痢疾杆菌、变形杆菌、肺炎克雷伯菌、铜绿假单胞菌等）感染引起的败血症、支气管炎、肺炎、腹膜炎、肾盂肾炎、膀胱炎等	【制剂及规格】注射剂：60 mg。口服液：10 mL : 10 万 U。滴眼液：8 mL : 24 mg

六、四环素类

四环素类抗生素是由链霉菌产生或经半合成制取的一类碱性抗生素，具有相同的四元稠环基本结构，包括由链霉菌产生的四环素、土霉素、金霉素，以及经半合成制取的米诺环素、多西环素等。

多西环素

【商品名】辅仁，多迪

【适应证】主要用于敏感的革兰氏阳性菌和革兰氏阴性杆菌所致的上呼吸道感染、扁桃体炎、胆道感染、淋巴结炎、蜂窝织炎、老年慢性支气管炎等；用于治疗斑疹伤寒、恙虫病、支原体肺炎等；可用于治疗霍乱，预防恶性疟疾和钩端螺旋体感染；可用于对青霉素类过敏患者的破伤风、气性坏疽、雅司病、梅毒、淋病和钩端螺旋体病，以及放线菌属、李斯特菌感染；可用于中、重度痤疮患者的辅助治疗。

【制剂及规格】①盐酸多西环素片：0.05 g、0.1 g。②盐酸多西环素胶囊：0.1 g。

【典型不良反应】①消化系统：口服可引起恶心、呕吐、腹痛、腹泻等胃肠道反应。②肝毒性：脂肪肝变性患者和妊娠期妇女容易发生，亦可发生于并无上述情况的患者。③变态反应：多为斑丘疹和红斑。④血液系统：偶可引起溶血性贫血、血小板减少、中性粒细胞减少和嗜酸性粒细胞减少。⑤中枢神经系统：偶可致良性颅内压增高，可表现为头痛、呕吐、视神经乳头水肿等，停药后可缓解。⑥二重感染：长期应用可发生耐药金黄色葡萄球菌、革兰氏阴性菌和真菌等引起的消化道、呼吸道和尿路的感染，严重者可致败血症。

【药物评价】①胃肠道反应多见，如恶心、呕吐、腹泻等，饭后服药可减轻。②肝、肾功能重度不全者慎用。③对 8 岁以下小儿及孕妇、哺乳期妇女一般应禁用。④抗菌谱与四环素、土霉素基本相同，体内外抗菌力均比四环素更强。⑤目前常见致病菌对四环素类耐药现象严重，仅在病原菌对本品敏感时，方有应用指征。

【贮藏】遮光，密封保存。

七、酰胺醇类

氯霉素

【商品名】润舒，瑞眸明

【适应证】主要用于伤寒、副伤寒、立克次体病及敏感菌所致的严重感染；也常用于治疗其他药品疗效较差的脑膜炎；还可用于眼、耳、皮肤、伤口感染的局部治疗。

【制剂及规格】①氯霉素片：0.05 g、0.125 g、0.25 g。②氯霉素滴眼液：5 mL∶12.5 mg、8 mL∶20 mg、10 mL∶25 mg。

【典型不良反应】①对造血系统的毒性反应是氯霉素最严重的不良反应，临床表现为贫血，并可伴白细胞和血小板减少。②与剂量无关的骨髓毒性反应，常表现为严重的不可逆性再生障碍性贫血。③溶血性贫血、灰婴综合征、消化道反应（腹泻、恶心、呕吐）等。④二重感染：可致变形杆菌、铜绿假单胞菌、金黄色葡萄球菌、真菌等的肺、胃肠道及尿路感染。

【药物评价】①第一种用于临床的广谱抗生素。②临床用其左旋体。③肝、肾功能不全者及孕妇慎用。④注意定期检查血常规，控制剂量及疗程。⑤神经疾病患者、新生儿和早产儿禁用。⑥由于其可抑制骨髓造血系统，引起再生障碍性贫血等不良反应，现临床多用其外用制剂，如滴眼液、眼膏、滴耳液等。

【贮藏】密封保存。眼膏密封，在阴凉处保存。滴眼液遮光、密封，在阴凉处保存。

八、其他抗生素类

万古霉素

【商品名】稳可信，万君雅，来可信

【适应证】用于耐甲氧西林金黄色葡萄球菌及其他细菌所致的感染：败血症、感染性心内膜炎、骨髓炎、关节炎、烧伤、手术创伤等浅表性继发感染，以及肺炎、肺脓肿、脓胸、腹膜炎、脑膜炎等。

【制剂及规格】注射用盐酸万古霉素：0.5 g（50 万 U）、1.0 g（100 万 U）。

【典型不良反应】①静脉滴注引起的副作用：快速静脉滴注时或之后，可能发生类过敏反应，包括低血压、喘息、呼吸困难、荨麻疹或瘙痒。②偶有变态反应，包括药物热、寒战、恶心、嗜酸性粒细胞增多、皮疹、重症多形红斑和中毒性表皮坏死松解症，罕有脉管炎。

【药物评价】①肾功能不全者、老年人、新生儿与早产儿禁用。②因化学结构特殊，细菌不易产生耐药性，与其他抗生素也无交叉耐药性，已成为难辨梭状芽孢杆菌引起的假膜性肠炎的特效药，耐甲氧西林金黄色葡萄球菌（MRSA）感染和表皮葡萄球菌感染的首选药。③通常不作为一线药物应用，作为二线药物在常用抗菌药无效或不能应用时应用。④肌内注射疼痛厉害，仅供静脉注射。⑤与许多药物可产生沉淀反应，输液中不得添加其他药物。⑥不可同时使用有耳、肾毒性的药品，用药期间应检查肾功能及听力。

【贮藏】原料密封，在 2～8 ℃保存。粉针剂密闭，在 30 ℃以下保存。

克林霉素

【商品名】克林美，特丽仙

【适应证】（1）适用于革兰氏阳性菌引起的感染性疾病：①扁桃体炎、化脓性中耳炎、鼻窦炎等；②急性支气管炎、慢性支气管炎急性发作、肺炎、肺脓肿和支气管扩张合并感染等；③皮肤和软组织感染，包括疖、痈、脓肿、蜂窝织炎、创伤和手术后感染等；④泌尿系统感染，包括急性尿道炎、急性肾盂肾炎、前列腺炎等；⑤骨髓炎、败血症、腹膜炎和口腔感染等。

（2）适用于厌氧菌引起的感染性疾病：①脓胸、肺脓肿、厌氧菌引起的肺部感染；②皮肤和软组织感染、败血症；③腹内感染，包括腹膜炎、腹腔内脓肿；④女性盆腔及生殖器感染，包括子宫内膜炎、非淋球菌性输卵管及卵巢脓肿、盆腔蜂窝织炎及妇科手术后感染等。

【制剂及规格】①盐酸克林霉素胶囊：75 mg（活性）、150 mg（活性）。②磷酸克林霉素注射液：150 mg∶2 mL。③克林霉素磷酸酯注射液：2 mL∶0.3 g（按克林霉素计）。④克林霉素磷酸酯凝胶：10 g、20 g。

【典型不良反应】①胃肠道反应：包括恶心、呕吐、腹痛、腹泻等症状，严重者有腹绞痛、腹部压痛、严重腹泻（水样或脓血样），伴发热、异常口渴和疲乏（假膜性肠炎）。腹泻、肠炎和假膜性肠炎等可出现于治疗中或停药后。②变态反应：通常以轻到中度的麻疹样皮疹最为多见，其次为水疱样皮疹和荨麻疹，偶见多形红斑、剥脱性皮炎。③可出现肝功能异常、肾功能异常，偶见中性粒细胞减少和嗜酸性粒细胞增多等。

【药物评价】①克林霉素用于治疗厌氧菌和革兰氏阳性菌引起的感染，也是治疗金黄色葡萄球菌骨髓炎的首选药物。②与氨苄西林、苯妥英钠、巴比妥盐酸盐、氨茶碱、葡萄糖酸钙及硫酸镁可产生配伍禁忌，与红霉素呈拮抗作用，不宜合用。③肝、肾功能损害者，以及胃肠疾病如溃疡性结肠炎、局限性肠炎、抗生素相关性肠炎的患者要慎用。④使用时，应注意可能发生假膜性结肠炎。⑤与青霉素、头孢菌素类抗生素无交叉变态反应，可用于对青霉素过敏者。

【贮藏】遮光，密封保存。

第二节　合成抗菌药

学习目标

1. 掌握合成抗菌药的分类，常见合成抗菌药的名称、适应证、制剂及规格。
2. 熟悉常见合成抗菌药的典型不良反应、药物评价及贮藏要求等。

合成抗菌药是指用化学合成方法制成的抗菌药物，主要包括喹诺酮类、磺胺类、硝基呋喃类及其他合成抗菌药。

一、喹诺酮类

喹诺酮类又称吡酮酸类或吡啶酮酸类。根据其研发年代和抗菌作用及性质的不同，本类药物可分为四代。临床常用的药物以第三代诺氟沙星、环丙沙星、氧氟沙星、洛美沙星、氟罗沙星等为主。喹诺酮类药物的类别、特点及代表药物见表 6－8。

表 6－8　喹诺酮类药物的类别、特点及代表药物

类别	特点	代表药物
第一代	仅对革兰氏阴性菌有效，吸收差，毒副作用大，易产生耐药性	萘啶酸
第二代	对革兰氏阳性菌、革兰氏阴性菌有效，吸收、毒副作用、耐药性优于第一代	吡哌酸
第三代	对革兰氏阳性菌、革兰氏阴性菌、支原体、衣原体和分枝杆菌有效，其他优于第二代（氟喹诺酮类）	诺氟沙星
第四代	作用更强，用于敏感菌所致的各种感染	莫西沙星

诺氟沙星

【商品名】艾立克，龙虎

【适应证】用于敏感菌所致的泌尿系统和肠道的细菌感染，以及外科、妇科、皮肤科的细菌感染。目前可用于淋病的治疗，但非首选药。

【制剂及规格】①诺氟沙星胶囊：0.1 g。②诺氟沙星滴眼液：8 mL : 24 mg。③诺氟沙星软膏：10 g : 0.1 g、250 g : 2.5 g。

【典型不良反应】①中枢神经系统：惊厥、中毒性精神病、震颤、躁动、焦虑、头晕、意识模糊、幻觉、妄想、抑郁、噩梦、失眠、癫痫发作。②周围神经病变：感觉错乱、感觉迟钝、触物痛感、疼痛、烧灼感、麻刺感、麻木、无力，或轻触觉、痛觉、温度觉、位置觉和振动觉异常，多发性神经炎。③骨骼肌肉系统：关节痛、肌痛、肌无力、肌张力亢进及肌腱炎、肌腱断裂、重症肌无力恶化。

【药物评价】① 1978 年合成的第一个第三代喹诺酮类药物，具有广谱、高效、低毒、方便、价廉等优点。②一般不用于儿童。③对喹诺酮类药物过敏者不宜使用。④有癫痫或癫痫病史者在医护人员观察和随访下使用。

【贮藏】遮光，密封保存。软膏剂、乳膏剂应遮光、密封，在阴凉处保存。

环丙沙星

【商品名】悉复欣，希普欣，西普乐

【适应证】适用于敏感菌所致的呼吸道、尿道、消化道、胆道、皮肤和软组织、盆腔及眼、耳、鼻、咽等部位的感染。

【制剂及规格】①环丙沙星片：0.25 g、0.5 g、0.75 g。②乳酸环丙沙星氯化钠注射液：100 mL : 0.1 g、100 mL : 0.2 g、200 mL : 0.2 g、250 mL : 0.25 g。

【典型不良反应】①胃肠道反应较为常见，可表现为腹部不适或疼痛、腹泻、恶心或呕吐。②中枢神经系统反应可有头晕、头痛、嗜睡或失眠。③变态反应：皮疹、皮肤瘙痒，偶可发生渗出性多形红斑及血管神经性水肿，少数患者有光敏反应。

【药物评价】①第三代喹诺酮类药品，是目前临床应用的抗菌力最强的合成抗菌药之一，也是目前世界上应用最广泛的喹诺酮类药品之一。②本品特点是广谱、高效，特别对抗药菌引起的严重感染有效，可口服或静脉注射给药。③肾功能不全者应减量使用。④可与食物同服，但抗酸药抑制本品吸收，应避免同服。⑤不宜与氨茶碱、丙磺舒等合用。

【贮藏】遮光，密封保存。

【案例分析】

患儿 12 岁，发热，腹泻。家长认为自己以前腹泻的时候，服用医生开的诺氟沙星胶囊效果挺好，于是找出该药品给孩子服用。

问题讨论：

1. 上述家长给药的行为合理吗？该药孩子能吃吗？

2. 使用诺氟沙星应注意什么？

其他喹诺酮类药物品种信息见表 6–9。

表 6–9 其他喹诺酮类药物品种信息

药物名称	商品名	适应证	商品信息
左氧氟沙星	来立信，利复星，左克	适用于敏感菌所致的呼吸道、尿道、肠道、皮肤软组织、胆道、咽喉、扁桃体、中耳、鼻窦、泪囊等部位的轻、中度感染	【制剂及规格】片剂：0.1 g，0.2 g。胶囊剂：0.1 g。注射液：100 mL∶0.1 g
莫西沙星	拜复乐，见康，适必达	上呼吸道和下呼吸道感染：急性窦炎、慢性支气管炎急性发作、社区获得性肺炎，以及皮肤和软组织感染	【制剂及规格】片剂：0.4 g。滴眼液：5 mL∶25 mg

二、磺胺类

磺胺类药是最早用于临床的合成抗菌药，可有效地防治全身性细菌感染性疾病。单独使用易产生耐药性，但与抗菌增效剂（甲氧苄啶）合用可产生协同作用。

磺胺甲噁唑

【商品名】新二方，鼎克

【适应证】可用于尿路感染、呼吸道感染、皮肤化脓性感染、扁桃体炎等。与甲氧苄啶联合应用时，其抗菌作用明显增强，临床应用范围扩大。可用于慢性支气管炎急性发作、伤寒、布鲁氏菌病、细菌性痢疾及流行性脑脊髓膜炎等。

【制剂及规格】①复方磺胺甲噁唑片：0.4 g，甲氧苄啶 0.08 g。②复方磺胺甲噁唑口服混悬液：每 100 mL 含磺胺甲噁唑 4 g 和甲氧苄啶 0.8 g。

【典型不良反应】①变态反应较为常见，可表现为药疹，严重者可发生渗出性多形红斑、剥脱性皮炎和大疱表皮松解萎缩性皮炎等；也有表现为光敏反应、药物热、关节及肌肉疼痛、发热等血清病样反应。②中性粒细胞减少或缺乏症、血小板减少症及再生障碍性贫血，可表现为咽痛、发热、皮肤苍白和出血倾向。③溶血性贫血及血红蛋白尿。④高胆红素血症和新生儿核黄疸。⑤恶心、呕吐、食欲减退、腹泻、头痛、乏力等，一般症状轻微，不影响继续用药。

【药物评价】①具有全身抗菌作用的中效磺胺，抗菌作用较强，以口服为主。②新生儿、对磺胺过敏者禁用；肾功能损害者慎用；孕妇禁用；老年患者慎用或不用。③交叉过敏，即对一种磺胺类药过敏的患者对其他磺胺类药也可能过敏。④易出现结晶尿，服药期间应多喝水。

【贮藏】遮光，密封保存。

三、硝基呋喃类

呋喃妥因

【商品名】坦啶，会通

【适应证】临床上用于敏感菌所致的泌尿系统感染，如肾盂肾炎、尿路感染、膀胱炎及前列腺炎等。

【制剂及规格】①呋喃妥因片：50 mg。②呋喃妥因肠溶片：50 mg。

【典型不良反应】①恶心、呕吐、食欲减退和腹泻等胃肠道反应较常见。②皮疹、药物热、粒细胞减少、肝炎等变态反应亦可发生，有葡萄糖–6–磷酸脱氢酶缺乏者尚可发生溶血性贫血。③头痛、头晕、嗜睡、肌痛、眼球震颤等神经系统不良反应偶可发生，多属可逆。严重者可发生周围神经炎，原有肾功能减退或长期服用本品的患者易于发生。④偶可引起发热、咳嗽、胸痛、肺部浸润和嗜酸性粒细胞增多等急性肺炎表现，停药后可迅速消失；对于长期服用 6 个月以上的患者，偶可引起间质性肺炎或肺纤维化。

【药物评价】①呋喃妥因抗菌谱广，抗菌作用强，对大多数革兰氏阳性菌和革兰氏阴性菌引起的感染性疾病，尤其是尿路感染具有明显治疗作用。②呋喃妥因宜与食物同服，以减少胃肠道刺激。③疗程应至少为 7 天，或继续用药至尿中细菌清除 3 天以上。④本品可干扰尿糖测定，因尿中代谢产物可使硫酸铜试剂发生假阳性反应。

【贮藏】遮光，密封保存。

四、其他合成抗菌药

盐酸小檗碱

【商品名】严新，欧意

【适应证】用于肠道感染，如胃肠炎。

【制剂及规格】盐酸小檗碱片：0.1 g。

【典型不良反应】口服不良反应较少，偶有恶心、呕吐、皮疹和药物热，停药后消失。

【药物评价】①盐酸小檗碱是一种重要的生物碱，可从黄连、黄柏、三颗针等植物中提取。②对细菌只有微弱的抑菌作用，但对痢疾杆菌、大肠埃希菌引起的肠道感染有效。③对本品过敏者禁用；过敏体质者慎用；儿童必须在成人监护下使用；妊娠期前 3 个月慎用。④如服用过量或出现严重不良反应，应立即就医。

【贮藏】遮光，密封保存。

第三节　抗结核病药

学习目标

1. 掌握抗结核病药的分类，常见抗结核病药的名称、适应证、制剂及规格。
2. 熟悉常见抗结核病药的典型不良反应、药物评价及贮藏要求等。

结核病是由结核杆菌引起的一种慢性传染病，按其发病部位可分为肺结核和肺外结核。肺结核最为常见，肺外结核包括肾结核、骨结核、肠结核、结核性脑膜炎和结核性胸膜炎等。抗结核病药按其来源不同可分为抗生素和合成药物两类。

异烟肼

【商品名】宝岛，胜君

【适应证】用于各类型结核病，尤其对结核性脑膜炎等肺外结核有特殊疗效。

【制剂及规格】①异烟肼片：50 mg、100 mg、300 mg、500 mg。②注射用异烟肼：每支 0.1 g。

【典型不良反应】①发生率较高者有步态不稳或麻木针刺感、烧灼感或手指疼痛（周围神经炎）。②深色尿、眼或皮肤黄染（肝毒性，35 岁以上患者肝毒性发生率增高）。③食欲减退、异常乏力或软弱、恶心或呕吐（肝毒性的前驱症状）。④发生率极低者有视物模糊或视力减退，合并或不合并眼痛（视神经炎）。⑤发热、皮疹、血细胞减少及男性乳房发育等。

【药物评价】①异烟肼为合成抗结核病药，是各类型结核病的首选药，临床作为一线抗结核病药。②易产生抗药性，故常与其他药物合用。③肌内注射疗效不如口服显著。④大剂量（一日 0.5 g 以上）或长期用药，可引起维生素 B_6 缺乏，出现多发性神经炎等神经中毒症状。⑤抗酸药，尤其是氢氧化铝可抑制本品的吸收，不宜同服；可加强香豆素类抗血凝药和某些抗癫痫药、降压药、抗胆碱药、三环类抗抑郁药的作用，合用时须注意。

【贮藏】遮光，密封，在干燥处保存。

利福平

【商品名】福瑞堂，信谊

【适应证】主要用于各类型的结核病，疗效与异烟肼相仿；用于麻风病的治疗；对耐甲氧西林金黄色葡萄球菌所致的感染有效。

【制剂及规格】①利福平片：0.15 g。②利福平胶囊：0.15 g、0.3 g。③滴眼用利福平：10 mg。

【典型不良反应】①消化系统：可出现烧心、上腹不适、厌食、呕吐、恶心、腹泻、胃肠胀气、黄疸。②血液系统：高剂量间歇治疗时可引起血小板减少症。③中枢神经系统：可能出现头痛、发热、嗜睡、疲劳、头晕、共济失调、注意力不集中、四肢疼痛、全身麻木等。偶有肌病和精神错乱。④内分泌系统：可引起月经紊乱，偶有肾上腺功能不全。

【药物评价】①本品为半合成利福霉素，是高效、广谱抗生素，作为一线抗结核病药用于临床。②单独使用极易产生抗药性，故常与异烟肼、乙胺丁醇等合用。与乙胺丁醇合用使视力受损的可能性增加；与异烟肼、对氨基水杨酸联合使用可增强肝毒性。③用药期间应定期检查肝功能。④食物可影响本品吸收，宜空腹服用。⑤用药期间尿、痰、汗、粪便可呈橙红色，应提前告知患者。

【贮藏】密封，在阴凉、干燥处保存。

乙胺丁醇

【商品名】康青，君福安

【适应证】与其他抗结核病药联合，用于治疗肺结核及肺外结核。

【制剂及规格】①盐酸乙胺丁醇片：0.25 g。②盐酸乙胺丁醇胶囊：0.25 g。

【典型不良反应】①常见视神经损害，如球后视神经炎、视神经中心纤维损害。②少见畏寒、关节肿痛（尤其大趾、髁、膝关节）和病变关节表面皮肤发热拉紧感（急性痛风、高尿酸血症）。③偶见胃肠道不适，恶心、呕吐、腹泻，以及肝功能损害、周围神经炎（常表现为麻木、针刺感、烧灼痛或手足软弱无力）和变态反应（常表现为皮疹、瘙痒、头痛、发热、关节痛）等。

【药物评价】①本品为合成抗结核病药，治疗结核病安全有效。②已取代对氨基水杨酸钠，部分取代链霉素成为治疗结核病的一线药品。③用药期间应检查视力。④肾功能不全者、糖尿病患者及老年人慎用；乙醇中毒者、婴幼儿禁用。

【贮藏】遮光，密封，在干燥处保存。

吡嗪酰胺

【商品名】安贝特，费安

【适应证】与其他抗结核病药联合用于治疗经一线抗结核病药（如链霉素、异烟肼、利福平及乙胺丁醇）治疗无效的结核病。本品仅对分枝杆菌有效。

【制剂及规格】①吡嗪酰胺片：0.25 g、0.5 g。②吡嗪酰胺胶囊：0.25 g。

【典型不良反应】①发生率较高者：关节痛（由高尿酸血症引起，常为轻度，有自限性）。②发生率较低者：食欲减退、发热、乏力或软弱、眼或皮肤黄染（肝毒性）、畏寒。

【药物评价】①已被公认为短程化疗中三联或四联方案的组成部分之一。与其他抗结核病药无交叉耐药性，与异烟肼和利福平合用有显著协同作用。②糖尿病、痛风或严重肝功能减退者慎用；儿童不宜用；孕妇禁用。

【贮藏】遮光，密封保存。

【案例分析】

患者因持续咳嗽、咳痰 20 天，到当地医疗机构就诊，经检查确诊为肺结核。患者不听从医生劝告，抗拒服药治疗。即便服药，病情稍有好转就自行减量，1 个月的药量分 2～3 个月使用，后期甚至擅自停止服药。近 2 年病情复发加重，痰检查发现结核菌发生耐药性，并逐渐发展为广泛耐药。后因双肺被结核菌严重毁损而导致呼吸、心脏衰竭，死亡时不满 30 岁。

问题讨论：

1. 该患者的行为正确吗？

2. 结核病治疗的一线药物有哪些？

其他抗结核病药物品种信息见表 6－10。

表 6－10　其他抗结核病药物品种信息

药物名称	商品名	适应证	商品信息
利福喷丁	迪克菲，明佳欣	与其他抗结核病药联合用于各种结核病的初治与复治；与其他抗麻风药联合用于麻风治疗可能有效	【制剂及规格】胶囊剂：0.15 g
丙硫异烟胺	康青	本品仅对分枝杆菌有效，与其他抗结核病药联合用于经一线药物治疗无效的结核病	【制剂及规格】片剂：0.1 g

第四节　抗真菌药

学习目标

1. 掌握抗真菌药的分类，常见抗真菌药的名称、适应证、制剂及规格。
2. 熟悉常见抗真菌药的典型不良反应、药物评价及贮藏要求等。

真菌感染可分为皮肤、毛发、指 / 趾甲等部位的浅表真菌感染和内脏器官、深部组织的深部真菌感染。抗真菌药按来源主要分为抗真菌抗生素、唑类抗真菌药和其他抗真菌药。

两性霉素 B

【商品名】莱帕，新欧泊

【适应证】外用于着色真菌病，灼烧后皮肤真菌感染，呼吸道念珠菌、曲菌或隐球菌感染，真菌性角膜溃疡。

【制剂及规格】①两性霉素 B 注射液：25 mg : 10 mL。②两性霉素 B 阴道泡腾片：5 mg。

【典型不良反应】①静脉滴注过程中或静脉滴注后发生寒战、高热、严重头痛、食欲不振、恶心、呕吐，有时可出现血压下降、眩晕等。②几乎所有患者在疗程中均可出现不同程度的肾功能损害，尿中可出现红细胞、白细胞、蛋白和管型，血尿素氮和肌酐增高，肌酐清除率降低，也可引起肾小管性酸中毒。③低钾血症，由尿中排出大量钾离子所致。④血液系统毒性反应有正常红细胞性贫血，偶可有白细胞或血小板减少。⑤肝毒性，较少见，可致肝细胞坏死，急性肝功能衰竭亦有发生。

【药物评价】①由于两性霉素 B 的明显毒性，其主要用于已确诊的深部真菌感染（如获培养或组织学检查阳性则更佳），且病情危重呈进行性发展者。②静脉注射时配合解热镇痛药、抗组胺药和生理剂量的肾上腺皮质激素，可减轻毒性反应。③不可与氨基糖苷类、磺胺类药合用，以免增加肾毒性。

【贮藏】遮光，密闭，冷处保存。

氟康唑

【商品名】大扶康，麦尼芬

【适应证】主要用于全身性念珠菌病、黏膜念珠菌病、急性或复发性阴道念珠菌病及隐球菌病。恶性肿瘤患者因化疗或放疗引发感染，可用本品加以预防。也可用于预防器官移植引发的真菌感染。

【制剂及规格】①氟康唑片：50 mg、100 mg、150 mg。②氟康唑氯化钠注射液：0.1 g : 50 mL、0.1 g : 100 mL、0.2 g : 100 mL。

【典型不良反应】头痛、腹痛、腹泻、恶心、呕吐、丙氨酸氨基转移酶升高、天冬氨酸氨基转移酶升高、血清碱性磷酸酶升高和皮疹。

【药物评价】①氟康唑为三唑类抗真菌药，抗菌谱广，活性强。作用机制是抑制真菌细胞膜必要成分麦角甾醇合成酶，使麦角甾醇合成受阻，破坏真菌细胞壁的完整性，抑制其生长繁殖。②可渗入脑脊液，可用于中枢真菌感染。③与利福平、西咪替丁等合用可降低抗真菌作用。④肾功能不全者应调整剂量，用药期间定期检查肝、肾功能。

【贮藏】遮光，密封保存。

伊曲康唑

【商品名】斯皮仁诺，易启康

【适应证】用于深部真菌感染如芽生菌病、组织胞浆菌病、球孢子菌病，浅表真菌感染如甲癣、足癣、手癣、体癣、花斑糠疹、阴道念珠菌病等，亦用于艾滋病患者隐球菌病的长程治疗和中性粒细胞减少症患者真菌感染的预防。

【制剂及规格】伊曲康唑胶囊：100 mg、200 mg。

【典型不良反应】头晕、头痛、味觉障碍、呼吸困难、咳嗽、腹痛、腹泻、呕吐、恶心、消化不良、皮疹和发热。最严重的不良反应为严重变态反应、充血性心力衰竭（CHF）加重、胰腺炎、严重肝脏毒性（包括致命性急性肝衰竭）和严重皮肤反应。

【药物评价】①本品为三氮唑类合成广谱抗真菌药，是优于咪唑类药物的成熟产品。②利福平和苯妥英可明显降低本药的生物利用度；治疗期间不应服用特非那定、阿司咪唑、西沙必利、咪达唑仑和三唑仑。③有心脏毒性，心脏病患者慎用。④氟康唑与伊曲康唑已在国内全身用抗真菌药物市场中占据主导地位。

【贮藏】遮光，密封，在阴凉、干燥处保存。

特比萘芬

【商品名】兰美抒，丁克

【适应证】用于浅表真菌引起的皮肤感染、指（趾）甲感染及白色念珠菌感染。

【制剂及规格】①盐酸特比萘芬片：125 mg、250 mg。②盐酸特比萘芬乳膏：20 g : 0.2 g、15 g : 0.15 g、10 g : 0.1 g、5 g : 0.05 g。

【典型不良反应】①最常见的有胃肠道症状（如胀满感、食欲减退、恶心、轻度腹痛及腹泻）或轻度的皮肤反应（如皮疹、荨麻疹等）。②个别病例发生严重的皮肤反应（如重症多形红斑、中毒性表皮坏死松解症），若发生进行性皮疹，则应停药。③罕见味觉改变，包括味觉丧失，停药后几周内可恢复。④极个别病例发生肝功能异常，但不能明确是否由本品引起，若发生上述情况，则应停用本品。

【药物评价】①盐酸特比萘芬乳膏、凝胶、溶液、喷雾剂、搽剂、散剂可作为皮肤科用药类非处方药。②该药抑制真菌细胞麦角甾醇合成过程中的鲨烯环氧化酶，并使鲨烯在细胞中积蓄而起到杀菌作用。利福平可加速本品代谢，西咪替丁抑制本品代谢。③肝肾功能不全者应减量。④对细胞色素 P450 酶抑制较轻，但仍有一定的肝毒性。⑤具有高度亲脂性和亲表皮性，既可外用，又可口服，还可进行全身给药。

【贮藏】原料药及片剂应遮光，密封保存。乳膏剂应密闭，在阴凉处保存。

其他抗真菌药物品种信息见表 6－11。

表 6－11　其他抗真菌药物品种信息

药物名称	商品名	适应证	商品信息
伏立康唑	匹纳普，兰力，丽福康	治疗侵袭性曲霉病；治疗对氟康唑耐药的念珠菌（包括克柔念珠菌）引起的严重侵袭性感染；治疗由足放线菌属和镰刀菌属引起的严重感染	【制剂及规格】片剂：0.05 g，0.2 g。胶囊剂：0.05 g。注射剂：2～5 mg
盐酸阿莫罗芬	罗每乐，楚迪，楚甲	治疗敏感真菌引起的指 / 趾甲感染	【制剂及规格】乳膏：每管 20 g，每管 5 g。搽剂：每瓶 2.5 mL

第五节　抗病毒药

学习目标

1. 掌握常见抗病毒药的名称、适应证、制剂及规格。
2. 熟悉常见抗病毒药的典型不良反应、药物评价及贮藏要求等。

病毒是最小的病原微生物，不具有细胞结构，寄生于宿主细胞内，依赖宿主细胞代谢系统进行增殖复制，是引起感染性疾病的元凶。常见的病毒性传染病有流行性感冒（简称流感）、普通感冒、病毒性肝炎、麻疹、腮腺炎、脊髓灰质炎、疱疹性脑炎、病毒性肺炎、狂犬病等。

迄今为止，大多数病毒感染还没有特别有效的治疗药物。研制和开发有效的抗病毒药已成为全球医药领域的研究热点和迫切需要解决的问题。抗病毒药物的市场销售额还将保持稳定增长。

阿昔洛韦

【商品名】可包，苏维乐

【适应证】主要用于单纯疱疹病毒和带状疱疹病毒引起的皮肤和黏膜感染。还可用于治疗慢性乙型肝炎。

【制剂及规格】①阿昔洛韦片：每片0.1 g、0.2 g、0.4 g。②注射用阿昔洛韦：每瓶0.25 g、0.5 g。③阿昔洛韦滴眼液：每支0.5 mL∶0.5 mg、5 mL∶5 mg、8 mL∶8 mg。④阿昔洛韦眼膏：每支2.5 g∶75 mg（3%）。⑤阿昔洛韦乳膏：每支0.2 g。

【典型不良反应】①消化系统反应：恶心、呕吐、腹泻等。②过敏性反应：发热、头痛、外周红肿等。③神经性反应：头痛、过度兴奋、共济失调、昏迷、意识混乱、意识减退、神经错乱、头晕眼花、脑痛、幻觉、局部麻痹、嗜睡等。④血液及淋巴系统：贫血、白细胞及血小板减少等。⑤肝胆、胰腺：肝炎、高胆红素血症、黄疸等。⑥肌肉、骨骼系统：肌肉疼痛反应。⑦皮肤：秃头症、感光性皮疹、瘙痒症、表皮坏死、风疹等。⑧局部反应：眼部不适感等。

【药物评价】①本品是治疗疱疹病毒感染的首选药。②具有强效及速效的特点。临床发现其对降低获得性免疫缺陷综合征患者的死亡率，延长其存活期有一定效果。③与丙磺舒合用可使排泄减慢，半衰期延长，体内药物量积蓄。④服药期间宜多饮水，以免阿昔洛韦的结晶在肾小管内积存，影响肾功能。⑤稀释后的药液应立即使用，稀释药液时若出现白色浑浊或结晶则不能使用。

【贮藏】遮光，密封保存。

利巴韦林

【商品名】奥佳，科迈欣

【适应证】用于治疗病毒性呼吸道感染和疱疹病毒感染，如流感、角膜炎、结膜炎、疱疹性口炎、带状疱疹、小儿腺病毒性肺炎等。也可用于治疗甲型或乙型肝炎及出血热。

【制剂及规格】①利巴韦林片：每片20 mg、50 mg、100 mg、200 mg。②利巴韦林注射液：每支1 mL∶100 mg、2 mL∶100 mg、2 mL∶200 mg、2 mL∶250 mg、5 mL∶250 mg、5 mL∶500 mg。③利巴韦林滴眼液：每支0.5 mL∶0.5 mg、8 mL∶8 mg、10 mL∶10 mg、10 mL∶50 mg。

【典型不良反应】①个别患者可有恶心、呕吐、食欲减退等消化道反应。②一般全身不良反应有疲倦、虚弱、乏力、胸痛、发热、寒战、口渴等，长期大量使用，可致可逆性免疫抑制。

【药物评价】①本品为合成广谱抗病毒药品，疗效较好，价格低廉，在临床上被广泛应用。②本品有较强的致畸作用，孕妇禁用。③注射液色泽变深或玻璃被腐蚀而出现微小片状物，不可供药用。

【贮藏】遮光，密封保存。

奥司他韦

【商品名】达菲，可威

【适应证】用于成人和1岁及以上儿童的甲型、乙型流感治疗；用于成人和13岁及以上青少年的甲型、乙型流感的预防。

【制剂及规格】①磷酸奥司他韦胶囊：每粒75 mg。②磷酸奥司他韦颗粒：每袋15 mg（以奥司他韦计）、25 mg（以奥司他韦计）。

【典型不良反应】恶心、呕吐、支气管炎、失眠和头晕。

【药物评价】①非常有效的流感治疗用药，并且可以大大减少并发症（主要是气管与支气管炎、肺炎、咽炎等）的发生和抗生素的使用，是目前治疗流感最常用的药物之一，也是公认的抗禽流感、猪流感（甲型H1N1病毒）有效的药物之一。②磷酸奥司他韦不能替代流感疫苗。③在无磷酸奥司他韦颗粒剂可用的情况下，可用达菲胶囊配制急用口服混悬剂。对于不能吞咽胶囊的成人、青少年或儿童，可通过打开胶囊将其内容物与少量（最多1茶匙）甜味食品混合（掩盖苦味）的方法获取合适剂量的磷酸奥司他韦。甜味食品可包括巧克力糖浆、玉米糖浆、焦糖浆及红糖水等，与胶囊内容物充分混合后服用。

【贮藏】遮光，密封保存。

【知识拓展】

"奥司他韦"知多少?

近年来，奥司他韦作为流感特效药引发人们关注。每到流感高发季，不少消费者开始囤货，进而出现药店断货的现象。在使用奥司他韦前，须注意以下要点：①该药只对流感有效，对普通感冒无效；②需在症状出现48小时内使用，可缩短症状持续时间；③在特定情况下作为预防用药，特定情况指流感并发症高风险人群密切接触传染期患者的48小时内。

恩替卡韦

【商品名】博路定，润众，维力青

【适应证】适用于病毒复制活跃，丙氨酸氨基转氨酶持续升高或肝脏组织学显示有活动性病变的慢性乙型肝炎的治疗。

【制剂及规格】恩替卡韦片：每片0.5 mg。

【典型不良反应】①马来酸恩替卡韦片：在本品的国内临床试验中观察到的不良反应有腹泻、恶心、大便稀、月经延期、皮疹、血清肌酐升高，均为轻度、中度；观察到的实验室检查异常的项目有白细胞计数、血红蛋白、血小板计数、血尿素氮、血清肌酐。②恩替卡韦片：最常见的不良反应有丙氨酸氨基转移酶升高、疲劳、眩晕、恶心、腹痛、腹部不适、肝区不适、肌痛、失眠和风疹。这些不良反应多为轻至中度。

【药物评价】恩替卡韦片需要长期使用才能有明显的抗病毒效果，且不能轻易停药。盲目停药可能导致病情恶化，加重肝损伤，增加乙型肝炎治疗的难度。

【贮藏】密封，在15～30 ℃干燥处保存。

茚地那韦

【商品名】佳息患，又欣

【适应证】和其他抗逆转录病毒药物联合使用，用于治疗成人及儿童人类免疫缺陷病毒 I 型 HIV－1 感染。

【制剂及规格】硫酸茚地那韦片：0.2 g（按茚地那韦计）。

【典型不良反应】虚弱、疲劳、腹痛、反酸、腹泻、口干、消化不良、胃肠胀气、恶心、呕吐、淋巴结病、眩晕、头痛、感觉迟钝、失眠、皮肤干燥、皮肤瘙痒、药疹和味觉异常。

【药物评价】①硫酸茚地那韦为高效特异性人类免疫缺陷病毒（HIV）蛋白酶抑制剂，能抑制 HIV 复制，有效对抗 HIV，并显著减少其传染及扩散。②硫酸茚地那韦与齐多夫定和拉米夫定联合用药是目前国外广泛使用的“三联疗法”。③有服用后发生肾结石的报道，建议患者摄取足够的水分。④不能与特非那定、西沙必利、阿司咪唑、三唑仑、匹莫齐特或麦角衍生物同时服用。

【贮藏】密封，在阴凉干燥处保存。

第六节　抗寄生虫药

学习目标

1. 掌握抗寄生虫药的分类，常见抗寄生虫药的名称、适应证、制剂及规格。
2. 熟悉常见抗寄生虫药的典型不良反应、药物评价及贮藏要求等。

抗寄生虫药是指用于驱除或杀灭寄生于宿主体内的寄生虫，以预防或治疗寄生虫病的药物。根据其作用对象的不同，将抗寄生虫药分为抗疟药、抗阿米巴病药、抗滴虫药、驱肠虫药、抗血吸虫药、抗丝虫药等。

磷酸氯喹

【商品名】今赛

【适应证】主要用于治疗疟疾急性发作，控制疟疾症状；可用于治疗肝阿米巴病、华支睾吸虫病、肺吸虫病、结缔组织病等；也可用于治疗光敏性疾病，如日晒红斑症。

【制剂及规格】①磷酸氯喹片：每片 0.075 g、0.1 g、0.25 g。②磷酸氯喹注射液：每支 2 mL : 129 mg、5 mL : 322 mg。

【典型不良反应】①用于治疗疟疾时，出现的反应有头晕、头痛、眼花、食欲减退、恶心、呕吐、腹痛、腹泻、皮肤瘙痒、皮疹，甚至剥脱性皮炎、耳鸣、烦躁等。反应大都较轻，停药后可自行消失。②在治疗肺吸虫病、华支睾吸虫病及结缔组织病时，常见对眼的毒性反应，角膜上出现弥漫性白色颗粒，停药后可消失。③可损害听力，妊娠期妇女大量服用可造成小儿先天性耳聋、智力迟钝、脑积水、四肢缺陷等。

【药物评价】①控制疟疾症状的首选药，具有高效、作用持久的特点。②临床发现有相当一部分恶性疟原虫对本品产生耐药性，使本品疗效降低，因此在很多情况下需改用其他抗疟药或联合用药。③本品可引起胎儿脑积水、四肢畸形、耳聋等，妊娠期妇女禁用。④肝肾功能不全、心脏病、多形红斑、银屑病及精神病患者慎用。⑤不宜肌内注射，尤其是儿童，易致心肌抑制，禁止静脉推注。⑥与伯氨喹合用时，部分患者可产生严重心血管系统不良反应。

【贮藏】遮光，密封保存。

青蒿素

【商品名】安立康

【适应证】用于间日疟、恶性疟，特别是在抢救脑型疟时有较好效果；也可用于对氯喹有抗药性的疟疾。对间日疟的近期复发率比氯喹高。与伯氨喹合用，可使复发率降低。本品对血吸虫有杀灭作用。

【制剂及规格】①青蒿素注射液：每支 2 mL : 50 mg、2 mL : 100 mg、2 mL : 200 mg、2 mL : 300 mg。②青蒿素片：每片 50 mg、100 mg。

【典型不良反应】尚不明确。

【药物评价】①对各型疟原虫红细胞内期均有高效、速效的杀灭作用，抗疟作用大于氯喹和奎宁，且与氯喹无交叉抗药性。②口服吸收快，吸收后多分布于肠、肝、肾等组织，也可通过血脑屏障进入脑；主要经肾和肠道排泄。③注射部位较浅时，易引起局部疼痛和硬块。④妊娠早期妇女慎用。⑤个别患者可出现一过性氨基转移酶升高及轻度皮疹。

【贮藏】遮光，密封保存。

【知识拓展】

青蒿素和屠呦呦

2015 年 10 月，青蒿素的发现者屠呦呦获得诺贝尔生理学或医学奖，成为首个获科学类诺贝尔奖的中国人。被称为“东方神药”的青蒿素，每年都在挽救全世界无数疟疾患者的生命，拉斯克基金会将临床医学研究奖颁给屠呦呦，以表彰其对治疗疟疾药物——青蒿素的研究贡献。站在领奖台上的屠呦呦说：“青蒿素的发现是中国传统医学给人类的一份礼物。”

阿苯达唑

【商品名】肠虫清，万灵

【适应证】适用于驱除蛔虫、蛲虫、鞭虫、钩虫等；也用于治疗囊虫病、棘球蚴病、华支睾吸虫病及肺吸虫病等；还可用于家畜的驱虫。

【制剂及规格】阿苯达唑片：每片 0.1 g、0.2 g、0.4 g。

【典型不良反应】①少数病例有口干、乏力、思睡、头晕、头痛，以及恶心、上腹不适等消化道症状。②治疗囊虫病特别是脑囊虫病时，可出现头痛、发热、皮疹、肌肉酸痛、视觉障碍、癫痫发作等。③治疗囊虫病和棘球蚴病时，因用药剂量较大、疗程较长，可出现谷丙转氨酶升高，多于停药后逐渐恢复正常。

【药物评价】①阿苯达唑片剂、胶囊剂、颗粒剂、咀嚼片可作为驱肠虫类非处方药，用于治疗蛔虫病、蛲虫病。②作为高效广谱驱虫新药，本品是苯并咪唑类药物中驱虫谱较广、杀虫作用较强的一种。③抑制寄生虫对葡萄糖的吸收，导致虫体糖原耗竭，或抑制延胡索酸还原酶系统，阻碍三磷酸腺苷（ATP）的产生，使寄生虫无法存活和繁殖，粪便中一般不会有成虫。④ 2 岁以下儿童及孕妇禁用。⑤急性感染性疾病、蛋白尿、化脓性或弥漫性皮炎、癫痫等患者及哺乳期妇女不宜应用；有严重肝、肾、心脏功能不全及活动性溃疡病患者慎用。

【贮藏】密封保存。

甲硝唑

【商品名】言诺欣，特力克

【适应证】临床用于治疗急慢性阿米巴病和阴道滴虫病；还用于治疗敏感厌氧菌引起的腹腔、消化道、女性生殖器、下呼吸道、皮肤软组织、骨和关节等部位感染；可用于治疗口腔厌氧菌感染。

【制剂及规格】①甲硝唑片：每片 0.1 g、0.2 g、0.25 g。②甲硝唑注射液：每瓶 10 mL∶50 mg、20 mL∶100 mg。③甲硝唑栓：每枚 0.5 g、1 g。④甲硝唑阴道泡腾片：每片 0.2 g。

【典型不良反应】①以消化道反应最为常见，包括恶心、呕吐、食欲不振、腹部绞痛，一般不影响治疗；神经系统症状有头痛、眩晕，偶有感觉异常、肢体麻木、共济失调、多发性神经炎等，大剂量可致抽搐。②少数病例发生荨麻疹、潮红、瘙痒、膀胱炎、排尿困难、口中金属味及白细胞减少等，停药后可自行恢复。

【药物评价】①治疗阴道滴虫病的首选药，优点为毒性低、疗效高、口服方便、适用范围广，是我国基本药物目录中用于治疗厌氧菌感染的药物，同时也被 WHO 基本药物标准清单收录，用于抗厌氧微生物和抗原虫治疗。②可抑制病原体的脱氧核糖核酸（DNA）合成，促进 DNA 降解，从而干扰病原体的生长、繁殖，导致病原体死亡。③哺乳期妇女及妊娠 3 个月以内的妇女、中枢神经疾病和血液病患者禁用。④出现运动失调及其他中枢神经系统症状时应停药。⑤代谢产物可使尿液呈深红色。

【贮藏】遮光，密闭，在阴凉干燥处保存，栓剂在 30 ℃以下保存。

【案例分析】

暑假期间，9 岁的小明在饲养了多种家养动物的乡下奶奶家居住了一段时间。从乡下回来后，小明出现肚脐周围或上腹部疼痛，并伴有轻微腹泻与便秘交替的症状，大便中常含不消化的食物，夜间睡眠易惊醒且磨牙。就医后，被诊断为寄生虫感染。

问题讨论：

1. 小明感染寄生虫的原因有哪些？

2. 小明感染寄生虫后，在日常生活中应注意哪些事项？

思考与练习

一、选择题

1. 对青霉素过敏的患者禁用的药物是（　　）。

A. 头孢氨苄　B. 头孢呋辛　C. 阿莫西林　D. 红霉素

2. 治疗支原体肺炎宜首选（　　）。

A. 青霉素类　B. 大环内酯类　C. 四环素类　D. 氨基苷类

3. 青霉素最常见的不良反应是（　　）。

A. 高钠血症　B. 变态反应　C. 高钾血症　D. 胃肠道反应

4. 用药期间饮酒，能引起双硫仑样反应的药物是（　　）。

A. 青霉素类　B. 大环内酯类　C. 头孢菌素类　D. 氨基糖苷类

5. 用药前需要做皮试的药物是（　　）。

A. 阿莫西林　B. 环丙沙星　C. 头孢拉定　D. 四环素

6. 庆大霉素的典型不良反应有（　　）。（多选题）

A. 肾毒性　B. 耳毒性　C. 胃肠道反应　D. 变态反应

7. 青蒿素主要用于治疗（　　）。

A. 真菌感染　B. 病毒感染　C. 疟疾　D. 寄生虫

8. 各类型结核病的首选药是（　　）。

A. 异烟肼　B. 利福平　C. 环丙沙星　D. 罗红霉素

9. 用于治疗浅表真菌引起的皮肤感染的药物是（　　）。

A. 氟康唑　B. 特比萘芬　C. 甲硝唑　D. 两性霉素 B

10. 常用于治疗疱疹病毒感染的药物是（　　）。

A. 阿昔洛韦　B. 奥司他韦　C. 恩替卡韦　D. 茚地那韦

二、思考题

1. 请列举市场上常用抗生素的类别，并列出每个类别的常用药物。
2. 感冒是否一定要用抗生素？

实训六　抗感染药物分类实训

一、实训目的

1. 能利用互联网查询抗感染药物所有分类下具体品种的商品信息。
2. 培养学生主动获取药物商品信息的能力。
3. 掌握抗感染药物的分类，以及常用抗感染药物的名称、适应证等。

二、材料准备

1. 计算机、网络。
2. 抗感染药物商品信息表、卡片。
3. 专业医用 APP。
4. 国家药品监督管理局网站、医药电商网站。

三、实施步骤

1. 全班分成 4 个组，每组 6～7 人，人数少的班级每组 5～6 人。

2. 教师分别演示利用专业医用 APP、国家药品监督管理局网站、医药电商网站查询品种的过程。

3. 小组结合国家基本药物目录，按照药物类别讨论确定本次实训任务需要查询的所有药物品种名称，利用国家药品监督管理局网站浏览并熟悉备案品种的商品信息。

4. 小组按照药物类别进行分工，结合对药品生产企业的认知度、所学知识点，并通过浏览专业医用 APP 和医药电商网站，选择抗感染药物每种分类（从大类到小类）的代表商品；完成教师提供的抗感染药物商品信息表，每小类补充 1～3 个代表商品，共计 25 个，摘录商品信息并收集商品包装图片。

5. 组内成员互相交流，共同检验成果。

6. 小组提交资料，由教师检查结果。

7. 每个组选出一位代表进行总结、分享。

【注意事项】

1. 选择品种时，尽量选择具有代表性的药品。
2. 填写商品信息时，要注意格式规范。
3. 查询时，注意收集商品的包装图片，利用直观记忆法强化品种知识。
4. 收集的图片命名格式为“类别 + 通用名称 + 厂家简称”，同一类别归属一个文件夹，从大类到小类依次建档。

5. 组内可自由开展商品图片识记竞赛——“看图片 - 背名称 - 说分类 - 讲特点”。

四、实施测评

按表 6－12 所列抗感染药物分类实训评分标准进行测评，并做好记录。

表 6－12　　　　抗感染药物分类实训评分标准

序号	考核内容	考核标准	配分（分）	得分（分）
1	25 个抗感染药物商品信息填写	1. 大类和小类都正确，得 2 分 2. 大类正确，小类错误，得 1 分 3. 大类错误，不得分	50	
2	商品图片收集	药品数量完整，图片信息正确	30	
3	总结、分享	条理清晰，声音洪亮	20	
合计（分）			100	

第七章 解热镇痛抗炎、抗风湿药和抗痛风药

学习引入

发热是指病理性体温升高，是人体对致热原的作用使体温调节中枢的调定点上移而引起的，是疾病进展过程中的重要临床表现，可见于多种感染性疾病和非感染性疾病。某些疾病患者在发热的同时有可能会出现疼痛的体征。疼痛被称为人体第五大生命体征，是人类对于潜在或已存在损害的一种重要提示。长期剧烈的疼痛严重影响人们的生活质量。因此，对于慢性疼痛要积极治疗，制定规范的用药及治疗方案，以提高生活质量、延长寿命。

本章主要介绍解热镇痛抗炎、抗风湿药和抗痛风药及其代表药品的基本信息。相关概念包括以下内容。

（1）前列腺素（PG）：一类有生理活性的不饱和脂肪酸，广泛存在于人和哺乳动物的各种重要组织和体液中，多种细胞都可合成。

（2）环氧酶（COX）：具有两种异构体，称为 COX-1 和 COX-2。

第一节　解热镇痛抗炎、抗风湿药

学习目标

1. 掌握常见解热镇痛抗炎、抗风湿药的名称、适应证、制剂及规格。
2. 熟悉常见解热镇痛抗炎、抗风湿药的典型不良反应、药物评价及贮藏要求等。

解热镇痛抗炎、抗风湿药是一类具有解热、镇痛作用，而且大多数还兼有抗炎和抗风湿作用的药物。二者在化学结构上虽属不同类别，但都可抑制合成前列腺素所需的环氧酶，达到解热、镇痛、抗炎的目的。由于其特殊的抗炎作用，本类药物又被称为非甾体抗炎药（NSAIDs）。

解热镇痛抗炎、抗风湿药的共同作用包括：

（1）解热作用：通过抑制前列腺素合成酶，下丘脑体温调节中枢前列腺素合成减少，引起外周血管扩张，皮肤血流增加，出汗，增强散热过程，达到解热目的。

（2）镇痛作用：通过抑制环氧酶，减少炎症介质，抑制前列腺素和血栓素的合成。用于外周性钝痛，如感冒引起的全身肌肉酸痛、头痛等。对外伤性疼痛及内脏平滑肌绞痛无效。本类药物镇痛剂量对机体其他感觉功能无影响，也不产生兴奋感与成瘾性。

（3）抗炎和抗风湿作用：针对风湿类疾病引起的炎症，本类药物的抗炎作用不同于抗生素，只能对症治疗，不能根除病因。

解热镇痛抗炎、抗风湿药可以按照化学结构或者作用机制分类，如表 7－1 所示。

表 7－1　　解热镇痛抗炎、抗风湿药物分类及代表药物

类别		代表药物名称
按照化学结构分类	水杨酸类	阿司匹林，贝诺酯
	苯胺类	对乙酰氨基酚
	芳基乙酸类	吲哚美辛，双氯芬酸，舒林酸
	芳基丙酸类	布洛芬，萘普生
	昔康类	吡罗昔康，美洛昔康
	昔布类	塞来昔布，罗非昔布
	其他类	尼美舒利
按照作用机制分类	COX-1 高选择性抑制药	阿司匹林，吲哚美辛，舒林酸，吡罗昔康
	COX-1 低选择性抑制药	布洛芬，对乙酰氨基酚
	COX-1 无选择性抑制药	萘普生，双氯芬酸
	COX-2 高选择性抑制药	塞来昔布，罗非昔布，依托考昔，尼美舒利

阿司匹林

【商品名】巴米尔，益欣雪，拜阿司匹灵

【适应证】用于发热、头痛、神经痛、肌肉痛、风湿热、急性风湿性关节炎及类风湿关节炎等，为风湿热、风湿性关节炎及类风湿关节炎首选药，可迅速缓解急性风湿性关节炎的症状。可用于痛风，缓解疼痛。小剂量阿司匹林可用于预防心肌梗死、动脉血栓、动脉粥样硬化等。还可用于治疗胆道蛔虫病。

【制剂及规格】①阿司匹林片：0.1 g、0.3 g、0.5 g。②阿司匹林咀嚼片：0.125 g、0.25 g。③阿司匹林肠溶片：0.125 g、0.25 g。④阿司匹林肠溶胶囊：0.125 g、0.25 g。⑤阿司匹林栓：0.1 g、0.15 g、0.3 g、0.45 g、0.5 g。

【典型不良反应】短期使用不良反应较轻，大剂量长期使用时不良反应比较多。①常见胃肠道反应，包括恶心、呕吐、上腹部不适或疼痛等，停药后多可消失。长期或大剂量服用可有胃肠道溃疡、出血或穿孔。②少数患者可有变态反应，表现为哮喘、荨麻疹、血管神经性水肿或休克，严重者可致死亡。③血药浓度达 200～300 μg/mL 后可出现可逆性耳鸣、听力下降。

【药物评价】①本品是应用最广泛的解热镇痛和抗炎药，也是比较和评价其他药物的标准制剂。②在防治血栓栓塞性血管疾病方面有着广泛的应用。③胃与十二指肠溃疡患者慎用。④抗酸药（如碳酸氢钠）可增加阿司匹林自尿中的排泄，使血药浓度下降，不宜同服。⑤服用期间禁止饮酒或含有乙醇的饮料。

【贮藏】片剂、胶囊剂应密封，在干燥处保存。栓剂应密封，在阴凉干燥处保存。

对乙酰氨基酚

【商品名】必理通，泰诺林

【适应证】用于普通感冒或流行性感冒引起的发热，也用于缓解轻中度疼痛，如头痛、关节痛、偏头痛、牙痛、肌肉痛、神经痛、痛经等。

【制剂及规格】①对乙酰氨基酚片：0.1 g、0.3 g、0.5 g。②对乙酰氨基酚缓释片：0.65 g。③对乙酰氨基酚滴剂：15 mL∶1.5 g。④对乙酰氨基酚栓：0.15 g。

【典型不良反应】①不良反应较少，不引起胃肠出血。②偶见皮疹、荨麻疹、药物热及粒细胞减少。③长期大量用药会导致肝肾功能异常。

【药物评价】①对胃肠道刺激小，对凝血机制无影响，正常剂量对肝脏无损害，可作为退热药的首选，尤其适用于老年人和儿童。②解热作用强度与阿司匹林相似，对阿司匹林过敏或不能耐受阿司匹林的患者尤为适用，几乎无抗炎抗风湿作用。③目前国内应用最多的解热镇痛药，并常用作抗感冒药的主要成分。

【贮藏】遮光，密封保存。

【案例分析】

李某，女，20 岁，学生。1 天前出现头痛、发冷、流清涕，全身乏力，体温 37.6 ℃，服用对乙酰氨基酚片后效果不明显，仍然发热、头痛、流鼻涕。她的室友给了她一瓶布洛芬混悬液，让她两种药同时服用。

问题讨论：

1. 李某室友的做法正确吗？
2. 使用退热药时应注意什么？

布洛芬

【商品名】芬必得，美林，安瑞克

【适应证】用于缓解各种慢性关节炎的关节肿痛症状。治疗各种软组织风湿疼痛，如肩痛、腱鞘炎、滑膜炎、肌痛及运动后损伤性疼痛等；治疗急性疼痛，如手术后疼痛、创伤后疼痛、劳损后疼痛、原发性疼痛、牙痛、头痛等。

【制剂及规格】①布洛芬片：0.1 g、0.2 g、0.4 g。②布洛芬缓释胶囊：0.3 g。③布洛芬缓释片：0.2 g。④布洛芬滴剂：15 mL : 0.6 g。⑤布洛芬乳膏：20 g : 1 g。

【典型不良反应】①长期用药可出现消化道不良反应，包括消化不良、胃烧灼感、胃痛、恶心、呕吐，继续服用可耐受；出现胃溃疡和消化道出血者不足 1%。② 1%～3% 的患者可出现头痛、嗜睡、眩晕和耳鸣等神经系统不良反应。

【药物评价】①镇痛作用较强，比阿司匹林强 16～32 倍；抗炎作用弱，退热作用与阿司匹林相似，但较持久。②对胃肠道的不良反应较轻，易于耐受；在此类药物中对胃肠道的刺激性最低。

【贮藏】原料药、片剂、胶囊剂应密封保存。滴剂、口服溶剂应密封，在阴凉处保存。

吲哚美辛

【商品名】美达新

【适应证】主要用于缓解轻中度或重度风湿病的炎症、疼痛，急性骨骼肌损伤、急性痛风性关节炎、痛经等疼痛，可用于高热的对症解热。

【制剂及规格】①吲哚美辛肠溶片：25 mg。②吲哚美辛缓释片：25 mg。③吲哚美辛搽剂：20 mL : 200 mg、50 mL : 500 mg。④吲哚美辛栓：25 mg、50 mg、100 mg。

【典型不良反应】①常见的不良反应为胃肠道反应：恶心、呕吐、腹痛、腹泻等，2%～5% 的患者出现溃疡、胃出血及穿孔。②中枢神经系统症状（如头痛、眩晕等）的发生率不低，若头痛持续不退，应停药。③肝功能损害，以及血尿、水肿、肾功能不全。④造血系统受抑制而出现白细胞减少或血小板减少，偶有再生障碍性贫血。

【药物评价】①最强的前列腺素合成抑制剂之一，因其具有较强的抗炎、止痛和解热作用及价格低廉的特点，至今仍用于临床。②由于它有严重的副作用，如胃肠道反应、神经系统反应、肾损伤、皮疹等，故不作一般的解热镇痛长期用药，也不作为风湿性关节炎和类风湿关节炎的首选药，作为非处方药仅限外用。

【贮藏】原料药、片剂、胶囊剂应遮光，密封保存。栓剂应遮光、密封，在 25 ℃下保存。搽剂应遮光、密闭，在阴凉处保存。

双氯芬酸钠

【商品名】扶他林，英太青，迪根

【适应证】主要用于缓解各种急慢性关节炎和软组织风湿所致的疼痛，以及创伤后疼痛、术后疼痛、头痛、牙痛等。对成人及儿童的发热有解热作用。

【制剂及规格】①双氯芬酸钠肠溶胶囊：50 mg。②双氯芬酸钠肠溶片：25 mg、50 mg。③双氯芬酸钠二乙胺乳胶剂：20 g : 0.2 g。

【典型不良反应】①胃肠道反应为最常见的不良反应，主要为胃部不适、烧灼感、反酸、食欲减退、恶心等，停药或对症处理即可消失。其中少数患者可能出现溃疡、出血、穿孔。②少数患者可出现水肿、少尿、电解质紊乱等不良反应，轻者停药并进行相应治疗后可消失。③偶有神经系统反应，如头痛、眩晕、嗜睡、兴奋等。

【药物评价】①苯乙酸类中具有代表性的消炎镇痛药，具有显著的抗风湿、消炎、止痛和解热作用，口服后胃肠道吸收良好，吸收快且完全，若与食物同服则吸收率降低。②对前列腺素合成的抑制作用强于阿司匹林和吲哚美辛。

【贮藏】遮光，密封保存。

尼美舒利

【商品名】怡美力，欣克洛，瑞芝清

【适应证】主要用于治疗慢性关节炎症（如类风湿关节炎和骨关节炎等）、手术和急性创伤后的疼痛和炎症、上呼吸道感染引起的发热、耳鼻咽部炎症引起的疼痛、痛经等。

【制剂及规格】①尼美舒利片：每片 50 mg、100 mg。②尼美舒利分散片：100 mg。③尼美舒利颗粒：每袋 1 g∶50 mg。④尼美舒利干混悬剂：每袋 1 g∶100 mg。

【典型不良反应】①主要有胃灼热、恶心、胃痛等，但症状轻微、短暂。②极少情况下，患者出现过敏性皮疹。

【药物评价】①一种选择性 COX-2 抑制剂，以磺基为功能基团，具有很强的抗炎、镇痛与解热作用。②口服吸收迅速且完全，生物利用度高。

【贮藏】遮光，密闭，在干燥处保存。

美洛昔康

【商品名】奈邦，宏强，莫比可

【适应证】主要用于治疗慢性关节病，包括缓解急慢性脊柱关节病、类风湿关节炎、骨关节炎及软组织炎症等的疼痛、肿胀和创伤性疼痛、手术后疼痛。

【制剂及规格】①美洛昔康片：7.5 mg、15 mg。②美洛昔康栓：15 mg。

【典型不良反应】①胃肠道反应：常见消化不良、恶心、腹痛或腹泻；罕见溃疡、出血或穿孔。②血液系统反应：贫血、白细胞减少和血小板减少。③其他：瘙痒、皮疹、口炎、轻微头晕、头痛、水肿、血压升高等。

【药物评价】①出现胃肠道溃疡及出血的风险略低于其他传统非甾体抗炎药。②与目前使用的传统非甾体抗炎药相比，具有抗炎作用强、抗炎性疼痛作用时间长、解热效果好、口服吸收好且完全、生物利用度较高等优点。

【贮藏】遮光，密闭保存。

塞来昔布

【商品名】西乐葆，泽乐妥，苏立葆

【适应证】用于缓解骨关节炎、类风湿关节炎、强直性脊柱炎的肿痛症状；也用于缓解手术前后、软组织创伤等引起的急性疼痛。

【制剂及规格】塞来昔布胶囊：0.1 g、0.2 g。

【典型不良反应】常见的不良反应为上腹疼痛、腹泻与消化不良。

【药物评价】①属选择性 COX-2 抑制剂，胃肠道溃疡及出血风险较其他传统非甾体抗炎药低。②适用于有消化性溃疡、肠道溃疡、胃肠道出血病史者。

【贮藏】密闭，25 ℃以下保存。

其他解热镇痛抗炎药物品种信息见表 7－2。

表 7－2　其他解热镇痛抗炎药物品种信息

药物名称	商品名	适应证	商品信息
复方对乙酰氨基酚片	散利痛，散列通，泰诺林	用于普通感冒或流行性感冒引起的发热，也用于缓解轻中度疼痛，如头痛、关节痛、偏头痛、牙痛、肌肉痛、神经痛、痛经等	【制剂及规格】片剂：每片含对乙酰氨基酚 250 mg，异丙安替比林 150 mg，咖啡因 50 mg
酚氨咖敏片	新康泰克，新达罗，再克	用于缓解普通感冒及流行性感冒引起的发热、头痛、四肢酸痛、打喷嚏、流鼻涕、鼻塞、咽痛等症状	【制剂及规格】片剂：每片含对乙酰氨基酚 150 mg，氨基比林 100 mg，咖啡因 30 mg，马来酸氯苯那敏 2 mg

第二节　抗痛风药

学习目标

1. 掌握常见抗痛风药的名称、适应证、制剂及规格。
2. 熟悉常见抗痛风药的典型不良反应、药物评价及贮藏要求等。

痛风是一种因嘌呤生物合成代谢增加，尿酸产生过多或因尿酸排泄不良而致血中尿酸升高，尿酸盐结晶沉积在关节滑膜、滑囊、软骨及其他组织中引起的反复发作性炎性疾病。痛风的药物治疗是控制症状、缓解病情、预防复发及减少发作的重要手段。根据不同的临床阶段，抗痛风药可分为控制急性关节炎症状和抗高尿酸血症两大类（见表 7－3）。

表 7－3　抗痛风药的类别、特点及代表药物

类别	特点	代表药物
控制急性关节炎症状	抑制粒细胞浸润	秋水仙碱
	镇痛、抗炎	吲哚美辛，吡罗昔康，萘普生，布洛芬
	抗炎	泼尼松，泼尼松龙
抗高尿酸血症	抑制尿酸生成	别嘌醇
	促进尿酸排泄	苯溴马隆，丙磺舒
	选择性黄嘌呤氧化酶抑制剂	非布司他

秋水仙碱

【商品名】舒风灵

【适应证】用于急性期痛风性关节炎、短期预防痛风性关节炎急性发作。

【制剂及规格】秋水仙碱片：0.5 mg、1 mg。

【典型不良反应】①早期不良反应常见腹痛、腹泻、呕吐及食欲缺乏。②长期服用可见严重的出血性胃肠炎或吸收不良综合征。③肌肉、周围神经病变：麻木、刺痛和无力。④休克：表现为少尿、血尿、抽搐及意识障碍，死亡率高，多见于老年人。⑤骨髓抑制，出现血小板减少、中性粒细胞减少，甚至再生障碍性贫血，可危及生命。

【药物评价】①治疗剂量和中毒剂量十分接近，应慎用。②过量口服会出现严重的毒性反应，甚至死亡，不主张长期用药以预防痛风性关节炎发作。

【贮藏】遮光，密封保存。

别嘌醇

【商品名】易达通，奥迈必利

【适应证】用于具有痛风史的高尿酸血症，预防痛风性关节炎的发作。

【制剂及规格】别嘌醇片：0.1 g。

【典型不良反应】①个别患者可出现皮疹、腹泻、腹痛、低热、暂时性氨基转移酶升高或粒细胞减少，停药及给予相应治疗一般可恢复。②服用初期可诱发痛风，开始 4～8 周内可与小剂量秋水仙碱合用。

【药物评价】①由于别嘌醇的作用是抑制尿酸合成，明显优于促进尿酸排泄的丙磺舒，可以用于痛风性肾病患者，用药后不仅症状减轻，而且可以防止肾脏尿酸盐结石的形成。②口服用药期间，应大量饮水，并维持尿液呈中性或微碱性，以减少尿酸石及肾内尿酸沉积的危险。③不能控制痛风性关节炎的急性炎症症状，不能作为抗炎药使用。

【贮藏】遮光，密闭保存。

丙磺舒

【商品名】无

【适应证】主要用于高尿酸血症伴慢性痛风性关节炎及痛风石。用于辅助抗生素的治疗，与青霉素、氨苄西林、苯唑西林、邻氯西林、萘夫西林等抗生素同用时，可提高抗生素血药浓度，并能维持较长时间。

【制剂及规格】丙磺舒片：0.25 g。

【典型不良反应】①少数患者可见胃肠道反应、皮疹、发热、肾绞痛及诱发急性痛风发作等。②治疗初期可使痛风发作加重。

【药物评价】①口服吸收迅速且完全，服用时应保证摄入足量水分，防止形成肾结石，必要时同时服用碱化尿液的药物。②在肝内代谢为具有排尿酸活性的羧基化代谢物及羟基化合物。③因脂溶性大，易被再吸收，排泄较慢。④定期检测血 pH 值、尿 pH 值、肝肾功能、血尿酸和尿液尿酸等。

【贮藏】遮光，密封保存。

非布司他

【商品名】优立通，菲布力

【适应证】用于痛风患者高尿酸血症的长期治疗。

【制剂及规格】非布司他片：40 mg、80 mg。

【典型不良反应】①肝功能异常。②偶见不良反应：头晕、血小板减少、心绞痛、视物模糊等。

【药物评价】①口服吸收迅速且完全，用药 1～1.5 小时后能达到最大血药浓度。②给药时，无须考虑食物和抗酸剂的影响。③不推荐本品用于无症状高尿酸血症患者。

【贮藏】遮光，密封，不超过 25 ℃保存。

【知识拓展】

急性痛风性关节炎发作期的注意事项

应忌食高嘌呤食物，如酵母、动物胰脏、浓缩肉汁、肉脯、沙丁鱼、凤尾鱼、动物心脏等，忌喝啤酒。可吃橘子、葡萄、山楂、番茄、苹果、咖啡、茶、奶、蛋、海藻类等低嘌呤食物。

思考与练习

一、选择题

1. 某儿童患者出现头痛、发热等普通感冒症状，宜服用（　　）。

A. 扶他林　B. 芬必得　C. 怡美力　D. 泰诺林

2. 下列药物中，对于儿童感冒发热首选的解热镇痛药是（　　）。

A. 阿司匹林　B. 吲哚美辛　C. 保泰松　D. 对乙酰氨基酚

3. 阿司匹林可用于治疗（　　）。

A. 预防心肌梗死　B. 预防脑血栓形成

C. 手术后的血栓形成　D. 风湿性关节炎

4. 无抗炎抗风湿作用的是（　　）。

A. 阿司匹林　B. 布洛芬　C. 吲哚美辛　D. 对乙酰氨基酚

5. 同类药物中对胃肠道刺激性最小的是（　　）。

A. 阿司匹林　B. 吲哚美辛　C. 双氯芬酸钠　D. 布洛芬

二、思考题

1. 简述解热镇痛抗炎、抗风湿药物的分类及其代表药物。
2. 简述抗痛风药的类别、特点及其代表药物。

实训七　解热镇痛抗炎、抗风湿药物和抗痛风药物的识记和分类

一、实训目的

1. 掌握解热镇痛抗炎、抗风湿药物和抗痛风药物的分类。
2. 掌握常见解热镇痛抗炎、抗风湿药物和抗痛风药物的通用名、商品名和适应证。

二、材料准备

1. 药物通用名卡片、药物大类卡片（解热镇痛抗炎、抗风湿药，抗痛风药）若干。
2. 手机。

三、实施步骤

1. 全班分成4个组，每组6～7人，人数少的班级可每组5～6人。
2. 在6分钟内，小组成员结合所学知识点，依次练习卡片分类。每位成员练习结束后，由组内其他同学对结果进行检查，小组长记录每位成员的准确率。如果有模拟系统软件，可在软件上进行操作。
3. 教师汇总4组同学的准确率，根据每组平均准确率的高低，评出最优秀的小组。
4. 每组成员轮流对自己所出现的错误分类进行交流，并在笔记本上做好记录。
5. 每个组选出一名代表进行总结分享。

【注意事项】

1. 卡片上的品种尽量选择具有代表性的。
2. 注意时间的把控，在操作过程中对于不会分类的卡片可以先搁置。
3. 组内成员在检查卡片分类结果时，如有争议，可咨询教师。

四、实施测评

按表7-4所列解热镇痛抗炎、抗风湿药物和抗痛风药物分类实训评分标准进行测评，并做好记录。

表7-4　解热镇痛抗炎、抗风湿药物和抗痛风药物分类实训评分标准

考核内容	考核标准	配分（分）	得分（分）
50种解热镇痛抗炎、抗风湿药物和抗痛风药物分类	1. 大类和小类都正确，得2分 2. 大类正确，小类错误，得1分 3. 大类错误，不得分	100	
合计（分）		100	

实训八　疼痛用药指导实训

一、实训目的

1. 通过对患者症状的询问，能够正确判断患者的疾病类型。

2. 熟悉目前常用的解热镇痛抗炎、抗风湿药物和抗痛风药物的品种及作用特点，明确各类药物的适应证。

3. 根据患者的病情和特征，能针对性地介绍相应的药品，并能根据药品说明书指导患者合理用药。

二、实训指导

1. 通过查阅文献资料，结合所学知识，探索疼痛疾病的问诊要点、用药注意事项、用药误区及健康问题。

2. 分组讨论常见疼痛的用药方案、用药指导和健康指导。

三、实训准备

1. 实训场地为有柜台和货架的模拟药店。

2. 按照药品陈列原则陈列解热镇痛抗炎、抗风湿药物和抗痛风药物（数种至数十种）。

四、实训操作

1. 实训分组：2 人一组，轮流模拟药店店员、患者。

2. 进行情景模拟。

（1）患者，男，51 岁，某企业销售总监。主诉经常足趾肿痛，曾就医，治疗后有所缓解。近两天吃了海鲜，喝了啤酒，发现关节红肿疼痛。

（2）患者，女，20 岁。近期天气转凉，且患者有淋雨经历，主诉头晕头痛、四肢酸痛，体温 39 ℃。

3. 实训步骤：询问症状、评估疼痛、推荐并介绍相关的治疗药物、指导合理用药。

（1）分组实训：2 人一组，根据提供的病例列出问诊要点，轮流扮演不同角色，巩固问诊技巧。

（2）组内讨论制定合理用药方案，由教师参与方案修订，并点评每组的优缺点。

（3）用药指导：从用法用量、用药次数、服药时间、不良反应及处理办法、注意事项等方面进行指导。教师进行点评。

（4）健康指导：从饮食、运动、改变不良嗜好、建议及时就医等方面进行指导。由教师点评。

（5）随机选出一组进行演练，由教师点评。

五、实施测评

按表 7–5 所列疼痛用药咨询与指导实训评分标准进行测评，并做好记录。

表 7–5　疼痛用药咨询与指导实训评分标准

考核内容	考核标准	配分（分）	得分（分）
仪表仪态	着装整洁，态度和蔼亲切	5	
问诊过程	思路清晰，问诊流畅、全面，语言通俗	20	
药品推荐	正确，合理，对症	20	
介绍药品	清楚，全面，正确	20	
用药指导	正确，合理	20	
健康指导	有针对性，正确，合理	10	
职业素养	药品归位，场地清洁	5	
合计（分）		100	

第八章

影响变态反应和免疫功能药

学习引入

变态反应又称超敏反应，即机体与抗原性物质在一定条件下相互作用，产生致敏淋巴细胞或特异性抗体，如与再次进入的抗原结合，可导致机体生理功能紊乱和组织损害的免疫病理反应。

免疫功能是指机体对疾病的抵抗力，是免疫系统根据免疫识别而发挥的作用。机体的免疫功能是在淋巴细胞、单核细胞和其他有关细胞及其产物的相互作用下完成的。

本章主要介绍抗变态反应药、免疫抑制药、免疫增强药等影响变态反应和免疫功能的药物及代表药品的基本信息。

第一节　抗变态反应药

学习目标

1. 掌握常见抗变态反应药的名称、适应证、制剂与规格。
2. 熟悉常见抗变态反应药的典型不良反应、药物评价及贮藏要求。

变态反应（过敏反应）是一种变态反应性疾病，是过敏体质的机体受抗原物质刺激后产生的免疫病理反应。

变态反应可由多种物质引起，如图 8－1 所示。临床表现为皮肤瘙痒、红肿、斑块和喉部、胃肠痉挛及变应性鼻炎等过敏性疾病。

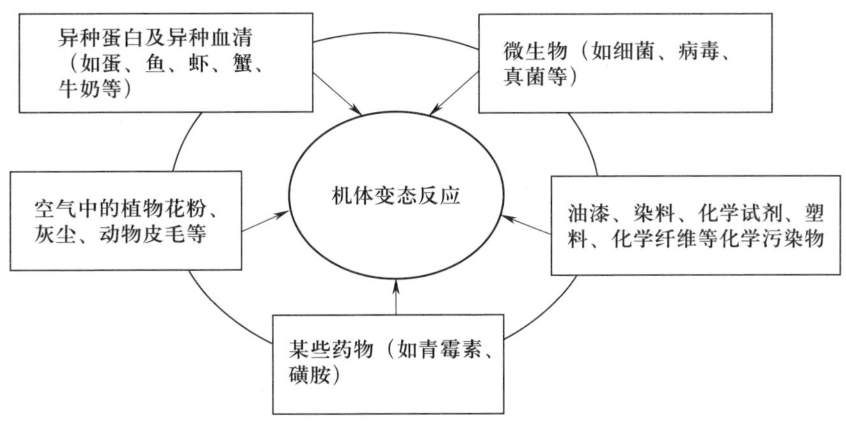

图 8-1　人体主要变应原

用于防治变态反应性疾病的药物为抗变态反应药，常称为抗过敏药。临床常用的抗变态反应药分为抗组胺药、过敏介质阻释剂、糖皮质激素、脱敏制剂和钙盐等。本节主要讲述抗组胺药。

组胺是变态反应物质之一，广泛存在于全身的组织细胞中。在抗原抗体反应或接触某些物质和物理化学刺激时，组胺从细胞中释放出来，与各种靶细胞中的组胺受体（H_1、H_2）结合，产生一系列生理反应。抗组胺药通过选择性地阻断组胺 H_1 受体，产生抗组胺作用，主要用于治疗变应性鼻炎、过敏性结膜炎及过敏性皮肤病等。

临床常用抗组胺药可分为以下三类。

（1）第一代抗组胺药：常用药有盐酸苯海拉明、马来酸氯苯那敏、盐酸异丙嗪、盐酸赛庚啶等。

（2）第二代抗组胺药：常用药有氯雷他定、依巴斯汀、盐酸西替利嗪、特非那丁等。

（3）第三代抗组胺药：常用药有地氯雷他定、盐酸非索非那定、盐酸左西替利嗪等。

马来酸氯苯那敏

【商品名】敏非儿，维福佳

【适应证】主要用于变应性鼻炎、过敏性湿疹、皮肤黏膜过敏、药物及食物过敏。可用于神经性皮炎、季节性变应性鼻炎、虫咬，以及皮肤瘙痒症。与解热镇痛药配伍，用于治疗感冒。

【制剂及规格】①马来酸氯苯那敏片：4 mg。②马来酸氯苯那敏滴丸：2 mg、4 mg。

【典型不良反应】①精神症状：嗜睡、困倦、虚弱感、心悸。②泌尿系统：多尿。③咽喉痛、口渴、皮肤瘀斑、出血倾向。

【药物评价】①马来酸氯苯那敏片剂、糖浆剂、控释胶囊剂、滴丸剂为抗过敏甲类非处方药，用于皮肤过敏症，也可用于变应性鼻炎、药物及食物过敏。②哺乳期妇女、青光眼、高血压、甲状腺功能亢进、前列腺肥大患者慎用。③服药期间，不得驾驶车、船或操作机器及从事高空作业。④抗组胺作用较强，用量小，不良反应少。⑤与解热镇痛药组成复方制剂，用于控制感冒时的流涕、喷嚏、咳嗽等过敏症状。⑥抗组胺作用超过异丙嗪和苯海拉明，中枢抑制作用较弱。

【贮藏】原料药、片剂、注射液应遮光，密闭贮存。滴丸剂应遮光，密封，阴凉处保存。

氯雷他定

【商品名】开瑞坦，百为坦，息斯敏

【适应证】用于缓解变应性鼻炎有关的症状，如喷嚏、流涕及鼻痒、鼻塞以及眼部痒及烧灼感。亦适用于缓解慢性荨麻疹、瘙痒性皮肤病及其他过敏性皮肤病的症状及体征。

【制剂及规格】①氯雷他定片：10 mg。②氯雷他定糖浆：每瓶 50 mL：50 mg、60 mL：60 mg（1%）。

【典型不良反应】①精神症状：乏力、头痛、嗜睡。②消化系统：恶心、胃炎。③变态反应、肝功能异常、心动过速、心悸、头晕及惊厥等。

【药物评价】①氯雷他定片为耳鼻喉科及皮肤科用药类非处方药。②同时服用酮康唑、大环内酯类抗生素、西咪替丁、茶碱等会提高氯雷他定血药浓度，应慎用。③妊娠期及哺乳期女性应慎用，儿童必须在成人监护下使用。④氯雷他定为高效、作用持久的抗组胺药，为选择性组胺 H_1 受体阻断剂，可缓解变态反应引起的各种症状，中枢抑制作用弱。⑤成人过量服用本品（40～180 mg）后，会出现嗜睡、心动过速和头痛等症状。

【贮藏】遮光，密闭保存。

盐酸西替利嗪

【商品名】斯特林，仙特明，安迪西司

【适应证】治疗季节性鼻炎、常年性变应性鼻炎、非鼻部症状眼结膜炎，以及过敏引起的瘙痒和荨麻疹症状。

【制剂及规格】①盐酸西替利嗪片：10 mg。②盐酸西替利嗪滴剂：10 mL：0.1 g。③盐酸西替利嗪胶囊：5 mg、10 mg。④盐酸西替利嗪分散片：10 mg。

【典型不良反应】①精神症状：头痛、头晕、嗜睡、激动不安、口干。②腹部不适、恶心。

【药物评价】①肾功能损害者用量应减半，妊娠期及哺乳期妇女禁用。②酒后避免使用，司机、操作机器或高空作业人员慎用。③本品为羟嗪衍生物、选择性组胺 H_1 受体阻断剂，有一定抗胆碱作用。④不易通过血脑屏障，中枢抑制作用较小。⑤吸收不受进食的影响。

【贮藏】遮光，密封保存。

依巴斯汀

【商品名】开思亭，思金，苏迪

【适应证】用于治疗荨麻疹、变应性鼻炎、湿疹、皮炎、皮肤瘙痒症等。

【制剂及规格】①依巴斯汀片：10 mg。②依巴斯汀口服液：120 mL：120 mg。

【典型不良反应】①变态反应，有皮疹、浮肿发生。②消化系统：恶心、腹痛、腹泻。③肝功能异常，偶见谷丙转氨酶、碱性磷酸酶升高。

【药物评价】① 12 岁以下儿童慎用。②有肝功能障碍或障碍史者慎用。③具有迅速而长效的组胺抑制作用，对组胺 H_1 受体有超强亲和力。④口服给药，依巴斯汀及其代谢产物均不能穿过血脑屏障，对中枢神经系统有轻微镇静作用。⑤一种强效、长效、高选择性的组胺 H_1 受体阻断剂，且对中枢神经系统的胆碱能受体没有拮抗作用。

【贮藏】遮光，密闭保存。

【案例分析】

患者，男，22 岁，最近面部和颈部出现了轻度的红斑、水肿，并伴有严重瘙痒，寻求治疗。经诊断，该患者为皮肤过敏。

问题讨论：

1. 发生过敏的原因可能是什么？
2. 应该如何处理？

其他常见抗变态反应药见表 8－1。

表 8－1　其他常用抗变态反应药

药物名称	药物特点
盐酸苯海拉明	第一代抗组胺药，对中枢神经有较强的抑制作用，还有阿托品样作用
盐酸异丙嗪	第一代抗组胺药，有明显镇静作用，具有抗胆碱作用
盐酸赛庚啶	第一代抗组胺药，有中枢抑制作用，有中度抗 5－羟色胺作用和抗胆碱作用
特非那定	第二代抗组胺药，中枢抑制作用小
盐酸非索非那定	第三代抗组胺药，无抗 5－羟色胺、抗胆碱和抗肾上腺素作用
咪唑斯汀	第二代长效抗组胺药，无抗 5－羟色胺、抗胆碱作用
盐酸左西替利嗪	第三代抗组胺药，中枢抑制作用小，无明显抗 5－羟色胺作用和抗胆碱作用
地氯雷他定	第三代抗组胺药，具有非镇静性长效抗组胺作用，为氯雷他定的活性代谢物

第二节　免疫抑制药

学习目标

1. 掌握常见免疫抑制药的名称、适应证、制剂及规格。
2. 熟悉常见免疫抑制药的典型不良反应、药物评价及贮藏要求。

人体的免疫应答反应分三期：①感应期，巨噬细胞和免疫活性细胞处理和识别抗原；②增殖分化期，免疫活性细胞被抗原激活后分化增殖并产生免疫活性物质；③效应期，致敏淋巴细胞或抗体与相应靶细胞或抗原接触，产生细胞免疫或体液免疫。

影响机体免疫功能的药物能够通过调节机体的免疫应答反应和免疫病理反应来调节机体的免疫功能，防治免疫功能异常所致的疾病。按照作用方式不同分为免疫抑制药和免疫增强药。

免疫抑制药是一类能抑制免疫反应的药物，主要用于抑制变态反应、自身免疫性疾病和器官移植的排斥反应。

免疫抑制药有如下特点：①对免疫系统及免疫细胞缺乏选择性和特异性，往往全面抑制机体的免疫功能。在抑制免疫病理反应的同时，也抑制正常的免疫应答反应，对细胞免疫和体液免疫都有抑制作用。长期应用不良反应较多，如降低机体抵抗力而易诱发感染、增加肿瘤发生率、抑制骨髓造血功能及影响生殖系统功能等。②一般只能控制症状，不能改变机体自身免疫的体质，不能根治疾病。③对正在增殖的免疫细胞的抑制作用较强，对已分化成熟的免疫细胞（如浆细胞）作用较弱。④不同类型的免疫病理反应对免疫抑制药的敏感性不同。⑤不同的免疫抑制药作用的最佳时间不同，如在抗原刺激前 24～48 小时糖皮质激素的抑制作用最强，在抗原刺激后 24～48 小时巯嘌呤的抑制作用最强。⑥一些免疫抑制药有抗炎作用，如甲氨蝶呤、糖皮质激素等，可减轻炎症反应。

常见的免疫抑制药主要有以下五类：

（1）糖皮质激素类，常用药有泼尼松等。

（2）钙调磷酸酶抑制药，常用药有环孢素、他克莫司、西罗莫司等。

（3）抗代谢药，常用药有硫唑嘌呤、甲氨蝶呤、来氟米特、吗替麦考酚酯、咪唑立宾等。

（4）烷化剂，常用药有环磷酰胺、白消安、塞替派等。

（5）抗体类，常用药有抗淋巴细胞球蛋白、英夫利昔单抗、阿达木单抗、巴利昔单抗等。

使用须注意：①宜采用多种药物小剂量合用，以减毒增效；②治疗自体免疫性疾病时，宜首选糖皮质激素类，如果疗效不好或不能耐受，可考虑合用或改用其他免疫抑制药。

环孢素

【商品名】新山地明，田可，新赛斯平

【适应证】广泛用于肾、肝、胰、心、肺、皮肤、角膜及骨髓等器官或组织移植的排斥反应，常与肾上腺皮质激素合用。也可用于治疗其他药物无效的难治性自身免疫性疾病，如类风湿关节炎、系统性红斑狼疮、银屑病、皮肌炎等。

【制剂及规格】①环孢素口服溶液：每瓶 50 mL∶5 g。②环孢素软胶囊：10 mg、25 mg、50 mg、100 mg。③环孢素注射液：每瓶 5 mL∶250 mg。④环孢素滴眼液：每支 3 mL∶30 mg。

【典型不良反应】①肾毒性、肝毒性。②高血压、高脂血症。③震颤、头痛、肌痛等中枢神经系统症状。④恶心、畏食、齿龈增生等。

【药物评价】①静脉给药只用于无法口服的患者，相当多的患者静脉给药会发生变态反应。②肾毒性大，用药前后均须监测肝肾功能，每日剂量不宜超过 17 mg/kg。③与非甾体抗炎药合用，会增加肾衰竭的风险，应避免合用。④妊娠期及哺乳期妇女、儿童需在医生指导下使用；水痘或带状疱疹发作期应暂停用药，接触高风险者需评估感染风险；接种减毒活疫苗前需咨询医生调整用药方案，灭活疫苗接种后可使用，但需监测抗体水平。⑤与激素和硫唑嘌呤相比，本品免疫抑制作用更具有选择性。⑥自从环孢素应用于临床抗排异以来，大部分免疫排异反应已经能够得到有效的控制，使器官移植术后患者生存率显著提高。⑦口服吸收不完全，胆汁是影响其吸收和排泄的一个重要因素。⑧不良反应发生率较高，严重程度、持续时间均与剂量、血药浓度相关，多为可逆性。患者应严格遵医嘱按时按量服药，忌自行调整用药剂量，必要时应监测血药浓度。

【贮藏】遮光，密封，在阴凉干燥处保存。

其他常见免疫抑制药见表 8－2。

表 8－2　　其他常见免疫抑制药

药物名称	药物特点
他克莫司	疗效似环孢素，不能与环孢素合用。不良反应似环孢素但更严重，肾毒性和神经毒性的发生率更高。妊娠期及哺乳期禁用。对他克莫司过敏者禁用
吗替麦考酚酯	与环孢素或他克莫司、皮质激素合用效果好。对本品过敏者禁用；妊娠期、哺乳期妇女禁用。会增加发生皮肤癌的风险，应避免日晒
来氟米特	不良反应少而轻。肝损害者、肾功能不全者、免疫缺陷者、骨髓发育不良者慎用。妊娠期、哺乳期妇女禁用

第三节　免疫增强药

学习目标

1. 掌握常见免疫增强药的名称、适应证、制剂及规格。
2. 熟悉常见免疫增强药的典型不良反应、药物评价及贮藏要求。

免疫增强药是一类能增强机体免疫功能的药物，通过激活免疫细胞，增强机体的非特异性或特异性免疫，使低下的免疫功能恢复正常；或具有免疫佐剂作用，增强与之合用的抗原的免疫原性，加速诱导免疫应答反应；或替代体内缺乏的免疫活性物质，具有免疫替代作用。多数免疫增强药具有双向调节作用，能使过高或过低的功能恢复正常，又称免疫调节药。临床主要用其免疫增强作用，治疗免疫缺陷性疾病，增强抗感染和抗肿瘤的免疫力。

按照来源不同，免疫增强药分为以下四类：①微生物来源的药物，如卡介苗、溶血性链球菌制剂等；②人或动物免疫系统的产物，如胸腺素类、转移因子、干扰素、白细胞介素类等；③化学合成药，如左旋咪唑、异丙肌苷等；④中药及其有效成分，如灵芝、人参、香菇多糖、云芝多糖、猪苓多糖等。其中，干扰素类药物应用较广。

左旋咪唑

【商品名】德辉，难老泉

【适应证】用于肿瘤术后或放疗、化疗的辅助治疗，可延长缓解期，降低肿瘤复发率和死亡率。也用于自身免疫性疾病，如类风湿关节炎、红斑狼疮，以及上呼吸道感染、小儿呼吸道感染、支气管哮喘。作为驱虫药，对蛔虫病、钩虫病、蛲虫病和粪类圆线虫病有较好疗效。

【制剂及规格】①盐酸左旋咪唑片：25 mg、50 mg。②盐酸左旋咪唑栓：50 mg、100 mg。③盐酸左旋咪唑颗粒：10 g∶50 mg。④盐酸左旋咪唑肠溶片：25 mg。

【典型不良反应】①消化道反应：恶心、呕吐、腹痛、食欲减退等。②变态反应：荨麻疹。③嗜睡、头痛、乏力、发热等中枢神经系统症状。④少数患者有白血病及血小板减少、血压低、脉管炎等。

【药物评价】①肝炎活动期禁用。②类风湿关节炎患者服用本品后易诱发粒细胞缺乏症。③干燥综合征患者慎用。④除具有广谱驱肠虫作用外，还具有双向免疫调节作用，可减少免疫功能低下者感染的发病率、严重程度和对抗菌药的依赖。

【贮藏】密封保存。

人干扰素 α1b

【商品名】运德素，赛若金，长生扶明

【适应证】适用于治疗病毒性疾病和某些恶性肿瘤。已被批准用于治疗慢性乙型肝炎、丙型肝炎和毛细胞白血病。已有临床试验结果或文献报告用于治疗病毒性疾病（如带状疱疹、尖锐湿疣、流行性出血热和小儿呼吸道合胞病毒肺炎等）有效，可用于治疗恶性肿瘤，如慢性粒细胞白血病、黑色素瘤、淋巴瘤等。滴眼液可用于治疗眼部病毒性疾病。

【制剂及规格】①重组人干扰素 α1b 喷雾剂：每支 25 万 IU（25 μg）∶5 mL。②人干扰素 α1b 注射液：每支 10 μg∶0.5 mL、20 μg∶0.5 mL。③注射用人干扰素 α1b：每支 10 μg、20 μg、40 μg、60 μg。④人干扰素 α1b 滴眼液：每支 20 万 IU∶2 mL。

【典型不良反应】①最常见的不良反应是流感样综合征，常在用药初期出现寒战、发热、出汗、头痛、肌肉关节痛、全身倦怠等症状，并具有剂量依赖性，减量或停药后症状消失。②其他：白细胞减少、轻度贫血、心悸、高血压、心律失常、干咳、嗜睡、运动感觉障碍等。

【药物评价】①过敏体质、严重肝肾功能不良、白细胞及血小板减少者慎用。②制品溶解后应一次用完，不得分次使用。③具有广谱抗病毒、抗肿瘤作用及免疫调节功能。④作用温和。

【贮藏】2～8 ℃，避光保存。

重组人干扰素 α2b

【商品名】安达芬，甘乐能

【适应证】用于治疗某些病毒性疾病，如急慢性病毒性肝炎、带状疱疹、尖锐湿疣。用于治疗某些肿瘤，如慢性白血病、多发性骨髓瘤、淋巴瘤、恶性黑色素瘤等。

【制剂及规格】①重组人干扰素 α2b 注射液：每支 100 万 IU、300 万 IU、500 万 IU、

600 万 IU。②注射用重组人干扰素 α2b：每瓶 100 万 IU、300 万 IU、500 万 IU、600 万 IU。

【典型不良反应】①治疗宫颈糜烂：偶可出现轻度瘙痒、下腹坠胀、分泌物增多，停药后自行消失，未见其他明显不良反应。②治疗病毒性皮肤病：偶见轻度瘙痒灼痛，不需终止治疗，可自行缓解。

【药物评价】①本品注射液为无色透明液体，如遇有浑浊或沉淀等异常现象、药瓶或预灌装玻璃注射器有损坏则不得使用。②患有严重心脏疾病，严重的肝、肾或骨髓功能不正常者，癫痫及中枢神经系统功能损伤者禁用。③对病毒性疾病效果良好，可与其他抗肿瘤药物合用以提高肿瘤治疗效果。

【贮藏】2～8 ℃，避光保存。

重组改构人肿瘤坏死因子

【商品名】天恩福，纳科思

【适应证】与长春瑞滨 + 顺铂、丝裂霉素 + 长春地辛 + 顺铂化疗方案联合，可试用于经其他方法治疗无效或复发的晚期非小细胞肺癌患者；与博来霉素 + 阿霉素 + 环磷酰胺 + 长春新碱 + 泼尼松化疗方案联合，可试用于经化疗或其他方法治疗无效的晚期非霍奇金淋巴瘤患者。

【制剂及规格】注射用重组改构人肿瘤坏死因子：每瓶 50 万 IU。

【典型不良反应】发热、感冒样症状、注射局部疼痛、局部红肿硬结、骨骼肌肉疼痛等。

【药物评价】①必须在三甲医院内并在有经验的临床医师指导下使用。②过敏体质，特别是对肽类药品或生物制品有过敏史者慎用。③静脉给药时及给药后 2 小时内，医护人员应严密观察患者，如出现不良反应，应给予对症处理。④药瓶如有裂缝、破损不能使用。药品溶解后应为透明液体，如有浑浊、沉淀和不溶物等现象，不能使用。药物溶解后应一次用完，不可多次使用。

【贮藏】2～8 ℃，避光保存。

其他常见免疫增强药见表 8-3。

表 8-3　其他常见免疫增强药

药物名称	药物特点
卡介菌多糖核酸	主要用于预防和治疗慢性支气管炎、感冒及哮喘
香菇多糖	用于急慢性白血病、胃癌、肺癌、乳腺癌等肿瘤的辅助治疗，提高患者免疫功能，减轻放射治疗和化学治疗的副作用；可用于治疗乙型肝炎
转移因子	用于治疗某些抗生素难以控制的病毒性或霉菌性细胞内感染（如带状疱疹、流行性乙型脑炎、白色念珠菌感染等）；对恶性肿瘤可作为辅助治疗剂，对自身免疫性疾病和细胞免疫功能低下的有关疾病有一定治疗作用
胸腺素	用于胸腺发育不全、共济失调性毛细血管扩张症、慢性皮肤黏膜真菌病等免疫缺陷病；对胸腺发育不全患儿可长期用作替代性治疗；用于肿瘤患者，可见大部分患者 T 细胞数增多，也见有临床症状改善；对全身性红斑狼疮、类风湿关节炎等自身免疫性疾病有一定疗效

思考与练习

一、选择题

1. 组胺 H_1 受体阻断剂最常见的副作用是（　　）。
A. 厌食　B. 恶心、呕吐　C. 嗜睡　D. 粒细胞减少症
2. 不属于抗过敏药物是（　　）。
A. 氯苯那敏　B. 苯海拉明　C. 西替利嗪　D. 氯丙嗪
3. 下列药物中中枢抑制作用最强的是（　　）。
A. 苯海拉明　B. 氯苯那敏　C. 西替利嗪　D. 非索非那定
4. 属于第一代抗组胺药的是（　　）。
A. 左西替利嗪　B. 非索非那定　C. 赛庚啶　D. 酮替芬
5. 不属于常见的免疫抑制药的是（　　）。
A. 环孢素　B. 西罗莫司　C. 他克莫司　D. 氯苯那敏
6. 用于抑制异体器官移植排斥反应的首选药物是（　　）。
A. 胸腺素　B. 地塞米松　C. 环孢素　D. 干扰素
7. 既有广谱抗病毒作用，又能增强免疫功能的是（　　）。
A. 环孢素　B. 糖皮质激素　C. 干扰素　D. 左旋咪唑
8. 既能治疗免疫功能低下，又可用于抗肠蠕虫的药物是（　　）。
A. 干扰素　B. 糖皮质激素　C. 环孢素　D. 左旋咪唑

二、思考题

1. 环孢素的用药指导有哪些？
2. 请写出抗组胺药的分类。
3. 左旋咪唑的不良反应有哪些？

实训九　抗变态反应药物用药指导实训

请对案例中的患者进行用药指导，具体实施步骤及实训测评请参照实训八。

案例一：患者，女，14 岁，对柳絮过敏，眼结膜充血、水肿、瘙痒且伴有流泪，眼睛黏性分泌物少。

案例二：患者，女，23 岁，公司职员。2024 年 4 月 22 日来药店咨询。自述由于小区里的花开了很多，2 天前出现鼻塞、流清涕、鼻痒、打喷嚏等症状，伴有眼痒、眼结膜充血。经询问，患者每到春季容易复发，每次复发后，服用抗过敏的药均能缓解，平时需开车上下班，此次发作未到医院就诊，无药物过敏史。

第九章

呼吸系统用药

学习引入

呼吸系统疾病较多，如急性或慢性支气管炎、支气管哮喘、支气管扩张症、肺炎、肺脓肿、肺结核、肺癌、慢性阻塞性肺疾病（COPD）及肺源性心脏病等，虽然发病原因各不相同，但常见的共同症状是咳嗽、咳痰和喘息。理想情况是针对疾病对症治疗，及时应用祛痰药、镇咳药及平喘药，虽不能根治疾病，但这些重要的对症治疗措施可减轻患者的症状，改善患者气道的通气功能，减轻呼吸困难，防止合并症或并发症的发生。

本章主要介绍镇咳药、祛痰药、平喘药、抗感冒复方制剂及代表药物的基本信息。

第一节　镇咳药

学习目标

1. 掌握常见镇咳药的名称、适应证、制剂及规格。
2. 熟悉常见镇咳药的典型不良反应、药物评价及贮藏要求等。

咳嗽是呼吸道受到刺激时所产生的一种保护性反射活动，可将呼吸道内的黏液和异物排出，排出后咳嗽症状多缓解。轻度咳嗽有利于排痰，一般不需用镇咳药；若痰液较多，单用镇咳药将使得痰液滞留在呼吸道内，导致病情加重。严重的咳嗽，特别是剧烈无痰的干咳可影响休息与睡眠，甚至使病情加重或引起其他并发症，需要使用镇咳药缓解症状。

目前常见的镇咳药，根据其作用机制可分为两类。

1. 中枢性镇咳药：直接抑制延髓咳嗽中枢而发挥镇咳作用，包括成瘾性镇咳药（如可待因）、非成瘾性镇咳药（如喷托维林、右美沙芬等）。本类药多用于无痰的干咳。其中，右美沙芬常用作抗感冒的复方制剂成分。

2. 外周性镇咳药：通过抑制咳嗽反射弧中的感受器、传入神经、传出神经或效应器中任一环节而发挥镇咳作用。常见药有苯佐那酯、苯丙哌林、那可丁等。

磷酸可待因

【商品名】尼柯康，可非，立健亭

【适应证】镇咳，用于较剧烈的频繁干咳，如痰液量较多宜并用祛痰药；镇痛，用于中度以上的疼痛；镇静，用于局部麻醉或全身麻醉时。

【制剂及规格】①磷酸可待因片：15 mg、30 mg。②磷酸可待因缓释片：45 mg。③磷酸可待因糖浆：每瓶 100 mL。

【典型不良反应】①可见幻想，呼吸微弱、缓慢或不规则，心率或快或慢、异常。②长期应用可引起依赖性。

【药物评价】① 12 岁以下儿童禁用；哺乳期妇女禁用。②长期使用可引起依赖性，超大剂量可导致死亡。③多痰患者禁用，以防因抑制咳嗽反射，使大量痰液阻塞呼吸道，继发感染而加重病情。④服药期间不得驾驶车辆、从事高空作业和机械作业，以及操作精密仪器。

【贮藏】片剂遮光，密封保存。糖浆剂遮光，密封，置阴凉处保存。

枸橼酸喷托维林

【商品名】咳必清

【适应证】用于各种原因引起的干咳。

【制剂及规格】①枸橼酸喷托维林片：0.025 g。②枸橼酸喷托维林滴丸：0.025 g。③枸橼酸喷托维林糖浆：0.25%。

【典型不良反应】偶见便秘、轻度头痛、头晕、口干、恶心、腹胀。

【药物评价】①有轻度阿托品样作用，青光眼及心力衰竭患者慎用。②无祛痰作用，痰多的患者慎用。③服药期间不得驾驶车辆、从事高空作业和机械作业，以及操作精密仪器。

【贮藏】密封，在干燥处保存。

氢溴酸右美沙芬

【商品名】倍克尔，可迪，联邦克立停

【适应证】用于成人各种原因引起的干咳，包括感冒、急性或慢性支气管炎、支气管哮喘、咽喉炎、肺结核，以及其他上呼吸道感染引起的咳嗽。

【制剂及规格】①氢溴酸右美沙芬片：0.015 g。②氢溴酸右美沙芬口服溶液：180 mg : 120 mL、150 mg : 100 mL、15 mg : 10 mL。③氢溴酸右美沙芬糖浆：150 mg : 100 mL、15 mg : 10 mL。④氢溴酸右美沙芬胶囊：0.015 g。⑤注射用氢溴酸右美沙芬：0.005 g。

【典型不良反应】可见头晕、头痛、嗜睡等。

【药物评价】①其镇咳作用与可待因相等或稍强。②妊娠3个月内妇女及哺乳期妇女禁用，痰多患者慎用。③服药期间不得驾驶车辆、从事高空作业和机械作业，以及操作精密仪器。④乙醇可增强右美沙芬的镇静作用，用药期间不宜饮酒。

【贮藏】遮光，密封保存。

【案例分析】

患者，女，46岁。咳嗽2个月，干咳无痰、无气喘，夜间咳嗽尤为剧烈。既往有类似发作史。体检心肺无异常。肺功能检查：通气功能正常；支气管激发试验阳性。有青光眼史。诊断：咳嗽变异型哮喘（CVA）。给予布地奈德气雾剂每次200 μg，每日2次，吸入；枸橼酸喷托维林片25 mg，每日3次，口服。

问题讨论：上述患者用药有何不妥？

【知识拓展】

右美沙芬列入第二类精神药品目录

右美沙芬是一种中枢性镇咳药，主要抑制延髓的咳嗽中枢而发挥作用，用于感冒、咽炎、支气管炎等引起的咳嗽。过量服用会让人产生欣快感与幻觉。根据国家药品监督管理局、国家卫生健康委员会关于加强右美沙芬等药品管理的通知，自2024年7月1日起，右美沙芬列入第二类精神药品目录。

其他镇咳药物品种信息见表9-1。

表9-1　其他镇咳药物品种信息

药物名称	商品名	适应证	商品信息
苯丙哌林	法思特，咳哌宁，可立停	用于治疗急性支气管炎及各种原因（如感染、吸烟、刺激物、过敏等）引起的咳嗽，对刺激性干咳效果佳	【制剂及规格】片剂：20 mg。胶囊剂：20 mg。口服液：10 mL∶10 mg、10 mL∶20 mg、100 mL∶100 mg
那可丁	无	用于阵发性咳嗽	【制剂及规格】片剂：10 mg。糖浆剂：每瓶100 mL

第二节　祛痰药

学习目标

1. 掌握常见祛痰药的名称、适应证、制剂及规格。
2. 熟悉常见祛痰药的典型不良反应、药物评价及贮藏要求等。

痰是呼吸道黏膜的分泌物，可因炎症增加分泌并刺激呼吸道黏膜而引起咳嗽，黏痰若不能顺利排出将加重感染。祛痰药可稀释痰液或液化黏痰，使之易于咳出。祛痰药可排出呼吸道内痰液，从而减少对呼吸道黏膜的刺激，间接起到镇咳、平喘作用，也有利于控制继发感染。

临床常见的祛痰药按其作用机制可分为三类。

1. 黏痰溶解药：常见药有盐酸氨溴索、乙酰半胱氨酸、溴己新等。

2. 痰液稀释药：常见药有羧甲司坦。

3. 恶心性祛痰药：常见药有氯化铵、愈创木酚甘油醚等。

盐酸氨溴索

【商品名】沐舒坦，恩久平，安普索

【适应证】适用于各种原因引起的痰液黏稠不易咳出者。

【制剂及规格】①盐酸氨溴索口服溶液：0.3 g∶100 mL、0.6 g∶100 mL。②盐酸氨溴索片：0.03 g、0.06 g。③盐酸氨溴索分散片：0.03 g。④盐酸氨溴索胶囊：0.03 g、0.06 g。⑤盐酸氨溴索缓释胶囊：0.075 g。⑥吸入用盐酸氨溴索溶液：0.015 g∶2 mL。

【典型不良反应】偶见皮疹、恶心、胃部不适、食欲减退、腹痛、腹泻。

【药物评价】①本品为溴己新在体内的活性代谢产物，其祛痰作用显著大于溴己新，同时具有一定的镇咳作用，且毒性小、耐受性好。②孕妇及哺乳期妇女慎用。③应避免与中枢性镇咳药（如右美沙芬）同时使用，以免稀化的痰液堵塞气道。④本品为一种黏液调节剂，仅对咳痰症状有一定的改善作用，在使用时应注意咳嗽、咳痰的原因，如使用 7 天后未见好转，应及时就医。

【贮藏】密封，避光，在干燥处保存。

乙酰半胱氨酸

【商品名】富露施，易维适

【适应证】适用于慢性支气管炎等引起的咳嗽、有黏痰而不易咳出者。

【制剂及规格】①乙酰半胱氨酸片：0.2 g、0.6 g。②乙酰半胱氨酸泡腾片：0.6 g。③乙酰半胱氨酸颗粒：0.1 g、0.2 g。④吸入用乙酰半胱氨酸溶液：每支 3 mL∶0.3 g。⑤乙酰半胱氨酸胶囊：0.2 g。

【典型不良反应】偶见恶心、呕吐、上腹部不适、腹泻、咳嗽等。

【药物评价】①乙酰半胱氨酸结构中含有巯基（–SH），不宜接触金属、橡胶、氧化剂、氧气。建议服用颗粒剂和泡腾片时，选用玻璃或塑料杯，用温开水（禁用 80 ℃以上热水）溶解后直接服用，临用前配制，以免放置时间过长失效。②本品能减弱青霉素、头孢菌素、四环素类药物的抗菌活性，故不宜与这些抗菌药物同时应用。必须合用时应间隔 4 小时交替使用。③乙酰半胱氨酸为对乙酰氨基酚的特异解毒剂，能降低对乙酰氨基酚的血药浓度。因此，建议感冒患者避免同时服用，以免影响对乙酰氨基酚正常的解热镇痛效果。

【贮藏】遮光，密封，在干燥处保存。

羧甲司坦

【商品名】卡立宁，霸灵

【适应证】主要用于治疗慢性支气管炎、支气管哮喘等引起的痰液黏稠、咳出困难等。

【制剂及规格】①羧甲司坦片：0.1 g、0.25 g。②羧甲司坦颗粒：0.2 g、0.5 g。③羧甲司坦口服溶液：10 mL∶0.2 g、10 mL∶0.5 g。④羧甲司坦泡腾片：0.5 g。

【典型不良反应】可见恶心、胃部不适、腹泻、轻度头痛及皮疹等。

【药物评价】①避免与强效镇咳药同时使用，以免稀释痰液堵塞气道。②有消化性溃疡史者慎用，孕妇慎用。

【贮藏】遮光，密封，在阴凉干燥处贮存。

其他祛痰药物品种信息见表9-2。

表9-2　其他祛痰药物品种信息

药物名称	商品名	适应证	商品信息
溴己新	傲群，伏枝	用于慢性支气管炎、哮喘、支气管扩张、硅沉着病等有白色黏痰又不易咳出的患者。脓性痰患者须加用抗生素控制感染	【制剂及规格】盐酸溴己新片：8 mg。盐酸溴己新注射液：2 mL∶4 mg。注射用盐酸溴己新：2 mL∶4 mg
厄多司坦	阿多停，和坦，坦通	用于急性和慢性支气管炎痰液黏稠所致的呼吸道阻塞	【制剂及规格】厄多司坦片：0.15 g。厄多司坦分散片：0.15 g。厄多司坦胶囊：0.15 g、0.3 g

第三节　平喘药

学习目标

1. 掌握常见平喘药的名称、适应证、制剂及规格。
2. 熟悉常见平喘药的典型不良反应、药物评价及贮藏要求等。

支气管哮喘（简称哮喘）是常见的呼吸系统疾病，是由多种细胞和细胞组分参与的气道慢性炎症性疾病。其主要特征包括气道慢性炎症，气道对多种刺激因素呈现高反应性，广泛多变的可逆性气流受限，以及病程延长而导致的一系列气道结构的改变及气道重构。近年来，哮喘患病率在全球范围内有逐年升高的趋势。主要病理变化为支气管平滑肌痉挛和支气管黏膜炎症引起分泌物增加和黏膜水肿，造成气道变窄或阻塞，从而引起呼吸困难、胸闷、喘息、气促和咳嗽等临床表现。

平喘药是指能够缓解喘息症状的药物。常见的平喘药可分以下六类。

1. β肾上腺素受体激动药：常见药有麻黄碱、异丙肾上腺素、沙丁胺醇、特布他林、克仑特罗等。

2. 黄嘌呤类药物：常见药有茶碱、氨茶碱、二羟丙茶碱等。

3. M胆碱受体阻断剂：常见药有异丙托溴铵等。

4. 过敏介质阻释剂：常见药有色甘酸钠、酮替芬、曲尼司特等。

5. 肾上腺皮质激素药：常见药有倍氯米松、布地奈德等。

6. 白三烯调节剂：常见药有孟鲁司特、扎鲁司特、普仑司特等。

一、β 肾上腺素受体激动药

沙丁胺醇

【商品名】万托林，川舒宁，赛比舒

【适应证】主要用于支气管哮喘、喘息性支气管炎等伴有支气管痉挛的呼吸道疾病。

【制剂及规格】①吸入用硫酸沙丁胺醇溶液：2.5 mL : 5 mg、2.5 mL : 2.5 mg。②硫酸沙丁胺醇吸入气雾剂：0.1 mg、0.14 mg，每瓶 200 揿。③硫酸沙丁胺醇片：0.5 mg、2 mg。④硫酸沙丁胺醇胶囊：2 mg。⑤硫酸沙丁胺醇缓释胶囊：4 mg、8 mg。

【典型不良反应】可见肌肉震颤、恶心、心悸、头痛、失眠等。

【药物评价】①预防用药时，宜选择口服给药；控制哮喘发作时，宜选择吸入剂。②长期或反复应用可产生低敏感性或引起气道反应性增高，不仅疗效降低，还会使哮喘发作加重。③心功能不全、高血压、糖尿病、甲亢患者慎用。④ β 受体阻滞剂（如普萘洛尔）能拮抗本品的支气管扩张作用，故不宜合用。⑤应用本药疗效不佳时，可更换其他 β_2 受体激动剂或茶碱类药物，不可随意增加用量。⑥作为常用的短效 β_2 受体激动剂，其平喘作用维持 4～6 小时，是缓解轻中度急性哮喘症状的首选药。

【贮藏】气雾剂：30 ℃以下遮光保存，避免受冻和阳光直射。胶囊剂、片剂：遮光，密封，在干燥处保存。吸入用硫酸沙丁胺醇溶液：30 ℃下遮光保存。

二、黄嘌呤类药

茶碱

【商品名】舒弗美，喘定

【适应证】用于支气管哮喘、喘息性支气管炎、阻塞性肺气肿等，缓解喘息症状；也可用于心源性肺水肿引起的哮喘。

【制剂及规格】①茶碱缓释片：0.1 g。②茶碱缓释胶囊：0.05 g、0.1 g、0.2 g、0.3 g。

【典型不良反应】易发生毒性反应。早期多见恶心呕吐、易激动、失眠等，当血药浓度超过 20 μg/mL，可出现心动过速、心律失常，超过 40 μg/mL 可出现发热、失水、惊厥等症状，严重的甚至呼吸、心跳停止致死。

【药物评价】①可致心律失常，使原有的心律失常恶化，应密切注意患者心率或心律的任何改变。②治疗窗窄，应当进行茶碱的血药浓度监测，既保证疗效，又防止毒性反应的发生。③对本品过敏的患者、活动性消化道溃疡和未经控制的惊厥性疾病患者禁用。④不适用于哮喘持续状态或急性支气管痉挛发作的患者。

【贮藏】遮光，密封保存。

三、过敏介质阻释剂

色甘酸钠

【商品名】咽泰，双朗

【适应证】用于预防哮喘、变应性鼻炎和春季过敏性结膜炎。

【制剂及规格】①色甘酸钠气雾剂：每瓶总量 14 g，内含色甘酸钠 0.7 g，每揿含色甘酸钠 3.5 mg，每瓶 200 揿；每瓶总量 19.97 g，内含色甘酸钠 1 g，每揿含色甘酸钠 5 mg。②吸入用色甘酸钠胶囊：20 mg。③色甘酸钠滴眼液：每支 8 mL∶0.16 g。④色甘酸钠滴鼻液：20 mg/mL。

【典型不良反应】偶有排尿困难。吸入干粉时，少数患者有咽部刺激感、呛咳、恶心、胸闷反应，系粉末刺激所致。

【药物评价】①本品仅起预防性作用，故应在哮喘易发季节前 1～2 周用药，且中途不能突然停药，以免引起哮喘复发。②获得明显疗效后，可减少给药次数。如需停药，亦可逐步减量后再停。③本品起效较慢，需连用数日甚至数周才起作用，对正在发作的哮喘无效。④用药过程中如遇哮喘急性发作，应立即改用其他常规治疗，如吸入 β 肾上腺素受体激动剂等，并停用本品。

【贮藏】胶囊剂：遮光，密封保存。滴眼液：遮光，密闭保存。气雾剂：密闭，在阴凉处保存。

四、肾上腺皮质激素药

丙酸倍氯米松

【商品名】必可酮，信可松，伯克纳

【适应证】适用于需长期全身应用糖皮质激素或非激素类药物治疗无效的慢性支气管哮喘患者，以防哮喘急性发作。用于预防和治疗常年性及季节性变应性鼻炎。外用膏剂用于过敏性与炎症性皮肤病和相关疾病，如湿疹、变应性皮炎、接触性皮炎等。

【制剂及规格】①丙酸倍氯米松吸入气雾剂：每瓶 200 揿，每揿含丙酸倍氯米松 50 μg、250 μg。②丙酸倍氯米松粉雾剂：0.1 mg、0.2 mg。③丙酸倍氯米松鼻气雾剂：每瓶 200 揿，每揿含丙酸倍氯米松 50 μg。

【典型不良反应】少数患者出现声音嘶哑和口腔咽喉部念珠菌感染。

【药物评价】①哮喘持续状态患者因不能吸入足够的药物，疗效常不佳，不宜用。②吸入后立即漱口可减轻刺激感，并可用局部抗菌药物控制感染。③气雾剂注意防止受热和撞击。④伴有皮肤细菌、病毒感染的湿疹、疱疹、水痘、皮肤结核、化脓性感染和皮炎的患者原则上不得使用，如需外用时，应同时使用抗感染药物。

【贮藏】密闭，在阴凉处保存。

【案例分析】

胡某，男，18 岁，有哮喘病史。某日上午到一新装修的房间后，出现哮喘急性发作，于是到医院就诊。

问题讨论：

1. 能否使用倍氯米松气雾剂吸入控制病情？为什么？

2. 应选用何种药物控制哮喘急性发作？

布地奈德

【商品名】吉舒，沐而畅

【适应证】用于支气管哮喘症状和体征的长期控制。

【制剂及规格】①布地奈德吸入气雾剂：每瓶 100 揿，每揿含布地奈德 0.2 mg；每瓶 200 揿，每揿含布地奈德 0.1 mg。②吸入用布地奈德混悬液：2 mL∶1 mg、2 mL∶0.5 mg。③布地奈德吸入粉雾剂：每瓶 100 吸，每吸含布地奈德 0.4 mg；每瓶 200 吸，每吸含布地奈德 0.2 mg。

【典型不良反应】吸入后偶见咳嗽、声音嘶哑和口腔咽喉部念珠菌感染，用药后漱口，不使药液残留于咽喉部可减少发生率。

【药物评价】①不应试图靠吸入布地奈德快速缓解哮喘急性发作，此时仍需吸入短效支气管扩张剂。②妊娠期妇女如不能避免使用糖皮质激素，最好选用吸入性制剂，因其全身作用较低。③肺结核患者、气道真菌和霉菌类感染患者应慎用。运动员慎用。④哮喘合并感染者，需合并抗生素治疗。

【贮藏】气雾剂：阀门朝下，室温保存。吸入粉雾剂：30 ℃以下存放。

五、白三烯调节剂

孟鲁司特

【商品名】顺尔宁，平奇

【适应证】用于哮喘的预防和长期治疗，减轻变应性鼻炎引起的症状。

【制剂及规格】①孟鲁司特钠片：10 mg。②孟鲁司特钠咀嚼片：4 mg、5 mg。③孟鲁司特钠颗粒：4 mg。

【典型不良反应】偶见腹痛和头痛。

【药物评价】①哮喘患者应在睡前服用。变应性鼻炎患者可根据自身情况在需要时服用。②本品一般耐受性良好，不良反应轻微，通常不需要终止治疗。③口服本品治疗急性哮喘发作的疗效尚未确定。因此，不应用于治疗急性哮喘发作。④哺乳期妇女慎用。⑤规格为 10 mg 的片剂适用于 15 岁及以上的成人，不适宜儿童使用；咀嚼片适用于 2～14 岁儿童。⑥以哮喘控制指标来评价治疗效果，用药 1 天内即可判断疗效。

【贮藏】室温保存，防潮，遮光，密封。

六、其他平喘药物

其他平喘药物品种信息见表 9－3。

表 9－3　其他平喘药物品种信息

药物名称	商品名	适应证	商品信息
特布他林	伊坦宁，博利康尼，比艾	用于治疗支气管哮喘、慢性支气管炎、肺气肿和其他伴有支气管痉挛的肺部疾病	【制剂及规格】片剂：2.5 mg。雾化吸入用溶液：2 mL : 5 mg、1 mL : 2.5 mg。颗粒：1.25 mg。胶囊剂：1.25 mg
异丙托溴铵	可必特，爱全乐	用于需要多种支气管扩张剂联合应用的患者，用于治疗与气道阻塞性疾病有关的可逆性支气管痉挛	【制剂及规格】吸入用溶液 2 mL : 0.5 mg、2 mL : 0.25 mg。吸入气雾剂：每瓶 200 揿，每揿含 20 μg
氨茶碱	星尤善，乐宁	用于治疗支气管哮喘、喘息性支气管炎、阻塞性肺气肿等，缓解喘息症状；也可用于治疗心源性肺水肿引起的哮喘	【制剂及规格】片剂：0.1 g、0.2 g。缓释片剂：0.1 g。吸入气雾剂：每瓶 200 揿，每揿含 20 μg
酮替芬	同芬，瑞那替	用于治疗变应性鼻炎、过敏性支气管哮喘、过敏性结膜炎	【制剂及规格】片剂：1 mg。胶囊剂：1 mg。滴眼液：5 mL : 2.5 mg。滴鼻液：10 mL : 15 mg。鼻喷雾剂：15 mL : 16.7 mg
氟替卡松	辅舒良，辅舒酮	雾化吸入，用于慢性、持续性哮喘的长期治疗，亦可治疗变应性鼻炎	【制剂及规格】鼻喷雾剂：每瓶 120 喷，每喷 50 μg。吸入气雾剂：每瓶 120 揿、60 揿（每揿 50 μg、125 μg）

第四节　抗感冒复方制剂

学习目标

1. 掌握常见抗感冒复方制剂的名称、适应证、制剂及规格。
2. 熟悉常见抗感冒复方制剂的典型不良反应、药物评价及贮藏要求等。

一、认识感冒

感冒是常见病和多发病，包括普通感冒和流行性感冒。

普通感冒俗称“伤风”，由鼻病毒、腺病毒、柯萨奇病毒、冠状病毒、副流感病毒等感染所致。一般不会大流行，并且少见并发症。临床表现为起病较急，初期以咽干、咽痒、咽痛为主，继之有鼻塞、喷嚏、清水样鼻涕，如病变继续则有声音嘶哑和咳嗽，以上呼吸道卡他症状为主。后期会出现轻微全身症状，可有低热、乏力、头痛、食欲减退、全身不适等表现。

流行性感冒是流感病毒所引起的一种急性呼吸道传染病，主要通过飞沫传播，传染性强，传播迅速，极易造成大流行。流感的并发症比较多，如肺炎、心肌炎、心肌梗死、哮喘、中耳炎等，老年人和体弱患者易并发肺炎。临床表现为起病急骤，以畏寒高热、头痛、全身酸痛、乏力、食欲减退等全身症状为主，并伴有轻度咽痛、咳嗽、鼻塞、流涕等上呼吸道卡他症状。

二、代表药

治疗感冒的药物包括单方制剂和复方制剂。由于感冒症状复杂多样，单方制剂不能缓解所有症状，故多采用复方制剂。常用的抗感冒复方制剂有复方氨酚烷胺、复方盐酸伪麻黄碱、酚麻美敏、氨酚伪麻美芬 / 氨麻苯美、氨咖黄敏等。

复方氨酚烷胺

【商品名】感康，快克，仁和可立克

【适应证】适用于缓解普通感冒及流行性感冒引起的发热、头痛、四肢酸痛、打喷嚏、流鼻涕、鼻塞、咽痛等症状。

【制剂及规格】①复方氨酚烷胺胶囊：每粒含对乙酰氨基酚 250 mg、盐酸金刚烷胺 100 mg、人工牛黄 10 mg、咖啡因 15 mg、马来酸氯苯那敏 2 mg。②复方氨酚烷胺片：每片含对乙酰氨基酚 250 mg、盐酸金刚烷胺 100 mg、人工牛黄 10 mg、咖啡因 15 mg、马来酸氯苯那敏 2 mg。③复方氨酚烷胺颗粒：每袋含对乙酰氨基酚 250 mg、盐酸金刚烷胺 100 mg、人工牛黄 10 mg、咖啡因 15 mg、马来酸氯苯那敏 2 mg。④小儿氨酚烷胺颗粒：每袋含对乙酰氨基酚 100 mg、盐酸金刚烷胺 40 mg、人工牛黄 4 mg、咖啡因 6 mg、马来酸氯苯那敏 0.8 mg。

【典型不良反应】偶有轻度头晕、乏力、恶心、上腹不适、口干、食欲减退和皮疹等，可自行恢复。

【药物评价】①服用本品期间不得饮酒或含有乙醇的饮料。②不能同时服用与本品成分相似的其他抗感冒药。与其他解热镇痛药同用，会增加肾毒性的危险。③服药期间不宜驾驶车辆，从事高空作业、机械作业及操作精密仪器。

【贮藏】密闭，在阴凉干燥处保存。

复方盐酸伪麻黄碱

【商品名】新康泰克

【适应证】可减轻由普通感冒、流行性感冒引起的上呼吸道症状和鼻窦炎、季节性变应性鼻炎所致的各种症状，特别适用于缓解上述疾病的早期临床症状，如鼻塞、流涕、打喷嚏等。

【制剂及规格】复方盐酸伪麻黄碱缓释胶囊：每粒含盐酸伪麻黄碱 90 mg、马来酸氯苯那敏 4 mg。

【典型不良反应】常见不良反应为头晕、困倦、口干、胃部不适、乏力、大便干燥等。

【药物评价】①复方盐酸伪麻黄碱缓释胶囊一日剂量不得超过 2 粒。②服用该药期间不得饮酒或含有乙醇的饮料；服用期间不得驾驶车辆，从事高空作业、机械作业及操作精密仪器。③不能同时服用与该药品成分相似的其他抗感冒药。④心脏病、高血压、甲状腺疾病、糖尿病、前列腺增生等患者，使用本品前请咨询医师或药师。⑤运动员慎用，孕妇及哺乳期妇女慎用。

【贮藏】遮光，密封，在阴凉干燥处保存。

酚麻美敏

【商品名】泰诺，彤贝得，恺诺

【适应证】适用于缓解普通感冒及流行性感冒引起的发热、头痛、四肢酸痛、打喷嚏、流鼻涕、鼻塞、咽痛等症状。

【制剂及规格】①酚麻美敏片：每片含对乙酰氨基酚 325 mg、盐酸伪麻黄碱 30 mg、氢溴酸右美沙芬 15 mg、马来酸氯苯那敏 2 mg。②酚麻美敏混悬液：每 1 mL 含对乙酰氨基酚 32 mg、盐酸伪麻黄碱 3 mg、氢溴酸右美沙芬 1 mg、马来酸氯苯那敏 0.2 mg。③酚麻美敏口服溶液：每 1 mL 含对乙酰氨基酚 32 mg、盐酸伪麻黄碱 3 mg、氢溴酸右美沙芬 1 mg、马来酸氯苯那敏 0.2 mg。④酚麻美敏胶囊：每粒含对乙酰氨基酚 162.5 mg、盐酸伪麻黄碱 15 mg、氢溴酸右美沙芬 7.5 mg、马来酸氯苯那敏 1 mg。

【典型不良反应】偶见轻度头晕、乏力、恶心、上腹不适、口干、食欲减退和皮疹等。

【药物评价】①不宜与氯霉素或解痉药、酚妥拉明、洋地黄苷类、降压药、抗抑郁药、镇静药、催眠药及其他含对乙酰氨基酚的药物同服。②服药期间不得饮酒或含有乙醇的饮料，不得驾驶车辆和从事高空作业、机械作业及操作精密仪器。③不能同时服用与该药品成分相似的其他抗感冒药。④伴有高血压、心脏病、糖尿病等疾病的患者慎用。

【贮藏】遮光，密闭保存。

氨酚伪麻美芬 / 氨麻苯美

【商品名】白加黑

【适应证】适用于缓解普通感冒及流行性感冒引起的发热、头痛、四肢酸痛、打喷嚏、流鼻涕、鼻塞、咳嗽、咽痛等症状。

【制剂及规格】氨酚伪麻美芬片Ⅱ / 氨麻苯美片：分为日用片和夜用片。氨酚伪麻美芬片Ⅱ（日用片）：每片含对乙酰氨基酚 325 mg、盐酸伪麻黄碱 30 mg、氢溴酸右美沙芬 15 mg。氨麻苯美片（夜用片）：每片含对乙酰氨基酚 325 mg、盐酸伪麻黄碱 30 mg、氢溴酸右美沙芬 15 mg、盐酸苯海拉明 25 mg。

【典型不良反应】偶见轻度头晕、乏力、恶心、上腹不适、口干、食欲减退和皮疹等。

【药物评价】①用药 3～7 天，症状未缓解，请咨询医师或药师。②服用期间不得饮酒或饮用含有乙醇的饮料，严重肝肾功能不全者禁用。③不能同时服用与本品成分相似的其他抗感冒药。④服用夜用片后，不得驾驶车辆，不可从事高空作业、机械作业及操作精密仪器。

【贮藏】遮光，密闭，在干燥处保存。

【知识拓展】

上呼吸道感染的健康教育

药师在进行药学服务时，应告知患者非药物治疗的重要性。药师应引导患者养成良好的生活习惯，避免过度疲劳和受凉。例如，根据温度变化增减衣服，保持室内通风和清洁；积极参加体育锻炼，增强身体的御寒能力；饮食宜清淡，多进食易消化、富含维生素的食物，特别是橙子、猕猴桃、橘子、柚子等，少吃咸食、甜食、肥肉等，忌烟酒，忌食辛热食物。

其他抗感冒药物品种信息见表 9-4。

表 9-4 其他抗感冒药物品种信息

药物名称	商品名	适应证	商品信息
氨咖黄敏	安贝特	用于缓解普通感冒和流行性感冒引起的发热、头痛、四肢酸痛、打喷嚏、流鼻涕、鼻塞、咽痛等症状	【制剂及规格】片剂、胶囊剂：每片（粒）含对乙酰氨基酚 250 mg、咖啡因 15 mg、马来酸氯苯那敏 1 mg、人工牛黄 10 mg。口服液：每 10 mL 含对乙酰氨基酚 125 mg、咖啡因 7.5 mg、马来酸氯苯那敏 1.5 mg、人工牛黄 5 mg；每 10 mL 含对乙酰氨基酚 250 mg、咖啡因 15 mg、马来酸氯苯那敏 3 mg、人工牛黄 10 mg
氨麻美敏	日夜百服咛，新帕尔克，派得	用于缓解普通感冒和流行性感冒引起的发热、头痛、四肢酸痛、打喷嚏、流鼻涕、鼻塞、咳嗽、咽痛等症状	【制剂及规格】氨麻美敏片：每片含对乙酰氨基酚 325 mg、盐酸伪麻黄碱 30 mg、氢溴酸右美沙芬 15 mg、马来酸氯苯那敏 2 mg。氨麻美敏片（Ⅱ）：每片含对乙酰氨基酚 500 mg、氢溴酸右美沙芬 15 mg、盐酸伪麻黄碱 30 mg、马来酸氯苯那敏 2 mg。氨麻美敏片（Ⅲ）：每片含对乙酰氨基酚 325 mg、盐酸伪麻黄碱 30 mg、氢溴酸右美沙芬 10 mg、马来酸氯苯那敏 2 mg

思考与练习

一、选择题

1. 具有镇咳作用，无祛痰作用的药物是（　　）。

A. 右美沙芬　　B. 羧甲司坦　　C. 溴己新　　D. 乙酰半胱氨酸

2. 缓解轻中度急性哮喘症状应首选（　　）。

A. 沙丁胺醇　　B. 异丙托溴铵　　C. 孟鲁司特　　D. 普萘洛尔

3. 某患者 47 岁，患慢性支气管炎多年，现出现大量黏痰难以咳出，宜用（　　）治疗。

A. 可待因片　　B. 枸橼酸喷托维林片

C. 盐酸氨溴索口服溶液　　D. 右美沙芬片

4. 下列不应用于感冒对症治疗的是（　　）。

A. 复方氨酚烷胺胶囊　B. 白加黑片　　C. 康必得片　　D. 厄贝沙坦胶囊

5. 下列关于复方盐酸伪麻黄碱缓释胶囊的叙述，错误的是（　　）。

A. 由盐酸伪麻黄碱及马来酸氯苯那敏组成　　B. 常见不良反应有头晕、困倦等

C. 服用方法是早 1 粒、晚 1 粒　　D. 可以退热

6. 下列药品中，久用易产生依赖性的是（　　）。

A. 枸橼酸喷托维林　　B. 磷酸可待因　　C. 氢溴酸右美沙芬　　D. 盐酸氨溴索

二、思考题

1. 快克可以用于防治流行性感冒吗？为什么？

2. 患者主诉感冒引起支气管炎咳嗽多日，有黄色黏稠痰液难以咳出，请问应推荐何种祛痰药？

实训十　呼吸系统用药指导实训

请对案例中的患者进行用药指导，具体实施步骤及实训测评请参照实训八。

案例一：董某，男，43 岁。两周前出现剧烈咳嗽，咳吐黄稠黏痰，胸闷。经检查，诊断为急性支气管炎。

案例二：李某，男，55 岁。某日前来药店咨询。自述当日上午因外出春游看花后突然发作，气急，胸闷，喘息，呼吸困难并伴有哮喘，哮鸣音持续发作 2 小时，经检查心率为 75 次 / 分，体温 36.8 ℃。经询问，患者患有支气管哮喘 5 年，对花粉过敏。医生曾给患者开具沙美特罗替卡松粉吸入剂治疗，患者用药后症状立刻缓解。3 年前已戒烟戒酒，不喜欢运动，本次发作未曾到医院就诊，无药物过敏史，有家族类似疾病史。

第十章 消化系统用药

学习引入

消化系统包括口腔、咽、食管、胃、小肠、大肠和肛门等。临床上通常把从口腔到十二指肠的这部分腔道称为上消化道，空肠以下的部分称为下消化道。其中任何一个脏器受损，都可能发生疾病。消化系统疾病是一种常见的多发病，总发病率占人口总数的10%～20%。主要有急慢性胃炎、消化性溃疡、功能性消化不良、便秘、腹泻及肝炎等疾病，其中以消化性溃疡最为常见。随着人们生活节奏的加快和工作压力的增大，消化系统疾病发病率呈上升趋势。

消化系统药物是指用于治疗消化系统疾病的各种药物。消化系统药物的给药方式包括口服、肌内注射和静脉滴注等。口服是临床上进行消化系统药物治疗的重要用药途径，因其服用方便、便于携带、便于控制血药浓度等优点，备受临床医生重视。

本章主要介绍治疗消化性溃疡药、胃肠解痉药、促胃肠动力药、助消化药、泻药与止泻药、微生态制剂、肝胆疾病辅助用药及其代表药品的基本信息。

第一节 治疗消化性溃疡药

学习目标

1. 掌握常见治疗消化性溃疡药的名称、适应证、制剂及规格。
2. 熟悉常见治疗消化性溃疡药的典型不良反应、药物评价及贮藏要求等。

消化性溃疡包括胃溃疡和十二指肠溃疡。溃疡的形成因素很多，其中，胃酸分泌过多、胃黏膜保护作用减弱和幽门螺杆菌感染被认为是引起消化性溃疡的主要因素。治疗消化性溃疡药按作用机制主要分为抑酸药、抗酸药、胃黏膜保护药等。

一、抑酸药

（一）质子泵抑制剂

质子泵抑制剂（proton pump inhibitor，PPI）是抑制胃酸分泌和防治消化性溃疡的有效药物。随着抑酸药的广泛应用和疗效的日益提高，特别是质子泵抑制剂的临床应用，给消化系统疾病的治疗带来标志性的变化。

近年来，非甾体抗炎药相关的消化性溃疡发生率较高（1%～4%），而且多无症状（15%～45%）。对于伴发应激性溃疡并发症不能停用非甾体抗炎药者，首选质子泵抑制剂治疗。国内批准上市的质子泵抑制剂包括奥美拉唑、泮托拉唑、兰索拉唑等。

奥美拉唑

【商品名】洛赛克，欧意，悦康

【适应证】适用于胃溃疡、十二指肠溃疡、胃食管反流病和胃泌素瘤。

【制剂及规格】①奥美拉唑片：10 mg、20 mg。②奥美拉唑缓释胶囊：10 mg、20 mg。③奥美拉唑肠溶片：10 mg、20 mg。④奥美拉唑肠溶胶囊：20 mg。

【典型不良反应】最常见不良反应为头痛、腹部疼痛、便秘、腹泻、胃肠胀气和恶心呕吐。部分长期治疗病例可发生胃黏膜细胞增生和萎缩性胃炎。本品可能导致低镁血症，髋部、腕部或脊柱骨折，艰难梭菌相关性腹泻。

【药物评价】①本品为第一代质子泵抑制剂，抑酶作用时间持久，对于H_2受体阻断剂不能抑制的胃酸分泌有很强的抑制作用。②口服制剂生物利用度为54%，抑制胃酸分泌，可能会对同时服用的药物在胃内的吸收产生影响。③长期用药的男性患者可能会出现乳房发育、阳痿、性欲减退，女性患者可能出现溢乳，停药后恢复正常。

【贮藏】遮光，密封，在干燥处保存。

兰索拉唑

【商品名】可意林，普托平

【适应证】用于胃及十二指肠溃疡、胃食管反流病、胃泌素瘤、消化性溃疡急性出血、急性胃黏膜病变出血，与抗生素联合用于幽门螺杆菌感染根除治疗。

【制剂及规格】①兰索拉唑肠溶片：5 mg、30 mg。②兰索拉唑肠溶胶囊：15 mg、30 mg。

【典型不良反应】①变态反应：偶有皮疹、瘙痒等症状，若出现立即停药。②血液系统：偶有贫血、白细胞减少、嗜酸性粒细胞增多。③消化系统：偶有便秘、腹泻、口渴、腹胀等症状。④神经系统：偶有头痛、嗜睡等症状。⑤其他：偶有发热、胆固醇和尿酸升高等。

【药物评价】①兰索拉唑属于第三代质子泵抑制剂，口服吸收迅速，生物利用度高。②儿童不宜应用。

【贮藏】遮光，密闭保存。

其他抑酸药物品种信息见表 10－1。

表 10－1 其他抑酸药物品种信息

药物名称	商品名	适应证	商品信息
泮托拉唑钠	泮立苏，泮每悦	用于胃及十二指肠溃疡、胃食管反流病、胃泌素瘤、消化性溃疡急性出血、急性胃黏膜病变出血，与抗生素联合用于幽门螺杆菌感染的根除治疗	【制剂及规格】片剂：40 mg。胶囊剂：40 mg。注射用粉针剂：40 mg
艾司奥美拉唑镁	耐信，艾速平，帮卡欣	用于治疗反流性食管炎、已经治愈的反流性食管炎患者预防复发的长期治疗。与适当的抗菌疗法联合用药根除幽门螺杆菌，使与幽门螺杆菌感染相关的十二指肠溃疡愈合，防止与幽门螺杆菌相关的消化性溃疡复发，治疗与使用非甾体抗炎药治疗相关的胃溃疡	【制剂及规格】肠溶片：20 mg、40 mg。肠溶胶囊：20 mg、40 mg

（二）H_2 受体阻断剂

西咪替丁

【商品名】信谊，恒健，特一

【适应证】用于治疗胃及十二指肠溃疡、吻合口溃疡、应激性溃疡、胃食管反流病、胃泌素瘤、上消化道出血。

【制剂及规格】①西咪替丁片：200 mg、400 mg、800 mg。②西咪替丁胶囊：200 mg。③西咪替丁注射液：200 mg。

【典型不良反应】①常见不良反应有头痛、头晕、腹泻、肌痛、疲劳、嗜睡。②不常见的不良反应有白细胞减少、心动过速、肝炎、血清肌酐升高、男性乳房发育、可逆性阳痿、性欲减退。

【药物评价】①口服吸收良好，存在首过效应。②急性胰腺炎患者禁用。③会引起幻觉、定向力障碍。

【贮藏】密封保存。

雷尼替丁

【商品名】乐宁，喜人，因斯坦

【适应证】用于治疗胃及十二指肠溃疡、吻合口溃疡、应激性溃疡、胃食管反流病、胃泌素瘤、上消化道出血。

【制剂及规格】①盐酸雷尼替丁片：150 mg、300 mg。②盐酸雷尼替丁胶囊：150 mg。③盐酸雷尼替丁注射液：50 mg、100 mg。

【典型不良反应】①常见的有恶心、皮疹、便秘、乏力、头痛、头晕等。②少数患者服药后引起轻度肝功能损伤，停药后症状即消失，肝功能也恢复正常。

【药物评价】①在胃溃疡愈合方面可将雷尼替丁与铋剂合用。②病情严重者或预防消化道出血，可连续注射给药，直至患者可口服为止。

【贮藏】遮光，密封，在阴凉处保存。

法莫替丁

【商品名】彼迪，信谊，迪诺洛克

【适应证】用于治疗胃及十二指肠溃疡、吻合口溃疡、应激性溃疡、胃食管反流病、胃泌素瘤、上消化道出血。

【制剂及规格】①法莫替丁片：10 mg、20 mg、40 mg。②法莫替丁胶囊：20 mg。③法莫替丁注射液：20 mg。

【典型不良反应】①常见不良反应有头痛、眩晕、便秘和腹泻。②偶见不良反应有变态反应、全身发热、虚弱、疲乏、血压上升、颜面发红、耳鸣、胃肠道反应等。

【药物评价】①第三代 H_2 受体阻断剂。②可逆转硝苯地平的正性肌力作用。③口服吸收迅速但不完全，且不受食物影响，对胃及十二指肠溃疡的疗效好。④可引起幻觉、定向力障碍。

【贮藏】15～25 ℃，避光保存。

二、抗酸药

抗酸药是治疗消化性溃疡最早的药物，已有百年应用历史。多为弱碱性化合物，口服后能直接中和胃酸，减轻或消除胃酸对溃疡面的刺激和腐蚀作用，从而缓解疼痛；同时，能减弱胃蛋白酶的活性，降低胃液对溃疡面的自我消化，从而有利于溃疡愈合。也可用于胃及十二指肠溃疡和胃酸分泌过多的辅助治疗。餐后服用比空腹服用效果好，可延长药物的作用时间。常用的抗酸药按效应分为：①吸收性抗酸药，如碳酸氢钠等；②非吸收性抗酸药，如碳酸钙、氧化镁、氢氧化铝（片剂或凝胶）、三硅酸镁等。

碳酸氢钠

【商品名】汉森，南国，双海

【适应证】用于治疗胃酸过多引起的胃痛、胃灼热感（烧心）、反酸。

【制剂及规格】①碳酸氢钠片：0.5 g。②碳酸氢钠注射液：10 mL∶0.5 g、20 mL∶1 g。

【典型不良反应】①嗳气、继发性胃酸分泌增加、胃痛、胃胀。②可能引起钠积聚导致的水肿或血压升高。③可能出现碱中毒，长期服用可能会出现肌无力和痉挛。

【药物评价】①口服后可迅速中和胃酸。②连续使用不得超过 7 天。

【贮藏】密封，在干燥处保存。

其他抗酸药物品种信息见表 10－2。

表 10－2　其他抗酸药物品种信息

药物名称	商品名	适应证	商品信息
氢氧化铝	青平，一力，云鹏	用于治疗胃酸过多、胃及十二指肠溃疡、胃食管反流病	【制剂及规格】片剂：0.3 g、0.5 g。凝胶剂：100 mL∶4 g
丙谷胺	亚邦，特一	用于治疗胃及十二指肠溃疡、慢性浅表性胃炎、十二指肠球炎	【制剂及规格】片剂：0.2 g。胶囊剂：0.2 g
铝碳酸镁	达喜，威地美，仁和	用于治疗胆酸相关性疾病、急慢性胃炎、反流性食管炎、胃及十二指肠溃疡、与胃酸有关的胃部不适症状，以及预防非甾体类药物造成的胃黏膜损伤	【制剂及规格】片剂：0.25 g、0.5 g。胶囊剂：0.2 g

三、胃黏膜保护药

胃黏膜保护药是一类具有保护和增强胃肠黏膜防御功能的药物，适用于治疗所有与消化道黏膜损伤有关的疾病，包括消化性溃疡、急慢性胃炎、成人及儿童的急慢性腹泻、胃食管反流病、食管炎、结肠炎、肠易激综合征等。临床上常见的药物有枸橼酸铋钾、硫糖铝、替普瑞酮、米索前列醇等。

枸橼酸铋钾

【商品名】丽珠得乐，仁和，辅仁

【适应证】用于胃及十二指肠溃疡、急慢性胃炎的治疗，以及幽门螺杆菌感染的根除治疗。

【制剂及规格】①枸橼酸铋钾颗粒：1.0 g（含铋 0.11 g）、1.2 g（含铋 0.11 g）。②枸橼酸铋钾胶囊：0.3 g（含铋 0.11 g）。

【典型不良反应】①服药期间口内可能带有氨味，并可使舌苔及大便呈灰黑色，停药后即自行消失。②偶见恶心、便秘。

【药物评价】①具有杀灭幽门螺杆菌的作用，在酸性环境中能形成高黏度溶胶。②对消化性溃疡和慢性炎症有较好的治疗作用。③不可与抗酸药同时服用。

【贮藏】遮光，密封保存。

【案例分析】

李某，男，30 岁，平时工作较忙，晚餐经常吃得较迟。平时常有反酸。因近段时间数次出现餐后 1 小时左右呕吐胃内容物，晚上睡觉平卧后还有烧心感，故前来药店购药。

问题讨论：

1. 判断李某的症状符合什么疾病。
2. 推荐两种作用机制不同的药物并进行用药指导。

其他胃黏膜保护药物品种信息见表 10－3。

表 10－3　其他胃黏膜保护药物品种信息

药物名称	商品名	适应证	商品信息
胶体果胶铋	正道邦克，峨眉山，仁和	用于胃及十二指肠溃疡、急慢性胃炎的治疗，以及幽门螺杆菌感染的根除治疗	【制剂及规格】胶囊剂（以铋计）：40 mg、50 mg
硫糖铝	迪先，素可立，华迪	用于治疗胃及十二指肠溃疡、急性及有症状的慢性胃炎、非甾体抗炎药引起的胃肠道损伤、食管溃疡	【制剂及规格】片剂：0.5 g。混悬剂：5 mL : 1 g、120 mL : 24 g、200 mL : 40 g

第二节　胃肠解痉药

学习目标

1. 掌握常见胃肠解痉药的名称、适应证、制剂及规格。
2. 熟悉常见胃肠解痉药的典型不良反应、药物评价及贮藏要求等。

胃肠解痉药主要含M胆碱受体阻断剂，能阻断胆碱神经递质与受体的结合，解除胃肠痉挛，松弛平滑肌，缓解疼痛，抑制腺体分泌，达到止痛的目的。可用于胃酸过多、胃及十二指肠溃疡、胃肠痉挛、胃炎等的治疗，也可用于治疗胆道痉挛、胆石症、胰腺炎等。主要品种有阿托品、氢溴酸山莨菪碱片、颠茄流浸膏（颠茄片）等。

阿托品

【商品名】迪善，达晴

【适应证】用于治疗各种内脏绞痛，严重盗汗和流涎症，迷走神经过度兴奋所致的窦房阻滞、房室阻滞等缓慢性心律失常，也可用于全身麻醉前给药。

【制剂及规格】①阿托品片：0.3 mg（以硫酸阿托品计）。②阿托品注射液：1 mL∶0.5 mg、1 mL∶1 mg、1 mL∶5 mg、5 mL∶25 mg。

【典型不良反应】不同剂量所致的不良反应不同：0.5 mg，轻微心率减慢，略有口干及少汗；1 mg，口干、心率加速、瞳孔轻度扩大；2 mg，心悸、显著口干、瞳孔扩大，有时出现视物模糊；5 mg，上述症状加重，并有言语不清、烦躁不安、皮肤干燥发热、小便困难、肠蠕动减少症状；10 mg以上，上述症状更重，脉速而弱，中枢兴奋现象严重，呼吸加快加深，出现谵妄、幻觉、惊厥等，严重中毒时可由中枢兴奋转入抑制，产生昏迷和呼吸麻痹等。

【药物评价】①易透过生物膜，口服、眼部给药及黏膜给药均吸收很好。②适用于治疗革兰氏阴性杆菌引起的感染中毒性休克。③对多种内脏绞痛疗效较好，但对胆绞痛疗效较差。④高热、速脉、腹泻患者和老年人慎用。

【贮藏】密闭保存。

消旋山莨菪碱

【商品名】豫普，民生

【适应证】用于治疗感染脓毒症休克、血管痉挛和栓塞引起的循环障碍；用于解除平滑肌痉挛、胃肠绞痛、胆道痉挛、有机磷中毒。

【制剂及规格】①消旋山莨菪碱片：5 mg、10 mg；②消旋山莨菪碱注射液：1 mL∶5 mg、1 mL∶10 mg、1 mL∶20 mg。

【典型不良反应】常见口干、面红、视物模糊等，少见心率加快、排尿困难等。上述症状多在1～3小时消失。用量过大时，可出现阿托品样中毒症状。

【药物评价】①作用与阿托品相似或稍弱，解除平滑肌痉挛、血管痉挛，改善微循环。②具有镇痛作用。

【贮藏】密封保存。

其他胃肠解痉药物品种信息见表10－4。

表10－4　其他胃肠解痉药物品种信息

药物名称	商品名	适应证	商品信息
东莨菪碱	豫普，民生	用于胃肠痉挛、胆绞痛、肾绞痛、胃肠道蠕动亢进，内镜检查的术前准备、内镜逆行胰胆管造影、气钡双重造影、腹部计算机断层扫描（CT）的术前准备	【制剂及规格】片剂：10 mg。胶囊剂：10 mg。注射液：1 mL : 10 mg、1 mL : 20 mg、2 mL : 20 mg。口服液：5 mL : 5 mg
颠茄	修正	抗胆碱药，解除平滑肌痉挛，抑制腺体分泌。用于胃及十二指肠溃疡，胃肠道、肾、胆绞痛	【制剂及规格】片剂：10 mg。胶囊剂：10 mg

第三节　促胃肠动力药

学习目标

1. 掌握常见促胃肠动力药的名称、适应证、制剂及规格。
2. 熟悉常见促胃肠动力药的典型不良反应、药物评价及贮藏要求等。

促胃肠动力药主要通过阻断多巴胺受体和5－羟色胺受体，刺激乙酰胆碱的释放，从而增强胃及十二指肠的推进性蠕动，协调幽门的收缩，广泛用于胃肠胀满、胃食管反流以及放化疗患者恶心呕吐的治疗。目前，临床上应用的促胃肠动力药主要有甲氧氯普胺、多潘立酮、西沙必利、莫沙必利等。

甲氧氯普胺

【商品名】胃复安，云鹏，金不换

【适应证】①慢性胃炎、胃下垂伴胃动力减退、功能性消化不良，以及胆胰疾病等引起的腹胀、腹痛、嗳气、胃灼热及食欲减退。②迷走神经切除后胃潴留、糖尿病性胃轻瘫、胃食管反流病。③各种原因引起的恶心、呕吐。④硬皮病等引起的消化不良。

【制剂及规格】①甲氧氯普胺片：5 mg、10 mg。②甲氧氯普胺注射液：10 mg、20 mg。

【典型不良反应】常见嗜睡、倦怠、烦躁不安，少见乳腺肿痛、恶心、便秘、皮疹、腹泻、睡眠障碍、眩晕、严重口渴、头痛、容易激动。

【药物评价】①具有较强的中枢性镇吐和胃肠道兴奋作用。②有促动力效应，促进胃排空，口服吸收快。③用于治疗慢性功能性消化不良引起的胃肠运动障碍，改善恶心、呕吐症状。

【贮藏】密封保存。

其他促胃肠动力药物品种信息见表 10－5。

表 10－5　其他促胃肠动力药物品种信息

药物名称	商品名	适应证	商品信息
多潘立酮	吗丁啉，谓立雅，益动	用于治疗因胃排空延缓、胃食管反流病、食管炎引起的消化不良，功能性、器质性、感染性疾病以及放化疗所引起的恶心和呕吐	【制剂及规格】片剂：10 mg。混悬剂：1 mL：1 mg
西沙必利	普瑞博思	用于治疗对其他治疗不耐受或疗效不佳的严重胃肠道动力性疾病，如慢性特发性或糖尿病性胃轻瘫、慢性假性肠梗阻、胃食管反流病	【制剂及规格】片剂：5 mg、10 mg
莫沙必利	快力，加斯清	用于治疗功能性消化不良、胃食管反流病、糖尿病性胃轻瘫、胃大部切除术患者的胃功能障碍	【制剂及规格】片剂：5 mg
伊托必利	为力苏，迪之雅，威太	用于治疗功能性消化不良引起的各种症状，如上腹部不适、餐后饱胀、早饱、食欲不振、恶心、呕吐等	【制剂及规格】片剂：50 mg

第四节　助消化药

学习目标

1. 掌握常见助消化药的名称、适应证、制剂及规格。
2. 熟悉常见助消化药的典型不良反应、药物评价及贮藏要求等。

助消化药是促进胃肠道消化、增强消化功能的药物，大多数助消化药本身就是消化液的主要成分。在消化液分泌不足时，助消化药能起到替代疗法的作用。另外，有些药物能促进消化液的分泌，或制止肠道内容物过度发酵，也用作消化不良的辅助治疗。

乳酶生

【商品名】恒消，莱克欣，斯宝康

【适应证】用于治疗消化不良、腹胀及小儿饮食失调所引起的腹泻、绿便等。

【制剂及规格】乳酶生片：0.1 g、0.15 g、0.3 g。

【典型不良反应】不良反应少。

【药物评价】①为乳酸杆菌的活性制剂，可使肠道内的酸度增高，促进消化和止泻。②可提高阴道酸度，用于治疗菌群失调所致的细菌性阴道感染。③本品与氨基酸、干酵母合用可增强乳酶生的疗效。

【贮藏】遮光，密封，在干燥处保存。

其他助消化药物品种信息见表 10－6。

表 10－6　其他助消化药物品种信息

药物名称	商品名	适应证	商品信息
乳酸菌素	利活，好健时，可立健	用于肠内异常发酵、消化不良、肠炎和儿童腹泻的治疗	【制剂及规格】片剂：0.2 g、0.4 g、1.2 g。颗粒剂：0.1 g、2 g、6 g。散剂：1.2 g、2.4 g、4.8 g
胰酶	丹生，得每通	用于各种原因引起的胰腺外分泌功能不足（如囊性纤维化、慢性胰腺炎、胰腺切除术后、胃切除术后、肿瘤引起的胰管或胆总管阻塞、慢性胰腺炎性疼痛、胃肠及肝胆疾病）的替代治疗	【制剂及规格】肠溶片：0.3 g、0.5 g。肠溶胶囊：0.15 g、0.22 g
胃蛋白酶	佳福	用于治疗消化不良、食欲减退及慢性萎缩性胃炎等	【制剂及规格】片剂：0.1 g。合剂：100 mL，含胃蛋白酶 3 g
干酵母	康普力星	用于治疗消化不良、食欲减退、腹泻及胃肠胀气等	【制剂及规格】片剂：0.3 g、0.5 g。复方制剂：每片含干酵母 0.2 g

第五节　泻药与止泻药

学习目标

1. 掌握常见泻药与止泻药的名称、适应证、制剂及规格。
2. 熟悉常见泻药与止泻药的典型不良反应、药物评价及贮藏要求等。

一、泻药

泻药是能增加肠内水分，促进肠蠕动，软化粪便或润滑肠道，促进排便的药物。泻药按其作用机制分为容积性泻药、刺激性泻药和润滑性泻药三类。①容积性泻药：不吸收的盐类和食物性纤维素等物质，如硫酸镁、硫酸钠等。②接触性（刺激性）泻药：通过刺激肠壁使肠蠕动加强而促进排便，如比沙可啶、乳果糖、酚酞等。③润滑性泻药：能润滑肠壁，软化大便，使粪便易于排出，如甘油、山梨醇、液状石蜡等。

乳果糖

【商品名】拉韦，利动，润秘夫

【适应证】用于治疗慢性功能性便秘，治疗高氨血症及由血氨升高引起的疾病。

【制剂及规格】乳果糖口服液：10 mL∶5 g。

【典型不良反应】乳果糖不被吸收，中等剂量可能会引起轻微的腹痛和灼烧感。剂量过大可引起腹部不适、胃肠胀气、厌食、恶心、呕吐、腹痛、腹泻以及电解质紊乱等，治疗初期容易发生。

【药物评价】①人工合成的不具有吸收性的双糖，渗透性泻药。②无肠道刺激性，可用于治疗慢性功能性便秘。

【贮藏】常温（10～30 ℃），遮光，密封保存。

聚乙二醇 4000

【商品名】福松，长松，马应龙

【适应证】用于成人、8 岁及以上儿童便秘的对症治疗。

【制剂及规格】聚乙二醇 4000 散：10 g。

【典型不良反应】①常见的有腹痛、腹胀、腹泻、恶心。②不常见的有呕吐、急泻、大便失禁。

【药物评价】①口服后，既不被消化道吸收，也不参与生物转化。②若出现水、电解质紊乱，应立即停药。

【贮藏】30 ℃以下密闭保存。

其他泻药品种信息见表 10－7。

表 10－7　其他泻药品种信息

药物名称	商品名	适应证	商品信息
甘油	麦迪海	用于治疗便秘	【制剂及规格】栓剂：1.5 g、3 g。灌肠剂：110 mL。开塞露（甘油）：10 mL、20 mL
比沙可啶	便塞停，泰必通，乐可舒	用于治疗急慢性便秘和习惯性便秘	【制剂及规格】肠溶片剂：5 mg。栓剂：10 mg

二、止泻药

腹泻是疾病的症状，治疗时应采取对因疗法。例如，肠道细菌感染引起的腹泻，应当首先用抗菌药物，但剧烈而持久的腹泻可引起脱水和电解质紊乱，在对因治疗的同时应适当给予止泻药。止泻药是指可以通过减少肠道蠕动或保护肠道免受刺激而达到止泻目的的药物，可分为以下四类：①阿片类及其衍生物，如复方樟脑酊、地芬诺酯、盐酸洛哌丁胺等；②吸附剂，如药用炭；③收敛剂，如鞣酸蛋白；④保护剂，如次碳酸铋等。

蒙脱石

【商品名】思密达，思克特，思必敬

【适应证】用于儿童及成人急慢性腹泻。

【制剂及规格】①蒙脱石散：2 g、3 g。②蒙脱石混悬液：90 mL∶9 g。③蒙脱石颗粒：

3 g。

【典型不良反应】常见不良反应包括厌食、体温升高、红斑、瘙痒、头痛、心悸。

【药物评价】①在胃肠道不吸收，不进入血液循环，对肝、肾、中枢及心血管没有不良影响。②具有平衡正常菌群和局部止痛作用。

【贮藏】密封，在干燥处保存。

其他止泻药物品种信息见表 10－8。

表 10－8　其他止泻药物品种信息

药物名称	商品名	适应证	商品信息
洛哌丁胺	易蒙停，腹泻啶	用于控制急慢性腹泻的症状，对于回肠造瘘术者，可减少排便量和次数，增加大便稠硬度	【制剂及规格】胶囊剂：2 mg。颗粒剂：1 g∶1 mL
药用炭	爱西特	吸附剂，用于食物及生物碱等引起的中毒及腹泻、腹胀气等	【制剂及规格】片剂：0.3 g。胶囊剂：0.3 g
地芬诺酯	止泻宁	用于急慢性功能性腹泻、慢性肠炎	【制剂及规格】片剂：2.5 mg

第六节　微生态制剂

学习目标

1. 掌握常见微生态制剂的名称、适应证、制剂及规格。
2. 熟悉常见微生态制剂的典型不良反应、药物评价及贮藏要求等。

微生态制剂又称微生态调节剂，能够调整微生态失调，保持微生态平衡，提高宿主的健康水平，是利用对宿主有益的正常微生物所制成的制剂。

微生态制剂所含细菌为健康人肠道正常菌群，口服后直接寄生于肠道，成为肠道内正常的生理性细菌，可调整、重建肠道菌群间的微生态平衡，治疗由内源性或外源性微生物引起的感染。微生态制剂包括：乳酸菌类的乳酸杆菌、双歧杆菌、粪肠球菌、粪链球菌、枯草杆菌；芽孢杆菌类的蜡样芽孢杆菌、地衣芽孢杆菌；非常驻菌类的丁酸梭菌、酪酸梭菌，以及双歧杆菌－嗜酸杆菌－肠球菌三联活菌、枯草杆菌－肠球菌二联活菌制剂。

地衣芽孢杆菌制剂

【商品名】整肠生，京常乐，思必敬

【适应证】用于急慢性腹泻、各种肠炎及肠道菌群失调症的防治。

【制剂及规格】①地衣芽孢杆菌活菌颗粒：0.25 g、0.5 g。②地衣芽孢杆菌活菌胶囊：0.25 g、0.5 g。

【典型不良反应】偶见便秘、腹胀。

【药物评价】①本品是活菌制剂，切勿放在高温处，溶解时水温不能超过 40 ℃。②避免与抗菌药同服，必要时需间隔 3 小时。③可抑制肠道内有害菌。

【贮藏】避光，在干燥处保存。

【知识拓展】

微生态制剂知多少?

微生态制剂是由人工培养繁殖的有益活菌或（和）死菌及其代谢产物制成的微生物制剂，包括益生菌、生元、合生元，目前临床应用较多的是益生菌。微生态制剂可以改善肠道微环境，恢复机体正常菌群，调节机体免疫应答，从而帮助减轻细菌或病毒所致感染性腹泻症状，但早期应用无效，因为此时补充的益生菌还不足以对抗致病菌。正确用药时机是在使用抗感染药后期辅助给予，以恢复菌群平衡。

活菌制剂不耐热，不宜用热水送服，水温宜低于 40 ℃。培菲康、丽珠肠乐、乳酶生等不耐胃酸，宜饭后服用；美常安、聚克等肠溶制剂应整粒吞服，不可嚼碎服用。

其他微生态制剂品种信息见表 10－9。

表 10－9　其他微生态制剂品种信息

药物名称	商品名	适应证	商品信息
双歧杆菌三联活菌制剂	培菲康	用于治疗菌群失调引起的腹泻和腹胀、轻中型急性腹泻及慢性腹泻	【制剂及规格】胶囊剂：210 mg。散剂：1 g、2 g
枯草杆菌二联活菌制剂	妈咪爱，美常安	治疗肠道菌群失调引起的腹泻、便秘、肠炎、腹胀、消化不良、食欲减退等	【制剂及规格】胶囊剂：0.25 g。颗粒剂：1 g

第七节　肝胆疾病辅助用药

学习目标

1. 掌握常见肝胆疾病辅助用药的名称、适应证、制剂及规格。
2. 熟悉常见肝胆疾病辅助用药的典型不良反应、药物评价及贮藏要求等。

肝胆疾病辅助用药主要包括肝炎辅助用药、利胆药、治疗肝昏迷药等。由于肝胆系统疾病的防治比较复杂，目前尚无确定的有效药物，本类药物仅作为辅助治疗措施供临床应用。

联苯双酯

【商品名】扶健，欣迪威

【适应证】用于慢性迁延性肝炎伴丙氨酸氨基转移酶升高者，也可用于化学毒物、药物引起的丙氨酸氨基转移酶升高。

【制剂及规格】①联苯双酯片：25 mg。②联苯双酯胶囊：25 mg。③联苯双酯滴丸：1.5 mg。

【典型不良反应】个别病例服用后可出现轻度恶心，偶有皮疹出现。

【药物评价】①明显降低由多种化学毒物引起的丙氨酸氨基转移酶升高，具有降酶速度快、降幅大的特点。②口服吸收率低，对肝炎主要症状（如肝区疼痛、乏力、腹胀）的改善有一定疗效。

【贮藏】遮光，密封保存。

其他肝胆疾病辅助药物品种信息见表 10－10。

表 10－10　　其他肝胆疾病辅助药物品种信息

药物名称	商品名	适应证	商品信息
甘草酸二铵	甘利欣，知甘保	用于伴有丙氨酸氨基转移酶升高的急慢性病毒性肝炎的治疗	【制剂及规格】胶囊剂：50 mg。注射液：50 mg、150 mg
甘草酸苷	美能，龙迪泰，派甘能	用于治疗慢性肝病，改善肝功能异常，治疗湿疹、斑秃	【制剂及规格】片剂：25 mg
葡醛内酯	肝泰乐	用于急慢性肝炎的辅助治疗	【制剂及规格】片剂：0.05 g、0.1 g、0.2 g。注射剂：2 mL : 0.1 g、2 mL : 0.2 g
熊去氧胆酸	优思弗，优世安，吡福	用于治疗胆固醇结石及胆汁缺乏性脂肪泻，预防药物性结石形成	【制剂及规格】片剂：50 mg、150 mg、250 mg。胶囊剂：50 mg、150 mg、250 mg

思考与练习

一、选择题

1. 阻断 H_2 受体的抗消化性溃疡药是（　　）。

A. 氧化镁　　B. 法莫替丁　　C. 奥美拉唑　　D. 枸橼酸铋钾

2. 奥美拉唑减少胃酸分泌的作用机制是（　　）。

A. 抑制胃壁细胞质子泵　　B. 阻断组胺受体

C. 阻断促胃液素受体　　D. 阻断 M 受体

3. 下列关于枸橼酸铋钾的说法错误的是（　　）。

A. 附着于溃疡表面形成保护膜，有利于溃疡面的修复

B. 具有杀灭幽门螺杆菌的作用

C. 宜与抗酸药配伍使用

D. 宜于餐前使用

4. 乳果糖是（　　）。

A. 容积性泻药　　B. 刺激性泻药　　C. 润滑性泻药　　D. 促肠动力泻药

5. 不宜与抗微生物药同服的是（　　）。

A. 乳酶生　　B. 枸橼酸铋钾　　C. 硫糖铝　　D. 胃蛋白酶

6. 没有抗消化性溃疡作用的药物是（　　）。

A. 抑制胃壁细胞质子泵药　　B. 阻断 H_1 受体药

C. 保护胃黏膜药　　D. 抗酸药

7. 熊去氧胆酸用于治疗（　　）。

A. 急慢性病毒性肝炎　　B. 便秘

C. 腹泻　　D. 胆固醇结石

二、思考题

1. 治疗消化性溃疡药按作用机制可分为哪几类？分别列举一种代表药物。
2. 简述泻药与止泻药的临床应用。

实训十一　消化系统药物的识记和分类

对50种常见的消化系统药物进行分类，药物大类卡片（治疗消化性溃疡药、胃肠解痉药、促胃肠动力药、助消化药、泻药、止泻药及微生态制剂等）的准备及具体实训步骤和实训测评请参照实训七。

实训十二　消化系统用药指导实训

请对案例中的患者进行用药指导，具体实施步骤及实训测评参照实训八。

案例一：患者，男，38 岁。因上腹部胀痛、饭后嗳气及反酸明显到医院就诊，胃镜检查显示慢性胃炎。

案例二：李某，男，25 岁，某日到药店咨询。自述 2 天前就餐过饱后出现上腹饱胀、呃逆、食欲不佳，对油腻食物尤为反感，伴有舌苔厚腻。经询问，2 天前节假日亲友聚餐频繁，吃得过饱，食用过多高蛋白和高油脂食物，且有饮酒。平躺后上腹正中有烧灼感，口腔有酸味，并可扩散至咽喉部，未曾到医院就诊，否认有药物过敏史。

第十一章

心血管系统用药

学习引入

国家心血管病中心发布的《中国心血管健康与疾病报告 2023》指出，我国心血管疾病患病率处于持续上升阶段，推算心血管病现患人数 3.3 亿人，其中卒中 1 300 万人，冠心病 1 139 万人，心力衰竭 890 万人，肺源性心脏病 500 万人，心房颤动 487 万人，风湿性心脏病 250 万人，先天性心脏病 200 万人，外周动脉疾病 4 530 万人，高血压 2.45 亿人。

随着经济社会的发展、社会老龄化进程的加快，心血管疾病的发病率将进一步提高，心血管疾病药物的市场需求将进一步增加，预计未来几年，我国心血管疾病药物产品将加快发展。

近年来，心血管系统用药的市场占有率持续增长，已成为仅次于抗感染药物的第二大类药物。心血管系统药物按临床用途可分为调血脂药、抗高血压药、抗心绞痛药、抗心律失常药、抗心力衰竭药等。由于本类药物基本上都是处方药，结合药品经营特点及药物使用的专业性特点，本章仅介绍各类别中的常见品种及口服制剂。本章涉及的心血管系统用药相关概念如下。

1. 血脂：血浆中的胆固醇、甘油三酯及类脂（如磷脂）等的总称。

2. 羟基甲基戊二酸酰辅酶 A 还原酶抑制剂：简称 HMG-CoA 还原酶抑制剂，也称为他汀类，是一类新型的调血脂药。

3. 强心药：也称正性肌力药，能选择性增强心肌收缩力，缓解症状。

第一节　调血脂药

学习目标

1. 掌握常见调血脂药的名称、适应证、制剂及规格。
2. 熟悉常见调血脂药的典型不良反应、药物评价及贮藏要求等。

血脂的主要成分是胆固醇和甘油三酯。血脂不溶于水，在血液中必须与特殊的蛋白质（即载脂蛋白）结合形成脂蛋白后，才能溶于血液，被运输至组织进行代谢。脂蛋白根据密度可分为乳糜微粒（CM）、极低密度脂蛋白（VLDL）、低密度脂蛋白（LDL）、高密度脂蛋白（HDL），其中甘油三酯的主要携带者是乳糜微粒和极低密度脂蛋白，胆固醇的主要携带者是低密度脂蛋白和高密度脂蛋白。低密度脂蛋白增高是动脉粥样硬化发生、发展的主要危险因素。高密度脂蛋白则通过逆向转运胆固醇机制，有抗动脉粥样硬化作用。

血脂异常，尤其是以低密度脂蛋白胆固醇（LDL－C）或血清总胆固醇（TC）升高为特点的血脂异常，是动脉粥样硬化性心血管疾病（ASCVD）的重要危险因素。因此，有效控制血脂异常，尤其是降低低密度脂蛋白胆固醇已成为防治动脉粥样硬化的关键。

调血脂药物的作用主要体现在：能阻止胆酸或胆固醇从肠道吸收，促进胆酸或胆固醇随粪便排出；抑制胆固醇的体内合成，或促进胆固醇的转化，促进细胞膜上低密度脂蛋白受体表达，加速脂蛋白分解；激活脂蛋白代谢酶类，促进甘油三酯的水解；阻止其他脂质的体内合成，或促进其他脂质的代谢。根据不同的作用机制，调血脂药物可分为他汀类、贝特类（贝丁酸类）、烟酸及其衍生物、胆酸螯合药、胆固醇吸收抑制剂和其他类（见表 11－1）。

表 11－1　调血脂药物的类别、特点及代表药物

类别	特点	代表药物名称
他汀类	通过竞争性抑制 HMG-CoA 还原酶，从而减少内源性胆固醇的合成，降低血浆胆固醇水平	阿托伐他汀钙，辛伐他汀，洛伐他汀，普伐他汀
贝特类	抑制胆固醇和胆酸的合成，促进胆固醇在胆汁中的分泌	非诺贝特，吉非罗齐，氯贝丁酯
烟酸及其衍生物	降低甘油三酯，升高高密度脂蛋白胆固醇，中度降低低密度脂蛋白胆固醇	烟酸，阿昔莫司
胆酸螯合药	阻止胆酸或胆固醇从肠道吸收，促进胆酸或胆固醇随粪便排出，促进胆固醇的降解	考来烯胺，考来替泊
胆固醇吸收抑制剂	抑制胆固醇在肠道中的吸收，降低血清总胆固醇	依折麦布
其他类		普罗布考，泛硫乙胺

一、他汀类

他汀类药物通过竞争性抑制 HMG－CoA 还原酶，从而减少内源性胆固醇的合成，降低血浆胆固醇水平。因 HMG－CoA 还原酶活性高峰时间是在夜间，故晚间服用调血脂效果更好。除调血脂作用外，他汀类药物还具有稳定斑块、保护血管内皮细胞及肾脏等作用。

阿托伐他汀钙

【商品名】美达信，立普妥

【适应证】①用于治疗高胆固醇血症和混合型高脂血症。②用于冠心病和脑卒中的防治。

【制剂及规格】①阿托伐他汀钙片剂：10 mg、20 mg。②阿托伐他汀钙分散片：10 mg、20 mg。③阿托伐他汀钙胶囊：10 mg、20 mg。

【典型不良反应】①主要表现有胃肠道不适、头痛、眩晕、皮疹等。②少见的反应有阳痿、失眠。③偶可引起血清氨基转移酶可逆性升高。④罕见的反应有肌痛、肌炎、横纹肌溶解。其中，横纹肌溶解可导致肾衰竭，与免疫抑制药、吉非罗齐、红霉素、酮康唑、烟酸等合用可增加其发生概率。

【药物评价】①本品口服吸收良好。②因经肝内广泛首过效应，其绝对生物利用度较低。③宜与饮食共进，以利于吸收。

【贮藏】遮光，密封，在阴凉处（不超过 20 ℃）保存。

【知识拓展】

调血脂新希望——PCSK9 抑制剂

近年来，前蛋白转化酶枯草溶菌素 9（PCSK9）抑制剂为各类难治性高胆固醇血症患者的治疗和极高危动脉粥样硬化性心血管疾病患者的血脂管理带来了新的希望。

PCSK9 抑制剂通过降解低密度脂蛋白胆固醇来调控血脂。与其他调血脂治疗（如他汀类药物或依折麦布）联用可进一步适度降低低密度脂蛋白胆固醇水平。PCSK9 抑制剂为降低低密度脂蛋白胆固醇提供了全新的治疗模式，被视为继他汀类药物之后调血脂药领域的重大进步。全球已上市 3 款 PCSK9 抑制剂，包括 2 款单抗（依洛尤单抗、阿利西尤单抗）药物及 1 款小核酸药物（英克司兰）。

瑞舒伐他汀钙

【商品名】可定，舒夫坦

【适应证】高胆固醇血症和混合型高脂血症。

【制剂及规格】①瑞舒伐他汀钙片：5 mg、10 mg、20 mg。②瑞舒伐他汀钙胶囊：5 mg、10 mg。

【典型不良反应】一般耐受性良好，大部分不良反应轻微且为一过性。主要表现有胃肠道不适、头痛、眩晕、皮疹等。极少发生横纹肌溶解和肝炎（黄疸），极罕见发生肝衰竭。

【药物评价】①本品为目前降低低密度脂蛋白胆固醇效力最强的他汀类药物。由于他汀类药品剂量增加 1 倍而疗效仅增加 6% 左右，因此对需要使用大剂量治疗的患者，应首先选用强效他汀类药物。②可在一天内的任何时间一次服用，且不受进餐的影响。③药物口服 2 周内起效，与其他药物相互作用少。

【贮藏】密封，在凉暗（避光且不超过 20 ℃）干燥处保存。

【案例分析】

李阿姨，66 岁，自退休以来体重逐渐上升。单位组织退休人员体检，查出其体重超标，血清总胆固醇含量为 7.12 mmol/L，甘油三酯为 3.29 mmol/L。初步诊断为高脂血症，医生开具阿托伐他汀钙片。李阿姨听说该药物有许多不良反应，于是来药店咨询。

问题讨论：如果你是该药店的营业员，你会如何解答？

二、贝特类

贝特类药物被认为是治疗高甘油三酯血症最有效的药品，能有效升高高密度脂蛋白胆固醇。尽管贝特类药物与他汀类药物联用会增加肌病和横纹肌溶解的风险，但贝特类药物一般耐受性良好，且不良反应轻微。

非诺贝特

【商品名】力平之

【适应证】适用于高脂血症，尤其是高甘油三酯血症、混合型高脂血症。

【制剂及规格】①非诺贝特片：0.1 g、0.16 g。②非诺贝特胶囊：0.1 g、0.2 g。③非诺贝特缓释片：0.25 g。④非诺贝特缓释胶囊：0.2 g、0.25 g。

【典型不良反应】①腹部不适、腹泻、便秘等胃肠道反应最为常见，其他可有乏力、头痛、性欲丧失、阳痿、眩晕、失眠等。②也可能引起肌炎、横纹肌溶解等，应慎与他汀类药物合用。③有胆石增加趋向。

【药物评价】①本品能降低胆固醇和甘油三酯，且降低胆固醇的效果优于其他贝特类，还能提高高密度脂蛋白胆固醇，降低尿酸。②本品为氯贝丁酯的同类物，与氯贝丁酯相比，具有效果好、毒性较低的特点。③与食物同服，可使非诺贝特的吸收增加。

【贮藏】遮光，密封保存。

吉非罗齐

【商品名】常衡林

【适应证】适用于高脂血症，尤其是高甘油三酯血症、混合型高脂血症。

【制剂及规格】①吉非罗齐片：0.15 g、0.3 g。②吉非罗齐胶囊：0.15 g、0.3 g、0.6 g。

【典型不良反应】①最常见的不良反应为胃肠道不适，如消化不良、厌食、恶心、呕吐、饱胀感等，较少见的不良反应有头痛、头晕、乏力、皮疹、瘙痒、阳痿等。②偶有胆石症或肌炎（如肌痛、乏力）。③偶有肝功能试验异常，但停药后可恢复正常。④偶有轻度贫血及白细胞减少，但长期应用又可稳定，个别有严重贫血、血小板减少和骨髓抑制。

【药物评价】①本品可明显增强口服抗凝血药的作用。②本品停用后，血清总胆固醇和甘油三酯水平可能“反跳”，故宜给予低脂饮食并监测血脂至正常。③在治疗高脂血症的同时，还需关注和治疗可引起高脂血症的各种原发病，如甲状腺功能减退、糖尿病等。④饮食疗法是治疗高脂血症的首要方法，配合锻炼和减轻体重等方式，优于任何形式的药物治疗。

【贮藏】遮光，密封，在凉暗处保存。

【知识拓展】

高脂血症的科普健康教育

控制饮食和改变生活方式是高脂血症的基础治疗措施。药师在对高脂血症患者进行药学服务时，应强调非药物治疗的重要性，对其进行必要的健康教育。例如，限制高脂肪、高糖、高盐饮食；控制体重，增加身体活动，切勿长期静坐，维持体重指数（BMI）在 20.0～23.9 kg/m^2；

戒烟，避免吸入二手烟；限制饮酒。

其他常见的调血脂药物品种信息见表 11－2。

表 11－2　调血脂药物品种信息

药物名称	商品名	适应证	商品信息
辛伐他汀	舒降之，新达苏	用于高胆固醇血症和混合型高脂血症的治疗，以及冠心病和脑梗死的防治	【制剂及规格】①片剂：5 mg、10 mg、20 mg。②咀嚼片：20 mg、40 mg。③分散片：20 mg。④胶囊剂：5 mg、10 mg、20 mg。⑤滴丸剂：5 mg、10 mg
阿昔莫司	乐知苹	用于治疗高甘油三酯血症、高胆固醇血症、高甘油三酯合并高胆固醇血症	【制剂及规格】胶囊剂：0.25 g。分散片：0.25 g
依折麦布	益适纯	用于治疗原发性高胆固醇血症	【制剂及规格】片剂：10 mg
普罗布考	之乐，畅泰	用于治疗高胆固醇血症	【制剂及规格】片剂：0.125 g、0.25 g

第二节　抗高血压药

学习目标

1. 掌握常见抗高血压药的名称、适应证、制剂及规格。
2. 熟悉常见抗高血压药的典型不良反应、药物评价及贮藏要求等。

高血压是最常见的心血管疾病，被称为影响人类健康的“无形杀手”。高血压不只是表现为血压的升高，还会损害肾、眼、心、脑，使得肾功能减退、视力下降，诱发冠心病、脑血栓形成等，严重者甚至会导致猝死。我国高血压患病率逐年攀高，且存在地域差异，由南至北高血压患病率递增。世界卫生组织把每年的 5 月 17 日定为“世界高血压日”，我国把每年的 10 月 8 日定为“全国高血压日”，以引起人们对高血压防治的重视。

世界卫生组织建议的血压标准：超过 18 岁者，收缩压应低于或等于 18.6 kPa（140 mmHg），舒张压应低于或等于 12.0 kPa（90 mmHg）。我国血压水平的定义和分类见表 11－3。

表 11－3　我国血压水平的定义和分类

类别	收缩压（mmHg）	舒张压（mmHg）
正常血压	＜ 130	＜ 85
正常高值	130～139	85～89
高血压	≥ 140	≥ 90

续表

类别	收缩压（mmHg）	舒张压（mmHg）
1 级高血压（轻度）	140～159	90～99
2 级高血压（中度）	160～179	100～109
3 级高血压（重度）	≥ 180	≥ 110
单纯收缩期高血压	≥ 140	＜ 90

注：当收缩压和舒张压分属于不同级别时，以较高的分级为准。

有效降低或逆转高血压导致的靶器官损害是高血压治疗的目的。24 小时稳定降压，有助于防止靶器官损害、心肌梗死、脑卒中和猝死。高血压的综合治疗分为药物治疗和非药物治疗。一旦确诊高血压，应坚持长期治疗、终身治疗。

根据不同的作用机制，抗高血压药可分为血管紧张素转换酶抑制剂（ACEI）、血管紧张素Ⅱ受体阻滞剂（ARB）、β 受体阻滞剂、钙通道阻滞剂（CCB）、利尿药、α 受体阻滞剂等（见表 11－4）。

表 11－4　抗高血压药物的类别、特点及代表药物

类别		特点	代表药物名称
血管紧张素转换酶抑制剂		抑制血管紧张素转化酶的活性，减少血管紧张素Ⅱ生成及醛固酮分泌，同时抑制缓激肽的降解，扩张血管，降低血压	卡托普利，依那普利，贝那普利，赖诺普利，福辛普利
血管紧张素Ⅱ受体阻滞剂		选择性阻断血管紧张素Ⅱ受体而拮抗血管紧张素Ⅱ的血管收缩、水钠潴留、心血管细胞增生，进而降压，并逆转肥大的心肌细胞	缬沙坦，氯沙坦，厄贝沙坦，替米沙坦
β 受体阻滞剂		能选择性地与 β 肾上腺素受体结合，从而阻断神经递质和儿茶酚胺对 β 受体的激动作用	普萘洛尔，美托洛尔，阿替洛尔，比索洛尔
钙通道阻滞剂		通过选择性阻滞细胞膜钙离子通道，抑制细胞外钙离子内流，降低细胞内钙离子浓度而松弛血管平滑肌，使血压下降	尼群地平，卡维地洛，硝苯地平，非洛地平
利尿药		通过排钠利尿作用使血容量和细胞外液减少，心排血量减少，产生降压作用	氢氯噻嗪，吲达帕胺
其他类	α 受体阻滞剂	通过选择性阻断 α 受体，扩张小动脉、小静脉血管，降低外周阻力，减少回心血量而降压	哌唑嗪，特拉唑嗪
	血管扩张药	通过直接松弛血管平滑肌，降低外周阻力，使血压下降	硝普钠
	影响交感神经递质药	通过作用于去甲肾上腺素能神经末梢，抑制递质再摄取，导致递质耗竭，从而使交感神经冲动受阻，血管扩张，心率减慢，血压下降	利血平，胍乙啶
	肾素抑制药	直接抑制活性，降低血管紧张素Ⅰ和血管紧张素Ⅱ水平而降低血压	阿利吉仑
	钾通道开放药	选择性开放血管平滑肌细胞膜的钾通道，使钾离子外流，细胞膜超极化，抑制钙通道和胞内钙离子释放，胞浆钙离子浓度降低，扩张血管，降压	克洛卡林，吡那地尔
	中枢性抗高血压药	通过激动脑干抑制性神经元 α_2 受体和咪唑啉受体 I_1，降低外周交感神经张力，使血管扩张，血压下降	可乐定，甲基多巴

一、血管紧张素转换酶抑制剂

血管紧张素转换酶抑制剂对于高血压患者具有良好的靶器官保护和主要心血管事件预防作用。单用降压作用明确，对糖脂代谢无不良影响；限盐或加用利尿药可增加其降压效果。尤其适用于伴有冠心病、心力衰竭、左心室肥厚、慢性肾盂肾炎、蛋白尿的患者，可降低心血管疾病的死亡风险，能显著降低患者的致残率和病死率。

卡托普利

【商品名】开博通

【适应证】①用于治疗高血压，可单独应用或与其他降压药（如利尿药）合用。②用于治疗心力衰竭，可单独应用或与强心药、利尿药合用。

【制剂及规格】卡托普利片：12.5 mg、25 mg、50 mg。

【典型不良反应】①咳嗽：最常见的不良反应，为无痰干咳，夜间为重，常影响患者睡眠，停药后消失，部分患者可能不耐受，需要停药。②血管神经性水肿：可发生在肢端、面部、口唇等部位，罕见引发喉头水肿窒息。③低血压：老年人、血容量不足和心力衰竭患者容易发生。④肾功能恶化。⑤血钾升高，尤其是肾功能障碍者。⑥其他：皮疹、味觉障碍、男性乳腺发育、低血糖等。

【药物评价】①维持时间短，常用于血压波动时临时短效降压。②可预防、逆转心肌及血管肥厚，对心脏、肾等靶器官具有保护作用。③食物可减少本品吸收（30%～40%），最好在餐前 1 小时服药。

【贮藏】遮光，密封保存。

【案例分析】

张先生，65 岁，已退休。因患有高血压，医生为其开具卡托普利进行治疗，连续服用 4 周后，出现干咳，服用止咳药后效果不明显。

问题讨论：

1. 张先生出现干咳的原因是什么？
2. 如果张先生想换药，你觉得什么药更合适？

依那普利

【商品名】悦宁定，依苏

【适应证】①用于治疗高血压，可单独应用或与其他降压药（如利尿药）合用。②用于治疗心力衰竭，可单独应用或与强心药、利尿药合用。

【制剂及规格】①马来酸依那普利片：2.5 mg、5 mg、10 mg。②马来酸依那普利胶囊：5 mg、10 mg。

【典型不良反应】①马来酸依那普利耐受性良好。②晕眩和头痛是较常见的不良反应。③血管神经性水肿可发生在肢端、面部、口唇等部位，较为罕见。④其他罕见反应，如低血压、直立性低血压、晕厥、恶心、腹泻、肌肉痉挛、皮疹和咳嗽、肾功能障碍、肾衰竭及少尿等。

【药物评价】①本品的吸收受食物的影响小，因此餐前、餐中或餐后服用均可。②本品作用较卡托普利强，维持时间长，不良反应较轻。

【贮藏】遮光，密封保存。

贝那普利

【商品名】洛汀新，贝心舒

【适应证】①用于治疗高血压，可单独应用或与其他降压药（如利尿药）合用。②用于治疗心力衰竭，可单独应用或与强心药、利尿药同用。

【制剂及规格】①盐酸贝那普利片：5 mg、10 mg、20 mg。②盐酸贝那普利胶囊：10 mg。

【典型不良反应】①常见头痛、眩晕、心悸、咳嗽、颜面潮红、胃肠功能紊乱、皮疹等，最常见的为头痛和咳嗽。②其他罕见的不良反应有类过敏反应、高钾血症、粒细胞缺乏症、中性粒细胞减少等。

【药物评价】①口服吸收迅速，与食物同服时吸收率稍有下降。在肝内水解为贝那普利拉，血浆药物浓度达峰时间为1～1.5小时，可以迅速分布于全身组织和器官，但不易透过血脑屏障和胎盘屏障。②本品主要经尿液和胆汁排泄，重复给药无蓄积作用，肾衰竭或肾功能不全患者需调整剂量。

【贮藏】遮光，密闭贮存。

其他常见血管紧张素转化酶抑制剂药物品种信息见表11－5。

表11－5　其他常见血管紧张素转化酶抑制剂药物品种信息

药物名称	商品名	适应证	商品信息
赖诺普利	益迈欧，帝益洛	用于各型高血压和充血性心力衰竭患者	【制剂及规格】片剂：10 mg。胶囊剂：5 mg、10 mg
培哚普利	雅施达，百普乐	用于治疗高血压和急性心力衰竭	【制剂及规格】片剂：2 mg、4 mg
雷米普利	瑞泰，瑞素坦	用于治疗原发性高血压、充血性心力衰竭，以及发生急性心肌梗死2～9天后出现的轻度至中度心力衰竭	【制剂及规格】片剂：5 mg
福辛普利	蒙诺	①高血压：可单独使用，作为初始治疗药物，或与其他抗高血压药物联合使用。②心力衰竭：可单独应用或与强心药、利尿药同用	【制剂及规格】片剂：10 mg

二、血管紧张素Ⅱ受体阻滞剂

ARB的适应证和禁忌证与ACEI基本相同，但ACEI明显优于ARB。ARB一般作为不能耐受ACEI的替代选择，与ACEI相比，ARB出现咳嗽和血管神经性水肿的可能性小。

缬沙坦

【商品名】代文，缬克

【适应证】治疗轻度、中度原发性高血压，可单独应用或与其他降压药（如利尿药）合用。

【制剂及规格】①缬沙坦片：80 mg、160 mg。②缬沙坦分散片：40 mg、80 mg。③缬沙坦胶囊：80 mg、160 mg。

【典型不良反应】主要表现有血管神经性水肿、肝功能异常、头晕、乏力等。

【药物评价】①缬沙坦降压不影响心率，不影响胆固醇、甘油三酯、空腹血糖和尿酸。②降压作用较强，服药 2～4 周可达最大降压效果。③耐受性良好，不良反应轻微、短暂。④可与氢氯噻嗪组成复方制剂应用，比单独使用降压作用更强，且可减轻氢氯噻嗪所致的高尿酸血症。⑤可与氨氯地平组成复方制剂应用，起协同效应，且可减轻氨氯地平引起的外周性水肿，提高患者的依从性。

【贮藏】遮光，密封保存。

氯沙坦

【商品名】科素亚，海捷亚

【适应证】用于治疗高血压，可单独应用或与其他降压药（如利尿药）合用。

【制剂及规格】①氯沙坦钾片：50 mg、100 mg。②氯沙坦钾胶囊：50 mg、100 mg。

【典型不良反应】主要表现有头晕、乏力、血管神经性水肿、肝功能异常等。

【药物评价】①第一个新型的沙坦类抗高血压药，通过选择性抑制血管紧张素受体，阻断肾素–血管紧张素–醛固酮系统（RAAS）而起到控制血压的作用。②降压作用缓和，服药 3～6 周可达最大降压效果。③耐受性良好，不良反应轻微、短暂，无干咳，常作为不能耐受 ACEI 患者的替代药物。④可与氢氯噻嗪组成复方制剂应用，比单独使用降压作用更强，且可减轻氢氯噻嗪所致的高尿酸血症。

【贮藏】置 30 ℃以下干燥处保存。

厄贝沙坦

【商品名】安博维，安来

【适应证】①用于治疗原发性高血压。②用于合并高血压的糖尿病肾病的治疗。

【制剂及规格】①厄贝沙坦片：0.075 g、0.15 g、0.3 g。②厄贝沙坦分散片：0.075 g、0.15 g。③厄贝沙坦胶囊：0.075 g、0.15 g。

【典型不良反应】常见的不良反应有头痛、眩晕、心悸等，偶有咳嗽，轻微且呈一过性，多数患者都能耐受。罕有荨麻疹及血管神经性水肿发生。也可能出现消化不良、胃灼热感、腹泻、骨骼肌疼痛、疲劳和上呼吸道感染。在伴有慢性肾功能不全和明显蛋白尿的糖尿病与高血压患者中，体位性低血压、骨骼肌疼痛、高钾血症的发生率较高。

【药物评价】①对于高血压合并糖尿病患者具有明确的肾保护作用，可延缓肾脏疾病的进展。②服药 1～2 周血压下降，4～6 周达最大疗效，停药后不反弹。③可与氢氯噻嗪组成复方制剂应用，比单独使用时降压作用更强，且可减轻氢氯噻嗪所致的高尿酸血症。

【贮藏】密封保存。

其他常见血管紧张素Ⅱ受体阻滞剂品种信息见表 11–6。

表 11－6　其他常见血管紧张素Ⅱ受体阻滞剂品种信息

药物名称	商品名	适应证	商品信息
缬沙坦氨氯地平	倍博特	用于原发性高血压	【制剂及规格】片剂：缬沙坦 80 mg、氨氯地平 5 mg
替米沙坦	邦坦，美卡素	用于原发性高血压	【制剂及规格】片剂：40 mg、80 mg。胶囊剂：80 mg
坎地沙坦酯	必洛斯，悉君宁	用于高血压	【制剂及规格】片剂：4 mg、8 mg、12 mg、16 mg。胶囊剂：8 mg
奥美沙坦酯	傲坦，天舒平	用于高血压	【制剂及规格】片剂：20 mg、40 mg。胶囊剂：20 mg
阿利沙坦酯	信立坦，复立安	用于轻度、中度原发性高血压	【制剂及规格】片剂：80 mg、240 mg

三、β 受体阻滞剂

β 受体阻滞剂是一种已经使用了半个多世纪的“明星药物”，在心血管领域占有重要地位。它的历史可以追溯到 20 世纪 50 年代末，目前是临床常见的治疗心律失常、高血压、冠心病等的基础药物。如果高血压患者同时存在快速型心律失常，应首选此类药物，不仅能降压，还能降低心率、保护心脏。常见药物有普萘洛尔、美托洛尔、阿替洛尔、比索洛尔、艾司洛尔、拉贝洛尔、卡维地洛和盐酸阿罗洛尔。

普萘洛尔

【商品名】普乐欣

【适应证】①高血压：单独使用或与其他药物合并应用。②心绞痛：稳定型心绞痛。③心律失常：室上性心律失常、室性心律失常，特别适合与儿茶酚胺有关及洋地黄类药物引起者。④肥厚型心肌病、嗜铬细胞瘤、甲状腺功能亢进等。

【制剂及规格】①盐酸普萘洛尔片：10 mg。②盐酸普萘洛尔缓释片：40 mg。③盐酸普萘洛尔注射液：5 mL∶5 mg。

【典型不良反应】最典型的不良反应是阻断支气管平滑肌上的 $β_2$ 受体，诱发哮喘，造成支气管收缩、痉挛，严重者发生呼吸衰竭，甚至危及生命。应用本品可出现：①眩晕、神志模糊（尤见于老年人）、精神抑郁、反应迟钝等中枢神经系统不良反应；②头晕（低血压所致）；③心率过慢（低于 50 次 / 分）；④较少见的有支气管痉挛及呼吸困难、充血性心力衰竭；⑤更少见的有发热和咽痛、皮疹、出血倾向。

【药物评价】①本品是临床广泛应用的非选择性第一代 β 肾上腺素受体阻滞剂。②由于选择性 $β_1$ 受体阻滞剂的出现，该药偏向用于原发性震颤、偏头痛的预防和肝硬化上消化道出血的预防与治疗。③本品是我国目前生产历史较久，产量与用量比较大的心血管用药之一。

【贮藏】遮光，密封保存。

美托洛尔

【商品名】倍他乐克，托西尔康

【适应证】用于治疗高血压、心绞痛、心肌梗死、肥厚型心肌病、心律失常、甲状腺功能亢进、心脏神经症等。可用于心力衰竭的治疗，应在有经验的医师指导下使用。

【制剂及规格】①酒石酸美托洛尔片：25 mg、50 mg、100 mg、150 mg。②酒石酸美托洛尔缓释片：25 mg、50 mg、100 mg、150 mg。③琥珀酸美托洛尔缓释片：23.75 mg（相当于酒石酸美托洛尔 25 mg）、47.5 mg（相当于酒石酸美托洛尔 50 mg）、95 mg（相当于酒石酸美托洛尔 100 mg）、195 mg（相当于酒石酸美托洛尔 200 mg）。④酒石酸美托洛尔胶囊：25 mg、50 mg。⑤酒石酸美托洛尔注射剂：2 mL : 2 mg、5 mL : 5 mg。

【典型不良反应】不良反应较轻，常见的有疲劳、头痛、头晕、肢端发冷、心动过缓、心悸、腹痛、恶心、呕吐、腹泻和便秘等。

【药物评价】①高选择性 β_1 受体阻滞剂，对血脂、血糖和支气管的影响小，是广泛应用的一种 β 受体阻滞剂。②本品是经临床证实可有效降低慢性心力衰竭死亡率的 3 种 β 受体阻滞剂之一。

【贮藏】遮光，密封保存。

阿替洛尔

【商品名】宁新宝

【适应证】适用于快速型心律失常，也适用于高血压、心绞痛、心肌梗死、甲状腺功能亢进、嗜铬细胞瘤。

【制剂及规格】阿替洛尔片：12.5 mg、25 mg、50 mg、100 mg。

【典型不良反应】不良反应较轻，心肌梗死患者的最常见不良反应为低血压和心动过缓；其他反应可有头晕、乏力、精神抑郁、皮疹等。

【药物评价】①优点是作用持续时间长，安全度高，不易引起体位性低血压。②缺点是生物利用度较低，口服吸收率仅 50%。

【贮藏】密封保存。

四、钙通道阻滞剂

钙通道阻滞剂也称钙拮抗药，是应用广泛的一类降压药，降压效果较好。在扩张血管的同时能改善心肌供血，适宜高血压伴心绞痛人群使用；不影响糖、脂代谢，适宜高血压伴糖尿病患者使用；由于具有扩张血管作用，还可改善肾血流量，有利于保护肾，适用于尿蛋白阳性的高血压患者；对孕妇和胎儿无影响，是妊娠期为数不多可选择的降压药之一。

钙通道阻滞剂的类别、特点及代表药物见表 11 – 7。

表 11 – 7　钙通道阻滞剂的类别、特点及代表药物

类别	特点	代表药物名称
二氢吡啶类	短效	硝苯地平
	中效	尼群地平，硝苯地平缓释片（Ⅰ，Ⅱ）
	长效	硝苯地平缓释片Ⅲ，硝苯地平控释片，氨氯地平，非洛地平，拉西地平，乐卡地平，贝尼地平
非二氢吡啶类		地尔硫䓬，维拉帕米

硝苯地平

【商品名】拜新同，欣然

【适应证】主要用于变异型心绞痛的治疗，也适用于各型高血压的治疗。可单用，也可与其他降压药合用。

【制剂及规格】①硝苯地平片：5 mg、10 mg。②硝苯地平缓释片：10 mg、20 mg、30 mg。③硝苯地平控释片：30 mg、60 mg。

【典型不良反应】①常见外周性水肿、头晕、头痛和面部潮红。②可见一过性低血压，多不需要停药。③其他反应包括恶心、便秘、腹痛等消化道症状，失眠、震颤、感觉异常、嗜睡、眩晕等症状。

【药物评价】①快速降压，血压波动大，并可导致反射性心动过速，不推荐常规降压使用。②长期给药不宜骤停，以避免发生停药综合征而出现反跳现象。

【贮藏】遮光，密封保存。

氨氯地平

【商品名】络活喜，安内真

【适应证】①高血压：单独或与其他药物合并使用。②心绞痛：适用于慢性稳定型心绞痛和变异型心绞痛，单独或与其他药物合并使用。

【制剂及规格】①苯磺酸氨氯地平片：2.5 mg、5 mg、10 mg。②苯磺酸氨氯地平分散片：5 mg。③苯磺酸氨氯地平胶囊：5 mg。④苯磺酸氨氯地平滴丸：5 mg。

【典型不良反应】与硝苯地平类似。

【药物评价】①血管选择性强，是目前降压效果维持时间最长的降压药。②吸收和疗效不受患者胃肠道功能和食物的影响，可以和绝大多数药物一起服用。③控制心肌缺血，可减少心绞痛的发生，且对心肌无负性肌力效应，故心力衰竭患者同时患有高血压和心绞痛时，该药可作为首选药。④与缬沙坦组成复方制剂，可治疗单药治疗不能充分控制的原发性高血压。⑤本品可与贝那普利组成复方制剂，适用于单独服用氨氯地平或者贝那普利不能满意控制血压的患者，或同时用于氨氯地平和贝那普利的替代治疗。

【贮藏】遮光，密封保存。

尼群地平

【商品名】舒麦特，凯达

【适应证】用于各型高血压的治疗。

【制剂及规格】①尼群地平片：10 mg。②尼群地平分散片：10 mg。③尼群地平软胶囊：10 mg。

【典型不良反应】①主要不良反应有头痛、面部潮红。②少见头晕、恶心、低血压、足踝部水肿、心绞痛发作、一过性低血压。③过敏者可出现过敏性肝炎、皮疹，甚至剥脱性皮炎等。

【药物评价】①降压作用在服药后 1～2 小时达最大，持续 6～8 小时。②对冠状动脉和外周血管均有较强的选择性。

【贮藏】遮光，密封保存。

非洛地平

【商品名】波依定，可立平

【适应证】治疗高血压和稳定型心绞痛。

【制剂及规格】①非洛地平片：2.5 mg、5 mg、10 mg。②非洛地平缓释片：2.5 mg、5 mg、10 mg。③非洛地平缓释胶囊：2.5 mg。

【典型不良反应】与硝苯地平类似，最常见的不良反应是轻度至中度的足踝部水肿。

【药物评价】①对血管平滑肌的抑制作用强于心肌，并对心肌无负性肌力效应，故心力衰竭患者同时患有高血压和心绞痛时，可将此药作为首选药。②每日 1 次可控制 24 小时血压，适用于糖尿病、肾功能不全和哮喘的高血压患者。

【贮藏】遮光，密封保存。

【课堂随想】

患者张女士，70 岁。经医师诊断为高血压，医师开具处方：非洛地平缓释片 5 mg，每日 1 次。服用数周无效。经询问得知，患者因感觉药片难以吞下，嚼碎后服用。你觉得张女士的做法对吗？

五、利尿药

利尿药可通过促进体内钠和水分的排出，降低血容量进而降低血压。但长期使用会使得血管平滑肌对缩血管物质不敏感，造成血管扩张而降低血压。利尿药是降压治疗的基础用药，能和其他降压药联合使用。用于降压的利尿药主要有吲达帕胺、氢氯噻嗪和螺内酯。

吲达帕胺

【商品名】立舒平，纳催离

【适应证】①用于治疗高血压，单用或与其他降压药合用。②用于治疗充血性心力衰竭时的水钠潴留、水肿。

【制剂及规格】①吲达帕胺片：1.25 mg、2.5 mg。②吲达帕胺胶囊：2.5 mg。③吲达帕胺缓释片：1.5 mg。④吲达帕胺缓释胶囊：1.5 mg。

【典型不良反应】轻而短暂，与剂量相关。主要表现：腹泻、头痛、食欲减退、失眠、恶心、直立性低血压。少见：皮疹、瘙痒等变态反应；低钠血症、低钾血症、低氯性碱中毒。

【药物评价】①在利尿降压的同时兼有钙拮抗作用，发挥降压作用的剂量远小于发挥利尿作用的剂量。②降压温和，疗效确切，为治疗轻度、中度原发性高血压的理想药物。③降压时对心排血量、心率及心律影响极小，对心脏有保护作用。④不影响糖、脂代谢。⑤口服吸收不受食物影响。

【贮藏】遮光，密封保存。

【知识拓展】

高血压的科普健康教育

治疗高血压的主要方法是改变不健康的生活方式和服用降压药物，二者缺一不可。原发性高血压是一种生活方式疾病，很多日常行为习惯是引发高血压的危险因素。对高血压患者的生活方式干预包括：①减少钠盐摄入，增加钾摄入；②合理膳食；③限制饮酒；④控制体重；⑤运动干预；⑥不吸烟；⑦自我调整，保持心理平衡；⑧管理睡眠。

六、其他类

其他类抗高血压药物品种信息见表 11－8。

表 11－8　其他类抗高血压药物品种信息

药物名称	商品名	适应证	商品信息
哌唑嗪	无	①用于轻度、中度高血压的治疗。②可用于缓解由前列腺增生引起的排尿困难	【制剂及规格】片剂：0.5 mg、1 mg、2 mg
硝普钠	无	用于治疗高血压和急性心力衰竭	【制剂及规格】注射液：25 mg、50 mg
利血平	金唯压静	用于治疗高血压和高血压危象	【制剂及规格】片剂：0.1 mg、0.25 mg。注射剂：1 mL∶1 mg
可乐定	晶亦新	①用于治疗高血压，常与其他降压药配合作二三线治疗用药；用于治疗高血压急症；对高血压伴有溃疡病、青光眼有较好的疗效。②也可用于治疗及预防偏头痛或血管性头痛的复发	【制剂及规格】片剂：0.075 mg、0.1 mg。控释贴：2.5 mg。注射剂：1 mL∶0.15 mg
阿利吉仑	锐思力	用于治疗原发性高血压	【制剂及规格】片剂：150 mg

第三节　抗心绞痛药

学习目标

1. 掌握常见抗心绞痛药的名称、适应证、制剂及规格。
2. 熟悉常见抗心绞痛药的典型不良反应、药物评价及贮藏要求等。

心绞痛是冠状动脉供血不足，心肌急剧、暂时的缺血与缺氧所引起的临床综合征，是冠心病的主要临床表现。其临床典型特征为阵发性前胸压榨样疼痛感，可伴有其他症状。疼痛主要位于胸骨后部，可放射至心前区、左上肢、颈部、左肩部和后背部，常由运动或劳累、情绪激动、寒冷、进食诱发。持续时间为 2～5 分钟，通常不超过 15 分钟，休息或用硝酸酯类制剂后上述症状迅速消失。如果疼痛时间较长（20～30 分钟），经休息或服用硝酸甘油不缓解，需警惕心肌梗死。临床上按发病特征分为稳定型心绞痛、不稳定型心绞痛和变异型心绞痛。

心绞痛的治疗包括药物治疗和手术治疗。目前，抗心绞痛药物主要有硝酸酯类药、β 受体阻滞剂及钙通道阻滞剂，主要通过增加氧的供应量（舒张冠状动脉血管）或减少耗氧量（减少心脏的工作量）来缓解心绞痛。手术治疗则是通过心脏支架和搭桥来增加心脏供血。

一、硝酸酯类药

硝酸酯类药物主要是硝酸甘油（短效制剂）、硝酸异山梨酯（中效制剂）和单硝酸异山梨酯（长效制剂）。

硝酸甘油

【商品名】保欣宁，耐较咛

【适应证】①治疗心绞痛急性发作。②治疗急性充血性心力衰竭。③静脉给药可用于高血压急症。

【制剂及规格】①硝酸甘油片：0.5 mg。②硝酸甘油贴膜：16 mg、25 mg、32 mg。③硝酸甘油控释口颊片：1.0 mg、2.5 mg。④硝酸甘油气雾剂：每瓶含硝酸甘油 0.1 g。⑤硝酸甘油注射液：1 mL∶1 mg、1 mL∶2 mg、1 mL∶5 mg、1 mL∶10 mg。

【典型不良反应】用药初期可能会出现硝酸酯引起的血管扩张性头痛，还可能出现面部潮红、口干、眩晕、直立性低血压和反射性心动过速。偶见血压明显降低、心动过缓、心绞痛加重和晕厥。

【药物评价】①硝酸甘油为速效、短效硝酸酯类抗心绞痛药。②舌下含服后，自口腔黏膜吸收，给药后 1～2 分钟起效，作用持续 30 分钟。③于 1879 年首次用于缓解心绞痛发作，是心绞痛治疗史上最有效的药品。

【贮藏】遮光，密封，在阴凉处保存。

【课堂随想】

李阿姨，57 岁，因胸闷、胸痛到医院就诊。经检查，确诊为冠心病，医生让其在疼痛发作时舌下含服硝酸甘油片。李阿姨不理解舌下含服的服用方式，于是到药店咨询。你能说出硝酸甘油舌下含服的原因吗?

硝酸异山梨酯

【商品名】依姆多，欣康

【适应证】①冠心病的长期治疗。②心绞痛的预防。③心肌梗死后持续心绞痛的治疗。④与洋地黄类药物和（或）利尿药联合应用，治疗慢性充血性心力衰竭。⑤肺动脉高压的治疗。

【制剂及规格】①硝酸异山梨酯片：5 mg、10 mg。②硝酸异山梨酯乳膏：10 g∶1.5 g。③硝酸异山梨酯喷雾剂：每瓶 70 喷，每喷含硝酸异山梨酯 1.25 mg；每瓶 180 喷，每喷含硝酸异山梨酯 1.4 mg。④硝酸异山梨酯缓释胶囊：20 mg、40 mg。

【典型不良反应】与硝酸甘油类似。

【药物评价】①口服吸收迅速且较完全，舌下含服或咀嚼成碎末含于口腔（经黏膜吸收），2～3 分钟起效。②主要代谢产物为单硝酸异山梨酯，活性虽较原型药物弱，但作用时间明显长于硝酸异山梨酯，适用于心绞痛长期治疗及预防，不宜用于心绞痛发作的治疗。③缓释制剂可依据白天和夜间心脏负荷调节血药浓度，同时避免耐药性的产生。

【贮藏】遮光，密封保存。

二、β 受体阻滞剂

β 受体阻滞剂包括普萘洛尔、美托洛尔等，具体内容参见本章第二节“抗高血压药”。

三、钙通道阻滞剂

钙通道阻滞剂通过改善冠状动脉血流和减少心肌耗氧量发挥缓解心绞痛的作用，对于变异型心绞痛或以冠状动脉痉挛为主的心绞痛，是一线治疗药物。此类药物有地尔硫䓬、维拉帕米、硝苯地平等。

地尔硫䓬

【商品名】恬尔新，合贝爽

【适应证】①心绞痛。②高血压。③肥厚型心肌病。

【制剂及规格】①盐酸地尔硫䓬片：30 mg、60 mg、90 mg。②盐酸地尔硫䓬缓释片：30 mg、60 mg、90 mg。③盐酸地尔硫䓬缓释胶囊：90 mg。

【典型不良反应】常见不良反应有水肿、头痛、恶心、眩晕、皮疹、无力。

【药物评价】①口服后通过胃肠道吸收迅速且较完全，肝脏首过效应显著，血药浓度达峰时间为 30 分钟。②主要分布于心、肝、肾等器官。

【贮藏】遮光，密封保存。

维拉帕米

【商品名】异搏定，盖衡

【适应证】①心绞痛：变异型心绞痛；不稳定型心绞痛；慢性稳定型心绞痛。②心律失常：与地高辛合用控制慢性心房颤动和（或）心房扑动时的心室率；预防阵发性室上性心动过速的反复发作。③原发性高血压。

【制剂及规格】①盐酸维拉帕米片：40 mg。②盐酸维拉帕米缓释片：120 mg、240 mg。

【典型不良反应】严重不良反应少见，常见不良反应有便秘、眩晕、恶心、低血压、头痛、外周性水肿、充血性心力衰竭、窦性心动过缓、心悸等。

【药物评价】①缓释制剂还用于高血压、变异型心绞痛、肥厚型心肌病等的治疗。②主要用于治疗室上性心律失常。

【贮藏】密封保存。

【知识拓展】

冠心病的科普健康教育

对于冠心病患者来说，除了药物治疗，改善预后及防止冠心病复发也非常重要。药师在对冠心病患者进行健康教育时，应强调养成良好的生活习惯的重要性，包括：①控制热量，保持理想体重；②少吃多餐，切忌暴饮暴食；③低盐、低糖、低胆固醇饮食；④增加膳食纤维摄入，预防便秘；⑤适量运动；⑥保持乐观情绪，避免激动；⑦戒烟戒酒。

第四节　抗心律失常药

学习目标

1. 掌握常见抗心律失常药的名称、适应证、制剂及规格。
2. 熟悉常见抗心律失常药的典型不良反应、药物评价及贮藏要求等。

正常心律是指人体心脏进行协调而有规律的收缩或舒张，使心脏顺利地完成泵血功能。在心脏跳动时，若起搏点或冲动传导发生紊乱或两者同时发生紊乱，则会出现心率过快、过慢或心律失常，引起泵血功能障碍。心律失常是心动频率和节律的异常，可分为缓慢型心律失常和快速型心律失常。缓慢型心律失常有窦性心动过缓、传导阻滞等，可用阿托品或拟肾上腺素药物治疗；快速型心律失常则比较复杂，包括心房颤动、心房扑动、室上性心动过速、室性早搏、心室颤动等。

抗心律失常药通常指用于快速型心律失常的药物。大多数药物本身有致心律失常作用，必须严格按照医生的指导使用。抗心律失常药的类别、特点及代表药物见表 11－9。

表 11－9　　抗心律失常药的类别、特点及代表药物

类别	特点	代表药物名称
钠通道阻滞剂	适度阻滞钠通道	美西律，奎尼丁，普鲁卡因胺
	中度阻滞钠通道	利多卡因，苯妥英钠
	重度阻滞钠通道	普罗帕酮，氟卡尼
β 受体阻滞剂		普萘洛尔，阿替洛尔，美托洛尔
选择性延长复极过程药物		胺碘酮，决奈达隆
钙通道阻滞剂		维拉帕米，地尔硫䓬

美西律

【商品名】石药，信谊

【适应证】用于室性期前收缩及室性心动过速、心房颤动及急性心肌梗死或洋地黄类药物所致的心律失常，可长期口服。

【制剂及规格】①盐酸美西律片：50 mg、100 mg、250 mg。②盐酸美西律胶囊：50 mg、100 mg。③盐酸美西律注射液：2 mL∶100 mg。

【典型不良反应】①恶心、呕吐等反应最常见。此外，还会出现头晕、震颤、共济失调、视物模糊等反应。②大剂量使用可引发低血压、心动过缓、传导阻滞等反应。

【药物评价】①口服后在胃肠道吸收良好。②心源性休克者禁用；妊娠期及哺乳期妇女慎用。

【贮藏】密封，在干燥处保存。

其他抗心律失常药物品种信息见表 11－10。

表 11－10　其他抗心律失常药物品种信息

药物名称	商品名	适应证	商品信息
普罗帕酮	悦复隆	用于阵发性室性心动过速及室上性心动过速（包括伴预激综合征）	【制剂及规格】片剂：50 mg、100 mg、150 mg。注射液：5 mL∶17.5 mg、5 mL∶35 mg、10 mL∶35 mg、20 mL∶70 mg
胺碘酮	可达龙	用于房性心律失常（心房扑动、心房颤动转律和转律后窦性心律的维持）及交界性心律失常	【制剂及规格】片剂：200 mg。分散片：200 mg。胶囊剂：100 mg、200 mg。注射液：2 mL∶150 mg、3 mL∶150 mg
决奈达隆	迈达龙	用于有阵发性或持续性心房颤动病史的窦性心律患者，降低因心房颤动住院的风险	【制剂及规格】片剂：400 mg

第五节　抗心力衰竭药

学习目标

1. 掌握常见抗心力衰竭药的名称、适应证、制剂及规格。
2. 熟悉常见抗心力衰竭药的典型不良反应、药物评价及贮藏要求等。

心力衰竭（简称心衰）是由多种原因导致心脏结构和（或）功能的异常改变，使心室收缩或舒张功能发生障碍，从而引起的一系列复杂临床综合征，主要表现为呼吸困难、疲乏和体液潴留（肺淤血、体循环淤血及外周性水肿等）。心衰是各种心脏疾病的严重表现或晚期阶段，死亡率和再住院率居高不下。心衰是慢性、自发进展性疾病，心肌重构是导致心衰发生和发展的关键因素。心衰需要长期用药来控制，即使经过治疗已经达到很好的效果（如没有任何心衰症状），也需要联合用药治疗。

药物治疗的目的是改善心衰患者的生活质量。急性期可以应用利尿药、强心药改善心衰症状，长期应用的治疗心衰的药物包括β受体阻滞剂、血管紧张素转换酶抑制剂、血管紧张素Ⅱ受体阻滞剂等，这些药物可以很好地控制心衰症状，而且能够改善心衰的预后，降低心衰患者的病死率及住院率。

本节主要介绍强心药，其他类别见本书相关内容。强心药的类别、特点及代表药物见表 11－11。

表 11－11　　强心药的类别、特点及代表药物

类别		特点	代表药物名称
强心苷类		慢速	洋地黄毒苷
		中速	地高辛
		快速	去乙酰毛花苷
非苷类强心药	儿茶酚胺类		多巴酚丁胺
	磷酸二酯酶抑制剂		氨力农，米力农
	钙增敏剂		左西孟旦
	窦房结 If 电流选择特异性抑制剂		伊伐布雷定

地高辛

【商品名】可力，贝可力

【适应证】①用于急性和慢性心功能不全。②用于控制伴有快速心室率的心房颤动、心房扑动的心功能不全。

【制剂及规格】①地高辛片：0.25 mg。②地高辛口服溶液：10 mL : 0.5 mg、30 mL : 1.5 mg、50 mL : 2.5 mg、100 mL : 5 mg。③地高辛注射液：2 mL : 0.5 mg。

【典型不良反应】①常见的不良反应：心律失常、食欲减退或恶心、呕吐、下腹痛，异常的无力、软弱。②少见的反应：视物模糊或色视症（如黄视症、绿视症）、腹泻，中枢神经系统反应，如精神抑郁或错乱。

【药物评价】①本品因作用较迅速，代谢与排泄较快而蓄积性较小，且较洋地黄毒苷安全而被广泛用于临床。一般多用于病情较轻者；对于病情较重者，可用速效制剂控制病情后，再口服本品以维持治疗。②本品中毒后应立即停药，并采取适当的治疗措施。

【贮藏】密封保存。

伊伐布雷定

【商品名】可兰特，放欣

【适应证】①用于伴有心脏收缩功能障碍的慢性心衰患者。②用于禁忌或不能耐受β受体阻滞剂的治疗时。

【制剂及规格】盐酸伊伐布雷定片：5 mg、7.5 mg。

【典型不良反应】光幻视和心动过缓，为剂量依赖性。

【药物评价】①本品起始治疗仅限于稳定性心衰患者，开始治疗前，应考虑连续心率测定、心电图或24小时动态心电监测结果，以明确静息心率。②对快速型心律失常（室性或者室上性心动过速）无效，不推荐本品用于心房颤动患者或其他窦房结功能受影响的心律失常患者。③禁止与具有降低心率作用的钙通道阻滞剂联合使用。

【贮藏】密封保存。

思考与练习

一、选择题

1. 下列药物属于 HMG–CoA 还原酶抑制剂的是（　　）。

A. 非诺贝特　B. 亚油酸　C. 辛伐他汀　D. 吉非罗齐

2. 降低低密度脂蛋白胆固醇作用最明显的药物是（　　）。

A. 考来烯胺　B. 瑞舒伐他汀　C. 非诺贝特　D. 吉非罗齐

3. 治疗高甘油三酯血症最有效的药物是（　　）。

A. 考来烯胺　B. 辛伐他汀　C. 非诺贝特　D. 吉非罗齐

4. 下列药物属于 ACEI 类药物的是（　　）。

A. 硝苯地平　B. 普萘洛尔　C. 卡托普利　D. 胺碘酮

5. 下列药物属于血管紧张素Ⅱ受体阻滞剂的是（　　）。

A. 氯沙坦　B. 卡托普利　C. 普萘洛尔　D. 硝苯地平

6. 不引起干咳的药物是（　　）。

A. 福辛普利　B. 氯沙坦　C. 卡托普利　D. 依那普利

7. 科素亚是（　　）药物的常见商品名。

A. 卡托普利　B. 依那普利　C. 氯沙坦　D. 非洛地平

8. 倍他乐克是（　　）药物的常见商品名。

A. 卡托普利　B. 美托洛尔　C. 氯沙坦钾　D. 非洛地平

9. 伴有哮喘的高血压患者不宜选用的药是（　　）。

A. 普萘洛尔　B. 硝苯地平　C. 地尔硫䓬　D. 硝酸甘油

10. 临床最常用的强心苷类药是（　　）。

A. 卡维地洛　B. 氨力农

C. 米力农　D. 地高辛

二、思考题

1. 简述治疗不同类型高脂血症的首选药物。
2. 简述口服一线降压药的类别与代表药物。
3. 简述抗心律失常药物的类别与代表药物。

实训十三　心血管系统药物的识记和分类

对 50 种常见的心血管系统药物进行分类，药物大类卡片（调血脂药、抗高血压药、抗心绞痛药、抗心律失常药、抗心力衰竭药等）的准备及具体实训步骤和实训测评请参照实训七。

实训十四　心血管系统用药指导实训

请对案例中的患者进行用药指导，具体实施步骤及实训测评参照实训八。

案例一：张某，男，62 岁。某日到药店咨询，自诉近 2 个月来反复头晕、头痛，曾在家中多次测量血压，血压在 155/95 mmHg 左右。药师现场测量血压为 155/94 mmHg。经询问，患者喜欢肉食、咸菜，不喜欢运动，在过去 3 年中体重缓慢增加，身高 170 cm，体重 87 kg，未曾到医院就诊，否认有药物过敏史。

案例二：患者，男，56 岁，高血压合并 2 型糖尿病 5 年。目前接受胰岛素治疗，血糖在 7 mmol/L 左右，平均血压 167/94 mmHg，其间不规律用药，血压控制不佳。

实训十五　高血压慢性病管理健康教育技能实训

一、实训目的

本次实训引入社会药房高血压慢性病会员健康管理教学情景。通过实训巩固高血压的合理用药知识，提升高血压慢性病管理健康教育技能，培养学生爱岗敬业、服务患者、守护健康的职业素养。

二、材料准备

1. 实训场地为有柜台和货架的模拟药店，配备咨询服务台和多媒体设备。
2. 部分降压药包装盒、血压计、产品资料。

3. 高血压健康教育资料。

4. 慢性病会员档案资料。

5. 桌椅、热水壶、一次性水杯。

三、实施步骤

1. 以小组为单位组成一个工作团队，组长分工，布置工作场景，为活动的开展做好准备。

2. 根据高血压健康教育资料，组织小组集体学习，确定本次小组健康教育的主题，制作健康教育的课件。

3. 现场情景模拟，角色扮演，开展健康教育。

4. 小组互评、教师点评。

【注意事项】

1. 慢性病专员在服务过程中要始终保持同理心、细心耐心、仁爱关怀，语言要通俗易懂。

2. 模拟现场过程中要保持完整性，主要步骤：顾客接待—检测血压—用药咨询—会员档案管理—健康教育—现场互动—征集意见—做好记录。

3. 组长要做好组内成员的具体分工，充分发挥组员的优势。

四、实施测评

按照表 11－12 进行测评，并做好记录。

表 11－12　　高血压慢性病管理健康教育技能实训考核表

项目	考核要求	分值（分）	得分（分）
仪表仪态	着装整洁，态度和蔼亲切	5	
问诊过程	思路清晰，问诊流畅、全面，语言通俗易懂	20	
药品推荐	正确、合理、对症	20	
介绍药品	清楚、全面、准确	20	
用药指导	正确、合理	20	
健康指导	有针对性，正确、合理	10	
职业素养	药品归位，场地清洁	5	
合计（分）		100	

第十二章

泌尿系统用药

学习引入

泌尿系统由肾、输尿管、膀胱及尿道组成，主要功能是排出机体代谢过程中产生的废物和有害物质。泌尿系统疾病主要包括尿路感染、泌尿系统梗阻、泌尿系统肿瘤等几大类，与其他系统疾病类似，涉及先天性畸形、感染、免疫机制、遗传、损伤、肿瘤等因素。然而，泌尿系统也有其特有的疾病，如肾小球肾炎、尿石症、肾功能衰竭等。

泌尿系统药物的市场受到多种因素的影响，包括人口老龄化、生活方式的改变和疾病谱的变化。在泌尿系统药物中，利尿药的市场规模最大。本章主要介绍利尿药、前列腺疾病用药及其代表药物的基本信息。

泌尿系统药物主要包括利尿药和前列腺疾病用药。利尿药通过作用于肾，增加电解质和水的排出，使尿量增多。这类药物主要用于治疗各种水肿，也可用于治疗其他疾病（如高血压、尿崩症等）。前列腺疾病用药主要用于治疗前列腺增生症，缓解尿频、尿急、排尿困难和夜尿增多等症状。泌尿系统药物的给药方式包括口服、肌内注射、静脉滴注等。静脉滴注利尿药因其使用便利、生物利用度高、便于控制血药浓度等优点，在临床上备受重视，常作为抢救危重患者的首选救治手段。

第一节 利尿药

学习目标

1. 掌握常见利尿药的名称、适应证、制剂及规格。
2. 熟悉常见利尿药的典型不良反应、药物评价及贮藏要求等。

根据作用部位不同，利尿药可分为 4 类：①袢利尿药，又称高效利尿药；②噻嗪类利尿药，又称中效利尿药；③留钾利尿药，又称低效利尿药；④碳酸酐酶抑制剂，代表药有乙酰唑胺（见表 12－1）。

表 12-1 利尿药的类别、特点及代表药物

类别	特点	代表药物名称
袢利尿药	作用在髓袢升支粗段，利尿作用强	呋塞米，布美他尼，托拉塞米
噻嗪类利尿药	直接抑制远曲小管，为中效利尿药，只影响肾稀释功能，不影响浓缩功能	氢氯噻嗪，苄噻嗪，氯噻嗪，环戊噻嗪
留钾利尿药	作用于远曲小管远端和集合管，为低效利尿药，起效慢，作用久	螺内酯，氨苯蝶啶，依普利酮，坎利酮，阿米洛利
碳酸酐酶抑制药	作用于近曲小管前段的上皮细胞，抑制细胞内碳酸酐酶，减少水的重吸收，现临床较少用	乙酰唑胺

一、袢利尿药

呋塞米

【商品名】亚邦，维艾宁

【适应证】①水肿性疾病：充血性心力衰竭、肝硬化、肾脏疾病，尤其在应用其他利尿药效果不佳时，应用本类药物仍可能有效。可与其他药物合用治疗急性肺水肿和急性脑水肿等。②高血压：不作为治疗原发性高血压的首选药物，当噻嗪类药物疗效不佳，尤其是伴有肾功能不全或出现高血压危象时，本类药物尤为适用。③预防急性肾衰竭：用于各种原因导致的肾血流灌注不足，在纠正血容量不足的同时及时应用，可降低急性肾小管坏死的风险。④高钾血症及高钙血症。⑤抗利尿激素分泌失调综合征。⑥急性药物或毒物中毒，如巴比妥类药物中毒等。

【制剂及规格】①呋塞米片：20 mg。②呋塞米注射液：2 mL∶20 mg。③复方呋塞米片：呋塞米 20 mg，阿米洛利 2.5 mg。

【典型不良反应】①常见口干、口渴、心律失常、肌肉酸痛、疲乏无力、恶心、呕吐。②高血糖、高尿酸血症、肌肉痉挛、躁动。③皮肤变态反应：皮疹、瘙痒、荨麻疹等。④贫血。⑤严重的不良反应有肝功能不全的肝性脑病、系统性血管炎、再生障碍性贫血、剥脱性皮炎。

【药物评价】①本品为强效利尿药。②可以引起光敏反应，注意日光照晒防护。③能口服，服用方便、安全性高、疗效好、价格低廉。④为避免夜尿过多，应白天给药。⑤服药期间，从卧位或坐位起身时动作要徐缓，防止体位性低血压的发生。

【贮藏】遮光，密封，置干燥处保存。

【案例分析】

患者宫女士，56 岁。治疗急性肾功能衰竭时，用 200～400 mg 呋塞米加于氯化钠注射液 100 mL 静脉滴注，滴注速度每分钟不超过 4 mg。经过一段时间的治疗，宫女士的尿量并未明显增加，医生进而继续增加剂量，但是患者的病情并未得到好转。

问题讨论：

1. 上述患者恢复不利的原因是什么？
2. 使用呋塞米治疗急性肾衰竭时应注意什么？

布美他尼

【商品名】欣泰，利了

【适应证】主要用于水肿性疾病、高血压、高钾血症、稀释性低钠血症、抗利尿激素分泌失调综合征、急性药物中毒（如巴比妥类药物中毒等），预防急性肾衰竭，对某些呋塞米无效的病例仍可能有效。

【制剂及规格】①布美他尼片：1 mg。②布美他尼注射剂：2 mL∶0.5 mg。③布美他尼注射用粉末：0.5 mg、1 mg。

【典型不良反应】①常见于水、电解质紊乱有关反应，尤其是大剂量或长期应用时，出现体位性低血压、休克、低钾血症、低氯血症，以及口渴、乏力、肌肉酸痛、心律失常等反应。②少见变态反应（皮疹，甚至心脏骤停）、头晕、头痛、食欲减退、恶心、呕吐、腹痛、腹泻、胰腺炎、肌强直等。

【药物评价】①强效利尿药，适用于水肿性疾病，与其他药物合用治疗急性脑水肿和急性肺水肿。②磺胺类过敏者可以选择依他尼酸作为替代药物。③其他评价见呋塞米。

【贮藏】遮光，密闭保存。

二、噻嗪类利尿药

氢氯噻嗪

【商品名】三才，乐康

【适应证】水肿性疾病、高血压、中枢性或肾性尿崩症，用于预防肾石症。

【制剂及规格】氢氯噻嗪片：6.25 mg、10 mg、25 mg、50 mg。

【典型不良反应】①水、电解质紊乱所致的副作用较为常见，如低钾血症、低氯性碱中毒、低钾性碱中毒、低钠血症，会导致中枢神经系统症状及加重肾损害。②高血糖。③高尿酸血症。④变态反应。

【药物评价】①与磺胺类药、呋塞米、布美他尼、碳酸酐酶抑制药有交叉变态反应。②应从最小有效剂量开始用药，以减少不良反应。

【贮藏】遮光，密封保存。

三、留钾利尿药

螺内酯

【商品名】雅泰，乐宁他，信谊

【适应证】①水肿性疾病，与其他利尿药合用，治疗充血性水肿、肝硬化腹水、肾性水肿等。目的在于纠正上述疾病伴发的继发性醛固酮分泌增多，并对抗其他利尿药的排钾作用。也用于特发性水肿的治疗。②高血压，作为治疗高血压的辅助药物。③原发性醛固酮增多症。④低钾血症，与噻嗪类利尿药合用，增强利尿效应和预防低钾血症。

【制剂及规格】螺内酯片：6.25 mg、10 mg、25 mg、50 mg。

【典型不良反应】①临床显著不良反应有高钾血症、低血压和肾功能恶化、男性乳房发育、液体和电解质平衡改变等。②其他不良反应：消化系统，如胃出血、胃溃疡、胃炎、恶心、呕吐；性欲减退、月经不调或闭经；血液系统，如白细胞减少症；超敏反应，如发热、荨麻疹。③高钾血症。

【药物评价】①本药起效较慢，维持时间较长，首日剂量可增加。②用药期间如出现高钾血症，应立即停药。

【贮藏】密封，置干燥处保存。

第二节　前列腺疾病用药

学习目标

1. 掌握常见前列腺疾病用药的名称、适应证、制剂及规格。
2. 熟悉常见前列腺疾病用药的典型不良反应、药物评价及贮藏要求等。

前列腺增生是导致中老年男性尿路症状的最常见病因，主要表现为尿急、尿频、排尿困难、夜尿增多、充盈性尿失禁及急慢性尿潴留等。对前列腺疾病患者进行药物治疗的短期目标是缓解患者的下尿路症状，提高其生活质量。抗前列腺增生药有：① α_1 受体阻滞剂，如特拉唑嗪、哌唑嗪、坦洛新；② 5α-还原酶抑制剂，如非那雄胺、依立雄胺；③植物制剂，如普适泰。

特拉唑嗪

【商品名】高特灵，马沙尼，泰乐

【适应证】①轻度或中度高血压的治疗。可与噻嗪类利尿药或其他抗高血压药物合用，也可单独使用。②治疗良性前列腺增生引起的症状（如尿频、尿急、尿线变细、排尿困难、夜尿增多及排尿不适感）。

【制剂及规格】特拉唑嗪片：2 mg。

【典型不良反应】头晕、虚弱、头痛、体位性低血压、嗜睡、鼻充血和阳痿。

【药物评价】用药期间如出现高钾血症，应立即停药。

【贮藏】遮光，密闭保存。

【案例分析】

患者，男，70岁，患高血压30余年，但用药控制良好。最近半年，夜间小便次数增多，排尿时感觉无力，尿线变细。患者前来药店购药，要求提供2种作用机制不同的药物，并针对主要药物进行用药指导。

问题讨论：

1. 该患者可能患有什么疾病？

2. 如何对患者进行用药指导？

坦洛新

【商品名】积大本特，必坦，培舒

【适应证】用于治疗前列腺增生所致的排尿障碍等症状，如尿频、夜尿增多、排尿困难等。

【制剂及规格】坦洛新缓释胶囊：0.2 mg。

【典型不良反应】①恶心、呕吐、食欲减退等，偶见皮疹。②不同程度的头晕、蹒跚感或出现体位性低血压、心动过速等。

【药物评价】①与降压药合用时要注意血压变化。②高龄患者应注意用药后状况，如未达预期疗效不要继续增量，应改用其他方法治疗。

【贮藏】密封保存。

非那雄胺

【商品名】保法止，卡波

【适应证】治疗和控制良性前列腺增生。

【制剂及规格】非那雄胺片：1 mg、5 mg。

【典型不良反应】①一般耐受性良好，不良反应轻微，一般不中止治疗。②产品上市后报道的不良反应包括免疫系统疾病（超敏反应，如皮疹、瘙痒、风疹及血管神经性水肿）、精神疾病（抑郁、停止治疗后继续存在的性欲降低）、生殖系统和乳腺疾病。

【药物评价】①本药耐受性良好。②孕妇或可能怀孕的妇女不应接触破碎的非那雄胺片剂。

【贮藏】遮光，密封保存。

思考与练习

一、选择题

1. 下列属于高效利尿药的药物是（　　）。

A. 氢氯噻嗪　　B. 呋塞米　　C. 螺内酯　　D. 乙酰唑胺

2. 氢氯噻嗪不适用于治疗（　　）。

A. 水肿性疾病　　B. 高血压　　C. 中枢性尿崩症　　D. 急性药物中毒

3. 关于螺内酯的说法，错误的是（　　）。

A. 属于留钾利尿药　　B. 起效较慢，维持时间较长

C. 用药期间出现高钾血症无须停药　　D. 可用于治疗原发性醛固酮增多症

4. 特拉唑嗪的适应证不包括（　　）。

A. 轻度高血压　　B. 中度高血压

C. 良性前列腺增生引起的排尿困难　　D. 急性肾功能衰竭

5. 下列利尿药中，临床应用较少的是（　　）。

A. 呋塞米　　B. 布美他尼　　C. 乙酰唑胺　　D. 氢氯噻嗪

6. 非那雄胺用于治疗（　　）。

A. 水肿性疾病　　B. 良性前列腺增生　　C. 高血压危象　　D. 高钾血症

7. 关于呋塞米的贮藏要求，正确的是（　　）。

A. 无须遮光，密封，置干燥处保存

B. 遮光，无须密封，置干燥处保存

C. 遮光，密封，置潮湿处保存

D. 遮光，密封，置干燥处保存

8. 布美他尼的典型不良反应不包括（　　）。

A. 体位性低血压　　B. 低钾血症　　C. 高钾血症　　D. 皮疹

9. 坦洛新缓释胶囊的规格是（　　）。

A. 0.1 mg　　B. 0.2 mg　　C. 1 mg　　D. 2 mg

10. 下列关于噻嗪类利尿药的特点，正确的是（　　）。

A. 作用于髓袢升支粗段，利尿作用强

B. 直接抑制远曲小管，为中效利尿药，只影响肾稀释功能，不影响浓缩功能

C. 作用于远曲小管远端和集合管，为低效利尿药

D. 作用于近曲小管前段的上皮细胞，抑制细胞内碳酸酐酶

二、思考题

1. 利尿药联合应用的原则是什么？请结合不同类型利尿药的特点进行分析。

2. 分别阐述 α_1 受体阻滞剂（以特拉唑嗪为例）和 5α－还原酶抑制剂（以非那雄胺为例）在治疗前列腺增生方面的典型不良反应及药物评价。

实训十六　泌尿系统药物的识记和分类

对 50 种常见的泌尿系统药物进行分类，药物大类卡片（利尿药、前列腺疾病用药等）的准备及具体实训步骤和实训测评请参照实训七。

实训十七　泌尿系统用药指导实训

请对案例中的患者进行用药指导，具体实施步骤及实训测评参照实训八。

案例：李某，男，68 岁，退休司机，某日到药店咨询，自诉近 1 个月出现尿频，尿线变细，排尿滴沥不尽，夜尿 4～5 次。经询问，李某患有高血压 10 年，长期服用苯磺酸氨氯地平，现血压控制在 140/88 mmHg 左右，吸烟 20 年，一天 20 支左右。由于年轻时开长途汽车，经常憋尿，曾患膀胱炎。10 天前曾到医院就诊，经直肠指诊，发现前列腺腺体体积增大，否认有药物过敏史，无其他特殊情况。

第十三章

血液及造血系统用药

学习引入

关于血液的记载最早出现在中国古代医学经典《黄帝内经》中。17—19 世纪，科学家们先后用显微镜观察到血液中红细胞、白细胞和血小板的形态，血液有形成分成为血液学研究的主要对象。19 世纪中后期，血细胞计数方法的发明和改进、红细胞来源于骨髓组织的认识及血细胞染色方法的建立等，使血液学的研究进入细胞形态学阶段。1929 年，骨髓穿刺针的发明使骨髓细胞检查成为血细胞形态研究的重要内容。1945 年，罗宾 · 库姆斯（Robin Coombs）建立的抗人球蛋白试验为免疫血液学的研究作出重要贡献。1949 年，科学家们证实镰状细胞贫血是血红蛋白分子结构异常所致，并提出了“分子病”的概念。20 世纪初，血细胞的生成、造血干细胞及造血调控成为血液学研究的焦点。

血液中各种有形成分数量或质量（功能）的异常会导致贫血、发热、感染、出血和血栓栓塞等临床症状，严重时可危及机体各脏器的功能。近年来，随着全球污染的加剧，血液病的发病率逐年增加，同时血液病的诊断和治疗手段也取得了显著进展。本章主要介绍促凝血药、抗血小板药、抗凝血药、抗贫血药、升高白细胞药、血容量扩充药等血液及造血系统药物以及代表药物的基本信息。

第一节　促凝血药

学习目标

1. 掌握常见促凝血药的名称、适应证、制剂及规格。
2. 熟悉常见促凝血药的典型不良反应、药物评价及贮藏要求等。

血液中存在着凝血和抗凝血两个对立统一的机制。在生理状态下二者保持平衡，共同维持着血液的正常生理功能。凝血有内源性和外源性两条途径，前者是指心血管内膜受损或血液流出体外，接触某些异物表面时触发的凝血过程；后者则是指由受损组织释放的组织因子启动的凝血过程。

促凝血药（止血药）是能加速血液凝固或降低毛细血管通透性，制止出血的药物，包括可通过影响某些凝血因子促进血液凝固过程的药物，如维生素 K、凝血酶、酚磺乙胺等；通过抑制纤维蛋白溶解系统的药物，如氨基己酸、氨甲苯酸、氨甲环酸等；通过降低毛细血管通透性的药物，即作用于血管，如垂体后叶激素、肾上腺素等；通过因子替代或补充疗法的药物，如凝血因子制剂、凝血酶原复合物、纤维蛋白原等；物理化学的凝固促进剂，用于局部创面，如吸收性明胶海绵、氧化纤维素等；止血中草药及其制剂，如三七、云南白药等。

一、促进凝血因子活性药

维生素 K 广泛存在于自然界中，是一类甲萘醌基化合物，主要有 K_1、K_2、K_3、K_4 四种。其中 K_1、K_2 作用快，维持时间长，但它们为脂溶性物质，肠道吸收需胆盐帮助，须注射给药；K_3、K_4 为人工合成品，是水溶性化合物，吸收不需要胆盐，但作用不及 K_1，不良反应也较多。维生素 K 主要用于阻塞性黄疸和胆瘘、新生儿出血及长期口服抗菌药物所继发的维生素 K 缺乏症，也可用于治疗双香豆素类抗凝血药和水杨酸过量引起的出血。

维生素 K_1

【商品名】凯乃金，纽贝维

【适应证】用于维生素 K 缺乏所导致的凝血功能障碍性疾病，如新生儿出血及水杨酸过量导致的出血。

【制剂及规格】①维生素 K_1 片：5 mg、10 mg。②维生素 K_1 注射液：1 mL : 10 mg。

【典型不良反应】除个别病例有轻度一过性恶心或上腹部不适外，无明显副作用。

【药物评价】①口服可对抗华法林引起凝血酶原过低所引发的出血。②新生儿应用维生素 K_1 后可能出现高胆红素血症。③由于维生素 K_1 为脂溶性，胆汁缺乏时口服会吸收不良。

【贮藏】遮光，密闭保存。

【案例分析】

患者，女性，40 岁，诊断为功能失调性子宫出血，贫血。近半个月反复阴道出血，量多带血块，自服中药止血无效，去医院治疗。入院时，经检查全腹软，无压痛及反跳痛，阴道出血较多，色暗红；妇科检查无明显异常。医生当天给予 10% 葡萄糖注射液 10 mL+ 维生素 $K_1$10 mg 静脉注射，注射 8 分钟后患者诉胃部不适，胸闷气喘，呼吸困难，头晕目眩，脸色潮红，继而意识模糊。

问题讨论：

1. 上述患者出现胃部不适，胸闷气喘，呼吸困难，头晕目眩，脸色潮红的原因是什么？
2. 使用维生素 K_1 时应注意什么？

二、抑制纤维蛋白溶解系统药

抑制纤维蛋白溶解系统药能抑制纤维蛋白溶酶原的激活因子，使纤维蛋白溶酶的生成受阻，从而影响纤维蛋白的降解，产生止血作用。主要用于纤维蛋白溶解亢进而引起的出血，如妇产科出血、外科大手术出血、肺出血等；还可用于继发性弥散性血管内凝血后期的出血。常见药物有氨甲苯酸、氨甲环酸。

氨甲苯酸

【商品名】奥瑞艾

【适应证】急性或慢性、局限性或全身性原发性纤维蛋白溶解亢进所致的各种出血。弥散性血管内凝血所致的继发性高纤溶状态，在未肝素化前应慎用本品。

【制剂及规格】①氨甲苯酸片：0.125 g、0.25 g。②氨甲苯酸注射液：5 mL∶50 mg、10 mL∶100 mg。③注射用氨甲苯酸：0.05 g、0.1 g。

【典型不良反应】不良反应极少见，长期应用未见血栓形成，偶有头晕、头痛、腹部不适。心肌梗死倾向者应慎用。

【药物评价】①使用时要监护血栓形成并发症的可能性，有血栓形成倾向（如急性心肌梗死）者宜慎用。②一般不单独用于弥散性血管内凝血所致的继发性纤溶性出血，以防进一步血栓形成，影响脏器功能，特别是急性肾衰竭时。③大量血尿时要慎用，因为会导致继发性肾盂和输尿管凝血块阻塞。④口服避孕药、雌激素或凝血酶原复合物浓缩剂与本品合用，有促进血栓形成的危险。⑤慢性肾功能不全患者和治疗前列腺手术出血时，用量酌减。

【贮藏】密封保存。

氨甲环酸

【商品名】力达非，荷莫塞，贝瑞宁

【适应证】用于急性或慢性、局限性或全身性原发性纤维蛋白溶解亢进所致的各种出血，如前列腺、尿道、肺、脑、子宫、肾上腺、甲状腺等富有纤维蛋白溶解酶原激活物脏器的外伤或手术出血；用于人工流产、胎盘早剥、死胎和羊水栓塞引起的纤溶性出血，以及病理性宫腔内局部纤溶性增高的月经过多症等；用于中枢神经病变轻症出血，如蛛网膜下腔出血和颅内动脉瘤出血，治疗遗传性血管神经性水肿；用于防止或减轻凝血因子Ⅷ或因子Ⅸ缺乏的血友病患者拔牙或口腔手术后的出血。

【制剂及规格】①氨甲环酸片：0.125 g、0.25 g。②氨甲环酸注射液：100 mL∶0.5 g、100 mL∶1.0 g。③注射用氨甲环酸：0.5 g、1.0 g。

【典型不良反应】偶有药物过量所致的颅内血栓形成和出血；可有腹泻、恶心及呕吐；较少见的有经期不适（经期血液凝固所致）；少见注射后视物模糊、头痛、头晕、疲乏等中枢神经系统症状。

【药物评价】①一般不单独用于弥散性血管内凝血所致的继发性纤溶性出血，以防进一步血栓形成，影响脏器功能，特别是急性肾衰竭时。如有必要，应在肝素化的基础上应用。②若与其他凝血因子如因子Ⅸ等合用，应警惕血栓形成，一般在凝血因子使用后 8 小时再用本品较为妥当。③与青霉素或尿激酶等溶栓剂有配伍禁忌。④口服避孕药、雌激素或凝血酶原复合物浓缩剂与本品合用，有促进血栓形成的危险。⑤持续使用时要做眼科检查监护（如视觉、视野和眼底检查）。

【贮藏】密封保存。

三、局部止血药

局部止血药物直接作用于出血部位，不影响全身血液系统，副作用少。近年来，随着生物材料特别是医用天然高分子材料（如纤维素、明胶、甲壳素等）及医用合成高分子材料（如聚乙烯醇、胶原等）的研发，局部止血材料的创新、应用有了巨大飞跃。目前，临床上常见的局部止血药是凝血酶。

凝血酶

【商品名】康舒宁，春花

【适应证】用于手术中不易结扎的小血管止血、消化道出血及外伤出血等。

【制剂及规格】①凝血酶冻干粉：200 U、500 U、1 000 U、2 000 U。②凝血酶散：200 U、1 000 U、2 000 U、5 000 U、1 万 U。

【典型不良反应】偶可致变态反应，应及时停药；外科止血中应用本品曾有致低热反应的报道。

【药物评价】①仅可口服或局部涂抹，严禁注射给药，否则将引起器官或血管栓塞等严重后果。②必须与出血创面直接接触才起作用，故消化道出血时，口服后应适当变换体位，以利于凝血酶更准确、均匀而紧密地作用于出血部位。③不宜与酸、碱、重金属接触或处于高温、严寒环境下，配制时溶液 pH 值以 7.0 为佳，温度为 4～37 ℃。④临用时应以生理盐水或冷牛奶为溶剂现配。

【贮藏】密封，冷藏，于 2～10 ℃保存和运输。

其他促凝血药物品种信息见表 13－1。

表 13－1　其他促凝血药物品种信息

药物名称	商品名	适应证	商品信息
酚磺乙胺	卡乐，天亦舒	用于预防和治疗外科手术出血过多、血小板减少性紫癜或过敏性紫癜	【制剂及规格】片剂：0.25 g。注射剂：2 mL∶0.25 g、5 mL∶1 g、2 mL∶0.5 g
鱼精蛋白	无	用于治疗注射肝素过量而引起的出血	【制剂及规格】注射剂：5 mL∶50 mg、10 mL∶100 mg

第二节　抗血小板药

学习目标

1. 掌握常见抗血小板药的名称、适应证、制剂及规格。
2. 熟悉常见抗血小板药的典型不良反应、药物评价及贮藏要求等。

血小板与损伤的血管内皮细胞接触后，可导致黏附、聚集、释放，促进血栓形成。抗血小板药抑制血小板的环氧化酶生长，防止血小板的黏附、聚集、释放，进而防止血栓形成，起到抗凝及防治血栓的作用。常见的抗血小板药物有二磷酸腺苷（ADP）受体拮抗剂（如氯吡格雷、普拉格雷、替格瑞洛等）、血栓素 A_2 抑制剂（如阿司匹林）、糖蛋白Ⅱb/Ⅲa受体抑制剂（如阿西单抗、替罗非班等）、磷酸二酯酶抑制剂（如双嘧达莫、西洛他唑等）。

氯吡格雷

【商品名】波立维，泰嘉

【适应证】适用于以下患者预防动脉粥样硬化血栓形成：①近期心肌梗死患者（35 天内），近期脑梗死患者（7 天至 6 个月）或确诊外周动脉性疾病的患者；②急性冠脉综合征的患者；③非 ST 段抬高性急性冠脉综合征（包括不稳定型心绞痛或非 Q 波心肌梗死），以及经皮冠状动脉介入术后置入支架的患者，与阿司匹林联合；④ ST 段抬高性急性冠脉综合征患者，与阿司匹林联合。

【制剂及规格】硫酸氢氯吡格雷片：25 mg、75 mg。

【典型不良反应】常出现消化道出血、中性粒细胞减少、腹痛、食欲减退、胃炎、便秘、皮疹等不良反应，偶见血小板减少性紫癜。

【药物评价】①口服后吸收迅速。②通过肝药酶 CYP3A4、CYP2C19、CYP1A2 等代谢为活性代谢产物后，才具有抗血小板作用。其中，CYP2C19 参与中间活性代谢产物（2–氢–氯吡格雷）的形成，且氯吡格雷活性代谢产物的药物代谢动力学和抗血小板作用因 CYP2C19 基因型的不同而有差异。③因能增加出血强度，不提倡与口服抗凝血药合用。④含有乳糖，患有罕见的遗传性疾病，如乳糖酶缺乏症或葡萄糖–半乳糖吸收不良的患者不应使用此药。⑤含有氢化蓖麻油，可能会导致胃部不适和腹泻。⑥避免中断治疗，如果必须停用，需尽早恢复用药。过早停用可能导致心血管事件的风险增加。

【贮藏】遮光，密封保存。

【案例分析】

患者姜先生患有心肌梗死，手术后谨遵医嘱服用氯吡格雷，但是姜先生的病情时好时坏，出现反复。

问题讨论：

1. 上述患者遵医嘱服用氯吡格雷，服用同一种药品却出现时好时坏的情况，原因是什么？

2. 使用氯吡格雷时应注意什么？

阿司匹林

【商品名】介宁，拜阿司匹灵

【适应证】可用于预防短暂性脑缺血发作、心肌梗死、心房颤动，人工心脏瓣膜、动静脉瘘或其他手术后的血栓形成；也可用于治疗不稳定型心绞痛。

【制剂及规格】①阿司匹林肠溶片：75 mg、100 mg、150 mg。②阿司匹林肠溶胶囊：75 mg、100 mg、150 mg。

【典型不良反应】①较常见的有恶心、呕吐、上腹部不适或疼痛（对胃黏膜的直接刺激引起）等胃肠道反应（发生率为3%～9%），停药后多可消失。②中枢神经反应：可逆性耳鸣、听力下降，多在服用一定疗程，血药浓度达200～300 μg/L后出现。③变态反应：发生率为0.2%，表现为哮喘、荨麻疹、血管神经性水肿或休克；多为易感者，服药后迅速出现呼吸困难，严重者可致死亡，称为阿司匹林哮喘；阿司匹林过敏、哮喘和鼻息肉三联征，与遗传和环境因素有关。

【药物评价】①不宜用作止痛剂。②宜在饭后用温水送服，不可空腹服用。③肠溶片必须整片吞服。但在治疗急性心肌梗死时，为快速发挥药效，第一片药应捣碎或嚼碎后服用。④少服或漏服阿司匹林肠溶片后，下次服药时不要服用双倍的剂量，应继续按医嘱服用。⑤孕妇在孕早期及孕中期应慎用，因本品在分娩时可增加母亲和新生儿发生并发症的风险，故禁用于妊娠最后3个月。⑥与任何可引起低凝血酶原血症、血小板减少、血小板聚集功能降低或胃肠道溃疡出血的药物同用时，有加重凝血功能障碍及引起出血的危险。

【贮藏】密封，于干燥处保存。

其他抗血小板药物品种信息见表13－2。

表13－2　　其他抗血小板药物品种信息

药物名称	商品名	适应证	商品信息
奥扎格雷	罗奥，格瑞奥	用于治疗某些心血管疾病（如心肺分流术），也用于严重外周血管性疾病（如雷诺病）、原发性肺动脉高压和血小板消耗性疾病等	【制剂及规格】注射剂：20 mg、40 mg、80 mg
替罗非班	艾卡特，欣维宁	用于急性冠脉综合征患者的冠状动脉血管成形术或冠状动脉内斑块切除术，预防心脏缺血事件的发生	【制剂及规格】注射剂：50 mL∶12.5 mg
吲哚布芬	辛贝	用于动脉硬化所致血栓栓塞性疾病，也可用于体外循环手术，防止血栓形成	【制剂及规格】片剂：0.1 g、0.2 g
西洛他唑	斯特里普，培达	用于治疗由动脉粥样硬化、大动脉炎、血栓闭塞性脉管炎、糖尿病所致的慢性动脉闭塞症	【制剂及规格】片剂：50 mg。胶囊剂：50 mg
替格瑞洛	倍林达	用于急性冠脉综合征患者，降低血栓性心血管事件的发生率	【制剂及规格】片剂：60 mg、90 mg
双嘧达莫	潘生丁，升达	用于血栓栓塞性疾病和缺血性心脏病	【制剂及规格】片剂：25 mg。注射剂：2 mL∶5 mg、2 mL∶10 mg、2 mL∶20 mg
曲克芦丁	亚宝，络利安	用于脑血栓形成和脑栓塞所致的偏瘫、失语以及心肌梗死前综合征，动脉硬化，血管通透性升高引起的水肿	【制剂及规格】片剂：60 mg。口服溶液：10 mL∶0.18 g、10 mL∶0.3 g。注射剂：10 mL∶300 mg

第三节　抗凝血药

学习目标

1. 掌握常见抗凝血药的名称、适应证、制剂及规格。
2. 熟悉常见抗凝血药的典型不良反应、药物评价及贮藏要求等。

血液凝固是一系列凝血因子参与的复杂的蛋白质水解活化过程，包括凝血酶原激活物形成、凝血酶形成、纤维蛋白形成三个环节。根据凝血酶原激活物形成始动途径和参与因子的不同，凝血可分为内源性凝血和外源性凝血两条途径。抗凝血药通过影响凝血过程中某些环节（如凝血因子的生成），从而防止血液凝固及血栓的形成，主要用于血栓栓塞性疾病的预防和治疗。常见的抗凝血药包括非肠道用药抗凝血剂类（如肝素）、香豆素抗凝血剂类（如华法林）等。

肝素

【商品名】齐征，苏可诺，海普林

【适应证】用于防治血栓形成和栓塞，治疗各种原因引起的弥散性血管内凝血；用于其他体内外抗凝治疗。

【制剂及规格】①肝素钠乳膏：20 g∶5 000 U、20 g∶7 000 U。②依诺肝素钠注射液：1 mL∶100 mg、0.6 mL∶6 000 AXaIU、0.4 mL∶40 mg。③肝素钠注射液：2 mL∶12 500 U、0.2 mL∶5 000 IU、0.2 mL∶2 500 IU。④低分子量肝素钙注射液：0.2 mL∶2 050 AXaIU、0.4 mL∶4 100 AXaIU、0.5 mL∶2 500 IU、0.6 mL∶6 000 IU。⑤低分子量肝素钠凝胶：10 g∶3 500 IU。⑥肝素钠含片：2 400 AXaIU。

【典型不良反应】①出血倾向较低，但用药后仍有出血的危险，偶可发生变态反应（如皮疹、荨麻疹）；罕见重度血小板减少症和注射部位轻度血肿、坏死。②使用本品过量容易引起自发性出血，故每次注射前应测定凝血时间。③偶见一次性脱发和腹泻。④尚可引起骨质疏松和自发性骨折。

【药物评价】①不能用于肌内注射（肌内注射可致局部血肿）。②硬膜外麻醉方式者术前2～4 小时慎用。③有过敏史者，有出血倾向及凝血功能障碍者，如胃及十二指肠溃疡、中风、严重肝肾疾患、严重高血压、视网膜血管病变、先兆流产患者应慎用，并注意监护（因为可能发生变态反应或出血）。④不宜作为体外循环术中抗凝剂。⑤治疗前应进行血小板计数，本品较少诱发血小板减少症，但仍可能在用药 5～8 天后发生，故应在开始用药 1 个月内定期监测血小板计数。

【贮藏】在阴凉、干燥、避光处保存。

【案例分析】

患者女性，孕早期，8 月出差 3 天，需要携带肝素。出差目的地室外约 35 ℃，肝素于室温下存放 3 天。患者电话咨询药店店员肝素相关使用问题。假设你是该药店店员，请回复该患者的咨询。

问题讨论：

1. 在室外温度 35 ℃下存放 3 天的肝素，能不能使用？
2. 如果使用，存储不当会不会引起药品变质，并会对胎儿产生影响？

华法林

【商品名】无

【适应证】预防及治疗深静脉血栓及肺栓塞；预防心肌梗死后血栓栓塞并发症（卒中或体循环栓塞）；预防心房颤动、心瓣膜疾病或人工瓣膜置换术引起的血栓栓塞并发症（卒中或体循环栓塞）。

【制剂及规格】华法林钠片：2.5 mg、5 mg。

【典型不良反应】过量易致各种出血。早期表现有瘀斑、紫癜、牙龈出血、鼻衄、伤口出血经久不愈、月经量过多等。出血可发生在任何部位，特别是泌尿系统和消化道。肠壁血肿可致亚急性肠梗阻，也可见硬膜下颅内血肿和穿刺部位血肿。偶见不良反应有恶心、呕吐、腹泻、瘙痒性皮疹、变态反应及皮肤坏死。

【药物评价】①口服易吸收，生物利用度高。②手术后 3 天内、妊娠期、有出血倾向（如血友病、血小板减少性紫癜）、严重的肝肾疾病、活动性消化性溃疡的患者禁用。③用药期间应定时测定凝血酶原时间，应保持在 25～30 秒，凝血酶原活性至少应为正常值的 25%～40%。未测定凝血酶原时间或凝血酶原活性条件时，切勿随意使用，以防过量而引起低凝血酶原血症，导致出血。④以下情况须慎用：恶病质、衰弱、发热、慢性酒精中毒、活动性肺结核、充血性心力衰竭、重度高血压、亚急性细菌性心内膜炎、月经过多、先兆流产等。⑤用最低维持量期间，如需进行手术，可先静脉注射 50 mg 维生素 K_1，但在进行中枢神经系统及眼科手术前，应先停药。胃肠手术后，应检查大便潜血。

【贮藏】通风，干燥，低温。

尿激酶

【商品名】洛欣，万坦宁

【适应证】主要用于血栓栓塞性疾病的溶栓治疗，包括急性广泛性肺栓塞、胸痛 6～12 小时内的冠状动脉栓塞和心肌梗死、症状短于 3～6 小时的急性期脑血管栓塞、视网膜动脉阻塞和其他外周动脉栓塞症状严重的髂股静脉血栓等；也用于人工心瓣膜手术后预防血栓形成，保持血管插管和胸腔及心包腔引流管的通畅等。溶栓疗效均需继续用肝素抗凝加以维持。

【制剂及规格】注射用尿激酶：1 万 U、10 万 U、25 万 U、50 万 U、100 万 U、150 万 U。

【典型不良反应】①出血倾向，以注射或穿刺局部血肿最为常见。②组织内出血，发生率为 5%～11%，多轻微，严重者可致脑出血。③用于冠状动脉再通溶栓时，常伴随血管再通后出现房性或室性心律失常，发生率在 70% 以上，须进行严密的心电监护。

【药物评价】①价格较低，特异性稍差。②有出血性疾病或有出血倾向、严重的肝肾功能障碍及进展性疾病的患者禁用。③在酸性药液中易分解降效，不得用酸性输液稀释。④使用过程中需测定凝血情况，如有出血倾向应立即停药，并给予抗纤维蛋白溶酶药。⑤使用前要测定红细胞压积、血小板计数、凝血酶凝固时间（TT）、凝血酶原时间（PT）、活化部分凝血活酶时间（APTT）及优球蛋白溶解时间（ELT）。⑥用药期间应密切观察患者反应，如脉率、体温、呼吸频率和血压、出血倾向等，至少每 4 小时记录 1 次。

【贮藏】遮光，密封，冷藏（2～10 ℃）保存和运输。

利伐沙班

【商品名】拜瑞妥，安日新，麦畅

【适应证】①用于成年患者择期髋关节或膝关节置换手术，以预防静脉血栓形成。②用于治疗成人深静脉血栓形成（DVT），降低急性 DVT 后 DVT 复发和肺栓塞的风险。③用于具有一种或多种危险因素（如充血性心力衰竭、高血压、年龄在 75 岁及以上、糖尿病、卒中或短暂性脑缺血发作病史）的非瓣膜性心房颤动成年患者，以降低卒中和全身性栓塞的风险。

【制剂及规格】利伐沙班片：10 mg、15 mg、20 mg。

【典型不良反应】可能导致鼻出血、牙龈出血、皮肤瘀斑等轻微出血情况，严重时会引发消化道出血，出现呕血、黑便，还可能造成颅内出血，威胁生命。此外，少数患者用药后会出现转氨酶升高，影响肝功能，或出现恶心、腹痛等胃肠道不适症状。用药期间需密切观察，若有异常，及时就医调整治疗方案。

【药物评价】①利伐沙班 10 mg 片剂可与食物同服，也可以单独服用，利伐沙班 15 mg 或 20 mg 片剂应与食物同服。②在重度肾损害（肌酐清除率 <30 mL/min）和中度肝损害的肝硬化患者中，血药浓度可能显著升高，导致出血风险增加。③以下情况慎用：先天性或后天性出血障碍，没有控制的严重动脉高血压，活动期胃肠溃疡性疾病，近期血管性视网膜病变，近期颅内或脑内出血，脊柱内或脑内血管异常，近期接受脑、脊柱或眼科手术等。④由于缺乏安全性和疗效方面的数据，不推荐用于 18 岁以下的患者。⑤对老年患者（65 岁以上）无须调整剂量。

【贮藏】常温（10～30 ℃）密封保存。

其他抗凝血药物品种信息见表 13－3。

表 13－3　其他抗凝血药物品种信息

药物名称	商品名	适应证	商品信息
达比加群酯	泰毕全	用于全身性栓塞和非瓣膜性心房颤动患者的卒中治疗	【制剂及规格】胶囊剂：75 mg、110 mg、150 mg

续表

药物名称	商品名	适应证	商品信息
阿替普酶	爱通立	用于急性心肌梗死和肺栓塞的溶栓治疗	【制剂及规格】注射剂：每支20 mg、每支50 mg
重组人组织型纤溶酶原激酶衍生物	瑞通立	用于治疗急性心肌梗死和肺栓塞	【制剂及规格】注射剂：每支18 mg

第四节　抗贫血药

学习目标

1. 掌握常见抗贫血药的名称、适应证、制剂及规格。
2. 熟悉常见抗贫血药的典型不良反应、药物评价及贮藏要求等。

贫血是人体外周血红细胞容量减少，低于正常范围下限的一种临床表现。常以外周血单位容积内血红蛋白、红细胞或血细胞比容降低来反映贫血程度。贫血是一种症状，临床上有多种原因或疾病可致贫血。

常见的营养缺乏性贫血由营养物质缺乏或造血因子不足引起，主要见于：铁摄入不足或铁丢失过多所致的缺铁性贫血；叶酸与维生素 B_{12} 缺乏，细胞核 DNA 合成障碍引起的巨幼细胞贫血。

常见药物有治疗缺铁性贫血的硫酸亚铁、右旋糖酐铁、多糖铁复合物胶囊，治疗巨幼细胞贫血的维生素 B_{12}、叶酸及治疗贫血的中成药（如生血宝颗粒）等。

硫酸亚铁

【商品名】益源生，优缓平

【适应证】用于防治多种原因引起的缺铁性贫血，如慢性失血（包括月经过多、痔疮出血、子宫肌瘤出血、钩虫病失血等）、营养不良、妊娠期、儿童发育期等。

【制剂及规格】①硫酸亚铁片：0.3 g。②硫酸亚铁糖浆：100 mL∶4 g。③硫酸亚铁缓释片：0.45 g。④硫酸亚铁含片：15 mg。

【典型不良反应】①胃肠道刺激症状，如恶心、呕吐、上腹部疼痛、腹泻或便秘、黑便。②大剂量口服可致急性中毒，出现坏死性胃炎、肠炎，严重时可引起休克。

【药物评价】①乙醇中毒、肝炎、急性感染、肠道炎症、胰腺炎、消化性溃疡、溃疡性结肠炎、过敏体质的患者慎用。②不可与浓茶同服。③用于日常补铁时，应采用预防剂量。④应在确诊为缺铁性贫血后使用，定期检测血红蛋白、网织红细胞计数、血清铁及铁蛋白。⑤治疗剂量不得长期使用。⑥与稀盐酸、维生素 C 同服，有利于铁的吸收。⑦不宜与西咪替丁、去铁胺、二巯丙醇、胰酶、胰脂肪酶同服。

【贮藏】密封，在干燥处保存。

右旋糖酐铁

【商品名】协速升，科莫非，富红雪

【适应证】用于治疗缺铁性贫血，适用于口服铁剂不耐受或治疗不满意者，以及需迅速纠正者。

【制剂及规格】①右旋糖酐铁片：25 mg、50 mg。②右旋糖酐铁颗粒：25 mg。③右旋糖酐铁注射液：2 mL∶50 mg、2 mL∶100 mg。④右旋糖酐铁口服溶液：5 mL∶25 mg、10 mL∶50 mg。

【典型不良反应】口服液：可出现胃部不适、恶心、呕吐、腹泻、便秘、黑便，口服后易使牙齿变黑。注射剂：①最严重的是急性变态反应，可在给药后数分钟内发生。常见皮肤瘙痒、面部潮红、呼吸困难、胸痛和低血压，发生率约 0.7%。②偶见过敏性休克。③恶心、消化不良、腹泻、淋巴结肿大、头痛、关节肌肉疼痛等。④注射局部疼痛及色素沉着，偶见局部感染。

【药物评价】①本品是右旋糖酐和铁的络合物，为可溶性铁。②不得长期使用，应在医师确诊为缺铁性贫血后使用，且治疗期间应定期检查血常规和血清铁水平。③与维生素 C 同服，有利于铁的吸收。④下列情况慎用：乙醇中毒、肝炎、急性感染、肠道炎症、胰腺炎、胃及十二指肠溃疡、溃疡性结肠炎。⑤不宜与浓茶同服。

【贮藏】于 10～25 ℃处保存。

多糖铁复合物

【商品名】力蜚能，红源达

【适应证】用于慢性失血所致的缺铁性贫血，如月经过多、痔疮出血等。

【制剂及规格】多糖铁复合物胶囊：0.15 g。

【典型不良反应】极少出现胃刺激或便秘。

【药物评价】①作为铁补充剂，可迅速提高血铁和血红蛋白水平。②对胃肠黏膜无刺激和腐蚀作用，避免了消化道的不良反应。③以下患者禁用：肝肾功能严重损害，尤其是伴有未经治疗的尿路感染者；铁负荷过高、血色病或含铁血黄素沉着症患者；非缺铁性贫血（如地中海贫血）患者。④不宜与茶、咖啡同时服用，否则会影响铁的吸收。⑤服用本品可能产生黑便，由铁未完全吸收所致，不影响用药。

【贮藏】密封保存。

维生素 B_{12}

【商品名】威可达，晶灿

【适应证】主要用于由内因子缺乏所致的巨幼细胞贫血，也可用于亚急性联合变性神经系统病变（如神经炎）的辅助治疗。

【制剂及规格】①维生素 B_{12} 溶液：5 mL。②维生素 B_{12} 片：25 μg、50 μg。③维生素 B_{12}

滴眼液：5 mL∶1 mg、10 mL∶2 mg。④维生素 B_{12} 注射液：1 mL∶0.05 mg、1 mL∶0.1 mg、1 mL∶0.5 mg、1 mL∶1 mg。

【典型不良反应】偶可引起皮疹、瘙痒、腹泻及过敏性哮喘，但发生率低，极个别有过敏性休克。

【药物评价】①疗效确切，恶性贫血患者口服无效。②痛风患者使用可发生高尿酸血症。③老年人、素食且不吃蛋奶制品的人、妊娠期及哺乳期妇女应补充维生素 B_{12}。④有条件时，用药过程中应监测血药浓度。⑤治疗巨幼细胞贫血，在起始 48 小时，宜查血钾，以防止低钾血症。⑥儿童肌内注射时，避免在同一部位反复给药。

【贮藏】遮光，密封保存。

叶酸

【商品名】美天福，蓓多安

【适应证】用于各种叶酸缺乏所致的巨幼细胞贫血；预防胎儿神经管发育缺陷；妊娠期、哺乳期妇女预防用药。

【制剂及规格】①叶酸片：0.4 mg、5 mg。②复方叶酸注射液：1 mL。

【典型不良反应】不良反应较少，罕见变态反应。长期用药可出现畏食、恶心、腹胀等胃肠道症状。大量服用叶酸时，可使尿液呈黄色。

【药物评价】①口服吸收迅速，贫血患者吸收速度较正常人快。②服用期间，如同时服用其他含有叶酸的复合维生素类药物或保健食品须咨询医师。③大剂量叶酸能拮抗苯巴比妥、苯妥英钠和扑米酮的抗癫痫作用，可使癫痫发作的临界值明显降低，并使敏感患者的发作次数增多。④口服大剂量叶酸，会影响微量元素锌的吸收。

【贮藏】遮光，密封保存。

【案例分析】

顾客女性，28 岁，婚后打算备孕，因听说备孕时需要吃叶酸，故到某药店购买叶酸，并咨询叶酸的相关使用问题。假设你是该药店店员，请回复该患者的咨询。

问题讨论：

1. 叶酸的安全剂量是多少？
2. 叶酸使用过量会有不良反应吗？
3. 服用叶酸的具体事项有哪些？

【知识拓展】

叶酸与优生优育关系密切

叶酸也叫维生素 B_9，是一种水溶性维生素，最早从菠菜叶中提取纯化，故而命名为叶酸。

叶酸参与嘌呤和胸腺嘧啶的合成，进一步合成 DNA 和核糖核酸（RNA），是机体细胞生长和繁殖所必需的物质，有促进骨髓中幼细胞成熟的作用，人体若缺乏叶酸可引起巨幼细胞贫血及白细胞减少症。因此，对孕妇而言，补充叶酸尤其重要。

其他抗贫血药物品种信息见表 13－4。

表 13－4　　其他抗贫血药物品种信息

药物名称	商品名	适应证	商品信息
琥珀酸亚铁	速力菲	用于缺铁性贫血	【制剂及规格】片剂：0.1 g。颗粒剂：0.03 g、0.1 g。缓释片：0.2 g
腺苷钴胺	米乐卡	用于巨幼细胞贫血、营养缺乏性贫血、妊娠期贫血等	【制剂及规格】片剂：0.25 mg。注射用：0.5 mg、1.0 mg、1.5 mg
甲钴胺	弥可保，弥诺	用于维生素 B_{12} 缺乏引起的巨幼细胞贫血，也用于周围神经病	【制剂及规格】片剂：0.5 mg。注射剂：1 mL∶0.5 mg。胶囊剂：0.5 mg
重组人促红素	环尔博，依倍	用于肾功能不全所致的贫血	【制剂及规格】注射剂：2 000 IU、3 000 IU、4 000 IU、6 000 IU

第五节　升高白细胞药

学习目标

1. 掌握常见升高白细胞药的名称、适应证、制剂及规格。
2. 熟悉常见升高白细胞药的典型不良反应、药物评价及贮藏要求等。

由于各种原因（如苯中毒、抗肿瘤药、解热镇痛药、放射性物质、某些感染或疾病等）使末梢血白细胞总数少于 4.0×10^9/L 时，称为白细胞减少症。白细胞减少症的发病机制不同，治疗时应针对发病机制选用药物。对造血功能低下者，一般采用兴奋骨髓造血功能、促进白细胞增生的药物。对由于免疫抗体形成而破坏中性粒细胞者，应采用糖皮质激素类药物抑制抗体生成，减少白细胞破坏。

常见的升高白细胞的药物有利可君、鲨肝醇、重组人粒细胞巨噬细胞刺激因子等。

利可君

【商品名】利血生

【适应证】用于预防、治疗白细胞减少症及血小板减少症。

【制剂及规格】利可君片：10 mg、20 mg。

【典型不良反应】尚无不良反应报道。

【药物评价】①对本品过敏者禁用。②骨髓恶性肿瘤患者禁用。

【贮藏】遮光，密封，在干燥处保存。

鲨肝醇

【商品名】无

【适应证】①用于治疗各种原因（如放射性物质、抗肿瘤药物等）引起的白细胞减少症。②用于治疗不明原因所致的白细胞减少症。

【制剂及规格】鲨肝醇片：20 mg、50 mg。

【典型不良反应】治疗剂量偶见口干、肠鸣音亢进。

【药物评价】①对病程较短、病情较轻及骨髓功能尚好者，疗效较好。②用药期间应经常检查外周血常规。③剂量过大可引起腹泻，具体剂量范围不明确。

【贮藏】遮光，密封保存。

重组人粒细胞巨噬细胞刺激因子

【商品名】金扶宁，健白

【适应证】①预防和治疗肿瘤放疗或化疗后引起的白细胞减少症。②治疗骨髓造血功能障碍及骨髓增生异常综合征。③预防白细胞减少可能潜在的感染性并发症。④可加快感染所致中性粒细胞数量减少的恢复。

【制剂及规格】注射用重组人粒细胞巨噬细胞刺激因子：每支 75 万 IU/ 75 μg/ 1 mL、每支 100 万 IU/ 100 μg / 1 mL、每支 150 万 IU/ 150 μg/ 1 mL、每支 300 万 IU/ 300 μg/ 1 mL。

【典型不良反应】最常见的不良反应为发热、寒战、恶心、呼吸困难、腹泻，一般对症处理即可缓解，其他有皮疹、胸痛、骨痛等。

【药物评价】①本品属蛋白质类药物，用前应检查是否发生浑浊，如有异常，不得使用。②不应与抗肿瘤放化疗药同时使用，如要进行下一疗程的抗肿瘤放化疗，应停药至少 48 小时方可继续治疗。③孕妇、高血压患者及有癫痫病史者慎用。④使用前仔细检查，如发现包装有破损、溶解不完全、有异物等现象均不得使用，溶解后的药剂应一次用完。⑤治疗前及开始治疗后定期观察外周血白细胞或中性粒细胞、血小板计数的变化。

【贮藏】冷藏（2～8 ℃），避光保存和运输。

【案例分析】

患者，女，81 岁。主因发现白细胞减少入院治疗，予重组人粒细胞巨噬细胞刺激因子 150 μg 注射。约半小时后患者出现咳嗽、乏力、恶心、呕吐，无发热，无皮疹。

问题讨论：

1. 该患者出现咳嗽、乏力、恶心、呕吐等症状的原因是什么？

2. 使用重组人粒细胞巨噬细胞刺激因子时需要注意什么？

其他升高白细胞药物品种信息见表 13 – 5。

表 13－5 其他升高白细胞药物品种信息

药物名称	商品名	适应证	商品信息
磷酸腺嘌呤	无	用于各种原因引起的白细胞减少症及急性粒细胞减少症，如肿瘤的放疗或化疗，以及苯类、抗甲状腺药、氯霉素中毒等引起的白细胞减少症。在肿瘤放疗、化疗前或同时应用本品，对防止白细胞减少症的发生有一定的作用	【制剂及规格】片剂：10 mg、25 mg
肌苷	欣丰	用于白细胞减少症或血小板减少症，各种急慢性肝脏疾病、肺源性心脏病等，中心性浆液性脉络膜视网膜病变、视神经萎缩等	【制剂及规格】胶囊剂：0.2 g。颗粒剂：0.2 g。片剂：0.2 g。口服溶液：10 mL : 0.2 g、20 mL : 0.4 g。注射液：2 mL : 50 mg、2 mL : 100 mg

第六节 血容量扩充药

学习目标

1. 掌握常见血容量扩充药的名称、适应证、制剂及规格。
2. 熟悉常见血容量扩充药的典型不良反应、药物评价及贮藏要求等。

大量失血或失血浆（如烧伤）可引起血容量降低，严重者可导致休克，迅速有效地扩充血容量是治疗的基本方法。血容量扩充药是分子量接近血浆清蛋白的胶体溶液，输入血管后通过其渗透压作用达到扩充血容量目的的一类药物。常见的血容量扩充药有羟乙基淀粉、右旋糖酐 40 等。

羟乙基淀粉

【商品名】盈源，霍姆，万汶

【适应证】治疗和预防血容量不足，用于失血性休克患者血容量的扩充，不能替代血浆中的红细胞或凝血因子。

【制剂及规格】①羟乙基淀粉 130 / 0.4 氯化钠注射液：500 mL : 30 g 羟乙基淀粉 130 / 0.4 与 4.5 g 氯化钠。②羟乙基淀粉 200 / 0.5 氯化钠注射液：500 mL : 30 g 羟乙基淀粉 200 / 0.5 与 4.5 g 氯化钠。③羟乙基淀粉 130 / 0.4 电解质注射液：250 mL、500 mL。

【典型不良反应】①少数患者可出现变态反应，表现为眼睑水肿、荨麻疹及哮喘等。②可出现发热、寒战及流感样症状。③可见呕吐、颌下腺与腮腺肿大及下肢水肿等。④可出现心动过速，伴或不伴血压下降、眩晕、恶心、呕吐。

【药物评价】①应由医师评估后使用。②采用静脉滴注给药方式。③以下三类患者慎用：

心功能不全或肾功能损害者、有出血性疾患或接受预防颅内出血的神经外科手术患者、妊娠期妇女。④开启后必须马上使用，如发现溶液浑浊或容器损坏时勿用。⑤与其他药物混合使用时，先要保证它们相容，并确保完全无菌和完全混匀。

【贮藏】密闭保存，不得冷冻。

右旋糖酐 40

【商品名】福他乐，绅水清

【适应证】①用于失血、创伤、烧伤等各种原因引起的休克和感染性休克。②用于肢体再植和血管外科手术等，预防术后血栓形成。③用于血管栓塞性疾病，如心绞痛、脑血栓形成、脑供血不足、血栓闭塞性脉管炎等。④体外循环时，代替部分血液，预充人工心肺机，既可节省血液，又可改善循环。

【制剂及规格】①右旋糖酐 40 葡萄糖注射液：500 mL∶30 g 右旋糖酐 40 与 25 g 葡萄糖。②右旋糖酐 40 氯化钠注射液：250 mL∶15 g 右旋糖酐 40 与 2.25 g 氯化钠。

【典型不良反应】少数患者可出现变态反应，表现为皮肤瘙痒、荨麻疹、恶心、呕吐、哮喘，重者口唇发绀、虚脱、血压剧降、支气管痉挛，个别患者甚至出现过敏性休克，直至死亡。变态反应的发生率为 0.03%～4.7%。过敏体质者用前应做皮肤过敏试验。偶见发热、寒战、淋巴结肿大、关节炎等。

【药物评价】①应由医师评估后方可使用。②首次输用本品，初始应缓慢静滴，并在注射开始后严密观察 5～10 分钟，出现不正常征象（如寒战、皮疹等）应马上停药。③以下三类患者禁用：充血性心力衰竭及其他血容量过多者；严重血小板减少，凝血功能障碍等出血患者；少尿或无尿者。④对于脱水患者，应同时纠正水、电解质紊乱。⑤每日用量不宜超过 1 500 mL，否则易引起出血倾向和低蛋白血症。⑥不应与维生素 C、维生素 B_{12}、维生素 K、双嘧达莫在同一溶液中混合给药。

【贮藏】阴凉（25 ℃以下），密闭保存。

【案例分析】

患者男性，62 岁，因脑梗死予 500 mL 右旋糖酐 40 加复方丹参注射液 20 mL，静脉滴注 5 分钟后，患者烦躁不安、面色苍白、呼吸困难，立即停止输液，按过敏性休克救治。20 分钟后，患者意识逐渐恢复。次日用同批号复方丹参注射液 20 mL 加入 10% 葡萄糖注射液 250 mL，静脉滴注，患者未出现不良反应。

问题讨论：

1. 患者首次使用右旋糖酐 40，为什么会出现烦躁不安、面色苍白、呼吸困难等症状？

2. 使用右旋糖酐 40 的注意事项有哪些？

其他血容量扩充药物品种信息见表 13－6。

表 13－6 其他血容量扩充药物品种信息

药物名称	商品名	作用与适应证	商品信息
琥珀酰明胶	佳乐施、血安定	低血容量时的胶体性容量代用品；血液稀释；体外循环（心肺机、人工肾）；预防脊髓或硬膜外麻醉后可能出现的低血压	【制剂及规格】注射剂：500 mL：20 g
聚明胶肽	菲克雪浓	能有效扩充血浆容量，维持血流动力学稳定，改善微循环。适用于各种原因引起的低血容量性休克的早期治疗、手术前后及手术期间稳定血液循环及稀释血液	【制剂及规格】注射剂：500 mL：3.2 g（以含氮量计）、250 mL：1.6 g（以含氮量计）
人血白蛋白	欧百明，奥达	具有增加血容量和维持血浆胶体渗透压、运输及解毒、营养供给等作用。用于由失血、创伤及烧伤等引起的休克，脑水肿及损伤引起的颅压升高，肝硬化及肾病引起的水肿或腹水等	【制剂及规格】注射剂：每瓶 5 g（10%，50 mL）、每瓶 10 g（20%，50 mL）

思考与练习

一、选择题

1. 以下关于维生素 K_1 的说法，错误的是（　　）。
A. 用于新生儿出血及水杨酸过量导致的出血
B. 新生儿应用维生素 K_1 后可能出现高胆红素血症
C. 无明显副作用
D. 为水溶性药物
2. 以下属于局部止血药的是（　　）。
A. 维生素 K_1　　B. 氨甲苯酸　　C. 氨甲环酸　　D. 凝血酶
3. 以下关于凝血酶的说法，错误的是（　　）。
A. 必须与出血创面直接接触才起作用
B. 配制时溶液 pH 值以 7.0 为佳，温度为 4～37 ℃
C. 在临用时应以生理盐水或冷牛奶为溶剂现配
D. 凝血酶仅可注射给药，严禁口服或局部涂抹
4. 使用（　　）过量容易引起自发性出血，故每次注射前应测定凝血时间。
A. 肝素　　B. 华法林　　C. 尿激酶　　D. 凝血酶
5. 以下关于尿激酶的说法，错误的是（　　）。
A. 价格较低，特异性稍差
B. 有出血性疾病或有出血倾向，严重的肝肾功能障碍及进展性疾病的患者禁用
C. 在碱性药液中易分解降效，不得用碱性输液稀释

D. 用药期间应密切观察患者反应，如脉率、体温、呼吸频率和血压、出血倾向等

6. 硫酸亚铁宜与（　　）同服。

A. 西咪替丁　　B. 胰酶素　　C. 四环素　　D. 维生素 C

7. 口服大剂量叶酸，会影响微量元素（　　）的吸收。

A. 锌　　B. 钙　　C. 铁　　D. 硒

8. 华法林属于（　　）。

A. 抗凝血药　　B. 促凝血药　　C. 抗高血压药　　D. 纤维蛋白溶解

9. 肝素属于（　　）。

A. 抗凝血药　　B. 促凝血药　　C. 抗高血压药　　D. 纤维蛋白溶解

10. 下列不属于抗凝血药的是（　　）。

A. 维生素 K_1　　B. 华法林　　C. 肝素　　D. 尿激酶

二、思考题

患者，女，25 岁，无既往高血压、冠心病病史，2 天前出现头晕、视物模糊、心悸、疲倦无力的症状，处于生理期，出血量较大。查体：体温 36.5 ℃，脉搏 80 次 / 分，呼吸 18 次 / 分，心率 80 次 / 分，血压 140/90 mmHg。

问题：

1. 患者可能患有什么疾病？

2. 应该采取什么措施缓解？使用什么药物？

实训十八　血液及造血系统药物的识记和分类

对 50 种常见的血液及造血系统药物进行分类，药物大类卡片（促凝血药、抗血小板药、抗凝血药、抗贫血药、升高白细胞药、血容量扩充药等）的准备及具体实训步骤和实训测评请参照实训七。

第十四章

激素及影响内分泌药

学习引入

内分泌系统是人体重要的调节系统之一，通过分泌激素等化学物质实现对机体的调控。它参与调节机体的生长发育和各种代谢，并维持内环境的稳定。内分泌系统疾病主要包括下丘脑-垂体疾病、甲状腺疾病、甲状旁腺疾病、肾上腺疾病、性腺疾病及其他内分泌疾病等。在临床分类中，营养及代谢疾病常与内分泌系统疾病归为同一大类，其中以糖尿病、甲状腺功能亢进症（甲亢）、肥胖症最为常见。

近年来，随着社会经济的发展、生活方式和饮食结构的改变、老龄化进程的加快，内分泌系统慢性病的发病率呈显著上升趋势。内分泌类药物市场份额呈逐年上升趋势，尤其是糖尿病治疗药物占据市场半壁江山。

在临床用药方面，激素类药物具有重要地位。自20世纪50年代以来，激素类药物研发取得显著进展，不仅品种数量大幅增加，临床应用范围也不断扩大，成为国际医药市场中的重要品类。需要特别注意的是，使用激素类药物必须严格掌握适应证，谨慎控制剂量，避免引发药源性疾病。

本章主要介绍肾上腺皮质激素类药、胰岛素及口服降血糖药、甲状腺激素及抗甲状腺药、抗骨质疏松药、性激素类药及代表药品的基本信息。

第一节　肾上腺皮质激素类药

学习目标

1. 掌握常见肾上腺皮质激素类药的名称、适应证、制剂及规格。
2. 熟悉常见肾上腺皮质激素类药的典型不良反应、药物评价及贮藏要求等。

肾上腺皮质激素为肾上腺皮质所分泌的甾体化合物，根据其主要生理作用分为糖皮质激素和盐皮质激素两类。目前，肾上腺皮质激素类药已成为种类繁多、临床应用广泛和需求旺盛的一大类药物。

我国自20世纪60年代开始研制，经过多年发展，已经生产40余种肾上腺皮质激素类药物。常见的肾上腺皮质激素类药物有氢化可的松、泼尼松、地塞米松、倍他米松等。

氢化可的松

【商品名】尤卓尔，康利宁

【适应证】①原发性或继发性肾上腺皮质功能减退症的替代治疗。②合成糖皮质激素所需酶系缺陷所致的各型肾上腺皮质增生症。③自身免疫性疾病，如系统性红斑狼疮、重症多发性肌炎、严重支气管哮喘、风湿病、风湿性关节炎、皮肌炎、自身免疫性出血、血管炎、肾病综合征、血小板减少性紫癜、重症肌无力。④过敏性疾病，如严重支气管哮喘、血管神经性水肿、血清病、变应性鼻炎。⑤器官移植的抗排斥反应，如心、肝、肾、肺移植。⑥各种急性中毒性感染、病毒感染，如细菌性痢疾、中毒性肺炎、重症伤寒、结核性脑膜炎、胸膜炎。⑦血液系统疾病，如急性白血病、淋巴瘤等。⑧炎症性疾病，如溃疡性结肠炎、损伤性关节炎。

【制剂及规格】①醋酸氢化可的松片：20 mg。②丁酸氢化可的松乳膏：10 g : 10 mg。③氢化可的松注射液：2 mL : 10 mg、5 mL : 25 mg。

【典型不良反应】①长期使用可引起以下副作用：药源性库欣综合征面容和体态、体重增加、下肢水肿、紫纹、易出血倾向、创口愈合不良、痤疮、月经紊乱、股骨头缺血性坏死、骨质疏松及骨折（包括脊椎压缩性骨折、长骨病理性骨折）、肌无力、肌萎缩、低钾血症、胃肠道刺激（如恶心、呕吐）、胰腺炎、消化性溃疡或穿孔、儿童生长受到抑制、青光眼、白内障、良性颅内压增高综合征、糖耐量减低和糖尿病加重。②患者可出现精神症状：欣快感、激动、谵妄、不安、定向力障碍，也可表现为抑制，易发生于慢性消耗性疾病患者及以往有过精神不正常者。③并发感染为肾上腺皮质激素的主要不良反应，以真菌、结核菌、葡萄球菌、变形杆菌、铜绿假单胞菌和各种疱疹病毒为主。④糖皮质激素停药综合征。患者在停药后出现头晕、昏厥倾向、腹痛或背痛、低热、食欲减退、恶心、呕吐、肌肉或关节疼痛、头疼、乏力、软弱，经仔细检查如能排除肾上腺皮质功能减退和既往疾病的复发，则可考虑为对糖皮质激素的依赖综合征。

【药物评价】①极易被消化道吸收。②会诱发感染，需同时用有效的抗生素治疗。③对诊断有干扰，可使血糖、血胆固醇和血脂肪酸、血钠水平升高，使血钙、血钾下降。④与非甾体抗炎药合用，会加强非甾体抗炎药的致溃疡作用。⑤会增强对乙酰氨基酚的肝毒性。⑥具有抗炎、免疫抑制、抗毒素、抗休克作用。

【贮藏】遮光，密闭保存。

【案例分析】

患者赵某，男性，26岁，第一次到南方工作，精神压力较大，工作2个月后，发现头皮、面部和躯干有鳞屑状丘疹、灼痛和瘙痒，去医院检查。

问题讨论：

1. 赵某的症状可能提示哪种疾病？
2. 推荐何种用药？

其他常见肾上腺皮质激素类药物品种信息见表 14-1。

表 14-1 其他常见肾上腺皮质激素类药物品种信息

药物名称	商品名	适应证	商品信息
地塞米松	皮炎平，典必殊	过敏性、炎症性与自身免疫性疾病，其他见氢化可的松	【制剂及规格】片剂：0.75 mg。注射液（地塞米松磷酸钠）：1 mL : 2 mg、1 mL : 5 mg。注射液（醋酸地塞米松）：0.5 mL : 2.5 mg、1 mL : 5 mg、5 mL : 25 mg
泼尼松	无	过敏性、炎症性与自身免疫性疾病	【制剂及规格】片剂：5 mg、40 mg。肠溶胶囊：20 mg、40 mg
甲泼尼龙	美卓乐，米乐松	血管炎，哮喘发作，严重急性感染，癌症化疗引起的呕吐，危重型系统性红斑狼疮，重症多发性肌炎，皮肌炎；用于治疗器官移植的抗排异反应	【制剂及规格】片剂：2 mg、4 mg。注射液：1 mL : 20 mg、1 mL : 40 mg
丙酸氟替卡松	辅舒酮，辅舒良	各种皮质激素可缓解的炎症性和瘙痒性皮肤病，成年及 1 岁以上儿童（含 1 岁）哮喘的预防性治疗	【制剂及规格】喷雾剂：12 g : 6 mg。吸入用混悬液：2 mL : 0.5 mg。乳膏：0.05%
布地奈德	普米克令舒，雷诺考特	过敏性疾病如支气管哮喘、过敏性鼻炎，可替代或减少口服类固醇治疗，建议在其他方式给予类固醇治疗不适合时应用吸入布地奈德混悬液	【制剂及规格】混悬剂：2 mL : 0.5 mg、2 mL : 1 mg。鼻喷雾剂：每喷 64 μg
曲安奈德	派瑞松，星瑞克	各种皮肤病、变应性鼻炎、关节痛、支气管哮喘、肩周炎、腱鞘炎、滑膜炎、急性扭伤、类风湿关节炎等	【制剂及规格】注射液：5 mL : 50 mg、1 mL : 40 mg。软膏剂：0.025%，10 g。鼻喷雾剂：10 g : 14 mg，每揿 0.12 mg

第二节　胰岛素及口服降血糖药

学习目标

1. 掌握常见胰岛素及口服降血糖药的名称、适应证、制剂及规格。
2. 熟悉常见胰岛素及口服降血糖药的典型不良反应、药物评价及贮藏要求等。

糖尿病是多种因素导致的胰岛素分泌相对或绝对不足，以及靶细胞对胰岛素敏感性降低，继而引起糖、脂肪和蛋白质等代谢障碍的一种综合征，主要特点是持续的血糖升高。糖尿病作为一种系统性疾病，可引起多种组织、器官的结构和功能的改变，严重威胁身体健康。临床上将糖尿病分为两类：一类为 1 型糖尿病，即胰岛素依赖型糖尿病，由于胰岛 β 细胞损害引起胰岛素分泌水平降低，该类患者数量约占糖尿病患者的 5%，其治疗只能依赖于外源性胰岛素；另一类为 2 型糖尿病，即非胰岛素依赖型糖尿病，由于胰岛素分泌相对不足及胰岛素作用不健全而致血糖水平升高，可用化学药物促使 β 细胞分泌更多的胰岛素，或改善靶组织对胰岛素的敏感性进行治疗。

我国糖尿病患者的治疗率为 32.2%，而糖尿病的危害主要在于并发症。一般情况下，未接受治疗的患者更易发生并发症。常见的治疗糖尿病的药物包括胰岛素类药物及口服降血糖药。胰岛素及口服降血糖药的类别、特点和代表药物见表 14－2。

表 14－2　　胰岛素及口服降血糖药的类别、特点和代表药物

类别	作用特点	代表药物
胰岛素	口服无效，易被消化酶破坏，因此所有的胰岛素制剂都必须注射，皮下注射吸收快	低精蛋白锌胰岛素
噻唑啉二酮类	改善胰岛素抵抗，降低血糖，改善脂肪代谢紊乱，主要用于治疗胰岛素抵抗和 2 型糖尿病	罗格列酮，吡格列酮
磺酰脲类	能降低正常人的血糖，对胰岛功能尚存的患者有效，对 1 型糖尿病及切除胰腺的患者无效	格列本脲，格列吡嗪，格列齐特
双胍类	可降低糖尿病患者的血糖，但对正常人的血糖无明显影响，主要用于轻症糖尿病患者，尤其适用于肥胖者、单用饮食控制无效者	二甲双胍，苯乙双胍
非磺酰脲类促胰岛素分泌药	促胰岛素分泌药，可以模仿胰岛素的生理性分泌	瑞格列奈
α－葡萄糖苷酶抑制剂	延缓肠道对多糖（如淀粉）的分解，减少葡萄糖生成和吸收	阿卡波糖
其他中成药	滋肾养阴、益气生津、清热、补脾胃	消渴丸

一、胰岛素类药

胰岛素

【商品名】来得时，诺和达，优泌乐

【适应证】① 1 型、2 型糖尿病：重度消瘦、营养不良者。②轻中度糖尿病，经饮食和口服降血糖药治疗无效者。③合并严重代谢紊乱（如酮症酸中毒、糖尿病非酮症高渗性昏迷或乳酸酸中毒）、重度感染、消耗性疾病（如肺结核、肝硬化）和进行性视网膜、肾、神经等病变及急性心肌梗死、脑血管意外者。④合并妊娠、分娩及大手术者。⑤纠正低钾血症。

【制剂及规格】①甘精胰岛素注射液：3 mL : 300 U。②德谷胰岛素注射液 3 mL : 300 U。

【典型不良反应】①常见低血糖反应：一般于注射后发生，首先出现心慌、出汗，并有面色苍白、饥饿感、虚弱、震颤、反应迟钝、视力或听力异常、意识障碍、头痛、眩晕、抑郁、心悸、神经过敏、复视、言语障碍、运动失调，甚至昏迷。②变态反应：荨麻疹、紫癜、低血压、血管神经性水肿、支气管痉挛，甚至过敏性休克或死亡。③局部反应：注射部位红肿、灼热、瘙痒，出现皮疹、水疱或皮下硬结。

【药物评价】①可增加葡萄糖的利用，促进肝糖原和肌糖原的合成和贮存，促进脂肪的合成，抑制脂肪的分解。②治疗中要注意监测血糖情况。③注意胰岛素的正确使用。④注意胰岛素类似物的变态反应。

【贮藏】第一次使用前：密闭，2～8 ℃避光保存，避免冷冻。首次使用后或随身携带的备用品：切勿于 2～8 ℃冷藏保存，可在室温（不超过 30 ℃）下保存，注射笔应盖上笔帽，避光保存。

根据胰岛素作用时间分类，胰岛素可分为超短效胰岛素、短效胰岛素、中效胰岛素、长效胰岛素、超长效胰岛素和预混胰岛素。胰岛素的制剂种类及特点见表 14－3。

表 14－3　胰岛素的制剂种类及特点

类别	制剂名称	维持时间	给药时间
超短效	门冬胰岛素或赖脯胰岛素	3～5 h（皮下）	餐前 10 min
短效	普通胰岛素	3～6 h（皮下） 0.5～1 h（静注）	餐前 15～30 min 即刻（糖尿病酮症酸中毒或昏迷）
中效	低精蛋白锌胰岛素	12～18 h（皮下）	餐前 30～60 min
长效	精蛋白锌胰岛素	24～36 h（皮下）	早餐前 30～60 min，一日 1 次
超长效	地特胰岛素 甘精胰岛素	6～24 h（皮下） 18～24 h（皮下）	睡前 30～60 min，一日 1～2 次
预混	双时相低精蛋白锌胰岛素	24 h（皮下）	睡前 30～60 min，一日 1 次

二、口服降血糖类药

口服降血糖类药物适用于非胰岛素依赖型的 2 型糖尿病患者。目前常见的口服降血糖类药物可分为六类，分别是磺酰脲类、双胍类、α－葡萄糖苷酶抑制剂、噻唑啉二酮类、非磺酰脲类促胰岛素分泌药、其他中成药。

格列本脲

【商品名】优降糖，可麦宁

【适应证】用于轻度、中度 2 型糖尿病的治疗。

【制剂及规格】格列本脲片：2.5 mg。

【典型不良反应】①可有腹泻、恶心、呕吐、头痛、胃痛或不适。②较少见皮疹。③少见而严重的有黄疸、肝功能损害、骨髓抑制、粒细胞减少症、血小板减少症。

【药物评价】①格列本脲属于第二代磺酰脲类口服降血糖药。②通过刺激胰岛 β 细胞释放胰岛素，其作用强度为甲磺丁脲的 200 倍。③通过增加门静脉胰岛素水平或对肝直接作用，抑制肝糖原分解和糖异生作用，使肝生成和输出葡萄糖减少；口服吸收快，蛋白结合率很高，为 95%，口服后 2～5 小时血药浓度达峰值，持续作用 24 小时。半衰期（$t_{1/2}$）为 10 小时。在肝内代谢，由肝和肾各排出 50%。④适用于单用饮食控制疗效不满意的轻中度非胰岛素依赖型糖尿病，胰岛 β 细胞有一定的分泌胰岛素功能，并且无严重的并发症。

【贮藏】密封，在干燥处保存。

其他常见的口服降血糖类药物品种信息见表 14－4。

表 14－4　其他常见的口服降血糖类药物品种信息

药物名称	商品名	适应证	商品信息
二甲双胍	泰白，格华止	首选用于单纯饮食控制及体育锻炼治疗无效的 2 型糖尿病，特别是肥胖的 2 型糖尿病。对磺酰脲类疗效较差的糖尿病患者，与磺酰脲类口服降血糖药合用	【制剂及规格】片剂：0.25 g、0.5 g、0.85 g
二甲双胍格列本脲	普乐康尼，美替倍达	用于饮食控制和运动加服二甲双胍或磺酰脲类药物，未能满意控制血糖水平的 2 型糖尿病	【制剂及规格】胶囊剂：每粒含盐酸二甲双胍 250 mg、格列本脲 1.25 mg。片剂：每片含格列本脲 1.25 mg、盐酸二甲双胍 250 mg
瑞格列奈	孚来迪，诺和龙	用于饮食控制、减轻体重及运动锻炼不能有效控制高血糖的成人 2 型糖尿病。当单独使用二甲双胍不能有效控制高血糖时，瑞格列奈片可与二甲双胍合用	【制剂及规格】片剂：0.5 mg、1 mg、2 mg
阿卡波糖	拜唐苹，卡博平，贝希	配合饮食控制，用于 2 型糖尿病；降低糖耐量减低者的餐后血糖	【制剂及规格】片剂：50 mg。胶囊剂：50 mg、100 mg
罗格列酮	圣奥，文迪雅，太罗	用于 2 型糖尿病。也可与磺酰脲类或双胍类药合用，治疗单用时血糖控制不佳者	【制剂及规格】片剂：2 mg、4 mg、8 mg
吡格列酮	卡司平，卡双平	对于 2 型糖尿病患者，盐酸吡格列酮可与饮食控制和体育锻炼联合以控制血糖。可单独使用，当饮食控制、体育锻炼和单药治疗不能控制血糖时，也可与磺酰脲类药物、二甲双胍或胰岛素合用	【制剂及规格】片剂：30 mg
艾塞那肽	百泌达，百达扬	用于二甲双胍、磺酰脲类、噻唑烷二酮类、二甲双胍和磺酰脲类联用、二甲双胍和噻唑烷二酮类联用不能有效控制血糖的 2 型糖尿病患者的辅助治疗或用于 2 型糖尿病患者的单药治疗	【制剂及规格】注射液：5 μg、10 μg。注射用微球：2 mg
西格列汀	捷诺维，贝力新	用于经生活方式干预无法达标的 2 型糖尿病患者，可采用单药治疗或与其他口服降血糖药联合治疗	【制剂及规格】片剂：6.25 mg、12.5 mg、25 mg

【知识拓展】

邹承鲁：人工合成胰岛素背后的关键人物

邹承鲁（1923 年 5 月 17 日—2006 年 11 月 23 日），男，祖籍江苏无锡，出生于山东青岛，生物化学家，中国科学院院士。

1951 年，28 岁的邹承鲁获得英国剑桥大学生物化学博士学位。怀着一颗报效祖国的赤诚之心，他在毕业后立即回国，任职于中国科学院上海生物化学研究所。1958 年，他敏锐地发现人工合成蛋白质是当时世界上生物化学领域的科研前沿，遂参与发起人工合成牛胰岛素工作，负责牛胰岛素 A 链和 B 链的拆合。这项工作确定了胰岛素全合成的路线，为 1965 年 9 月

17日完成结晶牛胰岛素的全合成奠定了重要基础。

经过严格鉴定，人工合成牛胰岛素的结构、生物活性、物理化学性质及结晶形态等方面都与天然牛胰岛素高度一致，成为世界上第一个人工合成的蛋白质，为人类认识生命、揭开生命奥秘作出了重大贡献。

第三节 甲状腺激素及抗甲状腺药

学习目标

1. 掌握常见甲状腺激素及抗甲状腺药的名称、适应证、制剂及规格。
2. 熟悉常见甲状腺激素及抗甲状腺药的典型不良反应、药物评价及贮藏要求等。

甲状腺是人体最大的内分泌腺，主要由大小不同、呈囊状的腺泡所组成。甲状腺激素是由甲状腺滤泡上皮细胞分泌的一组含碘酪氨酸，具有促进新陈代谢和生长发育，提高中枢神经系统兴奋性的作用。甲状腺激素分泌失调可能导致全身多系统的症状。常见的甲状腺疾病包括甲状腺功能亢进症（简称甲亢）、甲状腺功能减退症（简称甲减）、甲状腺炎和甲状腺结节等。

一、甲状腺激素

由甲状腺内囊状小泡分泌的甲状腺激素包括甲状腺素（四碘甲状腺原氨酸，T_4）和碘甲腺氨酸（三碘甲状腺原氨酸，T_3）。其中，T_3是主要的生理活性物质，能促进生长，提高糖类与氨基酸向细胞内转运水平，增强生物氧化，提高代谢率；T_4要转变为T_3才能发挥作用。体内甲状腺素水平低下会导致甲减。甲状腺激素类药物主要用于治疗甲减、单纯性甲状腺肿及甲状腺癌手术导致甲减的辅助治疗，亦可用于诊断甲状腺功能亢进的抑制试验。甲状腺激素类药包括左甲状腺素钠、甲状腺片、左旋三碘甲腺原氨酸等。

左甲状腺素钠

【商品名】优甲乐，雷替斯，加衡

【适应证】用于甲状腺激素缺乏的替代治疗。

【制剂及规格】左甲状腺素钠片：25 μg、50 μg、100 μg。

【典型不良反应】①正确使用左甲状腺素钠片，不会出现药物副作用。②剂量增加太快时会出现典型的甲状腺功能亢进症状，如心悸、心律失常、胸闷、震颤、神经质、失眠、多汗、体重减轻和腹泻。

【药物评价】①促进代谢和增加产热。②提高交感肾上腺系统的感受性。③要注意调整剂量，应晨起空腹服用全天的量。④服用后起效慢，需要几周后才可以达到最佳疗效。⑤本品是我国甲状腺疾病用药市场的主要品种。

【贮藏】25 ℃以下贮存。

甲状腺片

【商品名】无

【适应证】用于甲减的治疗，包括甲减引起的呆小病及黏液性水肿。

【制剂及规格】甲状腺片：10 mg、40 mg、60 mg。

【典型不良反应】甲状腺片如用量适当，无任何不良反应。使用过量，则引起心动过速、心悸、心绞痛、心律失常、头痛、神经质、兴奋、不安、失眠、骨骼肌痉挛、肌无力、震颤、出汗、潮红、怕热、腹泻、呕吐、体重减轻等类似甲状腺功能亢进症状。减量或停药可使所有症状消失。

【药物评价】①促进分解代谢和合成代谢。②对病程长、病情中度的甲减患者，开始用小剂量，再缓慢增加直至生理替代剂量。③糖尿病患者在服用本药期间要密切监测血糖。

【贮藏】25 ℃以下贮存。

二、抗甲状腺药

体内甲状腺素水平升高会导致甲亢。抗甲状腺药主要用于治疗甲亢，缓解亢进症状，进行术前准备等。临床上常见的抗甲状腺药有硫脲类、碘及碘化物、放射性碘和β受体阻滞剂等。

【案例分析】

郑某，女性，40岁，公司职员，某日到药店咨询。自诉近1个月出现心悸、畏热、多汗、食欲亢进、消瘦无力、体重减轻等症状。经询问，顾客1个月前曾到医院检查，发现血清游离甲状腺激素（FT_3、FT_4）增加，血清促甲状腺激素降低，血清促甲状腺激素受体抗体阳性，心率每分钟95次，血糖正常，无发热症状，无药物过敏史。

问题讨论：

1. 郑某的症状符合哪种疾病？

2. 可推荐哪些药物？

丙硫氧嘧啶

【商品名】敖康欣

【适应证】①用于甲亢的内科治疗，适用于轻症和不适宜手术或放射性碘治疗者，如儿童、青少年及手术后复发而不适于放射性碘治疗者，也可作为放射性碘治疗时的辅助治疗。②用于甲状腺危象的治疗，除应用大剂量碘剂和采取其他综合措施外，大剂量本品可作为辅助治疗以阻断 T_4 转化为 T_3。③用于术前准备，为减少麻醉和术后并发症，防止术后发生甲状腺危象，术前应先服用本品使甲状腺功能恢复到正常或接近正常，在术前2周左右加服碘剂。

【制剂及规格】丙硫氧嘧啶片：50 mg、100 mg。

【典型不良反应】不良反应多发生在用药初始 2 个月，常见皮肤瘙痒、皮疹、药物热、红斑狼疮样综合征（表现为发热、畏寒、全身不适、软弱无力）、剥脱性皮炎、白细胞计数减少、轻度粒细胞计数减少。常见关节痛、白细胞和粒细胞计数减少、抗中性粒细胞胞质抗体相关性血管炎、脉管炎。

【药物评价】①抑制过氧化酶系统，作用较慢。②会引起白细胞减少症，应定期监测血常规。③其体内活性代谢物具有肝细胞毒性。

【贮藏】遮光，密封保存。

甲巯咪唑

【商品名】赛治，佳琪亚

【适应证】参见丙硫氧嘧啶。

【制剂及规格】甲巯咪唑片：5 mg。

【典型不良反应】①常见皮肤和皮下组织异常，例如：不同程度的过敏性皮肤反应（包括瘙痒症、皮疹、风疹），轻微的可在治疗期间缓解；关节痛；白细胞减少；粒细胞减少；神经炎、多发性神经病。②可致肝损害，偶见胃肠道不适。

【药物评价】①作用强，起效快，代谢慢，维持时间长。②治疗期间及时监测血常规。

【贮藏】25 ℃以下干燥环境保存。

第四节　抗骨质疏松药

学习目标

1. 掌握常见抗骨质疏松药的名称、适应证、制剂及规格。
2. 熟悉常见抗骨质疏松药的典型不良反应、药物评价及贮藏要求等。

骨质疏松症是一种全身性代谢性疾病，其特征为骨量降低，骨组织细微结构破坏，骨的力学功能减弱，骨脆性增加，易发生骨折，并引起其他并发症，是老年人致残、致死的主要原因之一。骨质疏松症可分为三类：①原发性骨质疏松症，包括绝经期后骨质疏松症、老年性骨质疏松症；②继发性骨质疏松症，由某些疾病或药物引起，如长期大量使用糖皮质激素、先天或后天的营养素（主要是构成骨骼的矿物质和有机质）缺乏、糖尿病、慢性肾衰竭、慢性肝病、甲状旁腺（甲状腺）功能亢进、恶性肿瘤（如多发性骨髓瘤）、库欣综合征等引起的骨质疏松；③特发性骨质疏松症，常见于青少年和成人，多伴有遗传性家族史。根据骨质疏松症的发病机制，防治骨质疏松症的药物可分为两类：①抑制骨吸收药，包括双膦酸盐类（依替膦酸二钠、氯屈膦酸二钠、帕米膦酸二钠、阿仑膦酸钠、伊班膦酸钠、利塞膦酸钠等），替勃龙，以及雌激素类；②刺激骨形成药，包括氟制剂、甲状旁腺激素等。

骨化三醇

【商品名】盖三淳，罗盖全

【适应证】①绝经后骨质疏松症及老年性骨质疏松症。②慢性肾衰竭，尤其是接受血液透析患者的肾性骨营养不良。③术后甲状旁腺功能减退。④特发性甲状旁腺功能减退。⑤假性甲状旁腺功能减退。⑥维生素 D 依赖性佝偻病。⑦低血磷性抗维生素 D 佝偻病。

【制剂及规格】①骨化三醇软胶囊：0.25 μg、0.5 μg。②骨化三醇注射液：1 mL : 1 μg、1 mL : 2 μg。

【典型不良反应】①高钙血症或钙中毒。②偶见的急性症状包括食欲减退、头痛、呕吐和便秘。③慢性症状包括营养不良、感觉障碍、伴有口渴的发热、尿多、脱水、情感淡漠、发育停止，以及泌尿道感染。

【药物评价】①增加肠道钙的吸收，调节骨的矿化，降低骨折的发生率，减轻骨与肌肉疼痛。②高钙血症、有维生素 D 中毒迹象者禁用。

【贮藏】避光，密闭，30 ℃以下保存。

【案例分析】

钟某，女性，60 岁，退休教师，某日到药店咨询。自诉近 3 年来，经常腰腿痛。经询问，患者绝经 10 年，退休后时常感觉腰背痛，身高降低，略有驼背。体检报告显示骨密度降低，T 值低于 –2.5，因症状轻微未曾就医。退休后，喜静不喜动，最大的乐趣就是喝咖啡、追剧，睡眠、饮食不规律。否认有药物过敏史，无其他特殊情况。

问题讨论：

1. 钟某的症状符合哪种疾病？
2. 可推荐哪些药物？

其他常见抗骨质疏松药物品种信息见表 14–5。

表 14–5　　其他常见抗骨质疏松药物品种信息

药物名称	商品名	适应证	商品信息
碳酸钙	纳诺卡，迪巧	用于预防和治疗钙缺乏症，如骨质疏松症、手足抽搐症、骨发育不全、佝偻病，以及妊娠期和哺乳期妇女、绝经期妇女钙的补充	【制剂及规格】片剂：0.5 g、1.5 g。胶囊剂：1.5 g
阿法骨化醇	依安凡，萌格旺，奥司惠	用于佝偻病和软骨病、肾性骨病、骨质疏松症和甲状旁腺功能减退症	【制剂及规格】片剂：0.25 μg。胶囊剂：0.25 μg、0.5 μg
阿仑膦酸钠	固邦，福善美	用于治疗绝经后妇女的骨质疏松症，以预防髋部和脊柱骨折，或用于治疗男性骨质疏松症以增加骨量	【制剂及规格】片剂：10 mg、70 mg

【知识拓展】

骨质疏松症的健康教育

药师在开展药学服务时，应告知患者非药物治疗的重要性。健康的生活方式是防治骨质疏松症的基础措施之一，包括五个方面：①加强营养，科学膳食，摄入富含钙、维生素D及适量蛋白质和低盐的均衡膳食，如奶制品、鱼、蛋、豆腐、菌菇、燕麦等；②保证充足的日照，每周至少两次，将皮肤暴露于紫外线照射15～30分钟，可促进体内维生素D的合成；③适量运动，预防跌倒；④戒烟限酒，避免过量饮用咖啡、碳酸饮料；⑤伴有影响骨代谢的疾病，或服用影响骨代谢药物的患者，应定期监测骨密度，必要时进行抗骨质疏松治疗。

第五节　性激素类药

学习目标

1. 掌握常见性激素类药的名称、适应证、制剂及规格。
2. 熟悉常见性激素类药的典型不良反应、药物评价及贮藏要求等。

性激素为性腺分泌的类固醇激素，属于甾体化合物，主要包括雌激素、孕激素和雄激素。临床应用的性激素类药物大多为人工合成品及其衍生物。

性激素的产生和分泌受下丘脑–腺垂体的调节。下丘脑分泌促性腺激素释放激素（GnRH），促进腺垂体分泌促卵泡素（FSH）和黄体生成素（LH）。对女性而言，FSH促进卵泡的生长发育，使LH受体数量增多；FSH与LH共同作用，促进成熟卵泡分泌雌激素和孕激素。对男性来说，FSH可促进睾丸中精子的生成，LH可促进睾丸间质细胞分泌雄激素。

性激素类药物可分为五类：①雌激素类，包括雌二醇、炔雌醇等；②孕激素类，包括黄体酮、甲羟孕酮等；③雄激素类，包括甲睾酮等；④同化激素类，包括司坦唑醇等；⑤避孕药，包括左炔诺孕酮等。

雌二醇

【商品名】补佳乐，芬吗通，克龄蒙

【适应证】用于卵巢功能不全或卵巢激素不足引起的各种症状，包括功能性子宫出血、原发性闭经、绝经期综合征及前列腺癌等。

【制剂及规格】①戊酸雌二醇片：1 mg。②苯甲酸雌二醇注射液：1 mL : 2 mg。③雌二醇凝胶：40 g : 24 mg。

【典型不良反应】偶见乳房触痛或增大、白带增多、不规则阴道出血、点滴出血、突破性出血、长期出血不止或闭经、性欲改变、胆汁淤积性黄疸、谷丙转氨酶及谷草转氨酶升高。

除突破性出血需停药外，一般不需停药。也会出现子宫内膜过度增生，绝经后患阴道炎者在局部使用雌激素治疗时常出现白带增多、下腹胀或阴道灼热等症状。此外，应用雌激素可引起高钙血症、水钠潴留、体重增加、甘油三酯升高、糖耐量减低等，并增加血栓性静脉炎和（或）静脉血栓栓塞性疾病的风险。

【药物评价】①口服吸收迅速而完全，生物利用度不受食物影响。②用药过量会导致一些女性患者出现恶心、呕吐症状。③可能会增加血栓栓塞事件的发生概率。④可能增加子宫内膜癌和乳腺癌风险，可能会诱发阴道不规则出血。⑤使用时应遵循临床评价。

【贮藏】30 ℃以下保存。

其他常见性激素类药物品种信息见表 14－6。

表 14－6　其他常见性激素类药物品种信息

药物名称	商品名	适应证	商品信息
雌三醇	欧维婷，伊斯娇	用于绝经后妇女因雌激素缺乏而引起的泌尿生殖道萎缩和萎缩性阴道炎	【制剂及规格】栓剂：每枚 0.5 mg、1 mg、2 mg。乳膏剂：15 g∶15 mg
炔雌醇	优思明，优思悦，达英－35	用于功能性子宫出血、绝经期综合征、子宫发育不全、前列腺癌等。也作口服避孕药中常用的雌激素成分	【制剂及规格】片剂：5 μg、12.5 μg、50 μg
黄体酮	益玛欣，安琪坦	用于习惯性流产、痛经、经血过多或血崩症、闭经等。口服大剂量也用于黄体酮不足所致疾患，如经前综合征、排卵停止所致月经紊乱、良性乳腺病等	【制剂及规格】注射剂：1 mL∶10 mg、1 mL∶20 mg。胶囊剂：100 mg
甲羟孕酮	法禄达，倍恩	用于痛经、功能性闭经、功能性子宫出血、先兆流产或习惯性流产、子宫内膜异位症等。大剂量可用作长效避孕针	【制剂及规格】片剂：2 mg、4 mg、10 mg。注射液：100 mg、150 mg
米非司酮	含珠停，司米安	米非司酮片与前列腺素药物序贯合并使用，可用于终止停经 49 天内的妊娠	【制剂及规格】片剂：10 mg、25 mg。胶囊剂：5 mg
左炔诺孕酮	金毓婷，保仕婷	用于女性紧急避孕，即在无防护措施或其他避孕方法偶然失败时使用	【制剂及规格】片剂：0.75 mg、1.5 mg

思考与练习

一、选择题

1. 氢化可的松的商品名是（　　）。

A. 强的松　B. 尤卓尔　C. 派瑞松　D. 米乐松

2. 不属于糖皮质激素不良反应的是（　　）。

A. 库欣综合征面容　B. 创口愈合不良　C. 体重下降　D. 痤疮

3. 丙酸氟替卡松的商品名是（ ）。
A. 米乐松 B. 辅舒酮 C. 强的松 D. 派瑞松
4. 根据胰岛素作用时间，精蛋白锌胰岛素属于（ ）。
A. 超短效制剂 B. 中效制剂 C. 长效制剂 D. 超长效制剂
5. 格列本脲的商品名是（ ）。
A. 优降糖 B. 格华止 C. 卡博平 D. 卡司平
6. 首选用于单纯饮食控制及体育锻炼治疗无效的 2 型糖尿病的药物是（ ）。
A. 二甲双胍 B. 瑞格列奈 C. 阿卡波糖 D. 罗格列酮
7. 不属于抗甲状腺药的是（ ）。
A. 左甲状腺素钠 B. 甲巯咪唑 C. 丙硫氧嘧啶 D. 硫脲类药物
8. 不属于骨化三醇的适应证的是（ ）。
A. 绝经后骨质疏松症及老年性骨质疏松症 B. 术后甲状旁腺功能减退
C. 维生素 D 依赖性佝偻病 D. 甲状腺功能亢进
9. 常见于青少年和成人的骨质疏松症是（ ）。
A. 原发性骨质疏松症 B. 继发性骨质疏松症
C. 特发性骨质疏松症 D. 过敏性骨质疏松症
10. 下列药物属于避孕药的是（ ）。
A. 左炔诺孕酮 B. 黄体酮 C. 雌三醇 D. 司坦唑醇

二、思考题

1. 简述糖皮质激素的作用及常见不良反应。
2. 简述口服降血糖药的分类及代表药物。
3. 简述抗骨质疏松药的分类及代表药物。

实训十九 激素及影响内分泌药物的识记和分类

对 50 种常见的激素及影响内分泌药物进行分类，药物大类卡片（肾上腺皮质激素类、降血糖类、抗骨质疏松类、性激素类等）的准备及具体实训步骤和实训测评请参照实训七。

实训二十 激素及影响内分泌药物用药指导实训

请对案例中的患者进行用药指导，具体实施步骤及实训测评参照实训八。
患者王某，女，60 岁。患者自述有 2 型糖尿病史 3 年，治疗后血糖控制良好，骨密度检查为重度骨质疏松症。使用药物治疗，3 个月后疼痛症状有所缓解即停药。因近期患者自觉腰背疼痛症状加重，故来药店购药。

实训二十一　糖尿病慢性病管理健康宣教训练

进入社区开展糖尿病慢性病管理健康宣教，请参照实训五。

第十五章

中枢神经系统药

学习引入

随着现代社会的快速发展和工作生活节奏的加快，失眠、焦虑、抑郁等精神心理疾病的发病率迅速上升，加之全球人口老龄化进程加快，推动了中枢神经系统（CNS）药物市场的快速发展。作为现代医疗体系的重要组成部分，CNS 药物深刻影响着人类的健康管理。这类药物具有独特的临床价值，其主要通过调节中枢神经系统功能产生特定的生理和心理效应。CNS 药物可以降低高热、抑制不正常的运动、诱导睡眠、减轻呕吐等，能够治疗焦虑症、躁狂症、抑郁症、精神分裂症等，且通常不会改变神志。

本章主要介绍镇静催眠药、抗癫痫药、抗帕金森病药、抗精神失常药、中枢兴奋药及代表药物的基本信息。

第一节　镇静催眠药

学习目标

1. 掌握常见镇静催眠药的名称、适应证、制剂及规格。
2. 熟悉常见镇静催眠药的典型不良反应、药物评价及贮藏要求等。

睡眠是人体重要的生理过程，可受很多因素影响。长时间失眠的危害性极大，给人体健康带来不良后果。镇静和催眠是中枢神经系统的两种不同抑制程度。小剂量时产生镇静效果的药物称为镇静药，剂量增加时能起到催眠作用的药物称为催眠药。临床常见的镇静催眠药物主要包括巴比妥类、苯二氮䓬类、非苯二氮䓬类及其他类（见表 15－1）。

表 15－1　镇静催眠药物的类别、特点及代表药物

类别	特点	代表药物名称
巴比妥类	随着剂量增大，逐渐产生镇静、催眠、嗜睡、抗惊厥和麻醉作用，甚至呼吸麻痹死亡。长期应用产生耐受性和成瘾性。本类药在临床上已较少作为镇静催眠药使用	苯巴比妥，异戊巴比妥，司可巴比妥

续表

类别	特点	代表药物名称
苯二氮䓬类	20世纪60年代发现的以地西泮为代表的苯二氮䓬类，安全范围大，很少致麻醉死亡，广泛应用于失眠症和焦虑症的治疗，但由于可产生药物依赖性及滥用问题，本类药物的临床应用受到影响	地西泮，艾司唑仑，阿普唑仑，咪达唑仑
非苯二氮䓬类	能够有效诱发或维持睡眠，基本不改变正常睡眠结构，不易产生依赖性，不良反应相对较少，具有较好的安全性，逐步被临床接受，用量稳步增长	唑吡坦，佐匹克隆，扎来普隆

镇静催眠药物多作为精神药品进行特殊管理与使用，尚有氯美扎酮片（芬那露）、谷维素片作为镇静助眠非处方药品应用。

一、苯二氮䓬类

苯二氮䓬类药物根据作用时间的长短分为三类。①长效类，包括地西泮、氟西泮等，主要用于早醒者。长效类起效慢，有呼吸抑制和次日头晕、无力等不良反应。②中效类，包括艾司唑仑、阿普唑仑等，主要用于睡眠浅、易醒和晨起需要保持头脑清醒者。③短效类，包括三唑仑、咪达唑仑等，主要用于入睡困难和醒后难以入睡者。

地西泮

【商品名】宝岛

【适应证】主要用于抗焦虑、镇静催眠，还可用于抗癫痫和抗惊厥。

【制剂及规格】①地西泮片：每片2.5 mg、5 mg。②地西泮膜：2.5 mg。③地西泮注射液：2 mL：10 mg。

【典型不良反应】①常见的不良反应有嗜睡、头晕、乏力等，大剂量可有共济失调、震颤。②长期连续用药可产生依赖性和成瘾性，停药可能发生撤药综合征，表现为激动或抑郁。

【药物评价】①能增强其他中枢抑制药的作用，若同时应用应注意调整剂量。治疗期间应避免饮酒或饮用含乙醇的饮料。②妊娠期妇女、新生儿禁用。③避免长期大量使用而成瘾，如长期使用应逐渐减量，不宜骤停。④与抗高血压药和利尿降压药合用，可使降压作用增强。

【贮藏】密封保存。

【案例分析】

患者王女士长期失眠，多年来靠服用地西泮片缓解睡眠困难，开始用药剂量为每次2片，后来增加到每次6片。某天，王女士药物服完未及时去医院拿药，当晚她兴奋烦躁，身体发抖，整夜难以入睡。

问题讨论：

1. 王女士为什么会出现这样的症状？
2. 王女士的用药剂量为何越来越大？

二、非苯二氮䓬类

针对苯二氮䓬类可能导致的不良反应，新一代催眠药物被研发出来，即非苯二氮䓬类，这类药物也被称为第三代镇静催眠药，如唑吡坦、佐匹克隆和扎来普隆等。该类药物上市后得到广泛认可。

唑吡坦

【商品名】思诺思，君乐宁，诺宾

【适应证】用于暂时性、偶发性失眠症的短期治疗。

【制剂及规格】酒石酸唑吡坦片：每片 5 mg、10 mg。

【典型不良反应】①不良反应较少，可见恶心、呕吐、腹痛、腹泻、头晕、停药后失眠、皮疹、瘙痒等。②滥用本品可能导致药物依赖。③老年人常见不良反应为共济失调或手足笨拙及精神错乱。

【药物评价】①可缩短入睡时间，减少夜醒次数，延长总睡眠时间，改善睡眠质量，无明显镇静作用和精神运动障碍。②本品的治疗时间应尽可能短，最短为数天，最长不超过 4 周（包括逐渐减量期），不建议长期使用。③服药期间应禁酒。④18 岁以下儿童、妊娠期妇女及哺乳期妇女禁用。

【贮藏】遮光，密闭保存。

佐匹克隆

【商品名】忆孟返，奥贝舒欣，三辰

【适应证】用于治疗各种失眠症，尤其适用于不能耐受次晨残余作用者。

【制剂及规格】①佐匹克隆片：每片 3.75 mg、7.5 mg。②佐匹克隆胶囊：每粒 3.75 mg、7.5 mg。

【典型不良反应】可见困倦、口苦、口干、肌无力、头痛。长期服药后突然停药，可出现反跳性失眠、噩梦、恶心、呕吐、焦虑、肌痛、震颤。

【药物评价】①用药时间不宜过长，一般不超过 4 周，可间断使用。停药时须逐渐减量。②用药期间不宜驾车或从事机械操作。③用药期间禁止饮酒。④妊娠期妇女、哺乳期妇女及 15 岁以下儿童不宜使用。

【贮藏】遮光，密封保存。

其他常见镇静催眠药物品种信息见表 15－2。

表 15－2　　其他常见镇静催眠药物品种信息

药物名称	商品名	适应证	商品信息
艾司唑仑	无	用于抗焦虑、失眠、紧张、恐惧及抗癫痫和抗惊厥	【制剂及规格】片剂：1 mg、2 mg。注射剂：1 mL：2 mg
咪达唑仑	多美康，力月西	用于睡眠障碍、失眠，特别适用于入睡困难者。亦可用于外科手术或诊断检查时的诱导睡眠	【制剂及规格】片剂：15 mg。注射剂：1 mL：5 mg、2 mL：2 mg

续表

药物名称	商品名	适应证	商品信息
阿普唑仑	无	主要用于抗焦虑、紧张、激动，也可作为催眠或焦虑的辅助用药，还可作为抗惊恐药，并能缓解急性酒精戒断症状。精神抑郁患者应慎用	【制剂及规格】片剂：0.4 mg
扎来普隆	百介民，恩诺欣	用于入睡困难的失眠症的短期治疗	【制剂及规格】片剂：5 mg、10 mg。胶囊剂：5 mg、10 mg

【课堂随想】

73 岁的黄大爷患上失眠症，初期服用镇静催眠药物非常有效。他心想："既然服药有效，那就一直吃下去，只要睡得好，其他不必在意。"抱着这种想法，当黄大爷发现一颗药逐渐失去原有效果时，就想当然地自行增加药量，2 颗、3 颗、4 颗……量越来越多，但药效却仿佛停滞了。直到有一天，黄大爷的家人发现家里的药物消耗速度过快，赶忙带着黄大爷去医院就诊。此时的黄大爷已经每天晚上需要服用 8 颗药才能"睡个好觉"。你知道黄大爷为何出现这种情况吗？

第二节　抗癫痫药

学习目标

1. 掌握常见抗癫痫药的名称、适应证、制剂及规格。
2. 熟悉常见抗癫痫药的典型不良反应、药物评价及贮藏要求等。

癫痫是一种慢性脑部疾病，是大脑皮质局部神经元异常高频放电，并向周围扩散引起大脑功能暂时性失调的临床综合征，具有突然发作、反复发作的特点。癫痫的病因十分复杂，遗传、中枢神经系统感染、脑卒中、脑肿瘤和脑外伤等均为重要的发病因素。另外，发热、精神刺激等可能是癫痫发作的诱因。由于异常放电神经元所在部位和异常放电扩散范围不同，临床表现为运动、感觉、意识、自主神经等不同形式的功能障碍。

常见抗癫痫药物的类别、特点及代表药物见表 15－3。

表 15－3　常见抗癫痫药物的类别、特点及代表药物

类别	特点	代表药物名称
传统抗癫痫药	临床应用时间较长，疗效确切，部分药物副作用相对明显，需注意血药浓度监测	苯妥英钠、卡马西平、丙戊酸钠、苯巴比妥、氯硝西泮
新型抗癫痫药	副作用相对较少，药物相互作用少，对部分难治性癫痫有较好疗效，耐受性较好	左乙拉西坦、拉莫三嗪、托吡酯、奥卡西平、加巴喷丁、普瑞巴林

卡马西平

【商品名】得理多，宁新宝，粒珍

【适应证】①抗癫痫类型中的复杂部分性发作（也称精神运动性发作或颞叶癫痫）、全身强直阵挛发作、上述两种混合性发作或其他部分性或全身性发作；对典型或不典型失神发作、肌阵挛性或失神张力性发作无效。②治疗三叉神经痛及舌咽神经痛。③治疗中枢性部分性尿崩症。④预防或治疗躁狂抑郁症。

【制剂及规格】①卡马西平片：0.1 g、0.2 g。②卡马西平胶囊：0.2 g。

【典型不良反应】视物模糊、复视、眼球震颤等中枢神经系统反应，以及头晕、乏力、恶心、呕吐等，多发生在用药后1～2周内。

【药物评价】①由于本品具有自我诱导作用，在治疗一段时间后，可能需要增加剂量才能维持原来的血药浓度和发作控制水平。②用药期间（尤其是第1个月内）注意随访检查血常规、尿常规、血尿素氮、肝功能、甲状腺功能及卡马西平血药浓度。③癫痫患者不能突然撤药。④应尽可能单药治疗。治疗应从小剂量开始，缓慢增加至获得最佳疗效。当发作被控制后，可以缓慢减至最低有效剂量。

【贮藏】遮光，密封保存。

其他常见抗癫痫药物品种信息见表15－4。

表15－4　其他常见抗癫痫药物品种信息

药物名称	商品名	适应证	商品信息
苯妥英钠	无	用于治疗全身强直阵挛发作、复杂部分性发作、单纯部分性发作（局限性发作）和癫痫持续状态	【制剂及规格】片剂：50 mg、100 mg。注射剂：1 mL∶2 mg
丙戊酸钠	德巴金，典泰	用于治疗全面性、部分性或其他类型癫痫；还用于治疗与双相情感障碍相关的躁狂发作	【制剂及规格】片剂：0.1 g、0.2 g。缓释片：0.2 g、0.5 g。糖浆剂：100 mL∶5 g。口服液：100 mL∶4 g、300 mL∶12 g
苯巴比妥	立长	主要用于治疗焦虑、失眠（用于睡眠时间短、早醒者）、癫痫及运动障碍，是治疗全身强直阵挛发作及局限性发作的重要药物	【制剂及规格】片剂：15 mg、30 mg、100 mg。注射液：1 mL∶0.1 g、2 mL∶0.2 g。注射剂：50 mg、100 mg、200 mg

第三节　抗帕金森病药

学习目标

1. 掌握常见抗帕金森病药的名称、适应证、制剂及规格。
2. 熟悉常见抗帕金森病药的典型不良反应、药物评价及贮藏要求等。

帕金森病又称震颤麻痹，是一种常见的中老年神经系统变性疾病。常见临床症状为运动迟缓、静止性震颤、肌强直、姿势平衡障碍，严重者伴有记忆障碍和痴呆等症状。

当前学界认为帕金森病由纹状体内缺乏多巴胺所致，主要病变在黑质纹状体多巴胺能神经通路。在黑质纹状体中存在乙酰胆碱和多巴胺两种递质。多巴胺为抑制性递质，乙酰胆碱为兴奋性递质，正常时两种递质处于平衡状态，共同调节运动机能。当多巴胺减少或乙酰胆碱增多时，可引起震颤麻痹。

抗帕金森病药物类别、特点及代表药物见表 15－5。

表 15－5　　抗帕金森病药物类别、特点及代表药物

类别	特点	代表药物名称
拟多巴胺药	主要作用在于增加脑内的多巴胺含量，增强黑质纹状体多巴胺能神经通路功能。包括多巴胺前体药、外周多巴脱羧酶抑制剂、儿茶酚氧位甲基转移酶抑制剂、中枢多巴胺受体激动剂	左旋多巴，卡比多巴，苄丝肼，恩他卡朋，普拉克索
中枢抗胆碱药	可拮抗纹状体内 M 胆碱受体，以恢复胆碱能神经与多巴胺能神经的功能平衡。可明显改善帕金森病的震颤症状，但是该类药物会使伴有记忆障碍的帕金森病患者的记忆问题加重，目前用作辅助药	苯海索，普罗吩胺，比哌立登

左旋多巴

【商品名】思利巴

【适应证】用于帕金森病及帕金森综合征。

【制剂及规格】①左旋多巴片：50 mg、125 mg、250 mg。②左旋多巴胶囊：每粒 0.25 g。③复方卡比多巴片：卡比多巴 25 mg，左旋多巴 250 mg。④卡左双多巴缓释片：卡比多巴 50 mg，左旋多巴 200 mg。

【典型不良反应】较常见的反应有恶心，呕吐，体位性低血压，头、面部、舌、上肢等身体部位的不随意运动，精神抑郁，排尿困难。

【药物评价】①药物本身并无药理活性，通过血脑屏障进入中枢，经多巴脱羧酶作用转化成多巴胺而发挥药理作用。②为了提高疗效、减少不良反应，常与卡比多巴组成复方制剂。③与维生素 B_6 或氯丙嗪等合用，疗效降低。④高血压、心律失常、糖尿病、支气管哮喘、肺气肿、肝肾功能障碍、尿潴留者慎用。⑤长期应用可引起嗅觉、味觉改变或消失，唾液、尿液及阴道分泌物变棕色。

【贮藏】遮光，密封保存。

普拉克索

【商品名】森福罗，恩悉

【适应证】治疗成人特发性帕金森病的体征和症状，即在整个疾病过程中，包括疾病后期，当左旋多巴的疗效逐渐减弱或者出现变化和波动（剂末现象或“开关”波动）时，都可以单独应用本品（无左旋多巴）或与左旋多巴联用。

【制剂及规格】①盐酸普拉克索片：0.125 mg、0.25 mg、1 mg。②盐酸普拉克索缓释片：

0.375 mg、0.75 mg、1.5 mg、3 mg。

【典型不良反应】①可引起“睡眠发作”，因此车辆驾驶者和机械操作者应特别注意。②治疗初期，常见直立性低血压。③常见外周性水肿，可能出现性欲异常。④用本品单独治疗早期帕金森病的患者中，约有 20% 的患者因不良反应而在治疗第 1 年内停药。

【药物评价】①本品很少经体内代谢，90% 以原形经肾排泄，肾功能不全者慎用。②本品可使左旋多巴的血药浓度升高，达峰时间明显缩短，因此在增加本品剂量时，应降低左旋多巴剂量。③与镇静剂有叠加作用。

【贮藏】密封，30 ℃以下避光保存。

其他抗帕金森病药物品种信息见表 15－6。

表 15－6　其他抗帕金森病药物品种信息

药物名称	商品名	适应证	商品信息
多巴丝肼	美多芭，优多巴	用于治疗帕金森病、症状性帕金森综合征（脑炎后、动脉硬化性或中毒性），但不包括药物引起的帕金森综合征	【制剂及规格】片剂：250 mg（左旋多巴 200 mg，苄丝肼 50 mg）。胶囊剂：125 mg（左旋多巴 100 mg，苄丝肼 25 mg）、250 mg（左旋多巴 200 mg，苄丝肼 50 mg）
复方卡比多巴	西莱美	抗震颤麻痹药。用于原发性震颤麻痹和症状性震颤麻痹综合征（不包括药物引起的震颤麻痹综合征）	【制剂及规格】片剂：每片含卡比多巴 25 mg、左旋多巴 250 mg
苯海索	无	用于帕金森病、帕金森综合征。也可用于药物引起的锥体外系疾病	【制剂及规格】片剂：2 mg

【案例分析】

李大爷 75 岁，被诊断为药源性帕金森综合征，服用多巴丝肼片 125 mg，口服，每日 3 次。

问题讨论：

1. 上述用药有何不当之处？
2. 对该患者有何用药方面的建议？

【知识拓展】

抗帕金森病药物用药注意事项

1. 少食（并非禁食）高蛋白质食物

高蛋白质食物（如肉食）在肠道内分解产生的氨基酸，可阻碍左旋多巴在肠道的吸收，降低药物疗效，特别是要避免服药时共同进食。

2. 空腹用药

最佳的服药时间为饭前半小时，其次为饭前 1 小时或饭后 2 小时。

3. 不与降压药同服

抗帕金森病药会增强降压药的降压作用，如正在服用降压药物，需要遵医嘱。

4. 不与维生素 B_6 同服

维生素 B_6 是多巴脱羧酶的辅基，会导致进入中枢神经系统的用量减少，降低抗帕金森病药的疗效。

第四节　抗精神失常药

学习目标

1. 掌握常见抗精神失常药的名称、适应证、制剂及规格。
2. 熟悉常见抗精神失常药的典型不良反应、药物评价及贮藏要求等。

精神失常是由多种原因引起的精神活动障碍性疾病，包括精神分裂症、躁狂症、抑郁症和焦虑症等。抗精神失常药可分为抗精神病药、抗躁狂药、抗抑郁药、抗焦虑药，下文仅对抗精神病药和抗抑郁药进行介绍。

一、抗精神病药

精神分裂症是一种常见的精神疾病，以思维、情感、行为之间不协调，精神活动与现实相脱离为主要特征。该病主要发病于青少年及成年早期，病程具有慢性进行性和易复发的特点，临床表现复杂。根据临床症状，精神分裂症分为Ⅰ型和Ⅱ型，Ⅰ型以阳性症状（幻觉和妄想）为主，Ⅱ型以阴性症状（情感淡漠、主动性缺乏等）为主。

抗精神病药是用于治疗精神分裂症和有精神病性症状的精神障碍的一类药物。其特点是对精神活动具有较大的选择性抑制，能治疗各种精神病和多种精神症状，通常的治疗剂量并不影响患者的智力和意识，却能有效地控制患者的精神运动兴奋、烦躁、焦虑、幻觉、妄想、敌对情绪、思维障碍等，起到安定的作用。

目前临床常见的抗精神病药物按药理作用可分为两大类（见表 15－7）：①第一代典型抗精神病药物，包括氯丙嗪、氯普噻吨、氟哌啶醇等，但常出现典型的锥体外系副作用，目前是治疗精神分裂症的二线用药；②第二代非典型抗精神病药物，包括氯氮平、奥氮平、喹硫平和利培酮等，锥体外系副作用不明显，故被认为是“非典型”的。

表 15－7　抗精神病药物的类别、特点及代表药物

类别	特点	代表药物名称
第一代典型抗精神病药物	通过阻断中脑－边缘－皮质多巴胺通路 D_2 受体，发挥抗精神病作用，能够改善精神分裂症患者的阳性症状，但对阴性症状的疗效差。而且由于对黑质纹状体通路的影响，常出现典型的锥体外系副作用，主要为帕金森综合征、急性肌张力障碍、静坐不能和迟发性运动障碍。由于药物不良反应较多，目前是治疗精神分裂症的二线用药	氯丙嗪，氯普噻吨，氟哌啶醇

续表

类别	特点	代表药物名称
第二代非典型抗精神病药物	该类药物具有第一代典型抗精神病药物不可比拟的特点：①很少产生锥体外系副作用；②不仅对精神分裂症的阳性症状有效，对阴性症状的效果也较好；③可有效治疗一些第一代典型抗精神病药物无效的患者	氯氮平，奥氮平，喹硫平，利培酮

氯丙嗪

【商品名】无

【适应证】主要用于精神分裂症、躁狂症或其他精神病性障碍，对兴奋躁动、幻觉妄想、思维障碍及行为紊乱等阳性症状有较好的疗效。也可用于各种原因所致的呕吐或顽固性呃逆。

【制剂及规格】①盐酸氯丙嗪片：12.5 mg、25 mg、50 mg。②盐酸氯丙嗪注射液：1 mL∶10 mg、1 mL∶25 mg、2 mL∶50 mg。

【典型不良反应】①常见口干、上腹不适、食欲减退、乏力及嗜睡。②可引起体位性低血压、心悸。③可出现锥体外系反应，如震颤、僵直、流涎、运动迟缓、静坐不能、急性肌张力障碍。④长期大量服药可引起迟发性运动障碍。⑤可引起溢乳、男子女性型乳房、月经失调、闭经。⑥可引起中毒性肝损害或阻塞性黄疸。

【药物评价】①出现迟发性运动障碍，应停用所有的抗精神病药。②对晕动病引起的呕吐效果差。③用药期间不宜驾驶车辆、操作机械或从事高空作业。④与乙醇或其他中枢神经抑制药合用时，中枢抑制作用加强。⑤与抗高血压药合用易致直立性低血压。⑥长期用药后突然撤药，可出现类似戒断症状的反应，宜逐渐减量停药。

【贮藏】遮光，密封保存。

利培酮

【商品名】维思通，卓夫，单克

【适应证】用于治疗急性和慢性精神分裂症，对精神分裂症阳性症状和阴性症状及情感性症状患者均有疗效。

【制剂及规格】①利培酮片：1 mg、2 mg、3 mg。②利培酮分散片：1 mg、2 mg。③利培酮口崩片：0.5 mg、1 mg、2 mg。④利培酮口服溶液：30 mL∶30 mg、60 mL∶60 mg、100 mL∶100 mg。

【典型不良反应】①与第一代典型抗精神病药相比，引起的锥体外系副作用少而轻，引发迟发性运动障碍的风险较低，常见不良反应为由泌乳素水平升高引发的闭经、溢乳和性功能障碍。②可见失眠、焦虑、激越、头痛、口干等。

【药物评价】①对中枢系统的5-羟色胺和多巴胺拮抗作用的平衡可以减少发生锥体外系副作用的可能，治疗作用可扩展到精神分裂症的阴性症状和情感性症状。②帕金森病患者、癫痫患者慎用。③由于本品具有对 α 受体的阻断作用，可能会发生直立性低血压，尤其是在治疗初期的剂量调整阶段。心血管疾病患者应慎用，剂量应按推荐剂量逐渐增加，如发生血压过低现象，应考虑减少剂量。④鉴于利培酮对中枢神经系统的作用，在与其他作用于中枢神经系统的药物同时服用时应慎重。⑤建议患者服药期间避免驾驶汽车或操作机器。

【贮藏】密封保存。

氯氮平

【商品名】鹤寿

【适应证】①适用于急慢性精神分裂症各亚型（尤其是幻觉妄想型、青春型），对阳性和阴性症状均有疗效。②可以减轻与精神分裂症有关的情感性症状（如抑郁、负罪感、焦虑）。③对一些用传统抗精神病药治疗无效或疗效不好的患者，改用本品可能有效。④用于治疗躁狂症或其他精神病性障碍的兴奋躁动和幻觉妄想。

【制剂及规格】氯氮平片：25 mg、50 mg、100 mg。

【典型不良反应】①镇静作用强和抗胆碱能不良反应较多，常见头痛、头晕、无力、嗜睡、精神萎靡、多汗、流涎、恶心、呕吐、口干、便秘、直立性低血压、心动过速。②常见食欲增加和体重增加，也可引起血糖增高、心电图异常改变。③可引起尿失禁或中枢神经系统紊乱。④可引起粒细胞减少症或缺乏症及继发性感染。

【药物评价】①因可能导致粒细胞减少症，一般不宜作为首选药物。②开始治疗之前与治疗前 3 个月内应坚持每 1～2 周进行白细胞分类与计数检查，如白细胞计数低于 3.5×10^9/L 时不应开始或继续进行治疗。③有前列腺增生、痉挛性疾病或病史者及心血管疾病患者应慎用。④中枢神经抑制状态者、尿潴留患者慎用。⑤用药期间不宜驾驶车辆、操作机械或从事高空作业。

【贮藏】避光，密封保存。

【案例分析】

18 岁的小红是某职业院校学生，因感情生活受到刺激，逐渐出现迫害妄想、幻觉，喜怒无常，追打同学，入院后被诊断为精神分裂症急性发作，给予氯丙嗪注射治疗。在一次给药后她急于上厕所，刚从床上站到地上，突然晕倒。

问题讨论：

1. 请问小红突然晕倒的原因是什么？

2. 针对这一情况有什么建议？

二、抗抑郁药

抑郁症是一种常见的精神障碍，以持续的心境恶劣与情绪低落、兴趣缺失、精力不足等为主要临床特征，常伴随认知或神经运动障碍或躯体症状。

抗抑郁药是一类具有抗抑郁作用的药物，不仅能治疗各类抑郁症，而且对焦虑症、强迫症、慢性疼痛、疑病症及恐惧症等有一定疗效。抗抑郁药物的类别、特点及代表药物见

表 15－8。

表 15－8　抗抑郁药物的类别、特点及代表药物

类别	特点	代表药物名称
三环类抗抑郁药	第一代环类抗抑郁药。不良反应较多，有抗胆碱能、心血管和镇静作用等不良反应	阿米替林，丙米嗪，氯米帕明，多塞平
单胺氧化酶抑制剂	传统的单胺氧化酶抑制剂目前已极少使用。新型的单胺氧化酶抑制剂适用于各类抑郁发作，包括非典型性抑郁、恶劣心境、老年抑郁	吗氯贝胺
选择性 5–羟色胺再摄取抑制剂	具有抗抑郁和抗焦虑的双重作用，很少引起镇静作用，不损害精神运动功能，对心血管和自主神经系统功能的影响很小。不良反应显著少于三环类抗抑郁药物，是全球范围内公认的一线抗抑郁药物	氟西汀，帕罗西汀，舍曲林，西肽普兰
5–羟色胺与去甲肾上腺素再摄取抑制剂	无三环类抗抑郁药和单胺氧化酶抑制剂常见的不良反应，安全性和耐受性较好	文拉法辛，度洛西汀
去甲肾上腺素和特异性 5–羟色胺能抗抑郁药	适用于治疗伴有睡眠障碍或焦虑障碍的抑郁症、伴有焦虑激越或焦虑躯体化的抑郁症。最常见的不良反应是体重增加	米氮平
5–羟色胺受体拮抗和再摄取抑制剂	适用于各种轻度、中度抑郁发作，对于重度抑郁效果稍差	曲唑酮

氟西汀

【商品名】百优解，开克，艾旭

【适应证】①抑郁症。②强迫症。③神经性贪食症：作为心理治疗的辅助用药，以减少贪食和导泻行为。

【制剂及规格】①盐酸氟西汀分散片：20 mg。②盐酸氟西汀胶囊：20 mg。③盐酸氟西汀肠溶片：90 mg。

【典型不良反应】①常见不良反应有失眠、恶心、腹泻、易激动、头痛、运动性焦虑、精神紧张、震颤、嗜睡、倦怠虚弱、流汗等，多发生于用药初期，有时出现皮疹（发生率约为4%）。②长期用药常发生食欲减退或性功能下降。③撤药反应：头晕、感觉异常、失眠和多梦、乏力、焦躁或焦虑、恶心、呕吐、震颤和头痛。必须避免突然停止用药。为降低撤药反应的危险性，必须在 1～2 周内逐渐减少用药剂量。

【药物评价】①对肾上腺素能、组胺能、胆碱能受体的亲和力低，作用较弱，因而产生的不良反应少。②对于肝肾功能损害的患者，剂量应适当减少。③服药期间不宜驾驶车辆或操作机器。④儿童、妊娠期妇女及哺乳期妇女慎用。

【贮藏】室温，避光，密闭保存。

帕罗西汀

【商品名】赛乐特，乐友，舒坦罗

【适应证】①适用于治疗各种抑郁症，包括伴有焦虑的抑郁症及反应性抑郁症。②用于治疗惊恐障碍、社交恐惧症及强迫症。

【制剂及规格】①盐酸帕罗西汀片：20 mg。②盐酸帕罗西汀肠溶缓释片：12.5 mg、25 mg。

【典型不良反应】不良反应较多，常见的有轻度口干、恶心、呕吐、畏食、便秘、腹泻，头痛、震颤、眩晕、嗜睡、失眠和兴奋，性功能障碍，胆固醇水平升高、食欲减退、体重增加，视物模糊，高血压，心动过速，出汗、瘙痒，肝功能化验指标升高。

【药物评价】①服药 1～3 周后方可显效，用药时间足够长才可巩固疗效。②服用本药前后 2 周内不能使用单胺氧化酶抑制剂。③有癫痫或躁狂病史、闭角型青光眼、出血倾向、自杀倾向或严重抑郁状态病史者慎用，驾驶车辆、从事高空作业、操纵机器的人员应慎用。④轻度、中度肝功能不全者应减少初始剂量，根据反应逐渐将剂量加大；明显肝功能不全者或肾功能不全者慎用。

【贮藏】遮光，密闭，在干燥处保存。

氯米帕明

【商品名】安拿芬尼

【适应证】用于治疗各种抑郁状态，也常用于治疗强迫性神经症、恐怖性神经症。

【制剂及规格】①盐酸氯米帕明片：10 mg、25 mg。②盐酸氯米帕明注射液：2 mL∶25 mg。

【典型不良反应】①治疗初期可能出现抗胆碱能反应，如多汗、口干、视物模糊、排尿困难、便秘等。②中枢神经系统不良反应可出现嗜睡、震颤、眩晕。③可发生体位性低血压。

【药物评价】①具有广谱的药理作用，包括拮抗 α 肾上腺素、抗胆碱能、抗组胺和抗 5- 羟色胺能等作用。②肝肾功能严重不全及前列腺肥大、老年或心血管疾病患者慎用，使用期间应监测心电图。③本品不得与单胺氧化酶抑制剂合用，应在停用单胺氧化酶抑制剂 14 天后使用本品。④患者有躁狂倾向时应立即停药。⑤用药期间不宜驾驶车辆、操作机械或从事高空作业。

【贮藏】密闭，遮光保存。

【知识拓展】

食物中的“快乐因子”

某些食物里含有“快乐因子”，我们可以通过从食物中摄取这些“快乐因子”来改善情绪，预防抑郁。

1. 5–羟色胺

食物中含有的色氨酸是 5–羟色胺的合成原料，粗杂粮中的色氨酸含量最高。同时补充 B 族维生素，可以促进色氨酸转化成 5–羟色胺。

2. 内啡肽（又称脑内啡）

辣味可以使大脑分泌内啡肽，让人产生愉悦、镇静的感觉。另外，运动也可以促进体内内啡肽和去甲肾上腺素的分泌，有助于减轻抑郁。

3. 苯乙胺

巧克力中含有苯乙胺，具有抑制忧郁情绪、使人产生欣快感的作用，尤其是可可含量更多的黑巧克力。

其他抗抑郁药物品种信息见表 15－9。

表 15－9　　其他抗抑郁药物品种信息

药物名称	商品名	适应证	商品信息
氟哌啶醇	哈力多	用于急慢性各型精神分裂症、躁狂症、抽动秽语综合征。控制兴奋躁动、敌对情绪和攻击行为的效果较好	【制剂及规格】片剂：2 mg、4 mg。注射剂：1 mL : 5 mg
奥氮平	欧兰宁，再普乐	适用于有严重阳性症状或阴性症状的精神分裂症和其他精神病的急性期及维持期。亦可用于缓解精神分裂症及相关疾病常见的继发性情感性症状	【制剂及规格】片剂：2.5 mg、5 mg、10 mg
喹硫平	启维，舒思，思瑞康	用于治疗精神分裂症和双相情感障碍的抑郁发作	【制剂及规格】片剂：25 mg、50 mg、100 mg、200 mg、300 mg
碳酸锂	无	主要治疗躁狂症，对躁狂和抑郁交替发作的双相情感障碍有很好的治疗和预防复发作用，对反复发作的抑郁症有预防发作作用。也用于治疗分裂情感性精神病	【制剂及规格】片剂：0.1 g、0.25 g。缓释片：0.3 g

第五节　中枢兴奋药

学习目标

1. 掌握常见中枢兴奋药的名称、适应证、制剂及规格。
2. 熟悉常见中枢兴奋药的典型不良反应、药物评价及贮藏要求等。

中枢兴奋药是指能选择性地兴奋中枢神经系统，从而提高其机能活动的一类药。根据药物对中枢兴奋部位的不同，中枢兴奋药可分为：①主要兴奋大脑皮质的药物，如咖啡因、哌甲酯等；②主要兴奋延髓呼吸中枢的药物，如尼可刹米、洛贝林等。其中，直接兴奋脊髓的士的宁易引起惊厥，已不再使用。

咖啡因

【商品名】克盖舒，忆通宁

【适应证】解救因急性感染中毒及催眠药、麻醉药、镇痛药中毒引起的呼吸衰竭、循环衰竭。与阿司匹林、对乙酰氨基酚制成复方制剂，用于一般性头痛；与麦角胺合用治疗偏头痛。

【制剂及规格】①氨基比林咖啡因片：每片含氨基比林 150 mg、咖啡因 40 mg。②麦角胺咖啡因片：每片含酒石酸麦角胺 1 mg、无水咖啡因 100 mg。

【典型不良反应】偶有过量服用，可致恶心、头痛或失眠，长期过多服用可出现头痛、紧张、激动和焦虑。

【药物评价】①胃溃疡患者禁用。②孕妇大量摄入本品可引起流产、早产，故应避免使用。③长期大量地服用，有可能产生耐受性或依赖性，因此使用时应注意控制剂量。④现临床上多用于复方制剂，适用于解热镇痛。

【贮藏】遮光，密闭保存。

【案例分析】

在广告公司工作的 23 岁的李女士长期保持喝咖啡的习惯。但某日她发现，饮用咖啡后精神亢奋，且胃部会隐隐作痛很久。

问题讨论：为什么李女士喝完咖啡后会有胃部不适？

尼可刹米

【商品名】可拉明

【适应证】用于中枢性呼吸抑制及各种原因引起的呼吸抑制。

【制剂及规格】尼可刹米注射液：2 mL∶0.5 g、1.5 mL∶0.375 g。

【典型不良反应】常见面部刺激症、烦躁不安、抽搐、恶心、呕吐等。

【药物评价】①临床上常用的呼吸兴奋剂，安全剂量范围比较大，在体内作用时间很短。②对吗啡引起的呼吸抑制效果较好，对呼吸肌麻痹引起的呼吸抑制无效。

【贮藏】遮光，密闭保存。

洛贝林

【商品名】无

【适应证】主要用于各种原因引起的中枢性呼吸抑制。临床上常用于新生儿窒息、一氧化碳、阿片类中毒等。

【制剂及规格】盐酸洛贝林注射液：1 mL∶3 mg、1 mL∶10 mg。

【典型不良反应】可有恶心、呕吐、呛咳、头痛、心悸等。

【药物评价】①作用快、弱、短暂，仅维持数分钟，安全剂量范围大，不易引起惊厥。②与尼可刹米等联用可提高疗效及减少不良反应。

【贮藏】遮光，密闭保存。

思考与练习

一、选择题

1. 偶发性失眠者可选用的镇静催眠药是（　　）。

A. 艾司唑仑　　B. 唑吡坦　　C. 阿普唑仑　　D. 地西泮

2. 下列关于苯二氮䓬类镇静催眠药的叙述，不正确的是（　　）。

A. 是目前最常用的镇静催眠药　　B. 临床上用于治疗焦虑症

C. 地西泮为代表药物之一　　D. 长期应用不会产生依赖性和成瘾性

3. 下列药物中不属于非苯二氮䓬类的镇静催眠药的是（　　）。

A. 佐匹克隆　　B. 地西泮　　C. 阿普唑仑　　D. 艾司唑仑

4. 关于地西泮的作用特点，叙述错误的是（　　）。

A. 剂量加大可引起麻醉　　B. 有良好的抗癫痫作用

C. 治疗期间应避免饮酒或含乙醇的饮料　　D. 可增强其他中枢抑制药的作用

5. 地西泮不具有（　　）作用。

A. 镇静、催眠　　B. 抗抑郁　　C. 抗惊厥　　D. 抗焦虑

6. 用于抗抑郁的药物是（　　）。

A. 佐匹克隆　　B. 氯丙嗪　　C. 地西泮　　D. 丙米嗪

7. 长期使用咖啡因这类中枢兴奋药，可能出现的不良反应是（　　）。

A. 嗜睡、乏力　　B. 头痛、紧张、激动和焦虑

C. 视力下降、眼睛干涩　　D. 皮肤干燥、脱屑

8. 关于佐匹克隆的说法，错误的是（　　）。

A. 长期用药后可直接停药，无须逐渐减量

B. 适用于不能耐受次晨残余作用的失眠患者

C. 制剂规格包括 3.75 mg 和 7.5 mg 的片剂及胶囊剂

D. 服药期间禁止饮酒

9. 思利巴是（　　）的商品名。

A. 卡马西平　　B. 利培酮　　C. 左旋多巴　　D. 氯氮平

二、思考题

1. 常见抗抑郁药物有哪些？请举例说明。

2. 试比较地西泮与唑吡坦的异同点。

实训二十二　中枢神经系统药物的识记和分类

对 50 种常见的中枢神经系统药物进行分类，药物大类卡片（镇静催眠药、抗癫痫药、抗帕金森病药、抗精神失常药、中枢兴奋药等）的准备及具体实训步骤和实训测评请参照实训七。

第十六章

维生素类及矿物类药

学习引入

维生素是维持人体正常生理功能和健康所必需的微量有机化合物。除少数种类可在人体内合成或由肠道菌群产生外，大部分维生素在人体内不能合成或合成量不足而需从食物中摄取。每日微量的维生素即可满足人体需求，但人体摄入不足、吸收能力下降、需求量增加（如婴幼儿、妊娠期妇女及哺乳期妇女）、分解代谢加速、肠道菌群紊乱、人体的病理状态及用药的干扰（如长期、大量应用头孢菌素类、碳青霉烯类或氧头孢烯类抗菌药物及缓泻药）等均可能造成维生素缺乏，因此需要适量补充。

矿物质和维生素一样，是人体必需的元素，矿物质无法自身产生、合成，需要从外界食物中摄取。人体必需的矿物质主要有钙、镁、铁、钾、磷、锌等。它们与酶结合使酶活化，参与人体正常的新陈代谢。

本章主要介绍维生素类和矿物类药及代表药物的基本信息。

第一节　维生素类药

学习目标

1. 掌握常见维生素类药的名称、适应证、制剂及规格。
2. 熟悉常见维生素类药的典型不良反应、药物评价及贮藏要求等。

常见的维生素可分为脂溶性维生素及水溶性维生素两类。脂溶性维生素易溶于大多数有机溶剂，不溶于水，在食物中常与脂类共存。脂类吸收不良时，脂溶性维生素吸收亦减少，甚至发生缺乏症。常见的脂溶性维生素有维生素 A、维生素 D、维生素 E 和维生素 K 等。水溶性维生素易溶于水，常见的水溶性维生素有维生素 B_1、维生素 B_2、烟酸、维生素 B_6、维生素 C、叶酸和维生素 B_{12} 等。

维生素 A

【商品名】无

【适应证】用于预防和治疗维生素 A 缺乏症，如夜盲症、干眼症、角膜软化、皮肤粗糙角化等。

【制剂及规格】①维生素 A 软胶囊：每粒 5 000 U、2.5 万 U。②维生素 A 糖丸：每粒 1 000 U、2 500 U。

【典型不良反应】按推荐剂量服用，无不良反应。如每日 10 万 U 以上、连服 6 个月可引起慢性中毒，表现为食欲减退、呕吐、腹泻、皮肤发痒、干燥和脱屑、颅内压增高。急性中毒可见异常激动、嗜睡、复视、颅内压增高等症状。

【药物评价】①口服后极易吸收，主要在肝中贮存，几乎全部在体内被代谢，主要经尿、粪排泄，而乳汁中仅有少量排泄。② β－胡萝卜素是维生素 A 的前体，在动物肠黏膜内可转化为活性维生素 A。③妊娠期妇女对维生素 A 的需要量较大，但每日不宜超过 6 000 U。④婴幼儿对大量维生素 A 较敏感，应慎用。⑤老年人长期服用维生素 A，可因视黄基醛清除延迟而致维生素 A 过量。⑥大量或长期服用可引起齿龈出血、唇干裂。⑦慢性肾功能减退时慎用。

【贮藏】遮光，密封，于凉暗处保存。

维生素 B_1

【商品名】无

【适应证】用于预防和治疗维生素 B_1 缺乏症，如脚气病、神经炎、消化不良等。

【制剂及规格】①维生素 B_1 片：5 mg、10 mg。②维生素 B_1 丸：5 mg、10 mg。③维生素 B_1 注射液：2 mL∶100 mg、2 mL∶50 mg。

【典型不良反应】推荐剂量的维生素 B_1 几乎无毒性，过量使用可出现头痛、疲倦、烦躁、食欲减退、腹泻、水肿。

【药物评价】①必须按推荐剂量服用，不可超量服用。②不宜与含鞣质的中药或食物合用。③注射时偶见变态反应，个别甚至可发生过敏性休克，故除急需补充的情况外，很少给予注射给药。④维生素 B_1 在碱性溶液中容易分解，与碱性药物（如苯巴比妥、碳酸氢钠、枸橼酸钠等）合用，易引起变质。⑤大剂量应用时，测定尿酸浓度可呈假性增高，尿胆原可呈假阳性。

【贮藏】遮光，密封保存。

维生素 C

【商品名】力度伸，高喜

【适应证】用于预防坏血病，也可用于各种急慢性传染性疾病及紫癜等辅助治疗。

【制剂及规格】①维生素 C 片：25 mg、50 mg、100 mg。②维生素 C 泡腾片：0.5 g、1 g。③维生素 C 咀嚼片：50 mg、100 mg。④维生素 C 颗粒：0.1 g。④维生素 C 丸：50 mg、100 mg。

【典型不良反应】①长期服用可引起停药后坏血病，故宜逐渐减量停药。②长期应用大量维生素 C 可引起尿酸盐、半胱氨酸盐或草酸盐结石。③过量服用（每日用量 1 g 以上）可引起腹泻、皮肤红而亮、头痛、尿频、恶心呕吐、胃痉挛。

【药物评价】①不宜与碱性药物配伍使用，以免影响疗效。②不宜长期过量服用本品，否则突然停药有可能出现坏血病症状，孕妇服用过量可诱发新生儿坏血病。③制剂色泽变黄后不可用。④以空腹服用为宜，但消化道溃疡患者慎用，以免对溃疡面产生刺激，导致溃疡恶化、出血或穿孔。⑤维生素 C 对维生素 A 有破坏作用，大量维生素 C 可促进体内维生素 A 和叶酸的排泄，因此在大量服用维生素 C 的同时，宜注意补充足量的维生素 A 和叶酸。

【贮藏】遮光，密封保存。

维生素 E

【商品名】舍灵，维得维伊，亿劲

【适应证】用于治疗维生素 E 缺乏症，也可用于心血管疾病及习惯性流产、不孕症的辅助治疗。

【制剂及规格】①维生素 E 片：5 mg、10 mg、100 mg。②维生素 E 软胶囊：5 mg、10 mg、50 mg、100 mg。

【典型不良反应】长期过量服用可引起恶心、呕吐、眩晕、头痛、视物模糊、皮肤皲裂、唇炎、口角炎、腹泻、乳腺肿大、乏力。

【药物评价】①维生素 E 为抗氧化剂，可清除体内自由基，可用于抗衰老、美容，但疗效并不太确定。②长期大剂量服用维生素 E 可引起血小板聚集和形成，导致血栓性静脉炎或肺栓塞。③大量应用可致血清总胆固醇及甘油三酯升高。④因维生素 K 缺乏而引起低凝血酶原血症的患者应慎用，缺铁性贫血患者应慎用。

【贮藏】遮光，密封，在干燥处保存。

其他维生素类药物品种信息见表 16－1。

表 16－1　　其他维生素类药物品种信息

药物名称	商品名	适应证	商品信息
维生素 B_2	无	用于预防和治疗维生素 B_2 缺乏症，如口角炎、唇干裂、舌炎、阴囊炎、结膜炎、脂溢性皮炎等	【制剂及规格】维生素 B_2 片：5 mg、10 mg。维生素 B_2 注射液：2 mL∶5 mg、2 mL∶1 mg、2 mL∶10 mg
维生素 B_6	菲力古，申凯能	用于预防和治疗维生素 B_6 缺乏症，如脂溢性皮炎、唇干裂。也可用于减轻妊娠呕吐	【制剂及规格】维生素 B_6 片：10 mg。维生素 B_6 注射液：1 mL∶50 mg、1 mL ∶ 25 mg
烟酸	诺之平，高兹克	用于预防和治疗因烟酸缺乏引起的糙皮病等。也用作血管扩张药，治疗高脂血症	【制剂及规格】片剂（胶囊剂）：50 mg、100 mg。缓释片：0.25 g、0.5 g、0.75 g。注射剂：2 mL∶20 mg、2 mL∶100 mg、5 mL∶50 mg
维生素 D	无	用于维生素 D 缺乏症的预防和治疗，如绝对素食者、肠外营养患者、胰腺功能不全伴吸收不良综合征、肝胆疾病（肝功能损害、肝硬化、阻塞性黄疸）、小肠疾病、胃切除等	【制剂及规格】维生素 D_2 软胶囊：400 U、5 000 U、10 000 U。维生素 D_3 滴剂：3 400 U、800 U

续表

药物名称	商品名	适应证	商品信息
维生素 AD	贝特令，伊可新	用于预防和治疗维生素 A 及 D 的缺乏症，如佝偻病、夜盲症及小儿手足抽搐症	【制剂及规格】维生素 AD 滴剂：每 1 g 含维生素 A 5 000 U、维生素 D 500 U，每 1 g 含维生素 A 50 000 U、维生素 D 5 000 U；每 1 g 含维生素 A 9 000 U、维生素 D 3 000 U；每粒含维生素 A 1 200 U、维生素 D 400 U，每粒含维生素 A 1 500 U、维生素 D 500 U，每粒含维生素 A 1 800 U、维生素 D 600 U，每粒含维生素 A 2 000 U、维生素 D 700 U。 维生素 AD 软胶囊：每粒含维生素 A 1 500 U、维生素 D 500 U，每粒含维生素 A 2 000 U、维生素 D 700 U，每粒含维生素 A 3 000 U、维生素 D 300 U，每粒含维生素 A 10 000 U、维生素 D 1 000 U。 维生素 AD 胶丸：每粒含维生素 A 3 000 U、维生素 D 300 U

【知识拓展】

如果使用方法错误，小小的泡腾片可能会致命！

维生素 C 泡腾片由有机酸、碳酸钠或者碳酸氢钠和维生素 C 组成，遇水易生成大量二氧化碳。儿童的口腔很小，如果把泡腾片放入儿童口腔中，大量的二氧化碳可能堵塞气道，导致严重后果。使用时，要注意适应证、用法用量和用药的规范性。特别要注意的是，泡腾片一定要在水里充分溶解，不再产生气泡后，再给儿童服用。

第二节　矿物类药

学习目标

1. 掌握常见矿物类药的名称、适应证、制剂及规格。
2. 熟悉常见矿物类药的典型不良反应、药物评价及贮藏要求等。

临床上主要使用的矿物类药物有碳酸钙、葡萄糖酸钙、葡萄糖酸锌、复方碳酸钙等。

葡萄糖酸钙

【商品名】佳加盖，弘泰

【适应证】用于预防和治疗钙缺乏症，如骨质疏松症、手足搐搦症、骨发育不全、佝偻病，以及儿童、妊娠期妇女和哺乳期妇女、绝经期妇女、老年人钙的补充。

【制剂及规格】①葡萄糖酸钙口服溶液：每支 10 mL∶1 g、20 mL∶2 g。②葡萄糖酸钙片：0.1 g、0.5 g。③葡萄糖酸钙含片：0.1 g、0.15 g、0.2 g。④复方葡萄糖酸钙口服溶液：10 mL : 0.11 g（钙元素）、100 mL : 1.1 g（钙元素）、200 mL : 2.2 g（钙元素），主要成分为葡萄糖酸钙和乳酸钙。

【典型不良反应】偶见便秘。

【药物评价】①心肾功能不全者慎用。②不宜与洋地黄类药物合用。③大量饮用含乙醇和咖啡因的饮料、大量吸烟，以及大量进食富含纤维素的食物能抑制钙的吸收。④与噻嗪类利尿药合用时，易发生高钙血症（因增加肾小管对钙的重吸收）。⑤维生素 D、避孕药、雌激素能促进钙的吸收。

【贮藏】密封保存。

葡萄糖酸锌

【商品名】无

【适应证】用于治疗因缺锌引起的营养不良、厌食症、异食癖、口腔溃疡、痤疮、儿童生长发育迟缓等。

【制剂及规格】①葡萄糖酸锌片：35 mg、70 mg、174 mg。②葡萄糖酸锌颗粒：70 mg。③葡萄糖酸锌口服液：10 mL : 35 mg。④葡萄糖酸锌胶囊：174 mg。

【典型不良反应】有轻度恶心、呕吐、便秘等消化道反应。

【药物评价】①宜餐后服用以减少胃肠刺激。②勿与牛奶同服。勿与铝盐、钙盐、碳酸盐、鞣酸等同时服用。③可降低青霉胺、四环素类药品的作用。

【贮藏】遮光，密封保存。

【案例分析】

患儿，6 岁，因恶心呕吐 10 小时、惊厥 6 小时、昏迷 1 小时入院。发病前 1 天因食欲减退自服葡萄糖酸锌 8 袋（每袋含锌元素 10 mg），3 小时后恶心、呕吐、腹痛，7 小时后惊厥，频繁发作，发作后神志不清，渐至昏迷。既往无癫痫史，近期无感冒病史。

问题讨论：该患儿恶心、呕吐的原因可能是什么？

其他矿物类药物品种信息见表 16-2。

表 16-2　其他矿物类药物品种信息

药物名称	商品名	适应证	商品信息
碳酸钙	固元，凯方，纳诺卡	用于预防和治疗钙缺乏症，如骨质疏松症、手足抽搐症、骨发育不全、佝偻病，以及妊娠期妇女和哺乳期妇女、绝经期妇女、老年人钙的补充	【制剂及规格】碳酸钙咀嚼片：0.125 g、0.5 g（以钙计）。片剂：0.2 g、0.25 g、0.3 g（以钙计）
乳酸钙	利宝，盖一乐	用于防治钙缺乏症，如骨质疏松症、佝偻病、手足抽搐症等；也可用于儿童、孕妇、哺乳期妇女的钙补充	【制剂及规格】乳酸钙片：0.25 g、0.5 g。乳酸钙颗粒：0.5 g

续表

药物名称	商品名	适应证	商品信息
硫酸锌	童舒	用于防治锌缺乏引起的疾病，如食欲减退、生长发育迟缓、异食癖等；也可用于锌缺乏的辅助治疗	【制剂及规格】硫酸锌片：20 mg（以锌计）、40 mg（以锌计）。硫酸锌口服液：每支 10 mL，含硫酸锌 200 mg（以锌计约 45 mg）

【知识拓展】

饮食是补钙的基础

钙摄入量是膳食中影响钙的吸收率和吸收量最重要的因素，我们不但要保证摄入含钙丰富的食物，而且应该注意影响钙吸收的饮食行为。不同食物中钙的含量差异较大，日常生活中较常见且容易获得的含钙丰富的食物多种多样，包括奶及奶制品、豆制品、坚果，以及鱼、虾、贝类等海产品和绿色蔬菜。

思考与练习

一、选择题

1. 治疗佝偻病，选用（　　）。

A. 维生素 AD　　B. 维生素 B_2　　C. 维生素 B_6　　D. 复合维生素 B

2. 维生素 C 的主要适应证是（　　）。

A. 预防坏血病　　B. 治疗佝偻病　　C. 治疗厌食症　　D. 治疗脚气病

3. 夜盲症选用（　　）。

A. 维生素 A　　B. 维生素 B_1　　C. 维生素 C　　D. 维生素 D

4. 脂溶性维生素包括（　　）。

A. 维生素 B_2　　B. 维生素 B_{12}　　C. 维生素 C　　D. 维生素 D

5. 体内缺乏维生素 B_1 可能会导致（　　）。

A. 贫血　　B. 脚气病　　C. 不孕症　　D. 脂溢性皮炎

二、思考题

1. 在使用葡萄糖酸钙时需注意什么问题？

2. 许多化妆品中添加维生素 C 和维生素 E，声称可以抗衰老，为什么？

实训二十三　维生素类及矿物类药的识记和分类

对 30 种常见的维生素类及矿物类药物进行分类，药物大类卡片（维生素类、矿物类等，可加入部分维生素的保健食品）的准备及具体实训步骤和实训测评请参照实训七。

实训二十四　维生素类及矿物类药用药指导实训

请对案例中的患者进行用药指导，具体实施步骤及实训测评参照实训八。

案例一：患者，男，41 岁，业务员。主诉经常牙龈出血、牙齿脱落、伤口愈合缓慢。

案例二：患者，女，2 岁，厌食，身高、体重发育缓慢。

第十七章

麻醉药及麻醉辅助药

学习引入

麻醉药是指能使机体整体或局部产生暂时性、可逆性知觉与痛觉丧失的药物，依作用范围分为全身麻醉药与局部麻醉药。其中，局部麻醉药适用于体表小手术或局部区域麻醉，通过阻滞神经传导实现局部镇痛；全身麻醉药则用于大型手术或不耐受局部麻醉的患者，经静脉或吸入给药后使患者进入意识消失、肌肉松弛的麻醉状态。

从市场格局看，尽管全身麻醉手术量少于局部麻醉手术，但因全身麻醉药技术壁垒高、单价昂贵，其在全国麻醉药市场中占据主导地位。该领域聚焦围手术期精准麻醉需求，正朝着起效快、代谢短、安全性高的方向持续创新，成为医药市场中技术密集型的细分赛道。

本章主要介绍全身麻醉药、局部麻醉药和麻醉辅助药及代表药物的基本信息。

第一节　全身麻醉药

学习目标

1. 掌握常见全身麻醉药的名称、适应证、制剂及规格。
2. 熟悉常见全身麻醉药的典型不良反应、药物评价及贮藏要求等。

全身麻醉药简称全麻药，是一类能抑制中枢神经系统功能，暂时引起意识、感觉（特别是痛觉）消失，以便进行外科手术的药物。良好的全麻药还必须能松弛骨骼肌，抑制各种反射，使麻醉平稳、迅速、舒适，麻醉深度易于调节，不影响心、肺、肝、肾等内脏功能，并能完全恢复麻醉前状态。

全身麻醉药多数为化学惰性的挥发性液体或气体，包括：①吸入麻醉药，如异氟烷、七氟烷等；②静脉麻醉药，如丙泊酚、氯胺酮、依托咪酯、瑞芬太尼等（见表 17－1）。

吸入麻醉药不直接进入血管，临床使用时因个体差异较大，无法稳定维持麻醉深度，有局限性且对医院设备要求较高，故在应用上受到限制。未来一段时期内，静脉麻醉药仍占据市场较大份额。

表 17－1　　全身麻醉药的类别、特点及代表药物

类别	特点	代表药物名称
吸入麻醉药	通过肺部吸入而达到麻醉效果，多数为化学惰性的挥发性液体或气体	异氟烷，七氟烷
静脉麻醉药	通过血液循环作用于中枢神经系统而产生全身麻醉作用，诱导快，对呼吸道没有刺激	丙泊酚，氯胺酮，依托咪酯，瑞芬太尼

一、吸入麻醉药

异氟烷

【商品名】怡美宁，宁芬

【适应证】适用于全身麻醉诱导及维持，如颅脑手术麻醉、胸腔和心血管手术等，也可用于术中控制性降压。

【制剂及规格】异氟烷：每瓶 100 mL、250 mL。

【典型不良反应】偶有心律失常、白细胞计数增加。诱导时出现咳嗽、喉痉挛，可发生呼吸抑制及低血压；复苏期出现寒战、恶心及呕吐。

【药物评价】①异氟烷麻醉诱导和复苏均较快。②对呼吸道黏膜刺激性小，恶心、呕吐少见。③有一定的肌肉松弛作用。

【贮藏】遮光，密封，在阴凉处保存。

七氟烷

【商品名】凯特利，益君宁

【适应证】①诱导：七氟烷具有气味芳香、刺激性小的特点，患者吸入后能快速进入麻醉状态，适用于儿童及成人全身麻醉的诱导过程。尤其是对于难以建立静脉通路的患者，七氟烷吸入诱导更具优势。②维持：在手术过程中，可通过调节七氟烷的吸入浓度，灵活控制麻醉深度，维持稳定的麻醉状态，满足各类手术对麻醉的需求。③特殊患者麻醉：对于患有呼吸系统疾病，如慢性阻塞性肺疾病的患者也较为适用，七氟烷对呼吸道刺激性小、血 / 气分配系数低，能快速调节麻醉深度；由于七氟烷对循环系统的影响相对较小，因此也可作为心脏功能不佳患者的麻醉药物选择。

【制剂及规格】吸入用七氟烷：每瓶 250 mL。

【典型不良反应】①对肝肾功能有潜在损害，长期或大量使用可能引发肝功能指标异常、肾功能损伤。②在呼吸系统方面，会刺激呼吸道，导致咳嗽、喉痉挛，增加气道阻力。③心血管系统也会受影响，可引起血压下降、心律失常。④部分患者还会出现恶心、呕吐等胃肠道不适症状。

【药物评价】本品为临床主流吸入麻醉药，气味佳，诱导与苏醒快，术后不适少，医患满意度高；常规用对生理影响小、安全性好，尤其适配心功能差者的心脏手术。但需规避肾功能不全、长时间低流量麻醉等禁忌，临床需结合患者情况个体化选用。

【贮藏】遮光，密封。2~8 ℃冷藏保存，保持容器直立。

二、静脉麻醉药

丙泊酚

【商品名】力蒙欣，迪施宁，乐维静

【适应证】适用于诱导和维持全身麻醉，多用于门诊手术和短小手术，术毕即可离院。也可用于心脏、颅脑手术麻醉及重症医学病房（ICU）患者镇静，保持机械通气患者的安静。

【制剂及规格】①丙泊酚乳状注射液：每支 20 mL∶0.2 g、50 mL∶0.5 g。②丙泊酚中 / 长链脂肪乳注射液：每支 20 mL∶0.2 g、50 mL∶0.5 g。

【典型不良反应】低血压和呼吸抑制。

【药物评价】①本品是目前临床上普遍用于麻醉诱导、麻醉维持、ICU 患者镇静的快速、短效静脉麻醉药。②麻醉诱导起效快，苏醒迅速且功能恢复完善，术后恶心、呕吐发生率低。

【贮藏】原料药：充氮，遮光，密封，在 15 ℃以下保存。制剂：密闭，2～25 ℃保存，不能冰冻。

依托咪酯

【商品名】宜妥利，福尔利

【适应证】全身麻醉诱导（短期麻醉须与镇痛药合用）。

【制剂及规格】①依托咪酯注射液：10 mL∶20 mg。②依托咪酯乳状注射液：10 mL∶20 mg。③依托咪酯中 / 长链脂肪乳注射液：10 mL∶20 mg。

【典型不良反应】①可引起暂时性肾上腺功能不全而出现水盐失衡、低血压，甚至休克。②用后常见恶心、呕吐、呃逆。③可发生肌肉阵挛、肌颤、肌痛等。

【药物评价】依托咪酯是一种催眠性静脉全麻药，是咪唑类衍生物，安全性高，是麻醉诱导常用的药物之一。

【贮藏】遮光，密封，在阴凉处保存。

瑞芬太尼

【商品名】瑞捷

【适应证】用于全身麻醉诱导和全身麻醉中维持镇痛，也可用作麻醉辅助用药。

【制剂及规格】注射用盐酸瑞芬太尼：1 mg、2 mg、5 mg。

【典型不良反应】常见不良反应有口干、心悸、头晕、头痛、嗜睡、不安和轻度胃肠不适，停药后即可消失。偶有幻听、幻视、定向力障碍、精神错乱、抑郁等。偶见皮疹、一过性低血压反应。

【药物评价】①在临床麻醉中具有独特的地位，应用范围不断扩大。②可有效抑制气管插管、重大手术创伤（如心脏手术等）引起的应激反应。③起效迅速，镇痛作用强，剂量容易控制，无蓄积、安全可靠。④由于代谢迅速，手术结束停药时要给予术后镇痛。

【贮藏】原料药：遮光，密封保存。制剂：遮光，密闭，2～25 ℃保存。

【案例分析】

患者，女，43 岁，因胃部不适来医院就诊。医生先开具普通胃镜检查单，因患者惧怕胃镜检查，后改为无痛胃镜。

无痛胃镜是在普通胃镜检查的基础上，先通过静脉给予一定剂量的短效麻醉剂，帮助患者迅速进入镇静、睡眠状态，在毫无知觉中完成胃镜检查，并在检查完毕后迅速苏醒。

问题讨论：

1. 在无痛胃镜中使用的是全身麻醉药还是局部麻醉药？
2. 全身麻醉药和局部麻醉药有何区别？

其他静脉麻醉药物品种信息见表 17－2。

表 17－2　其他静脉麻醉药物品种信息

药物名称	商品名	适应证	商品信息
氯胺酮	速开朗	用于各种表浅、短小手术麻醉和无法配合的患儿诊断性检查麻醉及全身复合麻醉	【制剂及规格】注射剂：10 mL : 0.1 g、2 mL : 0.1 g、20 mL : 0.2 g

第二节　局部麻醉药

学习目标

1. 掌握常见局部麻醉药的名称、适应证、制剂及规格。
2. 熟悉常见局部麻醉药的典型不良反应、药物评价及贮藏要求等。

局部麻醉药简称局麻药，是一类能在用药局部可逆性地阻断神经冲动的发生和传导的药物，由可卡因衍变而来。局麻药包括：①酰胺类，如利多卡因、布比卡因、罗哌卡因等；②酯类，如普鲁卡因、丁卡因等（见表 17－3）。

表 17－3　局部麻醉药的类别、特点及代表药物

类别	特点	代表药物名称
酰胺类	在肝经酰胺酶降解，阿替卡因则在血浆酯酶催化下甲基酯断裂失活。药物起效快，弥散广，麻醉时效较长，变态反应发生率极低，且性质稳定	利多卡因，布比卡因，罗哌卡因，阿替卡因
酯类	在血浆中被酯酶水解，可卡因则在肝经酯酶代谢。多易引起变态反应，使用前需要做皮肤过敏试验	普鲁卡因，丁卡因，可卡因

利多卡因

【商品名】利舒卡

【适应证】用于表面、浸润、传导、硬膜外麻醉及抗室性心律失常，临床以硬膜外麻醉最常用。

【制剂及规格】①盐酸利多卡因注射液：5 mL : 0.1 g、10 mL : 0.2 g。②盐酸利多卡因凝胶：2%。③盐酸利多卡因胶浆：10 g : 0.2 g。④盐酸利多卡因粉末无针注射皮内给药系统：0.5 mg。

【典型不良反应】①可作用于中枢神经系统，引起嗜睡、感觉异常、肌肉震颤、惊厥昏迷及呼吸抑制等不良反应。②可引起低血压及心动过缓，血药浓度过高，引起心房传导速度减慢、房室传导阻滞，抑制心肌收缩力和心输出量下降。

【药物评价】本品具有较强的穿透力，起效快，扩散力和局部麻醉作用比普鲁卡因强2倍，毒性也增强。

【贮藏】密闭保存。

罗哌卡因

【商品名】耐乐品，力蒙乐，泽荣

【适应证】①外科手术麻醉：硬膜外麻醉，包括剖宫产术硬膜外麻醉；局部浸润麻醉。②急性疼痛控制：用于术后或分娩镇痛，可采用持续硬膜外输注，也可间歇性用药；局部浸润麻醉。

【制剂及规格】①甲磺酸罗哌卡因注射液：10 mL : 23.8 mg、10 mL : 89.4 mg、10 mL : 119.2 mg。②盐酸罗哌卡因注射液：10 mL : 20 mg、10 mL : 50 mg、10 mL : 75 mg、10 mL : 100 mg。

【典型不良反应】①中枢神经系统毒性，引发头晕、嗜睡，甚至惊厥。②可致心血管系统异常，出现血压下降、心律失常。③若剂量过大或误入血管，可能抑制呼吸。④可能引发注射部位疼痛、红斑等局部反应，以及恶心、呕吐等胃肠道不适。

【药物评价】①罗哌卡因用于局部浸润麻醉，不仅能够满足中小手术麻醉的需要，还能为全身麻醉术后提供镇痛。②在持续局部镇痛时，对伤口感染和肌肉损伤有影响。

【贮藏】遮光，密闭保存。

普鲁卡因

【商品名】可谱诺

【适应证】本品为短效局部麻醉药，适用于浸润、阻滞麻醉、蛛网膜下腔麻醉和封闭疗

法，亦可用于静脉复合麻醉。

【制剂及规格】①盐酸普鲁卡因注射液：每支 2 mL∶40 mg、10 mL∶100 mg、20 mL∶50 mg、20 mL∶100 mg。②普鲁卡因肾上腺素注射液：1 mL∶盐酸普鲁卡因 5 mg 与肾上腺素 0.002 mg、2 mL∶盐酸普鲁卡因 40 mg 与肾上腺素 0.05 mg。

【典型不良反应】①对于中枢神经系统，易引发兴奋症状，如头晕、烦躁不安，严重时可能出现惊厥。兴奋过后会转入抑制状态，导致呼吸抑制，甚至昏迷。②对于心血管系统，可引起血管扩张，致使血压下降、心率减慢，还可能导致心律失常。③此外，因其属于酯类，易发生变态反应，表现为皮疹、瘙痒，严重时可出现喉头水肿、过敏性休克。

【药物评价】①最早合成且久用不衰的优良局部麻醉药，具有麻醉作用强、效果可靠、毒性较小、对组织无刺激性、价廉易得等优点。②对皮肤黏膜的穿透性较差，不适用于表面麻醉。

【贮藏】遮光，密闭保存。

其他局部麻醉药物品种信息见表 17－4。

表 17－4　其他局部麻醉药物品种信息

药物名称	商品名	适应证	商品信息
布比卡因	艾恒平，速卡	用于局部浸润麻醉、外周神经阻滞和椎管内阻滞	【制剂及规格】注射剂：5 mL∶37.5 mg、5 mL∶25 mg、10 mL∶50 mg、5 mL∶12.5 mg
丁卡因	利宁	盐酸丁卡因胶浆：用于尿道、食管、阴道、肛门、直肠等插管镜检或手术时的局部润滑麻醉 盐酸丁卡因注射液 / 注射用盐酸丁卡因：用于硬膜外阻滞、蛛网膜下腔阻滞、神经传导阻滞、黏膜表面麻醉	【制剂及规格】胶浆剂：5 g∶0.05 g、8 g∶0.08 g。注射剂：5 mL∶50 mg。凝胶剂：1.5 g∶70 mg
阿替卡因	必兰	用于局部浸润麻醉和部位麻醉	【制剂及规格】复方盐酸阿替卡因注射剂：1.7 mL∶盐酸阿替卡因 68 mg 与肾上腺素 0.017 mg

第三节　麻醉辅助药

学习目标

1. 掌握常见麻醉辅助药的名称、适应证、制剂及规格。
2. 熟悉常见麻醉辅助药的典型不良反应、药物评价及贮藏要求等。

麻醉辅助药是在复合麻醉过程中，与主麻醉药协同使用，旨在增强麻醉效果、保障麻醉安全性和优化手术条件的一类药物。它们本身通常不具备独立完成全身麻醉的作用，但能通过不同机制弥补主麻醉药的不足，满足手术中多样化的需求。基于不同药理特性与治疗目的，麻醉辅助药主要分为九个类别（见表 17－5）。

表 17－5　麻醉辅助药的类别、特点及代表药物

类别	特点	代表药物名称
肌肉松弛药	在全身麻醉中应用肌肉松弛药可减少麻醉药的用量，在浅麻醉时即可使骨骼肌充分松弛，避免深麻醉对机体生理功能的不良影响，是麻醉中的重要辅助用药	氯化琥珀胆碱，维库溴铵，苯磺顺阿曲库铵
阿片类	强效镇痛，缓解手术疼痛，兼具镇静、欣快作用，但存在呼吸抑制、成瘾性等不良反应。适用于中重度疼痛手术的麻醉辅助	哌替啶，芬太尼，吗啡，二氢埃托啡
阿片类对抗药	竞争性拮抗阿片受体，自身几乎无内在活性，不产生阿片样作用；可快速逆转阿片类药物导致的呼吸抑制、昏迷，用于药物过量解救	纳洛酮，烯丙吗啡
苯二氮䓬类	具备抗焦虑、镇静催眠、抗惊厥及中枢性肌肉松弛作用，能增强麻醉效果，减少主麻醉药用量，安全性较高，常用于麻醉前给药及术中辅助	地西泮，咪达唑仑
莨菪碱类	可显著抑制唾液腺、呼吸道腺体分泌，有效预防术中误吸风险；同时还能解除平滑肌痉挛、加快心率，用于对抗麻醉引起的心动过缓等循环紊乱问题	阿托品，东莨菪碱
低温麻醉用药	抑制体温调节中枢，配合冰袋、降温毯等物理降温措施，降低机体代谢与耗氧量，在心脏手术、神经外科手术等需要保护重要脏器功能的场景中，实现低温麻醉状态	氯丙嗪
控制性降压用药	选择性扩张血管，降低外周血管阻力，实现术中控制性降压以减少出血；咪噻吩因组胺释放等副作用，临床使用逐渐被硝普钠、硝酸甘油等替代	咪噻吩（临床渐少用）
预防血压下降用药	兴奋 α 和 β 受体，收缩血管、加快心率，升高血压，预防麻醉期间由于血管扩张等因素导致的血压降低	麻黄碱
处理心动过速用药	超短效 β 受体阻滞剂，能迅速降低心率与心肌耗氧量，用于处理麻醉期间出现的心动过速	艾司洛尔

维库溴铵

【商品名】仙林，万可松

【适应证】主要作为全身麻醉辅助用药，用于全身麻醉时的气管插管和术中肌肉松弛的维持。持续时间为泮库溴铵的 1/3～1/2，但效果稍强。

【制剂及规格】注射用维库溴铵：4 mg。

【典型不良反应】①导致呼吸幅度减弱、频率降低，严重时甚至引起呼吸暂停，危及生命。②偶见支气管痉挛、皮肤潮红、皮疹等。

【药物评价】①肌肉松弛作用较泮库溴铵稍快、稍强，时效较短，反复用药基本无蓄积性。②在目前临床使用的肌肉松弛药中，本品是唯一对心血管系统无不良反应的强效、安全的中等时效非去极化类肌肉松弛药。

【贮藏】密闭，在阴凉处保存。

苯磺顺阿曲库铵

【商品名】赛机宁

【适应证】适用于各种外科手术中全身麻醉期间的骨骼肌松弛，也适用于气管插管时所需的肌肉松弛。

【制剂及规格】①注射用苯磺顺阿曲库铵：20 mg、10 mg、5 mg。②苯磺顺阿曲库铵注射液：5 mL∶10 mg、2.5 mL∶5 mg。

【典型不良反应】与大多数神经肌肉阻断剂一样，对某些过敏体质的患者可能有组胺释放，引起一过性皮肤潮红等。

【药物评价】本品是中效的、非去极化的、具异喹啉鎓苄酯结构的肌肉松弛药。

【贮藏】遮光，密闭，2～8 ℃保存和运输。

氯化琥珀胆碱

【商品名】司可林

【适应证】用于全身麻醉时气管插管和术中维持肌肉松弛。

【制剂及规格】氯化琥珀胆碱注射液：1 mL∶50 mg、2 mL∶100 mg。

【典型不良反应】①剂量过大可致呼吸肌麻痹，须备人工通气设备。②可引起血钾升高，严重者诱发心律失常，禁用于烧伤、广泛软组织损伤患者。③术后肌痛。④罕见恶性高热。

【药物评价】①起效快，作用时间短，尤其适合快速顺序诱导麻醉。②因高钾血症、恶性高热等不良反应风险，临床使用需严格掌握适应证，并做好监测。③随着非去极化类肌肉松弛药（如罗库溴铵）的发展，其应用范围逐渐受限，但在紧急气管插管场景中仍不可替代。

【贮藏】密闭保存。

思考与练习

一、选择题

1. 下列属于吸入麻醉药是（　　）。

A. 异氟烷　　B. 利多卡因　　C. 丙泊酚　　D. 普鲁卡因

2. 丙泊酚属于（　　）。

A. 吸入性麻醉药　　B. 静脉麻醉药

C. 肌内注射麻醉药　　D. 口服麻醉药

3. 下列关于普鲁卡因的叙述错误的是（　　）。

A. 本品使用前必须做皮下过敏试验，对本品过敏者禁用

B. 本品为长效局部麻醉药

C. 不能渗入皮肤黏膜，外用无效，用药宜个体化

D. 属于酯类

4. 以下属于静脉麻醉药的是（　　）。（多选题）

A. 丙泊酚　　B. 七氟烷

C. 依托咪酯　　D. 氯胺酮

5. 下列属于酰胺类局部麻醉药的是（　　）。

A. 普鲁卡因　　B. 利多卡因

C. 丁卡因　　D. 可卡因

二、思考题

1. 比较异氟烷与丙泊酚在临床应用上的异同。
2. 请列举瑞芬太尼的常见不良反应。

实训二十五　麻醉及麻醉辅助药物的识记和分类

对 30 种常见的麻醉及麻醉辅助药物进行分类，药物大类卡片（全身麻醉药、局部麻醉药和麻醉辅助药）的准备及具体实训步骤和实训测评请参照实训七。

第十八章 临床专科用药

学习引入

临床专科用药作为精准医疗体系的重要组成部分，是指针对特定专科疾病研发、治疗指向性明确的药物。医院依据国家基本药物目录、临床诊疗指南等权威标准，结合专科诊疗特色，制定专科疾病用药目录，为临床医师提供精准用药依据。在诊疗过程中，医师通过对目录内药物的规范化使用，不仅能实现精准治疗，还能有效规避用药风险，对提升医疗质量、保障患者安全具有重要意义。

从细分领域来看，临床专科用药主要涵盖皮肤科、眼科、耳鼻喉科、妇科、儿科等专科方向。相较于普通药品市场，专科用药虽市场规模有限，但凭借其高壁垒、高附加值的特性，近年来呈现强劲的增长态势。伴随医药科技的持续创新与医疗需求的精细化发展，该领域已逐步构建起涵盖研发、生产、销售的完整产业链，孕育出众多行业领军企业与明星产品。

本章主要介绍皮肤科用药、眼科用药、耳鼻喉及口腔科用药、妇科用药、儿科用药及代表药物的基本信息。

第一节　皮肤科用药

学习目标

1. 掌握常见皮肤科用药的名称、适应证、制剂及规格。
2. 熟悉常见皮肤科用药的典型不良反应、药物评价及贮藏要求等。

皮肤科用药是专门用于预防和治疗皮肤疾病的药物。皮肤疾病种类繁多，主要分为三类：①感染性皮肤病，由病毒、细菌、真菌等病原体引起，如带状疱疹（病毒感染）、毛囊炎（细菌感染）、手足癣（真菌感染）。②变态反应或免疫相关性皮肤病，包括接触性皮炎、湿疹、特应性皮炎、银屑病等，这类疾病常与免疫功能紊乱、变态反应相关。③自身免疫性疾病，如天疱疮、大疱性类天疱疮等大疱性皮肤病，以及红斑狼疮、皮肌炎、硬皮病等结缔组织病，机体免疫系统错误攻击自身组织引发病症。

皮肤科药物治疗分为内服与外用两种方式。外用药物因能直接作用于皮肤病变部位，局部药物浓度高、见效快，且可减少口服药物带来的全身不良反应，在皮肤病防治中占据重要地位。

皮肤科用药的类别、特点及代表药物见表 18－1。

表 18－1　皮肤科用药的类别、特点及代表药物

类别	特点	代表药物名称
抗感染药	主要用于感染性皮肤病，包括抗细菌用药、抗真菌用药和抗病毒用药	莫匹罗星，联苯苄唑，咪康唑，酮康唑，特比萘芬，阿昔洛韦，红霉素
皮肤用糖皮质激素	主要有抗炎、抗过敏作用，可用于皮炎、湿疹、多形红斑、银屑病、白色糠疹、扁平苔藓、寻常痤疮、脂溢性皮炎等	卤米松，氢化可的松，曲安奈德，地塞米松，糠酸莫米松
痤疮用药	主要抑制皮脂腺的分泌，控制痤疮丙酸杆菌的繁殖，调节体内激素水平，减轻炎症反应	维 A 酸，异维 A 酸，阿达帕林，过氧苯甲酰
银屑病用药	治疗性药物包括维生素 D_3 衍生物、维 A 酸类药物、皮质激素类药物，或者钙调神经磷酸酶抑制剂、生物制剂等	地蒽酚，煤焦油，卡泊三醇，阿维 A 酯
消毒防腐药	主要用于体表（皮肤、黏膜、外伤）消毒	聚维酮碘，过氧乙酸，氯己定，依沙丫啶，硼酸

莫匹罗星

【商品名】百多邦，匹得邦，澳琪

【适应证】本品为局部外用抗生素，主要用于治疗革兰氏阳性球菌，尤其是葡萄球菌和链球菌皮肤感染，如脓疱病、疖肿、毛囊炎及湿疹合并感染、溃疡合并感染、创伤合并感染等。

【制剂及规格】莫匹罗星软膏：2%，每支 5 g、8 g、10 g。

【典型不良反应】一般无不良反应，偶见局部烧灼感、蜇刺感及瘙痒等，一般不需停药。

【药物评价】①本品皮肤外用，经皮穿透和吸收极少，仅适用于局部给药。其抗菌作用主要体现在高浓度时杀菌或在低浓度时抑菌。

【贮藏】密封保存。

联苯苄唑

【商品名】美克，孚琪

【适应证】适用于皮肤真菌、酵母菌、霉菌和其他真菌（如糠秕马拉色菌）引起的皮肤真菌病，以及微小棒状杆菌引起的感染，如脚癣、手癣、体癣、股癣、花斑癣及表皮念珠菌病。

【制剂及规格】①联苯苄唑乳膏：1%，每支 10 g、15 g、20 g。②联苯苄唑溶液：1%。③联苯苄唑凝胶：1%。

【典型不良反应】用药部位可能发生疼痛、外周性水肿、接触性皮炎、红斑、瘙痒、皮疹等反应，停药后可恢复。

【药物评价】本品为广谱抗真菌药，作用机制是抑制细胞膜的合成，对皮肤癣菌及念珠菌等有抗菌作用。

【贮藏】密闭，在阴凉处保存。

糠酸莫米松

【商品名】艾洛松，芙美松

【适应证】用于湿疹、神经性皮炎、特应性皮炎及皮肤瘙痒症。

【制剂及规格】①糠酸莫米松乳膏：0.1%（5 g∶5 mg）、0.1%（10 g∶10 mg）。②糠酸莫米松凝胶：0.1%（5 g∶5 mg）。

【典型不良反应】使用本品的局部不良反应极少见，如烧灼感、瘙痒、刺痛和皮肤萎缩等。

【药物评价】①用于非感染性炎症性皮肤病，若伴有皮肤感染，应同时合用抗感染药物。②本品为局部外用糖皮质激素，具有抗炎、抗过敏、止痒及减少渗出作用。

【贮藏】密封，在阴凉干燥处保存。

维 A 酸

【商品名】迪维，轰克

【适应证】用于寻常痤疮、扁平疣、黏膜白斑、毛发红糠疹、毛囊角化病及银屑病的辅助治疗。

【制剂及规格】①维 A 酸乳膏：0.025%、0.05%、0.1%。②维 A 酸片：每片为 10 mg、20 mg。

【典型不良反应】可能会引起皮肤刺激症状，如烧灼感、红斑及脱屑，可能使皮损更明显，但同时表明药物正在起作用，不是病情加重。

【药物评价】①外用可有少量经皮肤吸收，吸收后在体内的主要代谢产物和活性形式与维生素 A 相同。②可促进表皮细胞更新，调节表皮细胞增殖和分化，使角质层细胞疏松而容易脱落，有利于去除粉刺，并抑制新的粉刺形成。

【贮藏】遮光，密闭。

【案例分析】

患者，男，经检查，医生诊断为体癣。患者来药店购买药品，店员为患者推荐皮肤科外用乳膏。店员依次推荐了卤米松软膏、曲安奈德乳膏、莫匹罗星软膏、联苯苄唑乳膏及尿素软膏。

问题讨论：

1. 店员推荐的每种药品的作用分别是什么？

2. 针对患者所患疾病，哪一种或哪几种药品是正确的选择？

其他皮肤科用药品种信息见表 18－2。

表 18－2　其他皮肤科用药品种信息

药物名称	商品名	适应证	商品信息
红霉素	爱促泰	用于脓疱病等化脓性皮肤病、小面积烧伤、溃疡面的感染和寻常痤疮	【制剂及规格】软膏剂：1%
阿昔洛韦	科益，丽科舒，肖敏	作为大多数疱疹属病毒感染的首选用药	【制剂及规格】乳膏剂：10 g∶0.3 g，3%
咪康唑	达克宁，达力克，利康达宁	适用于皮肤念珠菌病的治疗，亦可用于治疗体癣、股癣、足癣、花斑癣等	【制剂及规格】乳膏剂：10 g∶0.2 g，2%
曲安奈德	派瑞松，艾瑞松	用于伴有真菌感染或有真菌感染倾向的皮炎、湿疹，由皮肤癣菌、酵母菌和霉菌所致的炎症性皮肤真菌病（如手足癣、体癣、股癣、花斑癣），尿布皮炎，念珠菌性口角炎，甲沟炎，由真菌、细菌所致的皮肤混合感染	【制剂及规格】乳膏剂：1 g ∶曲安奈德 1 mg 与硝酸益康唑 10 mg
阿达帕林	达芙文，克痘，楚雅	用于以粉刺、丘疹和脓疱为主要表现的寻常痤疮的皮肤治疗，亦可用于治疗面部、胸和背部的痤疮	【制剂及规格】凝胶剂：0.1%，0.1%（15 g∶15 mg）
尿素	美隆，日抒	用于手足皲裂，也可用于角化型手足癣所引起的皲裂	【制剂及规格】乳膏剂：10 g∶1 g，10 g∶2 g，10%
聚维酮碘	小多邦，施洁新，艾利克	用于脓皮病、皮肤真菌感染、小面积轻度烧烫伤，也用于小面积皮肤、黏膜创口的消毒	【制剂及规格】乳膏剂：10%。溶液剂：1%、5%。凝胶剂：5 g∶0.25 g（含有效碘 0.5%）、5 g∶0.5 g（含有效碘 1%）

【知识拓展】

皮肤科祛痘、祛闭口药物——阿达帕林

传统的外用维 A 酸类药物（RA）在治疗寻常痤疮上疗效确实很好，但其刺激性等副作用限制了它的使用。RA 分子结构中一系列脆弱的二价键链条，使分子不稳定及受体选择性差，引起局部刺激。实验表明，RA 易降解，例如：暴露于日光 24 小时，基线 RA 浓度的 60%～80% 降解；如果同时使用氧化剂，如过氧化苯甲酰，4 小时内 80% 的 RA 降解，24 小时后全部消失。为了寻找分子更稳定、副作用更小的药物，人们研制出萘甲酸衍生物——阿达帕林。阿达帕林具有独特的物理化学性质，光稳定性、刚性和高亲脂性，既具有维 A 酸的活性，刺激性又较小，不太可能出现某些局部耐受性问题，如烧灼感、红斑、瘙痒等，对祛痘、祛闭口具有较好的效果。

第二节　眼科用药

学习目标

1. 掌握常见眼科用药的名称、适应证、制剂及规格。
2. 熟悉常见眼科用药的典型不良反应、药物评价及贮藏要求等。

眼科用药主要包括青光眼、白内障、干眼症等疾病用药，以及抗感染药、抗变态反应药等（见表 18－3）。

表 18－3　　眼科用药的类别、特点及代表药物

类别	特点	代表药物名称
抗感染药	用于眼部感染，包括抗细菌药物、抗真菌药物、抗病毒药物	妥布霉素，氯霉素，红霉素，金霉素，氧氟沙星，左氧氟沙星，洛美沙星，加替沙星，复方磺胺甲噁唑钠，阿昔洛韦，利巴韦林
抗变态反应药	抗变态反应的眼药水一般分为两种：①抗组胺药，这类眼药水可以用于局部变态反应治疗；②糖皮质激素，一般用于比较严重的变态反应，或者是用于对抗组胺药不敏感的情况	色甘酸钠，酮替芬
白内障用药	主要用于抑制延缓白内障进展	苄达赖氨酸，吡诺克辛钠
青光眼用药	主要用于降低眼内压，有 β 受体阻滞剂、碳酸酐酶抑制剂、α 受体激动剂、缩瞳药等	噻吗洛尔，布林佐胺，毛果芸香碱
缓解视疲劳用药	提高眼睛湿润度，缓解不适。例如人工泪液，作为眼表的润滑剂，是高分子材料，有聚合水的作用	聚乙烯醇，萘敏维

苄达赖氨酸

【商品名】莎普爱思

【适应证】早期老年性白内障。

【制剂及规格】苄达赖氨酸滴眼液：8 mL∶40 mg、0.3 mL∶1.5 mg。

【典型不良反应】可能出现一过性烧灼感、流泪等反应，但能随着用药时间延长而适应。

【药物评价】本品是醛糖还原酶（AR）抑制剂，通过抑制眼睛中 AR 的活性，达到预防或治疗白内障的目的。目前，唯一能够治愈白内障的方式只有手术。

【贮藏】遮光，密闭保存。

【案例分析】

患者，女，35 岁，2 天前因眼部痛痒不适、畏光、流泪，来到医院检查，被诊断为细菌性结膜炎。

问题讨论：

1. 该患者可以使用哪些药物进行治疗？
2. 眼部疾病用药通常是哪种剂型的？

其他眼科用药品种信息见表 18－4。

表 18－4 其他眼科用药品种信息

药物名称	商品名	适应证	商品信息
红霉素	无	用于沙眼、结膜炎、角膜炎、睑缘炎及眼外部感染	【制剂及规格】眼膏剂：0.5%
阿昔洛韦	正大捷普	用于单纯疱疹性角膜炎	【制剂及规格】滴眼液：8 mL∶8 mg（0.1%）。眼膏剂：2.5 g∶75 mg（3%）
色甘酸钠	必润，宁敏	用于预防春季过敏性结膜炎	【制剂及规格】滴眼剂：8 mL∶0.16 g、10 mL∶0.2 g、15 mL∶0.3 g
吡诺克辛钠	白内停，卡林优	用于初期老年性白内障、轻度糖尿病性白内障或并发性白内障等	【制剂及规格】滴眼剂：15 mL∶0.8 mg
毛果芸香碱	真瑞，护明，贝尼特	用于急性闭角型青光眼、慢性闭角型青光眼、开角型青光眼、继发性青光眼等	【制剂及规格】凝胶剂：15 g∶15 mg（0.1%）
萘敏维	润宁，艾唯多，爱尔明	用于缓解眼睛疲劳、结膜充血以及眼睛发痒等症状	【制剂及规格】滴眼剂：0.4 mL∶盐酸萘甲唑啉 0.008 mg、马来酸氯苯那敏 0.08 mg 和维生素 B_{12} 0.04 mg，10 mL∶盐酸萘甲唑林 0.2 mg、马来酸氯苯那敏 2 mg 和维生素 B_{12} 1 mg

【课堂随想】

与红眼病患者对视会被传染吗？

红眼病是急性或亚急性细菌性结膜炎的俗称，又称急性卡他性结膜炎，由细菌感染引起，致病菌包括流感嗜血杆菌、肺炎链球菌和金黄色葡萄球菌等。

在生活中一旦有人染上红眼病，很多人唯恐避之不及，不敢和红眼病患者对视，生怕染上红眼病。对此，你怎么看？

第三节 耳鼻喉及口腔科用药

学习目标

1. 掌握常见耳鼻喉及口腔科用药的名称、适应证、制剂及规格。
2. 熟悉常见耳鼻喉及口腔科用药的典型不良反应、药物评价及贮藏要求等。

耳部用药主要指能治疗耳部炎症（如中耳炎、耳外伤等）的耳内或外耳局部用药物。药物剂型包括耳内滴入用药的滴耳液及外耳搽涂用药的软膏等。

鼻腔用药主要指能减轻鼻腔炎症、出血、鼻塞等不适的鼻腔内局部用药物。药物剂型包括滴鼻液、软膏、鼻腔喷雾剂及吸入剂。滴鼻时应头往后仰，适当吸气，使药液能到达较深部位。该类药品不能连续使用超过 3 日，过度频繁使用或延长使用时间可引起鼻塞症状反复。

口腔科用药主要指治疗口腔、牙周、咽喉等部位感染，减轻口腔局部疼痛与刺激的药物。口腔非处方用药均为局部用药。

耳鼻喉及口腔科用药的类别、特点及代表药物见表 18－5。

表 18－5　　耳鼻喉及口腔科用药的类别、特点及代表药物

类别	特点	代表药物名称
过敏性鼻炎用药	用来控制和改善症状，使用药物后可有效缓解鼻痒、打喷嚏和流涕等症状	左卡巴斯汀，曲安奈德，布地奈德，糠酸莫米松，酮替芬，氟替卡松，萘甲唑啉，氮草斯汀
口腔溃疡用药	消炎，止痛，促进愈合	碘甘油，西地碘，甲硝唑
缓解鼻塞用药	可以收缩上呼吸道血管，消除鼻黏膜充血，减轻鼻塞、流涕以及打喷嚏症状	赛洛唑啉，呋麻滴鼻液
抗感染药	主要用于耳部感染	氯霉素，氧氟沙星

西地碘

【商品名】华素片

【适应证】用于慢性咽喉炎、口腔溃疡、慢性牙龈炎、牙周炎。

【制剂及规格】西地碘含片：1.5 mg。

【典型不良反应】偶见皮疹、皮肤瘙痒等变态反应。长期含服可导致舌苔染色，停药后可消退。

【药物评价】①活性成分为分子碘，在唾液作用下迅速释放，直接卤化菌体蛋白质，杀灭各种微生物。②孕妇及哺乳期妇女慎用，儿童应在医师的指导下使用，甲状腺疾病患者慎用，对本品过敏者禁用，过敏体质者慎用。

【贮藏】遮光，密闭保存。

赛洛唑啉

【商品名】诺通，新康泰克

【适应证】用于减轻急慢性鼻炎、鼻窦炎、变应性鼻炎及肥厚性鼻炎等疾病引起的鼻塞症状。

【制剂及规格】①盐酸赛洛唑啉滴鼻液：10 mL∶10 mg（成人用）、10 mL∶5 mg（儿童用）。②盐酸赛洛唑啉鼻用喷雾剂：10 mL∶5 mg、10 mL∶10 mg。

【典型不良反应】①滴药过频易致反跳性鼻充血，久用可致药物性鼻炎。②偶见一过性的轻微烧灼感、针刺感，鼻黏膜干燥，以及头痛、头晕、心率加快等反应。

【药物评价】本品为咪唑啉类衍生物，具有直接激动血管受体而引起血管收缩的作用，从而减轻炎症所致的充血和水肿。

【贮藏】密封保存。

【案例分析】

患者，女，29岁，3年来口腔黏膜不时出现溃疡，疼痛明显，有烧灼感，一般几天后自行好转，但易反复，多于睡眠不足、饮食不当时复发。某月到南方出差，由于不习惯偏辣的饮食，引起口腔溃疡，局部疼痛，伴口臭、大便秘结。为了缓解症状，患者来到药店咨询。

问题讨论：

1. 患者为什么会出现口腔溃疡？
2. 你听说过哪些治疗口腔溃疡的药物？

其他耳鼻喉及口腔科用药品种信息见表18－6。

表18－6　其他耳鼻喉及口腔科用药品种信息

药物名称	商品名	适应证	商品信息
麻黄碱	利赛洛	收缩鼻黏膜血管，解除鼻塞，改善鼻腔通气引流，用于鼻塞严重患者	【制剂及规格】滴鼻剂：1%
氟替卡松	辅舒良	用于预防和治疗季节性变应性鼻炎和常年性变应性鼻炎	【制剂及规格】鼻用喷雾剂：每瓶120喷，每喷含盐酸氮草斯汀137 μg和丙酸氟替卡松50 μg；每瓶120（60）喷，每喷含丙酸氟替卡松50 μg，药液浓度为0.05%
布地奈德	雷诺考特	用于常年性及季节性变应性鼻炎	【制剂及规格】鼻用喷雾剂：每瓶120喷，每喷含布地奈德64 μg，药液浓度为1.28 mg/mL；6 mL∶7.68 mg
氯己定	口泰，金口馨	作为牙龈炎、冠周炎、口炎等所致的牙龈出血、牙周肿痛及溢脓性口臭、口腔溃疡等症的辅助治疗用药	【制剂及规格】溶液剂：每1 mL含葡萄糖酸氯己定1.2 mg、甲硝唑0.2 mg
碘甘油	信龙	用于口腔溃疡、牙龈炎及冠周炎	【制剂及规格】溶液剂：1%
洛美沙星	乐芬，晶灿，天龙	用于敏感细菌所致的中耳炎、外耳道炎、鼓膜炎	【制剂及规格】滴耳剂：5 mL∶15 mg

【知识拓展】

吃抗生素就能治好慢性咽炎吗？

慢性咽炎是一种由多种因素引起的慢性炎症，其发病部位为咽部黏膜、黏膜下及其淋巴组织，一般会引起咽喉异物感、咽干、咽痒、咳嗽等不适感。许多患者认为慢性咽炎是“炎症”，只需要到药房购买抗生素服用。实际上，慢性咽炎并非细菌感染，一般不需要使用抗生素治疗。慢性咽炎的主要原因是不良的生活方式（如饮酒过度、睡眠不足等），身体抵抗力下降而出现症状。

长期、反复使用抗生素对身体有害而无益，还可能造成咽喉部正常菌群失调，产生耐药性，加速病情发展，造成自身免疫力下降，甚至损伤其他脏器。

第四节　妇科用药

学习目标

1. 掌握常见妇科用药的名称、适应证、制剂及规格。
2. 熟悉常见妇科用药的典型不良反应、药物评价及贮藏要求等。

妇科用药是用于预防、诊断、治疗妇科疾病的药物的总称。妇科用药主要分为口服药和外用药两类，其中外用药分为洗剂和栓剂。妇科用药包括阴道炎用药、激素失调用药、计划生育用药、终止妊娠用药等（见表18–7）。

表18–7　妇科用药的类别、特点及代表药物

类别	特点	代表药物名称
阴道炎用药	包含细菌性阴道炎用药、霉菌性阴道炎用药、滴虫性阴道炎用药	甲硝唑，克霉唑，制霉素，硝呋太尔制霉素，阴道用乳杆菌活菌胶囊，克林霉素
激素失调用药	主要包含功能失调性子宫出血治疗药物、绝经综合征治疗药物、多囊卵巢综合征治疗药物	黄体酮，戊酸雌二醇，甲羟孕酮，尼尔雌醇
计划生育用药	主要为女性甾体激素避孕药，包括口服避孕药、注射避孕药、缓释系统避孕药和避孕贴剂	左炔诺孕酮
终止妊娠用药	包括流产用药（用于终止停经49天内的早期妊娠）和引产用药（用于孕16～27周的引产）	米非司酮

克霉唑

【商品名】凯妮汀，宝丽婷

【适应证】用于念珠菌性外阴阴道炎及酵母菌引起的感染性白带。

【制剂及规格】①克霉唑乳膏：1%、3%。②克霉唑阴道片：0.5 g。③克霉唑溶液：1.5%。

【典型不良反应】偶见局部刺激，如瘙痒或烧灼感。

【药物评价】①本品为广谱抗真菌药，对多种真菌，尤其是白色念珠菌具有较好的抗菌作用。②局部应用可穿过上皮细胞，但很少被吸收。

【贮藏】避光，密封，在干燥处保存。

左炔诺孕酮

【商品名】毓婷，丹媚，新斯诺

【适应证】用于女性紧急避孕，即在无防护措施或其他避孕方法偶然失败时使用。

【制剂及规格】①左炔诺孕酮片：0.75 mg、1.5 mg。②左炔诺孕酮肠溶胶囊：1.5 mg。③左炔诺孕酮肠溶片：0.75 mg、1.5 mg。④左炔诺孕酮胶囊：0.75 mg。⑤左炔诺孕酮滴丸：0.75 mg。

【典型不良反应】①可见月经改变，多数表现为服药当月的月经提前或延后。②可见轻度恶心、呕吐、乳房触痛、头痛、眩晕、疲劳等症状，一般不需要处理，可在24小时后自行消失，如症状较重或持续存在应向医师咨询。③可有子宫异常出血，若出血不能自行停止，应及时去医院就诊，警惕异位妊娠。

【药物评价】①本品为速效、短效避孕药，能显著抑制排卵和阻止孕卵着床，并使宫颈黏液黏稠度增加，精子穿透阻力增大，从而发挥速效避孕作用。②本品越早服用，避孕效果越好。

【贮藏】避光，密封保存。

米非司酮

【商品名】后定诺，含珠停，诺虑婷

【适应证】与前列腺素序贯使用，终止停经49天内的早期妊娠；用于无防护措施或避孕失败后72小时内的紧急避孕。

【制剂及规格】①米非司酮片：0.2 g、25 mg。②米非司酮胶囊：5 mg、10 mg、12.5 mg。③米非司酮软胶囊：5 mg。

【典型不良反应】①部分早孕妇女服药后，有轻度恶心、呕吐、眩晕、乏力和下腹痛，肛门坠胀感和子宫出血。②个别妇女可出现皮疹。③使用前列腺素后可有腹痛，部分对象可发生呕吐、腹泻。少数人有面部潮红和肢体发麻的现象。

【药物评价】①米非司酮片必须在具有急诊、刮宫手术和输液、输血条件下使用。②不能作为常规避孕药服用，只是临床补救措施。③确认为早孕者，停经天数不应超过49天，孕期越短，服药效果越好。④事后紧急避孕药，可以减少70%～80%的意外妊娠，存在一定比例的避孕失败者。

【贮藏】遮光，密封保存。

【案例分析】

患者，女，18岁，此次月经来潮，感觉下腹阵发性绞痛，持续1～2天，腰酸、乳胀，经色暗淡，有小血块。正值高中学业紧张之时，精神压力大，心烦易怒，食欲减退，曾到医院就诊，经妇科检查无异常。

问题讨论：

1. 该患者可能患有何种疾病？

2. 该疾病的常见诱因有哪些？

第五节　儿科用药

学习目标

1. 掌握常见儿科用药的名称、适应证、制剂及规格。
2. 熟悉常见儿科用药的典型不良反应、药物评价及贮藏要求等。

在我国医学领域，儿童是指0～18周岁的人群。儿童用药（又称儿科用药）是指应用于儿童病患的药物，包括两类：一是只有儿童用法用量的儿童专用药；二是既规定了成人用法用量，又给出了儿童用法用量的儿童可用药物。

儿科用药常用剂型主要包括：①口服溶液剂、颗粒剂、糖浆剂、混悬剂、泡腾片、散剂、滴剂、合剂等液体制剂或溶于液体后可制成液体状服用的剂型；②注射剂；③贴剂、栓剂、软膏等皮肤黏膜给药剂型；④气雾剂、喷雾剂、吸入粉雾剂等吸入雾化剂型。

儿科用药应用于儿童患者，由于儿童在体格和器官发育等各方面不同于成人，因此要注意儿科用药的特点。儿科用药的类别、特点及代表药物见表18－8。

表18－8　　儿科用药的类别、特点及代表药物

类别	特点	代表药物名称
呼吸系统用药	主要包含感冒用药、咳嗽用药。剂量小，剂型也易于儿童服用。中成药占有一定的市场	小儿氨酚黄那敏，小儿氨酚烷胺，氨溴特罗，小儿咽扁颗粒，小儿清肺化痰颗粒，小儿止咳糖浆，小儿肺热咳喘颗粒
解热镇痛用药	儿科用解热镇痛药在剂量和剂型上多为儿童量身定制，常用剂型为混悬剂、颗粒剂等	对乙酰氨基酚，布洛芬，复方锌布颗粒
抗感染用药	主要为儿童出现感染时所使用的药物，多为易于儿童服用的剂型，如颗粒剂、干混悬剂等	阿奇霉素，头孢克肟，阿莫西林

小儿氨酚黄那敏

【商品名】小快克，护彤，小感林

【适应证】用于缓解儿童普通感冒及流行性感冒引起的发热、头痛、四肢酸痛、打喷嚏、流鼻涕、鼻塞、咽痛等症状。

【制剂及规格】①小儿氨酚黄那敏颗粒：对乙酰氨基酚0.125 g，人工牛黄5 mg，马来酸氯苯那敏0.5 mg。②小儿氨酚黄那敏片：对乙酰氨基酚0.125 g，人工牛黄5 mg，马来酸氯苯那敏0.5 mg。

【典型不良反应】①有时有轻度头晕、乏力、恶心、上腹不适、口干、食欲减退和皮疹等，可自行恢复。②偶见白细胞或血小板减少、困倦、厌食、恶心、皮疹、皮肤瘀斑。

【药物评价】①改善发热等感冒症状的效果非常明显，而且口感好、吸收好、更安全。②主要用于治疗感冒，有一定的解热作用，并非专业的退烧药。③用药3～7天，症状未缓解，请咨询医师或药师。④不能同时服用与本品成分相似的其他抗感冒药。

【贮藏】密封，在阴凉干燥处保存。

其他儿科用药品种信息见表18－9。

表18－9　其他儿科用药品种信息

药物名称	商品名	适应证	商品信息
小儿氨酚烷胺	优卡丹，好娃娃	用于缓解儿童普通感冒及流行性感冒引起的发热、头痛、四肢酸痛、打喷嚏、流鼻涕、鼻塞、咽痛等症状，也可用于儿童流行性感冒的预防和治疗	【制剂及规格】颗粒剂：对乙酰氨基酚0.1 g，盐酸金刚烷胺0.04 g，人工牛黄4 mg，咖啡因6 mg，马来酸氯苯那敏0.8 mg
氨溴特罗	易坦静	用于治疗急慢性呼吸道疾病（如急慢性支气管炎、支气管哮喘、肺气肿等）引起的咳嗽、痰液黏稠、排痰困难、喘息等	【制剂及规格】口服溶液剂：100 mL：盐酸氨溴索150 mg和盐酸克仑特罗0.1 mg
小儿咽扁颗粒	悦彤，神奇娃娃，殊欣	清热利咽，解毒止痛。用于小儿肺卫热盛所致的喉痹、乳蛾，症见咽喉肿痛、咳嗽痰盛、口舌糜烂；急性咽炎、急性扁桃体炎见上述证候者	【制剂及规格】颗粒剂：8 g、4 g

思考与练习

一、选择题

1. 以下属于抗真菌感染外用药的是（　　）。

A. 卤米松　　B. 联苯苄唑　　C. 地塞米松　　D. 糠酸莫米松

2. 以下可用于治疗痤疮的药品是（　　）。

A. 碘甘油　　B. 维A酸　　C. 氯己定　　D. 阿托品片

3. 百多邦是（　　）的商品名。

A. 联苯苄唑　　B. 尿素　　C. 糠酸莫米松　　D. 莫匹罗星

4. 下列药物能治疗白内障的是（　　）。

A. 噻吗洛尔　　B. 苄达赖氨酸　　C. 色甘酸钠　　D. 氧氟沙星

5. 以下不属于妇科用药的是（　　）。

A. 左炔诺孕酮　　B. 赛洛唑啉　　C. 克霉唑　　D. 黄体酮

6. 下列药物能缓解视疲劳的是（　　）。

A. 毛果芸香碱　　B. 苄达赖氨酸　　C. 萘敏维　　D. 氧氟沙星

7. 莫匹罗星软膏常用于治疗（　　）。

A. 接触性皮炎　　B. 带状疱疹

C. 毛囊炎　　D. 银屑病

8. 氨溴特罗口服溶液在儿科主要用于治疗（　　）。

A. 小儿高热　　B. 小儿腹泻　　C. 小儿咳嗽　　D. 小儿消化不良

二、思考题

1. 左炔诺孕酮的不良反应有哪些？
2. 抗感染外用药可以细分为哪几个小类？

实训二十六　临床专科药物的识记和分类

对50种常见的临床专科药物进行分类，药物大类卡片（皮肤科、眼科、耳鼻喉及口腔科、妇科、儿科）的准备及具体实训步骤和实训测评请参照实训七。

实训二十七　临床专科药物用药指导实训

请对案例中的患者进行用药指导，具体实施步骤及实训测评请参照实训八。

案例一：刘某，男，35岁。患者自述眼部有异物感、烧灼感，且发痒和流泪。经医院检查发现患者结膜充血和水肿，分泌物增多，结膜下出血，乳头增生，滤泡形成，耳前淋巴结肿大、有压痛，诊断为急性结膜炎。

案例二：李某，男，32岁，公司职员。因口腔反复溃疡8年，复发3天来就诊。患者口腔溃疡初起时数月发作1次，一般3～5天即愈，近来发作次数明显增加，间隔时间很短。发作时口水多，颌下有时肿胀疼痛，甚感痛苦。无用药史，无过敏史。

第十九章

抗肿瘤药

学习引入

肿瘤是一种人类自身细胞异常增生引发的疾病，是机体在各种内外因素的作用下，局部组织的某一个细胞在基因水平上失去对其生长的正常调控，导致其克隆性异常增生而形成的异常病变，一般分为良性和恶性两大类。

本章主要介绍抗肿瘤药的基本分类、毒性反应，以及烷化剂、抗代谢药、抗肿瘤抗生素、抗肿瘤植物药、激素类抗肿瘤药物、肿瘤靶向药物等抗肿瘤药物及代表药物的基本信息。

第一节　抗肿瘤药概述

学习目标

1. 掌握抗肿瘤药的基本分类及代表药物。
2. 熟悉常见抗肿瘤药的毒性反应。

肿瘤细胞增生大多是单克隆性的。肿瘤细胞具有异常的形态、代谢和功能，并在不同程度上失去了分化成熟的能力。肿瘤的生长具有相对的自主性，即使致癌因素已不存在，仍能持续生长，肿瘤细胞的遗传异常可以传给子代细胞。每个肿瘤细胞都含有引起其异常生长的基因组改变。肿瘤性增生不仅与机体不协调，而且有害。从细胞生物学角度来说，诱导肿瘤细胞分化、抑制肿瘤细胞增殖，以及促进肿瘤细胞凋亡的药物，均可发挥抗肿瘤的作用。

由于肿瘤的病因和机制尚未阐明，因此很多肿瘤目前尚缺乏有效的防治措施。恶性肿瘤的治疗方法有手术治疗、放射治疗、免疫治疗、药物治疗和内分泌治疗等，而且越来越强调综合疗法。其中，肿瘤的化学药物治疗（简称化疗）在综合治疗中占有重要地位，但是化疗存在严重的毒性反应及肿瘤细胞耐药性问题，这是导致化疗失败的重要因素。目前，抗肿瘤药正从传统的非选择性、单一的细胞毒性药物向多环节作用的新型抗肿瘤药物发展，以分子靶向药物为代表的新型抗肿瘤治疗手段已经取得一定的进展。

抗肿瘤药的作用机制包括以下五个方面。

1. 干扰核酸生物合成：①抑制二氢叶酸还原酶；②阻止嘌呤类核苷酸生成；③阻止嘧啶类核苷酸生成；④抑制核苷酸还原酶；⑤抑制 DNA 多聚酶。

2. 破坏 DNA 的结构和功能。

3. 干扰转录过程和阻止 RNA 合成。

4. 影响蛋白质合成与功能：①影响纺锤丝形成；②干扰核蛋白体功能；③干扰氨基酸供应。

5. 影响体内激素平衡。

一、基本分类

（一）按照药品生化作用机制分类

抗肿瘤药按照药品生化作用机制的分类见表 19－1。

表 19－1　　抗肿瘤药按照药品生化作用机制的分类

类别	代表药物
影响核酸生物合成的药物	氟尿嘧啶，阿糖胞苷，巯嘌呤，吉西他滨
直接影响 DNA 结构和功能的药物	烷化剂，丝裂霉素 C，博来霉素，顺铂
干扰转录过程和阻止 RNA 合成的药物	放线菌素 D，柔红霉素
影响蛋白质合成与功能的药物	长春碱类，鬼臼毒素类，三尖杉碱类
影响体内激素平衡的药物	抗雄激素，抗雌激素，雄激素，雌激素

（二）按照来源与药物化学结构分类

抗肿瘤药按照来源与药物化学结构的分类见表 19－2。

表 19－2　　抗肿瘤药按照来源与药物化学结构的分类

类别	代表药物
烷化剂	环磷酰胺，塞替派，白消安，卡莫司汀，氮芥
抗代谢药	甲氨蝶呤，氟尿嘧啶，巯嘌呤，阿糖胞苷，吉西他滨
抗肿瘤抗生素	柔红霉素，多柔比星，丝裂霉素，博来霉素
抗肿瘤植物药	长春碱，长春新碱，紫杉醇，羟喜树碱
激素类抗肿瘤药物	他莫昔芬，甲地孕酮，托瑞米芬
肿瘤靶向药物	利妥昔单抗，西妥昔单抗，曲妥珠单抗，伊马替尼，吉非替尼
其他药物	铂类配合物，门冬酰胺酶

二、毒性反应

多数抗肿瘤药的不良反应较大，影响范围也较广，既有局部的反应（一般由局部渗漏导致），又有对正常组织细胞的杀伤作用，特别是对增殖较快的骨髓、淋巴组织、胃肠黏膜上皮、毛囊和生殖细胞等正常组织的损伤更明显。多数抗肿瘤药化疗指数较小，选择性差，常见毒性反应包括近期毒性和远期毒性。

（一）近期毒性

抗肿瘤药的近期毒性分为共有毒性反应和特有毒性反应。

1. 共有毒性反应

（1）骨髓抑制。常见白细胞和红细胞减少、血小板减少，除博来霉素、门冬酰胺酶、激素类抗肿瘤药物外，多数抗肿瘤药均有不同程度的骨髓抑制，是肿瘤化疗的最大障碍之一。

（2）胃肠道反应。恶心、呕吐、上腹部不适等胃肠道反应是抗肿瘤药最常见的不良反应。有些药物如顺铂、氮芥、环磷酰胺、阿霉素、亚硝脲等，可直接损伤消化道黏膜，引起胃炎、胃肠道溃疡和口腔溃疡等。

（3）脱发。大多数抗肿瘤药都损伤毛囊上皮细胞，特别是环磷酰胺、氟尿嘧啶、甲氨蝶呤、长春新碱、紫杉醇、博来霉素、多柔比星、丝裂霉素等易引起脱发，用药 1～2 周后出现症状，用药 1～2 个月后最明显，停药后毛发可再生。

2. 特有毒性反应

（1）心脏毒性反应。柔红霉素、多柔比星、丝裂霉素等可引起心肌缺血、心肌炎、心电图改变、心力衰竭等。

（2）肝毒性反应。多表现为肝功能异常、肝区疼痛、肝大、黄疸等。容易引起肝损害的药物有甲氨蝶呤、阿糖胞苷、环磷酰胺、多柔比星、依托泊苷、紫杉醇、奥沙利铂、长春碱类、曲妥珠单抗、吉非替尼、舒尼替尼等。

（3）呼吸系统毒性反应。表现为间质性肺炎和肺纤维化。常见的引起呼吸系统毒性的抗肿瘤药有博来霉素、甲氨蝶呤、环磷酰胺、丝裂霉素等。

（4）肾损害及膀胱毒性反应。顺铂、甲氨蝶呤等药物可直接损伤肾小管上皮细胞，表现为血尿素氮、血清肌酐及肌酐酸升高；大剂量静脉注射环磷酰胺等药物时易出现急性出血性膀胱炎。

（5）神经系统毒性反应。中枢神经毒性主要表现为感觉异常、脑白质病、记忆力下降、痴呆、共济失调、嗜睡、精神异常等；周围神经毒性表现为灼热感、腱反射消失、感觉异常、肢端呈手套-袜子样麻木等。神经系统毒性缺乏有效的治疗方法，一旦出现神经系统毒性反应，要及时停药，经数天至数月才可能恢复。紫杉醇、长春新碱、铂类等药物有较大的神经系统毒性。

（6）其他毒性反应。免疫功能抑制是肿瘤患者化疗后易出现感染的重要因素。一些多肽类或蛋白质的抗肿瘤药物如门冬酰胺酶、博来霉素等注射后容易导致变态反应。

（二）远期毒性

远期毒性一般指抗肿瘤治疗结束 6 个月后发生的不良反应。远期毒性对患者健康的影响是多方面的，主要包括多器官、多系统的组织损伤，治疗引起的第二原发恶性肿瘤，以及生长发育受影响和过早衰老，导致患者生活质量下降，严重时会导致生存时间缩短，甚至死亡。

第二节　常见抗肿瘤药

学习目标

1. 掌握常见抗肿瘤药的名称、适应证、制剂及规格。
2. 熟悉常见抗肿瘤药的典型不良反应、药物评价及贮藏要求等。

一、烷化剂

烷化剂属于细胞毒性药物，通过影响细胞内生物大分子（DNA、RNA、酶）的结构和功能，抑制细胞的分裂增殖，导致肿瘤细胞死亡，抗肿瘤活性强。但是这类药物在抑制增生活跃的肿瘤细胞的同时，对增生较快的正常细胞，如骨髓细胞、胃肠黏膜上皮细胞等同样产生抑制作用，有较严重的毒副作用，如骨髓抑制、恶心、呕吐、脱发等。异环磷酰胺和环磷酰胺还存在特异性不良反应——出血性膀胱炎。烷化剂可分为以下四类：

1. 氮芥类，如盐酸氮芥、环磷酰胺、异环磷酰胺等；
2. 亚乙基亚胺类，如塞替派；
3. 亚硝基脲类，如司莫司汀、洛莫司汀等；
4. 烷基磺酸酯类，如白消安。

环磷酰胺

【商品名】安道生

【适应证】主要用于恶性淋巴瘤、急性或慢性淋巴细胞白血病、多发性骨髓瘤、乳腺癌、睾丸癌、卵巢癌、肺癌、头颈部鳞状细胞癌、鼻咽癌、神经母细胞瘤、横纹肌肉瘤及骨肉瘤。

【制剂及规格】①环磷酰胺片：50 mg。②注射用环磷酰胺：1 g、0.1 g、0.2 g。

【典型不良反应】骨髓抑制、脱发、免疫功能抑制、胃肠道反应、口腔溃疡、膀胱炎。此外，环磷酰胺可杀伤精子，但具有可逆性。

【药物评价】①本品抗肿瘤谱广，是第一个所谓“潜伏化”广谱抗肿瘤药，对白血病和实体瘤都有效。②由于环磷酰胺在正常组织中的代谢产物毒性很低，因此对人体的副作用也低于其他烷化剂抗肿瘤药物。

【贮藏】遮光，密闭，25 ℃以下保存。

其他烷化剂药物品种信息见表 19－3。

表 19－3　其他烷化剂药物品种信息

药物名称	商品名	适应证	商品信息
异环磷酰胺	和乐生，匹服平	适用于睾丸癌、卵巢癌、乳腺癌、骨肉瘤、恶性淋巴瘤和肺癌等	【制剂及规格】注射用无菌粉末：0.5 g、1.0 g
卡莫司汀	无	因能够通过血脑屏障，故对脑瘤（如髓母细胞瘤、星形胶质细胞瘤、室管膜瘤）、脑转移瘤和脑膜白血病有效，对恶性淋巴瘤、多发性骨髓瘤有效，与其他药物合用对恶性黑色素瘤有效	【制剂及规格】注射液：2 g : 125 mg

二、抗代谢药

本类药物的化学结构与体内某些代谢物相似，能干扰核酸蛋白质的生物合成和利用，导致肿瘤细胞死亡。可分为以下五类：①二氢叶酸还原酶抑制剂，如甲氨蝶呤；②胸腺核苷合成酶抑制剂，如氟尿嘧啶、卡培他滨等；③嘌呤核苷合成酶抑制剂，如巯嘌呤、硫鸟嘌呤等；④核苷酸还原酶抑制剂，如羟基脲；⑤ DNA 多聚酶抑制剂，如阿糖胞苷、吉西他滨等。

现有抗代谢药在抑制肿瘤细胞生长的同时，对生长旺盛的正常细胞也有相当大的毒性，且易出现耐药性。

巯嘌呤

【商品名】永康

【适应证】用于绒毛膜癌、恶性葡萄胎、急性淋巴细胞白血病及急性非淋巴细胞白血病，以及慢性粒细胞白血病的急变期。

【制剂及规格】巯嘌呤片：50 mg。

【典型不良反应】①较常见的为骨髓抑制：可有白细胞及血小板减少。②肝损害：可致胆汁淤积出现黄疸。③消化系统：恶心、呕吐、食欲减退、口腔溃疡、腹泻，但较少发生，可见于服药量过大的患者。④高尿酸血症：多见于白血病治疗初期，严重的可发生尿酸性肾病。⑤间质性肺炎及肺纤维化少见。

【药物评价】①本品进入体内，在细胞内必须由磷酸核糖转移酶转变为 6－巯基嘌呤核糖核苷酸后，方具有活性。②起效慢，易产生耐药性。

【贮藏】遮光，密封保存。

卡培他滨

【商品名】希罗达

【适应证】主要用于晚期或转移性胃癌、结直肠癌，可作为蒽环类和紫杉类治疗失败后的乳腺癌解救治疗。

【制剂及规格】卡培他滨片：0.15 g、0.5 g。

【典型不良反应】①腹泻、恶心、呕吐、腹痛、口腔溃疡。②手足综合征，表现为麻木、感觉迟钝、感觉异常、麻刺感、无痛感或疼痛感，皮肤肿胀或红斑、水疱或严重的疼痛。③疲劳、昏睡、皮炎或脱发、感觉异常、发热、虚弱、便秘、消化不良、脱水、味觉障碍、失眠、结膜炎。

【药物评价】①卡培他滨是已上市的第一个口服氟代嘧啶氨基甲酸酯类抗肿瘤药，是一种新型靶向药物。②卡培他滨作为前体药物，口服在肠道吸收后，在体内水解为活性代谢物 5-氟尿嘧啶，是治疗乳腺癌的重要药物。

【贮藏】15～30 ℃密闭保存。

其他抗代谢药物品种信息见表 19-4。

表 19-4　其他抗代谢药物品种信息

药物名称	商品名	适应证	商品信息
甲氨蝶呤	密都，美素生	①各型急性白血病，特别是急性淋巴细胞白血病、恶性淋巴瘤、非霍奇金淋巴瘤和蕈样肉芽肿、多发性骨髓瘤 ②头颈部癌、肺癌、各种软组织肉瘤、银屑病 ③乳腺癌、卵巢癌、宫颈癌、恶性葡萄胎、绒毛膜癌、睾丸癌	【制剂及规格】片剂：2.5 mg。注射用无菌粉末：0.1 g、1 g、5 mg。注射液：2 mL、10 mL、20 mL、50 mL
氟尿嘧啶	宁兰欣	本品的抗肿瘤谱较广，主要用于治疗消化道肿瘤，或用较大剂量氟尿嘧啶治疗绒毛膜癌。亦常用于治疗乳腺癌、卵巢癌、肺癌、宫颈癌、膀胱癌及皮肤癌等	【制剂及规格】片剂：50 mg。注射液：10 mL : 0.25 g
阿糖胞苷	赛德萨，爱力生	主要治疗急性白血病	【制剂及规格】注射用无菌粉末：0.1 g、0.5 g。注射液：1 mL、2 mL、5 mL、10 mL
羟基脲	无	①对慢性粒细胞白血病（CML）有效，并可用于对马利兰耐药的 CML ②对黑色素瘤、肾癌、头颈部癌有一定疗效，与放疗联合对头颈部及宫颈鳞状细胞癌有效	【制剂及规格】片剂：0.5 g、0.25 g

三、抗肿瘤抗生素

抗肿瘤抗生素是由微生物代谢产生的具有抗肿瘤活性的化学物质，主要包括以下两类：①多肽类及蛋白类抗生素，如放线菌素 D、博来霉素、平阳霉素等；②蒽环类抗生素，如柔红霉素、多柔比星、吡柔比星、表柔比星等。以多柔比星（阿霉素）为代表的蒽环类抗生素已成为临床使用最广泛的抗肿瘤抗生素。

多柔比星

【商品名】楷莱，里葆多

【适应证】本品为广谱抗肿瘤抗生素，对急性白血病、淋巴瘤、乳腺癌、肺癌及多种其他实体瘤均有效。

【制剂及规格】①注射用盐酸多柔比星：橙红色疏松块状物或粉末，每瓶 10 mg。②盐酸多柔比星脂质体注射液：10 mL∶20 mg。

【典型不良反应】①骨髓抑制、脱发、消化道反应、感染均较常见。②心脏毒性反应。

【药物评价】①因具有抗肿瘤谱广、临床疗效高的显著特点，其已成为蒽环类抗肿瘤药物的代表。②临床上主要用于乳腺癌、恶性淋巴瘤、胃癌等实体瘤的治疗。

【贮藏】干燥，2～8 ℃密闭保存。

其他抗肿瘤抗生素药物品种信息见表 19－5。

表 19－5　其他抗肿瘤抗生素药物品种信息

药物名称	商品名	适应证	商品信息
柔红霉素	初洁	急性粒细胞白血病、急性淋巴细胞白血病、神经母细胞瘤、横纹肌肉瘤	【制剂及规格】注射用：20 mg
博来霉素	无	适用于头颈部、食管、皮肤、宫颈、阴道、外阴、阴茎的鳞状细胞癌，霍奇金淋巴瘤及恶性淋巴瘤，睾丸癌及癌性胸腔积液等	【制剂及规格】注射用：1.5 万 U
表柔比星	法玛新	治疗恶性淋巴瘤、乳腺癌、肺癌、软组织肉瘤、食管癌、胃癌、肝癌、胰腺癌、黑色素瘤、结肠直肠癌、卵巢癌、多发性骨髓瘤、白血病；膀胱内给药有助于浅表性膀胱癌、原位癌的治疗和预防经尿道切除术后的复发	【制剂及规格】注射用：10 mg

四、抗肿瘤植物药

此类药物是从天然植物中提取出来的，具有一定的活性，作用机制独特，毒副作用小。主要分为以下五类：①长春碱类，如长春碱、长春新碱、长春地辛、长春瑞滨等；②紫杉醇类，如紫杉醇、多西他赛等；③喜树碱类，如伊立替康、拓扑替康、羟喜树碱等；④鬼臼毒素衍生物类，如依托泊苷、替尼泊苷；⑤高三尖杉酯碱。

紫杉醇

【商品名】泰素，安素泰，艾素

【适应证】对卵巢癌、乳腺癌、非小细胞肺癌有较好的疗效，对头颈部癌、食管癌、胃癌、膀胱癌、恶性黑色素瘤、恶性淋巴瘤等有效。

【制剂及规格】①紫杉醇注射液：每支 5 mL∶30 mg、10 mL∶60 mg、16.7 mL∶100 mg、25 mL∶150 mg。②注射用紫杉醇：30 mg、100 mg。

【典型不良反应】①变态反应：主要表现为支气管痉挛性呼吸困难、低血压、血管神经性水肿、全身荨麻疹。变态反应通常发生在用药后最初的 10 分钟内，为剂量非依赖毒性。②神经系统毒性反应：周围神经毒性，表现为指 / 趾末端麻木及感觉异常。③骨关节和肌肉疼痛：一般较轻，发生率与严重程度明显与剂量相关。④心脏毒性、肝毒性反应。⑤输注药物的血管周围及药物外渗局部偶见炎症反应。

【药物评价】①紫杉醇来自太平洋短叶紫杉属植物及中国的红豆杉树皮，通过半合成制得。紫杉醇由于水溶性小，其注射液中通常会加入表面活性剂，如聚氧乙烯蓖麻油等助溶剂，可导致变态反应。②尚未发现比紫杉醇更好的植物抗肿瘤药，其仍将是国际抗肿瘤药物市场上的“中坚产品”。

【贮藏】遮光，密闭，25 ℃以下保存。

其他抗肿瘤植物药物品种信息见表 19－6。

表 19－6　　其他抗肿瘤植物药物品种信息

药物名称	商品名	适应证	商品信息
长春新碱	无	用于治疗急性白血病、霍奇金淋巴瘤、恶性淋巴瘤，也用于乳腺癌、支气管肺癌、软组织肉瘤、神经母细胞瘤等	【制剂及规格】注射用：1 mg
多西他赛	多帕菲，泰索帝	适用于先期化疗失败的晚期或转移性乳腺癌的治疗。除非属于临床禁忌，否则先期治疗应包括蒽环类抗肿瘤药。适用于以顺铂为主的化疗失败的晚期或转移性非小细胞肺癌的治疗	【制剂及规格】注射液：0.5 mL、1.5 mL、2.0 mL、4 mL
伊立替康	开普拓，亿迈林	与 5–氟尿嘧啶和亚叶酸联合治疗既往未接受化疗的晚期大肠癌患者；作为单一用药，治疗经含 5–氟尿嘧啶化疗方案治疗失败的患者	【制剂及规格】注射液：2 mL、5 mL、15 mL
羟喜树碱	康朴赛星，喜素	适用于原发性肝癌、胃癌、膀胱癌、直肠癌、头颈部癌、白血病等恶性肿瘤	【制剂及规格】注射液：2 mL、5 mL、15 mL。注射用无菌粉末：5 mg
依托泊苷	威克，拉司太特，泊瑞	用于治疗小细胞肺癌，对恶性淋巴瘤、恶性生殖细胞瘤、白血病、神经母细胞瘤、横纹肌肉瘤、卵巢癌、非小细胞肺癌，以及胃癌和食管癌等有一定疗效	【制剂及规格】注射液：5 mL∶100 mg。注射用无菌粉末：40 mg、100 mg。胶囊剂：25 mg。软胶囊：50 mg
高三尖杉酯碱	赛兰，沃汀，华普乐	适用于各型急性非淋巴细胞白血病的诱导缓解期及继续治疗阶段，尤其对急性早幼粒细胞白血病、急性单核细胞白血病、急性粒细胞白血病疗效更佳，对骨髓增生异常综合征、慢性粒细胞白血病及真性红细胞增多症等亦有一定疗效	【制剂及规格】注射液：1 mL∶1 mg。注射用无菌粉末：1 mg

五、激素类抗肿瘤药物

激素失调能诱发多种肿瘤，改变激素失衡可以有效地抑制肿瘤的生长。部分源于激素依赖性组织的肿瘤，仍可部分地保留对激素的依赖性和受体，通过内分泌或激素治疗，可以直接或间接通过垂体的反馈作用，改变原来机体的激素失衡和肿瘤生长的内环境，抑制肿瘤的生长。因此，部分激素和抗激素制剂可用于某些肿瘤的治疗。与激素水平有关的肿瘤包括乳腺癌、前列腺癌、甲状腺癌、宫颈癌、卵巢癌、睾丸肿瘤等，尤其在乳腺癌、前列腺癌的治疗中，激素类抗肿瘤药物发挥着重要的作用。

常见的激素类抗肿瘤药物分为五类：①雌激素类，如炔雌醇等；②雄激素类，如丙酸睾酮等；③孕激素类，如甲羟孕酮、甲地孕酮等；④抗雌激素类，如他莫昔芬、托瑞米芬、雷洛昔芬等；⑤抗雄激素类，如氟他胺、比卡鲁胺等。

他莫昔芬

【商品名】特莱芬，德孚伶

【适应证】用于治疗晚期乳腺癌和卵巢癌。

【制剂及规格】①枸橼酸他莫昔芬片：10 mg。②枸橼酸他莫昔芬口服溶液：10 mL∶20 mg。

【典型不良反应】①胃肠道反应：食欲减退、恶心、呕吐、腹泻。②继发性抗雌激素作用：面部潮红、月经失调、闭经、阴道出血等。③神经精神症状：头痛、眩晕、抑郁等。④视觉障碍。⑤骨髓抑制。⑥其他反应：皮疹、脱发、体重增加、肝功能异常等。

【药物评价】①本品为抗雌激素类药中临床应用时间最长、应用最广泛的内分泌治疗药物。②临床治疗乳腺癌，有效率一般为 30%。

【贮藏】遮光，密封保存。

其他激素类抗肿瘤药物品种信息见表 19－7。

表 19－7　其他激素类抗肿瘤药物品种信息

药物名称	商品名	适应证	商品信息
甲羟孕酮	法禄达，倍恩	用于不能手术的肿瘤、复发性或转移性激素依赖性肿瘤的姑息治疗或辅助治疗，如子宫内膜癌、肾癌、乳腺癌等	【制剂及规格】片剂：2 mg、4 mg、10 mg、250 mg、500 mg。分散片：0.1 g。注射液：1 mL：0.15 g
氟他胺	福至尔	适用于未经治疗或对激素控制疗法无效或失效的晚期前列腺癌	【制剂及规格】片剂：250 mg。胶囊剂：0.125 g

六、肿瘤靶向药物

肿瘤靶向药物按照分子大小，分为大分子单克隆抗体（如利妥昔单抗、西妥昔单抗、曲妥珠单抗等）和小分子化合物（酪氨酸激酶抑制剂，如伊马替尼、吉非替尼、厄洛替尼）。

【知识拓展】

格列卫

电影《我不是药神》的火爆上映，使影片中的“格列宁”几乎在一夜之间为大家所知晓。其实，它的现实原型药叫格列卫（通用名为伊马替尼）。格列卫于 2002 年进入中国市场时，规格为 0.1 g×120 片，定价为 23 500 元。以格列卫为代表的靶向药，给肿瘤患者带来了新的希望，但其高昂的费用也让很多患者望而生畏。幸运的是，伊马替尼于 2017 年被正式纳入国家医保药品目录，属于有限制范围的乙类药品。

利妥昔单抗

【商品名】美罗华，汉利康，达伯华

【适应证】主要用于复发或耐药的滤泡性淋巴瘤。

【制剂及规格】利妥昔单抗注射液：10 mL∶100 mg、50 mL∶500 mg。

【典型不良反应】①常有不同程度的变态反应，如发热、寒战，主要发生于首次滴注后30～120分钟内，一般再次注射时减轻，但仍可有轻度的发热。②其他反应如脸部潮红、恶心、荨麻疹、皮疹、疲劳、头痛、咽喉刺激、鼻炎、呕吐。

【药物评价】①本品是全球第一个被批准用于临床治疗非霍奇金淋巴瘤（NHL）的单克隆抗体。②具有良好的血液学耐受性，毒副作用较小，但价格昂贵。

【贮藏】避光，冷藏（2～8 ℃）保存。

其他肿瘤靶向药物品种信息见表19－8。

表19－8　其他肿瘤靶向药物品种信息

药物名称	商品名	适应证	商品信息
吉非替尼	易瑞沙，伊瑞可	单药适用于具有表皮生长因子受体（EGFR）基因敏感突变的局部晚期或转移性非小细胞肺癌患者的治疗	【制剂及规格】片剂：0.25 g
曲妥珠单抗	赫赛汀，优赫得	适用于早期乳腺癌和转移性乳腺癌、胃癌	【制剂及规格】注射用：440 mg、150 mg
西妥昔单抗	爱必妥	用于转移性结直肠癌	【制剂及规格】注射液：100 mg

七、铂类抗肿瘤药

铂类化合物可与DNA结合，破坏其结构与功能，使肿瘤细胞DNA复制停止，阻碍细胞分裂。抗肿瘤谱非常广泛，常见的铂类化合物有顺铂、卡铂和奥沙利铂。常见消化道反应（如恶心、呕吐、腹泻）、肾毒性、耳毒性、神经毒性、低镁血症等，也可出现骨髓功能抑制、变态反应。

奥沙利铂

【商品名】乐沙定，艾恒，艾克博康

【适应证】用于经氟尿嘧啶治疗失败后的结直肠癌转移患者，可单独或联合氟尿嘧啶使用。辅助治疗原发肿瘤完全切除后的Ⅲ期结肠癌。

【制剂及规格】奥沙利铂注射液：50 mg、100 mg。

【典型不良反应】①神经毒性：主要表现为感觉迟钝、感觉异常、遇冷加重，偶见可逆性急性咽喉感觉异常。②胃肠道反应：一般多为轻中度，有恶心、呕吐和腹泻，腹泻反应较常见。③血液学毒性：发生率不高，多为轻中度。④其他：局部静脉炎、轻度氨基转移酶升高。

【药物评价】①本品为第三代铂类抗肿瘤药，是当前联合化疗中最常用的药物之一，毒性反应低，且抗肿瘤谱广。②对耐顺铂、卡铂的肿瘤细胞有显著的抑制作用，常与其他化疗药联合使用。

【贮藏】遮光，密闭保存。

【案例分析】

李某，男，58岁，因胸痛、左下肢痛到医院就诊，医生诊断为肺癌、腺癌ⅢB期。由于患者身体弱，肿瘤出现远处转移，失去手术机会，医师开具吉非替尼。

问题讨论：

1. 处方中吉非替尼属于哪类抗肿瘤药？
2. 吉非替尼的适应证和最常见不良反应是什么？

思考与练习

一、选择题

1. 以下属于植物类抗肿瘤药的是（　　）。（多选题）

A. 紫杉醇注射液　B. 伊立替康注射液　C. 环磷酰胺片　D. 甲氨蝶呤片

2. 以下属于肿瘤靶向药物的是（　　）。

A. 注射用多西他赛　B. 注射用依托泊苷　C. 吉非替尼片　D. 氟他胺片

3. 以下不属于代谢类抗肿瘤药的是（　　）。

A. 甲氨蝶呤片　B. 注射用阿糖胞苷　C. 羟基脲片　D. 紫杉醇

4. 环磷酰胺的不良反应不包括（　　）。

A. 骨髓抑制　B. 脱发　C. 膀胱炎　D. 心脏毒性

5. 以下属于肿瘤靶向药物的是（　　）。

A. 利妥昔单抗　B. 他莫昔芬　C. 甲羟孕酮　D. 紫杉醇

二、思考题

1. 简述抗肿瘤药物的类别及代表药物。
2. 简述抗肿瘤药物的毒性反应。

实训二十八　抗肿瘤药物的识记和分类

对30种常见的抗肿瘤药物进行分类，药物大类卡片（烷化剂、抗代谢药、抗肿瘤抗生素、抗肿瘤植物药、激素类抗肿瘤药物、肿瘤靶向药物、其他抗肿瘤药）的准备及具体实训步骤和实训测评请参照实训七。

第二十章

调节生活质量药

学习引入

生活质量又称为生存质量或生命质量。生活质量有别于生活水平的概念，生活水平体现的是为满足物质、文化生活需要而消费的产品和劳务的多少，生活质量则体现的是生活得“好不好”。

当今世界经济全球化，人们的生活方式也越来越国际化，更加注重生活质量。由于人们生活节奏、饮食结构和精神压力的变化，与生活质量有关的疾病也逐渐增多，如肥胖、性功能障碍等。在此背景下，调节生活质量药品的应用日益增多。

本章主要介绍减肥药、阿尔茨海默病用药、调节性功能药及代表药物的基本信息。

第一节　减肥药

学习目标

1. 掌握常见减肥药的名称、适应证、制剂及规格。
2. 熟悉常见减肥药的典型不良反应、药物评价及贮藏要求。

减肥药是具有减肥瘦身作用的药品。目前，市场上的减肥药有两大类：胰脂肪酶抑制剂和作用于中枢神经系统的食欲抑制剂。胰脂肪酶抑制剂（奥利司他）通过抑制胰脂肪酶活性，进而抑制食物中脂肪的分解吸收而减肥，但会引起脂肪泻，可造成脂溶性维生素缺乏，还可引起肝功能损害。作用于中枢神经系统的食欲抑制剂（氯卡色林）存在大脑中枢和心血管系统等方面的安全不确定性。

【知识拓展】

肥胖

肥胖通常是导致高脂血症、2 型糖尿病、脂肪肝、高血压和癌症等疾病的高危因素，每年全球因肥胖而死亡的人数大概有 300 万人。体重指数（BMI）是国际常用的衡量人体营养和健康状态的一个指标，其公式为 BMI= 体重（kg）/ 身高（m）^{2}。BMI＜18.5 kg/m^2 提示体重偏低，BMI 为 18.5～23.9 kg/m^2 提示体重正常，BMI 为 24～27.9 kg/m^2 提示超重，BMI≥28 kg/m^2 提示肥胖。

奥利司他

【商品名】舒尔佳，赛尼可

【适应证】主要用于肥胖症或体重超重患者（BMI≥24 kg/m^2）的治疗。

【制剂及规格】①奥利司他片：0.12 g。②奥利司他胶囊：0.12 g。

【典型不良反应】①常见油性斑点、胃肠排气增多、大便紧急感、脂肪（油）性大便、脂肪泻，以及大便失禁（膳食中脂肪成分增加，发生率也相应增高，但大部分患者用药一段时间后可改善）。②可引起腹痛、直肠痛，牙齿、牙龈不适。

【药物评价】①该药仅作用于胃肠道，几乎不进入血液，也不作用于人体中枢，故全身不良反应较少。②通过减轻体重，可减少与肥胖症相关的危险因素，如心血管疾病的患病风险，也可有效改善糖尿病患者的血脂、血压异常及胰岛素抵抗等问题。③本品为国内唯一的 OTC 减肥药，被越来越多的减肥人士所接受。

【贮藏】密封，25 ℃以下保存。

【案例分析】

小美，25 岁，平时非常注意控制饮食，但体重还是不断上涨。她看到很多朋友在服用奥利司他后体重都下降了，便到药店咨询此药。

问题讨论：

1. 如何判定小美是否适合服用奥利司他？
2. 如果适合服用本品，在服用过程中需要注意什么？

第二节　阿尔茨海默病用药

学习目标

1. 掌握常见阿尔茨海默病用药的名称、适应证、制剂及规格。
2. 熟悉常见阿尔茨海默病用药的典型不良反应、药物评价及贮藏要求。

阿尔茨海默病（AD）是一种起病隐匿的进行性发展的神经系统退行性疾病。临床上以记忆障碍、失语、失用、失认、视觉空间技能损害、执行功能障碍，以及人格和行为改变等全面性痴呆表现为特征，病因迄今未明。女性较男性多，女性发病率为男性的 3 倍。根据认知能力和身体功能的恶化程度，阿尔茨海默病分成三个阶段：第一阶段（1～3 年），为轻度痴呆期；第二阶段（2～10 年），为中度痴呆期；第三阶段（8～12 年），为重度痴呆期。目前，阿尔茨海默病尚无十分有效的治疗方法。临床常见的药物见表 20－1。

表 20－1　治疗阿尔茨海默病常见的药物类别、特点及代表药物

类别	特点	代表药物
胆碱酯酶抑制剂	能改善患者的认知功能、生活功能和精神行为症状，比较适用于轻中度 AD 患者，也可用于重度 AD 患者。应尽早使用能耐受的较高剂量	多奈哌齐，卡巴拉汀，石杉碱甲，加兰他敏
N- 甲基 -D- 天冬氨酸受体拮抗剂	安全性较高，与胆碱酯酶抑制剂 / 尼莫地平联合治疗的效果优于单独使用	美金刚

多奈哌齐

【商品名】安理申，扶斯克

【适应证】适用于轻度或中度阿尔茨海默病症状的治疗。

【制剂及规格】①盐酸多奈哌齐片：5 mg。②盐酸多奈哌齐胶囊：5 mg。

【典型不良反应】①常见恶心、呕吐、腹泻、乏力、倦怠、肌肉痉挛、食欲减退等，常为一过性、轻度反应，继续用药可缓解。②少数患者可出现头晕、头痛、精神紊乱、抑郁、多梦、嗜睡、视力减退、胸痛、关节痛等。

【药物评价】①该药是一种长效的阿尔茨海默病对症治疗药。②本品是第二代胆碱酯酶抑制剂，可逆性地抑制乙酰胆碱酯酶引起的乙酰胆碱水解，从而增加受体部位的乙酰胆碱含量。本品可能还有其他作用机制，包括对肽的作用、对神经递质受体或钙离子通道的直接作用。

【贮藏】遮光，密封，于室温干燥处保存。

石杉碱甲

【商品名】哈伯因，忆诺

【适应证】用于良性记忆障碍，可提高患者指向记忆、联想学习、图像回忆、无意义图形再认及人像回忆等能力，对正常人的学习与记忆也有增强作用，对痴呆患者和脑器质性病变引起的记忆障碍亦有改善作用。

【制剂及规格】①石杉碱甲片：50 μg。②石杉碱甲胶囊：50 μg。③石杉碱甲注射液：0.2 mg、0.4 mg。

【典型不良反应】一般不明显，剂量过大时可引起头晕、恶心、胃肠道不适、乏力等反应，一般可自行消失；反应明显时，减量或停药后症状可缓解、消失。

【药物评价】①本品是 1982 年中国科学院上海药物研究所与浙江省医学研究院药物研究所从中药千层塔中分离出的生物碱，原用于治疗重症肌无力。②药物用量存在个体差异，一般应从小剂量开始给药。③如果出现不良反应，减少剂量后症状可缓解或消失；严重者须先停药，再用阿托品对抗治疗。

【贮藏】遮光，密封，在阴凉（不超过 20 ℃）干燥处保存。

【知识拓展】

世界阿尔茨海默病日

1906 年，德国神经病理学家阿洛伊斯·阿尔茨海默（Alois Alzheimer）首次报告了 1 例具有进行性痴呆表现的 51 岁女性患者。1910 年，这种病症被命名为阿尔茨海默病。每年的 9 月 21 日是“世界阿尔茨海默病日”，也有人将其称为“世界老年痴呆日”。每年全世界的许多国家和地区都要举办宣传日活动，使全社会都知晓阿尔茨海默病的预防是非常重要的，应当对其给予足够的重视。

第三节　调节性功能药

学习目标

1. 掌握常见调节性功能药的名称、适应证、制剂及规格。
2. 熟悉常见调节性功能药的典型不良反应、药物评价及贮藏要求。

性功能障碍是指不能进行正常的性行为，或在正常的性行为中不能获得满足。性功能障碍多数没有器质性病变，也就是说性器官没有异常或病变，而是性行为和性感觉的障碍，常表现为性心理和生理反应的异常或缺失，是多种不同症状的总称。男性性功能障碍主要包括性欲障碍、阴茎勃起障碍和射精障碍等；女性性功能障碍多见性欲障碍和性高潮障碍。

枸橼酸西地那非

【商品名】万艾可，金戈

【适应证】适用于治疗勃起功能障碍。

【制剂及规格】枸橼酸西地那非片：25 mg、50 mg、100 mg。

【典型不良反应】①常见头疼、面部潮红、消化不良、鼻塞、尿道感染、视觉异常等。②少数患者可有腹泻、眩晕、皮疹等。

【药物评价】①本品不能引起性欲，只是在出现性欲冲动时，帮助勃起功能障碍（ED）患者恢复正常的勃起功能。②本品疗效稳定、安全性高，是全球第一个口服 5 型磷酸二酯酶（PDE5）抑制剂，用于治疗男性勃起功能障碍，有效改善阴茎勃起硬度，推动 ED 治疗取得革命性的进展。③该药原是由美国某制药公司研制的用于治疗心绞痛的药物，后发现对治疗 ED

有特殊效果，被多个国家和地区的医学指南推荐作为ED的一线治疗药，因其颜色为浅蓝色，也称为“小蓝片”。

【贮藏】密封，遮光保存。

【案例分析】

患者，男，55岁，因心绞痛长期服用单硝酸异山梨酯片，某日来药店购买枸橼酸西地那非片。

问题讨论：

1. 患者服用单硝酸异山梨酯片期间可以服用枸橼酸西地那非片吗？

2. 如果你是店员，你认为该如何指导患者用药？

其他常见调节生活质量药物品种信息见表20－2。

表20－2　　其他常见调节生活质量药物品种信息

药物名称	商品名	适应证	商品信息
奥拉西坦	欧来宁，欧兰同，健朗星	适用于轻中度血管性痴呆、阿尔茨海默病及脑外伤等引起的记忆与智能障碍	【制剂及规格】胶囊剂：0.4 g。注射液：5 mL : 1 g。注射用：1 g
美金刚	易倍申	治疗中度至重度阿尔茨海默病	【制剂及规格】片剂：10 mg。缓释胶囊剂：7 mg、28 mg。口服溶液：120 mL : 240 mg
他达拉非	希爱力	治疗男性勃起功能障碍，需要性刺激以使本品生效，不能用于女性	【制剂及规格】片剂：2.5 mg、5 mg、10 mg、20 mg

思考与练习

一、选择题

1. 多奈哌齐用于治疗（　　）。

A. 性功能障碍　　B. 阿尔茨海默病　　C. 肥胖　　D. 骨质疏松

2. 以下关于枸橼酸西地那非的叙述错误的是（　　）。

A. 该药疗效稳定、安全性高

B. 该药适用于治疗勃起功能障碍

C. 常见头疼、面部潮红、消化不良、尿道感染等不良反应

D. 该药可用于女性

3. 以下关于奥利司他的说法错误的是（　　）。

A. 商品名叫塞尼可

B. 该药作用于人体中枢，故全身不良反应较多

C. 常见胃肠排气增多、大便紧急感等不良反应

D. 该药可用于肥胖症患者

4. 不属于胆碱酯酶抑制剂的是（　　）。

A. 多奈哌齐　　B. 卡巴拉汀　　C. 美金刚　　D. 加兰他敏

5. 多奈哌齐的不良反应不包括（　　）。

A. 恶心　　B. 呕吐　　C. 腹泻　　D. 干咳

二、思考题

服用奥利司他应注意哪些问题?

实训二十九　调节生活质量药物的识记和分类

对30种常见的调节生活质量药物进行分类，药物大类卡片（减肥药、阿尔茨海默病用药、调节性功能药）的准备及具体实训步骤和实训测评请参照实训七。

第二十一章

调节水、电解质、酸碱平衡药及糖类药

学习引入

成年男性体液量约占体重的60%，女性约占50%，婴幼儿可达70%～80%。水、电解质和酸碱平衡是维持人体细胞正常代谢和各脏器生理功能所必需的。机体通过神经、内分泌等的调节作用，维持体液容量、渗透压、电解质浓度及酸碱度处于正常范围。当疾病、创伤、理化因素或不恰当的治疗导致平衡失调时，将会出现水、电解质和酸碱平衡紊乱，甚至危及生命。在疾病发展中常有多种平衡紊乱，或由一种紊乱发展为多种紊乱，要针对紊乱类型予以纠正，并对原发病进行治疗。

本章主要介绍调节水、电解质、酸碱平衡药和糖类药及代表药物的基本信息。

第一节　调节水、电解质及酸碱平衡药

学习目标

1. 掌握常见调节水、电解质和酸碱平衡药的名称、适应证、制剂及规格。
2. 熟悉常见调节水、电解质和酸碱平衡药的典型不良反应、药物评价及贮藏要求等。

水、电解质平衡是指机体通过调节机制，维持体内水与电解质（尤其是钠、钾等主要离子）的摄入量与排出量之间的动态平衡。在血浆的电解质组成中，阳离子主要是钠离子、钾离子、钙离子、镁离子。其中，钠离子含量最高，占阳离子总量的90%以上，对维持细胞外液的渗透压、体液的分布和转移起着决定性的作用；其他阳离子含量虽少，却有特殊的生理功能。另外，人体在正常代谢过程中会不断产生酸性物质或碱性物质，也会从食物中摄取酸性物质或碱性物质。这些酸性物质和碱性物质在人体中不断变化，必须依靠机体的调节功能保持相对平衡，即酸碱平衡。但是，机体自身的调节功能是有限的，若代谢紊乱，超过代偿功能，就打破了正常的酸碱平衡，称为酸碱失衡。临床常见的调节水、电解质及酸碱平衡药

物有氯化钠、氯化钾、碳酸氢钠、乳酸钠。

氯化钠

【商品名】无

【适应证】①低钠血症。②各种原因所致的失水或休克，包括低渗性、等渗性和高渗性失水。③糖尿病非酮症高渗性昏迷，应用等渗或低渗氯化钠可纠正失水和高渗状态。④低氯性代谢性碱中毒。⑤冲洗眼部、清洗伤口等。⑥用于产科的水囊引产。

【制剂及规格】①氯化钠注射液（0.9%）：2 mL：18 mg、5 mL：45 mg、10 mL：90 mg、20 mL：180 mg、50 mL：0.45 g、100 mL：0.9 g、200 mL：1.8 g、250 mL：2.25 g、300 mL：2.7 g、500 mL：4.5 g、1 000 mL：9 g。②浓氯化钠注射液：100 mL：10 g、10 mL：1 g。

【典型不良反应】①输液过多、过快，可致水钠潴留，引起水肿、血压升高、心率加快、胸闷、呼吸困难，甚至急性左心衰竭。②不适当给予高渗氯化钠，会导致高钠血症。③过多、过快给予低渗氯化钠，可致溶血、脑水肿等。

【药物评价】①本品作为体液补充剂，是静脉输液的常用溶剂，也用于高温作业时中暑的防治。临床应用广泛，价格低廉，销售量大。②水肿性疾病，如肾病综合征、肝硬化、腹水、充血性心力衰竭、急性左心衰竭、脑水肿及特发性水肿等患者慎用；急性肾功能衰竭少尿期，慢性肾功能衰竭尿量减少而对利尿药反应不佳者慎用；高血压、低钾血症患者慎用。③根据临床需要，用药期间检查血清中钠离子、钾离子、氯离子浓度，血液中酸碱平衡指标，肾功能及血压和心肺功能。

【贮藏】密闭，在阴凉处保存。

氯化钾

【商品名】补达秀

【适应证】预防和治疗低钾血症，洋地黄中毒引起的频发性、多源性早搏或快速型心律失常。

【制剂及规格】①氯化钾片：0.25 g、0.5 g。②氯化钾缓释片：0.5 g。③氯化钾口服液：100 mL：10 g。④氯化钾注射液：10 mL：1.0 g、10 mL：1.5 g。

【典型不良反应】①口服可产生消化道刺激症状，如恶心、呕吐、咽部不适、胸痛（食管刺激）、腹痛、腹泻，甚至消化性溃疡、出血。空腹、剂量大或原有胃肠道疾病时更易发生。②静脉滴注浓度较高、速度较快，或静脉较细时，易刺激静脉内膜引起疼痛。③滴注速度较快或原有肾功能损害时，可能出现高钾血症。

【药物评价】①本品从光卤石中提取精制。②口服钾盐用于轻度低钾血症预防用药，严重低钾血症或不能口服者用注射液。③老年人应用钾盐时较易发生高钾血症。④患有高钾血症时禁用。⑤用药期间需检查心电图，血清中的钾离子、镁离子、钠离子、钙离子浓度，血液中酸碱平衡指标，肾功能和尿量。

【贮藏】密封，在干燥处保存。

碳酸氢钠

【商品名】无

【适应证】①治疗轻中度代谢性酸中毒，以口服为宜，重度应静脉滴注。②碱化尿液，预防尿酸性肾结石，减少磺胺药的肾毒性，以及在急性溶血时防止血红蛋白沉积在肾小管中。③治疗胃酸过多引起的症状。④静脉滴注解救巴比妥类、水杨酸类药物及甲醇等中毒，但禁用于吞食强酸中毒时的洗胃，因产生大量二氧化碳，会导致急性胃扩张，甚至胃破裂。

【制剂及规格】①碳酸氢钠片：0.25 g、0.5 g。②碳酸氢钠注射液：10 mL∶0.5 g、10 mL∶1.5 g、100 mL∶5 g。

【典型不良反应】①中和胃酸时所产生的二氧化碳可能引起嗳气及继发性胃酸分泌增加。②大量注射时可出现心律失常、肌肉痉挛、疼痛，以及异常疲倦、虚弱等，由代谢性碱中毒引起低钾血症所致。③剂量偏大或存在肾功能不全时，可导致代谢性碱中毒，出现水肿、精神症状、肌肉疼痛或抽搐、呼吸减慢、口内异味，以及异常疲倦、虚弱等。④长期应用可引起尿频、尿急、持续性头痛、食欲减退、恶心呕吐，以及异常疲倦、虚弱等。

【药物评价】①溶液中显碱性，用于中和体内过多的酸，是常用的弱碱性药物。②干扰诊断：对胃酸分泌试验或血、尿 pH 值测定结果有明显影响。③对本品过敏者禁用。④下列情况慎用：尿少或无尿；钠潴留并有水肿；原发性高血压等。长期或大量应用可致代谢性碱中毒，钠负荷过高引起水肿等，孕妇慎用。

【贮藏】密封，在干燥处保存。

乳酸钠

【商品名】瑞可安

【适应证】①用于纠正代谢性酸中毒，碱化尿液和体液。②用于腹膜透析液中的缓冲剂。③用于高钾血症或普鲁卡因胺引起的室性心律失常伴有酸血症。

【制剂及规格】乳酸钠注射液：10 mL∶1.12 g、20 mL∶2.24 g、50 mL∶5.60 g。

【典型不良反应】①有低钙血症（如尿毒症）者，在纠正酸中毒后易出现手足发麻、疼痛、搐搦、呼吸困难等症状，由血清钙离子浓度降低所致。②心率加快、胸闷、气急等肺水肿、心力衰竭表现。③血压升高。④体重增加、水肿。⑤过量时出现碱中毒，血钾浓度下降，有时出现低钾血症表现。

【药物评价】①在高钾血症伴酸中毒时，以使用乳酸钠或乳酸钠林格注射液为宜。②水肿及高血压患者，应用时宜谨慎。③给药速度不宜过快，以免发生碱中毒、低钾血症及低钙血症。

【贮藏】遮光，密闭保存。

【课堂随想】

某患者在已出现口干舌燥、大汗淋漓、头痛、头晕、恶心、呕吐等中暑症状的情况下，仍饮用了大量白开水，最终导致重度中暑，造成神经系统受损，语言表达能力和生活自理能力下降。对该患者的做法，你怎么看？

第二节　糖类药

学习目标

1. 掌握常见糖类药的名称、适应证、制剂及规格。
2. 熟悉常见糖类药的典型不良反应、药物评价及贮藏要求等。

糖类药物是一类以糖类结构为基础，通过糖基化修饰的生物大分子药物，主要包括多糖、寡糖、糖结合物等，广泛用于临床。其作用机制多与糖分子在细胞识别、信号传递等生物过程中的关键作用相关。糖类药物是副作用相对较小的药物，不仅可以作为治疗疾病的药物，而且可以作为保健类药物。

葡萄糖

【商品名】无

【适应证】①补充能量和体液，用于药物毒物中毒、肝昏迷等各种原因造成的进食不足或体液大量丢失。②用于低血糖症。③与胰岛素合用纠正低钾血症或治疗高钾血症。④高渗葡萄糖用作组织脱水，治疗脑水肿、肺水肿及降低眼压。⑤配制腹膜透析液。

【制剂及规格】①葡萄糖粉剂：20 g、50 g、75 g、200 g、250 g、300 g、350 g、500 g。②葡萄糖注射液：5%、10%、20%、25%、50%。③葡萄糖氯化钠注射液：5% 葡萄糖 +0.9% 氯化钠，规格包括 50 mL、100 mL、250 mL、400 mL、500 mL。

【典型不良反应】①胃肠道反应，如恶心、呕吐，见于口服浓度过高、速度过快时。②反应性低血糖：合并胰岛素使用过量、原有低血糖倾向及全静脉营养疗法突然停止时易发生。③高渗葡萄糖注射液静脉滴注时易致静脉炎，高浓度葡萄糖注射液外渗可致局部肿痛。④高血糖高渗状态：多见于糖尿病、应激状态、使用大剂量糖皮质激素、尿毒症腹膜透析患者腹腔内给予高渗葡萄糖溶液及全静脉营养疗法时。⑤电解质紊乱：长期单纯补葡萄糖时，易出现低钠、低钾及低磷血症；长期过量使用可引起胃酸过多。

【药物评价】①常用的能量和体液补充剂，也是静脉输液的常用溶剂。应用广泛、价格低廉，销量大。②高血糖者禁用。

【贮藏】密闭保存。

果糖二磷酸钠

【商品名】瑞安吉

【适应证】①用于改善冠心病的心绞痛、急性心肌梗死、心律失常和心力衰竭的心肌缺血，以及病毒性心肌炎的辅助治疗。②可用于改善脑梗死、脑出血等引起的脑缺氧症状。③用于低磷血症。④用于心肌缺血引起的心绞痛、心肌梗死、心力衰竭、休克等。

【制剂及规格】①果糖二磷酸钠片：250 mg。②果糖二磷酸钠胶囊：0.325 g。③果糖二磷酸钠口服溶液：10 mL∶1 g、5 mL∶0.5 g。④果糖二磷酸钠注射液：50 mL∶5 g、100 mL∶10 g。⑤注射用果糖二磷酸钠：5 g。

【典型不良反应】①主要表现为消化系统的轻微症状，如腹胀、恶心、上腹烧灼感、稀便等，患者一般可以耐受，不需停药。②可有滴注部位疼痛、皮疹、口唇麻木，偶见头晕、胸闷及变态反应。③偶见尿潜血、血红蛋白尿、高钠血症、低钾血症。

【药物评价】①常用于心肌缺血的急救。②严重溃疡病患者宜于饭后服用。③对本品过敏者、高血糖者、肾功能衰竭及高磷血症患者禁用。④忌与碱性药物、钙剂配伍。⑤不宜与其他药物同瓶混合静脉滴注或在同一根静脉输液管内进行静脉滴注。

【贮藏】密封，在干燥阴凉（不超过 20 ℃）处保存。

【案例分析】

患者，女，18 岁，因面色苍白、晕倒被送往校医院。据了解，该患者为新生，对新环境还不太适应，且未吃早餐就开始参加军训。苏醒后，患者自述晕倒之前心慌、眼前发黑。医生诊断为低血糖休克。

问题讨论：

1. 患者出现上述症状的原因是什么？

2. 该患者的情况应该怎么处理？

【知识拓展】

糖与糖尿病

糖尿病是以血糖升高为特征的一种慢性代谢性疾病。血糖水平和日常生活中的糖直接相关，但是摄入的糖与糖尿病没有直接关系。糖尿病患者的根本发病原因是胰岛素分泌不足和胰岛素抵抗，机体没有足够的胰岛素消耗或代谢糖分，使组织、器官出现问题而引起一系列病症。得了糖尿病就不能吃糖了吗？其实不是不能吃糖，而是要对摄入的总热量进行限制，平衡葡萄糖、脂肪、蛋白质的摄入。从饮食上预防糖尿病很重要，还要进行适当运动，严格控制单糖（如白糖、红糖等）的摄入，以防病情加重。

思考与练习

一、选择题

1. 高钾血症伴酸中毒时，用（　　）为宜。

A. 葡萄糖　　B. 乳酸钠　　C. 氯化铵　　D. 果糖二磷酸钠

2. 能用于低钠血症的药物是（　　）。

A. 维生素 A　　B. 氯化钠　　C. 枸橼酸钾　　D. 葡萄糖酸钙

3. 关于氯化钾，下列说法错误的是（　　）。

A. 口服钾盐用于轻度低钾血症的预防　　B. 禁用于高钾血症

C. 口服钾盐可有胃肠道刺激症状　　D. 可用于调节酸碱平衡

4. 有关乳酸钠，下列说法错误的是（　　）。

A. 纠正酸中毒，碱化尿液和体液　　B. 用于补充能量

C. 可致血压升高　　D. 过量时出现碱中毒

5. 巴比妥类药物过量中毒，宜选用（　　）。

A. 碳酸氢钠　　B. 稀盐酸　　C. 氯化钾　　D. 氯化钠

二、思考题

请列举补充电解质的常用药物。

实训三十　调节水、电解质、酸碱平衡药物和糖类药物的商品信息查询及品种识记实训

完成常见调节水、电解质及酸碱平衡药物和糖类药物的信息查询，相关实施步骤及实训测评请参照实训六。

第二十二章

生物制品

学习引入

当我们接种疫苗预防传染病，输注白蛋白应对危重症，或使用单克隆抗体治疗癌症时，其实都在接触生物制品这一特殊的药物类别。与化学合成药物、中药不同，生物制品以微生物、细胞、动物或人源组织等为原料，通过生物学技术制备而成，其成分复杂却具有更高的靶向性和特异性。

从拯救千万儿童的脊髓灰质炎疫苗，到让糖尿病患者重获生机的胰岛素，再到近年来备受关注的 mRNA 疫苗、CAR－T 细胞疗法，生物制品已成为防控重大疾病、提升生命质量的关键手段。

第一节　认识生物制品

学习目标

1. 掌握生物制品的概念。
2. 熟悉生物制品的种类及代表药物。

生物制品是以微生物、细胞、动物或人源组织等为原料，利用生物学技术制成，用于预防、治疗和诊断人类疾病的制剂，如疫苗、血液制品、生物技术制品、微生态制剂、免疫调节剂、诊断制品等。

根据不同的用途，生物制品可分为预防类生物制品、治疗类生物制品和诊断类生物制品（含体内诊断制品和体外诊断制品）三大类。

一、预防类生物制品

预防类生物制品是通过诱导机体产生特异性免疫应答来预防疾病的生物制品，核心为各类疫苗。其作用机制是将减毒、灭活的病原体（如病毒、细菌）或其抗原组分（如蛋白质、多糖）引入人体，刺激免疫系统产生抗体和记忆细胞，当机体再次接触同类病原体时，能快速启动免疫反应，从而抵御感染。本部分主要介绍用于传染病预防的人用疫苗，按其组成成分和生产工艺可分为灭活疫苗、减毒活疫苗、亚单位疫苗、基因工程重组蛋白疫苗、结合疫苗和联合疫苗。

这类制品需严格遵循免疫程序接种，广泛应用于儿童计划免疫、重点人群应急接种（如流感流行季的老年人接种）等场景，是公共卫生体系中预防传染病较为经济、有效的手段，显著降低了全球传染病的发病率和死亡率。

二、治疗类生物制品

治疗类生物制品主要用于疾病的临床治疗，涵盖多个子类。抗毒素及抗血清是其中的重要组成，如破伤风抗毒素能快速中和体内破伤风毒素，用于破伤风紧急救治；抗蛇毒血清可特异性结合蛇毒成分，是毒蛇咬伤的特效治疗药物，其作用机制是通过外源性抗体中和毒素，快速控制病情。

血液制品以人血浆为原料制备，如人血白蛋白，可补充血容量、纠正低蛋白血症，用于休克、肝硬化等患者；免疫球蛋白为机体提供被动免疫保护，适用于免疫缺陷病、重症感染等情况，为机体提供被动免疫保护。

生物技术制品则依托基因工程、细胞工程等技术研发，如重组人胰岛素通过基因重组技术生产，精准调节糖尿病患者血糖；单克隆抗体药物（如利妥昔单抗）可特异性结合肿瘤细胞表面抗原，靶向杀伤癌细胞；CAR-T 细胞疗法通过改造患者自身 T 细胞，使其具备识别和攻击肿瘤细胞的能力，为血液系统恶性肿瘤提供了突破性治疗方案。这类制品为多种疑难病症提供了有效治疗选择，显著改善了患者预后。

三、诊断类生物制品

1. 体内诊断制品

体内诊断制品是通过在体内使用后观察局部或全身反应来辅助疾病诊断的生物制品，其核心原理基于机体对特定抗原的变态反应（Ⅳ型变态反应）。将制品（通常为抗原类物质）以注射等方式引入体内后，若机体曾接触过相应病原体或存在相关疾病，会触发免疫细胞介导的局部炎症反应，通过观察反应的有无及强度来判断诊断结果。

常见产品如结核菌素，将其皮内注射后，若受试者感染过结核分枝杆菌，注射部位会在48～72 小时内出现红肿硬结，根据硬结直径可判断感染状态；布鲁氏菌素用于布鲁氏菌病的诊断，注射后局部反应强度与感染程度相关。

这类制品操作简便、结果直观，主要应用于传染病的辅助诊断（如结核分枝杆菌感染筛查）和流行病学调查（如特定地区布鲁氏菌病流行情况监测），为疾病的早期发现和防控提供重要参考依据。

2. 体外诊断制品

体外诊断制品是在体外对人体样本（如血液、尿液、组织液等）进行检测，以辅助疾病诊断、疗效监测、健康评估的试剂及相关产品。其通过免疫学反应（如抗原抗体结合）、分子生物学反应（如核酸扩增）等原理，检测样本中的病原体（如病毒、细菌）、生物标志物（如肿瘤标志物、激素）等指标。

《中国药典》收载的国家法定用于血源筛查的体外诊断试剂是其重要组成，如乙型肝炎病毒表面抗原诊断试剂、丙型肝炎病毒抗体诊断试剂、人类免疫缺陷病毒抗体诊断试剂等，通过对献血者血液及血制品的严格筛查，能有效阻断肝炎、获得性免疫缺陷综合征等疾病的经血传播，是保障血液和血制品安全的关键防线，对输血安全和公共卫生具有重要意义。

除此之外，体外诊断制品还有一些常见类型，如血糖检测试纸，通过酶促反应检测血液葡萄糖浓度，用于糖尿病患者日常监测；肿瘤标志物检测试剂（如癌胚抗原 CEA 检测试剂），可辅助肿瘤的筛查和疗效评估。

【知识拓展】

雾化吸入式疫苗

雾化吸入式疫苗是指通过雾化吸入方式接种的疫苗，不需要注射。雾化吸入式疫苗避免了注射的不适，所用剂量仅是针剂疫苗的 1/5，而且不用分装瓶，可解决制约疫苗产量的疫苗玻璃瓶问题。

第二节　常见生物制品

学习目标

1. 掌握常见生物制品的名称、适应证、制剂及规格。
2. 熟悉常见生物制品的典型不良反应、药物评价及贮藏要求等。

乙肝疫苗

【商品名】益可欣，安在时

【适应证】主要用于乙型肝炎的预防。适用于乙型肝炎易感者、乙型肝炎表面抗原（HBsAg）阳性母亲所生的婴儿、意外感染的人群、与乙型肝炎患者和乙型肝炎病毒携带者密切接触者，以及其他高危人群。

【制剂及规格】①冻干静注乙型肝炎人免疫球蛋白（pH4）：每瓶 2 500 IU（50 mL）。②乙型肝炎人免疫球蛋白：每瓶 1 mL、100 IU，每瓶 2 mL、200 IU。③重组乙型肝炎疫苗

（汉逊酵母）：每瓶 0.5 mL，每 1 次人用剂量为 0.5 mL，含 HBsAg10 μg。④重组乙型肝炎疫苗（CHO 细胞）：每瓶 0.5 mL 或 1.0 mL。⑤重组乙型肝炎疫苗（酿酒酵母）：0.5 mL、1.0 mL。

【典型不良反应】一般无不良反应。少数人的接种部位有红肿、疼痛感，无须特殊处理，可自行恢复。

【药物评价】①于上臂三角肌肌内注射。②基础免疫程序为 3 针，分别于出生后 0、1、6 个月接种，新生儿第 1 针在出生后 24 小时内注射。③患有肝炎、发热、急性或慢性严重疾病，有过敏史者禁用。

【贮藏】2～8 ℃避光保存。

卡介苗

【商品名】必赛吉

【适应证】用于结核病的预防、肿瘤的辅助治疗。

【制剂及规格】①卡介苗冻干粉：60 mg 活菌。②卡介苗注射剂（供上皮划痕用）：50 mg/0.5 mL、75 mg/1 mL。③卡介苗注射剂（供皮内注射用）：0.5 mg/1 mL、0.75 mg/1 mL、1.5 mg/2 mL。④卡介苗混悬液：10 mg/1 mL。

【典型不良反应】接种 2 周左右出现局部红肿、浸润、化脓，并形成小溃疡，严重者应采取适当治疗。

【药物评价】①上臂三角肌外侧皮内注射。②接种对象为新生儿，出生后 6 个月以内的婴儿也可接种，6 个月至 7 周岁没接种过卡介苗且结核菌素试验阴性的儿童也可接种。③患有结核病、急性传染病、心肾脑等疾病、极度营养不良、湿疹及其他皮肤病患者，以及人类免疫缺陷病毒感染者不予接种。④使用前须先做结核菌素试验，结果阴性者方可接种。

【贮藏】温度 2～10 ℃，暗处保存和运输。

人免疫球蛋白

【商品名】蓉生静丙、博欣

【适应证】适用于预防麻疹和传染性肝炎。若与抗生素合并使用，可提高对某些严重细菌和病毒感染的疗效。

【制剂及规格】①静脉注射人免疫球蛋白：2.5 g。②人免疫球蛋白：10%。

【典型不良反应】一般无不良反应，少数人会出现注射部位红肿、疼痛反应，无须特殊处理，可自行恢复。

【药物评价】①只限于肌内注射，不得用于静脉滴注。②本品出现浑浊，有摇不散的沉淀、异物或玻璃瓶有裂纹、过期失效，均不可使用。③开瓶后应一次注射完毕，不得分次使用。④运输及贮存过程中严禁冻结。⑤对免疫球蛋白过敏或有其他严重过敏史者禁用。

【贮藏】温度 2～8 ℃，避光保存和运输。

知识拓展

传染病的预防

16 世纪时，中国医学家首创人痘接种术，通过接种人痘预防天花，成为人类历史上最早的人工免疫实践。这种方法不仅能减轻天花症状，还可显著降低死亡率。17 世纪，俄国人将人痘接种术引入欧洲，随后传播至土耳其、英国、日本、朝鲜及东南亚各国，并进一步传入美洲和非洲。

1796 年，英国医生爱德华·詹纳（Edward Jenner）发明了牛痘接种法，利用毒性较弱的牛痘病毒为人体接种，从而预防致命的天花病毒感染。由于该方法安全高效，迅速在全球推广，牛痘疫苗也因此成为人类历史上第一种成功应用于疾病预防的生物制剂。

思考与练习

一、选择题

1. 下列不属于生物制品的是（　　）。

A. 卡介苗　　B. 乙肝疫苗　　C. 青霉素　　D. 人免疫球蛋白

2. 卡介苗可以用于（　　）。

A. 补充营养　　B. 预防结核病　　C. 牙疼　　D. 抗精神病

3. 下列关于人免疫球蛋白的说法正确的是（　　）。

A. 预防乙型肝炎　　B. 预防结核病

C. 用于甲亢　　D. 用于预防麻疹和传染性肝炎

4. 乙肝疫苗基础免疫程序需要注射（　　）次。

A. 1　　B. 2　　C. 3　　D. 4

5. 下列属于预防类生物制品的是（　　）。

A. 疫苗　　B. 干扰素　　C. 维生素 C　　D. 免疫球蛋白

二、思考题

请列举常见生物制品的种类和代表生物制品。

实训三十一　生物制品的识记和分类

对 30 种常见的生物制品进行分类，药物大类卡片（预防类生物制品、治疗类生物制品和诊断类生物制品）的准备、具体实训步骤和实训测评请参照实训七。

下篇

非药品类医药商品

第二十三章

医疗器械

学习引入

医疗器械是医药商品的重要组成部分。为了加强对医疗器械的监督管理，保证医疗器械的安全、有效，保障人体健康和生命安全，国务院于 2024 年公布了第二次修订后的《医疗器械监督管理条例》。此外，国家药品监督管理部门还先后颁布《医疗器械标准管理办法》《医疗器械生产监督管理办法》《医疗器械经营监督管理办法》《医疗器械分类规则》等一系列法规文件，以规范医疗器械的生产、经营、使用与管理。

第一节　医疗器械的概述

学习目标

1. 掌握医疗器械的定义。
2. 熟悉医疗器械的分类与管理。
3. 了解医疗器械的经营管理及销售记录制度。

医疗器械是指直接或间接用于人体的仪器、设备、器具、体外诊断试剂及校准物、材料以及其他类似或相关的物品（包括所需要的计算机软件）。医疗器械的效用主要通过物理方式实现，而非通过药理学、免疫学或者代谢方式；若涉及上述方式，也只起辅助作用。

医疗器械的使用目的：①疾病的诊断、预防、监护、治疗或者缓解；②损伤的诊断、监护、治疗、缓解或者功能补偿；③生理结构或者生理过程的检验、替代、调节或者支持；④生命的支持或者维持；⑤妊娠控制；⑥通过对来自人体的样本进行检查，为医疗或诊断目的提供信息。

【案例分析】

2020年2月1日，山东省德州市夏津县市场监督管理局根据投诉举报线索，对某医药连锁有限公司药店进行现场执法检查。经查，该药店销售的两种一次性使用口罩均标注为第二类医疗器械（产品注册证编号分别为“冀械注备2017264024”和“鲁械注准20162640455”）。上述产品分别从德州市某医药公司和德州市某商贸有限公司购进，该药店不能提供供货单位资质，涉嫌存在非法渠道购进第二类医疗器械的行为。夏津县市场监督管理局立案调查，给予当事人责令整改并罚款10 000元的行政处罚。

问题讨论：

1. 正规药店销售医疗器械的要求是什么？

2. 第二类医疗器械是指什么？

一、医疗器械的分类与管理

（一）医疗器械的分类

医疗器械按照风险程度实行分类管理，共分为三类。

第一类是风险程度低，实行常规管理可以保证其安全、有效的医疗器械，如弹性绷带、医用橡皮膏、创可贴、听诊器（无电能）、集液袋、基础外科手术器械等。

第二类是具有中度风险，需要严格控制管理以保证其安全、有效的医疗器械，如血压计、体温计、针灸针（中医用）、避孕套、无菌医用手套、睡眠监护系统软件、医用脱脂棉等。

第三类是具有较高风险，需要采取特别措施严格控制管理以保证其安全、有效的医疗器械，如心脏起搏器、微波手术刀、植入器材、一次性使用无菌注射器等。

（二）医疗器械的注册与备案管理

第一类医疗器械实行产品备案管理，第二类、第三类医疗器械实行产品注册管理（见表23－1）。

表23－1　医疗器械的注册与备案表

分类		注册或备案	管理部门
第一类	国产	备案	设区的市级人民政府负责药品监督管理的部门
	进口	备案	国务院药品监督管理部门
第二类	国产	注册	省、自治区、直辖市人民政府药品监督管理部门
	进口	注册	国务院药品监督管理部门
第三类	国产	注册	国务院药品监督管理部门
	进口	注册	国务院药品监督管理部门

医疗器械注册证有效期为5年。有效期届满需要延续注册的，应当在有效期届满6个月前向原注册部门提出延续注册的申请。

二、医疗器械经营管理

2022年3月10日，国家市场监督管理总局公布《医疗器械经营监督管理办法》，自2022年5月1日起施行。

从事医疗器械经营活动，应当遵守法律、法规、规章、强制性标准和医疗器械经营质量管理规范等要求，保证医疗器械经营过程信息真实、准确、完整和可追溯。医疗器械注册人、备案人可以自行销售，也可以委托医疗器械经营企业销售其注册、备案的医疗器械。

按照医疗器械风险程度，医疗器械经营实施分类管理。经营第一类医疗器械不需要许可和备案；经营第二类医疗器械实行备案管理，经营企业应当向所在地设区的市级负责药品监督管理的部门备案；经营第三类医疗器械实行许可管理，经营企业应当向所在地设区的市级负责药品监督管理的部门提出申请，经所在地设区的市级负责药品监督管理部门审查批准，发给医疗器械经营许可证。

医疗器械经营许可证有效期为5年，载明许可证编号、企业名称、统一社会信用代码、法定代表人、企业负责人、住所、经营场所、经营方式、经营范围、库房地址、发证部门、发证日期和有效期限等事项。

医疗器械经营许可证由国家药品监督管理局统一样式，由设区的市级负责药品监督管理的部门印制。药品监督管理部门制作的医疗器械经营许可证的电子证书与纸质证书具有同等法律效力。

从事医疗器械经营，应当按照法律法规和医疗器械经营质量管理规范的要求，建立覆盖采购、验收、贮存、销售、运输、售后服务等全过程的质量管理制度和制定质量控制措施，并做好相关记录，保证经营条件和经营活动持续符合要求。医疗器械经营企业应当建立并实施产品追溯制度，保证产品可追溯。

三、医疗器械销售记录制度

从事第二类、第三类医疗器械批发业务及第三类医疗器械零售业务的经营企业应当建立销售记录制度。销售记录信息应当真实、准确、完整和可追溯。销售记录包括：

1. 医疗器械的名称、型号、规格、注册证编号或者备案编号、数量、单价、金额；
2. 医疗器械的生产批号或者序列号、使用期限或者失效日期、销售日期；
3. 医疗器械注册人、备案人和受托生产企业名称、生产许可证编号或者备案编号。

从事第二类、第三类医疗器械批发业务的企业，销售记录还应当包括购货者的名称、地址、联系方式、相关许可证明文件编号或者备案编号等。

销售记录应当保存至医疗器械有效期满后2年；没有有效期的，不得少于5年。植入类医疗器械销售记录应当永久保存。

第二节 医疗器械的说明书和标签

学习目标

1. 熟悉医疗器械的说明书和标签要求。
2. 了解医疗器械的说明书和标签中不能出现的内容。

凡在中华人民共和国境内销售、使用的医疗器械，应当按照《医疗器械说明书和标签管理规定》的要求附有说明书和标签。医疗器械说明书和标签的内容应当与经注册或者备案的相关内容一致，医疗器械最小销售单元应当附有说明书。

医疗器械的产品名称应当使用通用名称，并清晰地标明在说明书和标签的显著位置。通用名称应当符合国家有关部门制定的医疗器械命名规则。第二类、第三类医疗器械的产品名称应当与医疗器械注册证中的产品名称一致。医疗器械说明书和标签文字内容应当使用中文，中文的使用应符合国家通用的语言文字规范。医疗器械说明书和标签可以附加其他文种，但应当以中文表述为准。

一、医疗器械说明书

医疗器械说明书是指由医疗器械注册人或者备案人制作，随产品提供给用户，涵盖该产品安全有效的基本信息，用以指导正确安装、调试、操作、使用、维护和保养的技术文件。

（一）医疗器械说明书的内容

医疗器械说明书的内容应当科学、真实、完整、准确，并与产品特性相一致。一般应当包括以下内容：

1. 产品名称、型号、规格；
2. 注册人或者备案人的名称、住所、联系方式及售后服务单位，进口医疗器械还应当载明代理人的名称、住所及联系方式；
3. 生产企业的名称、住所、生产地址、联系方式及生产许可证编号或者生产备案凭证编号，委托生产的还应当标注受托企业的名称、住所、生产地址、生产许可证编号或者生产备案凭证编号；
4. 医疗器械注册证编号或者备案凭证编号；
5. 产品技术要求的编号；
6. 产品性能、主要结构组成或者成分、适用范围；
7. 禁忌证、注意事项、警示以及提示的内容；
8. 安装和使用说明或者图示，由消费者个人自行使用的医疗器械还应当具有安全使用的特别说明；

9. 产品维护和保养方法，特殊储存、运输的条件、方法；

10. 生产日期、使用期限或者失效日期；

11. 配件清单，包括配件、附属品、损耗品更换周期以及更换方法的说明等；

12. 医疗器械标签所用的图形、符号、缩写等内容的解释；

13. 说明书的编制或者修订日期；

14. 其他应当标注的内容。

（二）医疗器械说明书有关注意事项、警示及提示性内容

医疗器械说明书中的有关注意事项、警示及提示性内容主要包括以下 10 个方面。

1. 产品使用的对象。

2. 潜在的安全危害及使用限制。

3. 产品在正确使用过程中出现意外时，对操作者、使用者的保护措施以及应当采取的应急和纠正措施。

4. 必要的监测、评估、控制手段。

5. 一次性使用产品应当注明“一次性使用”字样或者符号，已灭菌产品应当注明灭菌方式以及灭菌包装损坏后的处理方法，使用前需要消毒或者灭菌的应当说明消毒或者灭菌的方法；重复使用的医疗器械应当在说明书中明确重复使用的处理过程，包括清洁、消毒、包装及灭菌的方法和重复使用的次数或者其他限制。

6. 产品需要同其他医疗器械一起安装或者联合使用时，应当注明联合使用器械的要求、使用方法、注意事项。

7. 在使用过程中，与其他产品可能产生的相互干扰及其可能出现的危害。

8. 产品使用中可能带来的不良事件或者产品成分中含有的可能引起副作用的成分或者辅料。

9. 医疗器械废弃处理时应当注意的事项，产品使用后需要处理的，应当注明相应的处理方法。

10. 根据产品特性，应当提示操作者、使用者注意的其他事项。

二、医疗器械标签

医疗器械标签是指在医疗器械或者其包装上附有的用于识别产品特征和标明安全警示等信息的文字说明及图形、符号。

（一）医疗器械标签的内容

医疗器械标签的内容应当与说明书有关内容相符合。一般应当包括以下 11 个方面。

1. 产品名称、型号、规格。

2. 注册人或者备案人的名称、住所、联系方式，进口医疗器械还应当载明代理人的名称、住所及联系方式。

3. 医疗器械注册证编号或者备案凭证编号。

4. 生产企业的名称、住所、生产地址、联系方式及生产许可证编号或者生产备案凭证编号，委托生产的还应当标注受托企业的名称、住所、生产地址、生产许可证编号或者生产备案凭证编号。

5. 生产日期，使用期限或者失效日期。

6. 电源连接条件、输入功率。

7. 根据产品特性应当标注的图形、符号以及其他相关内容。

8. 必要的警示、注意事项。

9. 特殊储存、操作条件或者说明。

10. 使用中对环境有破坏或者负面影响的医疗器械，其标签应当包含警示标志或者中文警示说明。

11. 带放射或者辐射的医疗器械，其标签应当包含警示标志或者中文警示说明。

医疗器械标签因位置或者大小受限而无法全部标明上述内容的，至少应当标注产品名称、型号、规格、生产日期和使用期限或者失效日期，并在标签中明确“其他内容详见说明书”。

三、医疗器械说明书和标签中不得出现的内容

医疗器械的说明书和标签中不得出现的内容有以下八个方面。

1. 含有“疗效最佳”“保证治愈”“包治”“根治”“即刻见效”“完全无毒副作用”等表示功效的断言或者保证的。

2. 含有“最高技术”“最科学”“最先进”“最佳”等绝对化语言和表示的。

3. 说明治愈率或者有效率的。

4. 与其他企业产品的功效和安全性相比较的。

5. 含有“保险公司保险”“无效退款”等承诺性语言的。

6. 利用任何单位或者个人的名义、形象作证明或者推荐的。

7. 含有误导性说明，使人感到已经患某种疾病，或者使人误解不使用该医疗器械会患某种疾病或者加重病情的表述，以及其他虚假、夸大、误导性的内容。

8. 法律、法规规定禁止的其他内容。

四、医疗器械的注册（备案）号及产品注册（备案）号的相关知识

（一）医疗器械注册证编号和备案编号

2021 年 8 月 26 日，国家市场监督管理总局公布《医疗器械注册与备案管理办法》，自 2021 年 10 月 1 日起施行。医疗器械注册证格式由国家药品监督管理局统一制定。

1. 注册证编号的编排方式：×1 械注 ×2× × × ×3×4× ×5× × × ×6。

其中，×1 为注册审批部门所在地的简称：境内第三类医疗器械，进口第二类、第三类医疗器械为“国”字；境内第二类医疗器械为注册审批部门所在地省、自治区、直辖市简称。

×2 为注册形式：“准”字适用于境内医疗器械；“进”字适用于进口医疗器械；“许”字适用于我国香港、澳门、台湾地区的医疗器械。

××××3为首次注册年份；×4为产品管理类别；××5为产品分类编码；××××6为首次注册流水号。

延续注册的，××××3和××××6数字不变；产品管理类别调整的，应当重新编号。

2. 第一类医疗器械备案编号的编排方式：×1械备××××2××××3。

其中，×1为备案部门所在地的简称：进口第一类医疗器械为“国”字；境内第一类医疗器械为备案部门所在地省、自治区、直辖市简称加所在地设区的市级行政区域的简称（无相应设区的市级行政区域时，仅为省、自治区、直辖市的简称）。××××2为备案年份。××××3为备案流水号。

（二）医疗器械生产企业的生产许可证编号或者生产备案凭证编号

自2022年5月1日起实施的《医疗器械生产监督管理办法》规定，根据医疗器械风险程度，医疗器械生产实施分类管理。从事第二类、第三类医疗器械生产活动，应当经所在地省、自治区、直辖市药品监督管理部门批准，依法取得医疗器械生产许可证；从事第一类医疗器械生产活动，应当向所在地设区的市级负责药品监督管理的部门办理医疗器械生产备案。国家药品监督管理部门负责全国医疗器械生产监督管理工作。

1. 医疗器械生产许可证编号的编排方式：×药监械生产许×××××××××号。

其中，第一位×代表许可部门所在省、自治区、直辖市的简称；第二位到第五位×代表许可年份；第六位到第九位×代表许可流水号。

2. 第一类医疗器械生产备案凭证编号的编排方式：××药监械生产备××××××××号。

其中，第一位×代表备案部门所在省、自治区、直辖市的简称；第二位×代表备案部门所在地设区的市级行政区域的简称；第三位到第六位×代表备案年份；第七位到第十位×代表备案流水号。

第三节　家用医疗器械

学习目标

1. 掌握家用医疗器械的产品结构与功能、使用方法及注意事项。
2. 了解医疗器械的产品评价等信息。

近年来，随着生活水平的提高，人们的健康意识日益增强。同时，城市人口增长和生活节奏加快使亚健康人群不断增加。人口老龄化进程的加快，使得老年人常见病、慢性病的日常护理和治疗更多地依赖社区和家庭。这些因素为家用医疗器械领域带来巨大的商机，各类以保健、康复为主要功能的实用型家用医疗器械应运而生，逐步进入家庭。

【案例分析】

患者，女，56岁，高血压病史3年，医生叮嘱她要定时监测血压，遂来药店咨询购买血压计。

问题讨论：

1. 如果你是店员，你会给顾客推荐哪种血压计？

2. 测量血压的正确姿势是什么？

家用医疗器械主要适用于家庭使用，如体温计、血压计等，操作简单、体积小巧、携带方便是其主要特点。对于一些慢性病患者的家庭更为实用，可以随时观察患者情况，及时就医。

一、家用医疗器械的优势

（一）价格优惠

家用医疗器械售价只有百元左右，可以用10～20年，显著降低医药费用。有关调查显示，每户家庭有1～2个（台）家用医疗器械。

（二）品种齐全

随着电子技术的发展，自动、半自动的电子家用医疗器械，如电子血压计、血糖测试仪、电子体温计等相继面市。

（三）专业服务

随着需求的增长，家用医疗器械市场新品不断涌现，功能也日益完善且更贴近生活。这些产品的功能不局限于检测健康状况，更发展为可全面检测身体各项指标的仪器。

二、药店经营的家用医疗器械

医疗器械目前已成为药品零售连锁企业重点关注的增量品类之一。药店经营的家用医疗器械主要分为以下八类。

1. 家用检测器械：体温计、血压计、血糖测试仪、脂肪测量仪、电子计步器、体重计、妊娠诊断试纸（早孕检测试纸）等。

2. 家用卫生材料及敷料：医用脱脂棉、医用脱脂纱布、医用外科口罩、医用绷带、医用橡皮膏等。

3. 家庭康复辅助器具类医疗器械：①家庭保健按摩产品，如按摩功能椅（床）、足浴盆、足底按摩器；②家用康复保健器械，如家用颈椎腰椎治疗仪、医用充气气垫、制氧机、助听器。

4. 家用护理急救器械：氧气袋、家用药箱、家庭急救药箱等。

5. 家用美容保健器械：减肥腰带、丰胸器、美容按摩器、口腔卫生健康用品等。

6. 中医医疗器械：拔火罐、煎药器等。

7. 避孕医疗器械：医用高分子材料及制品，如避孕套、避孕帽。

8. 物理治疗设备：磁疗器具等。

创可贴

【商品名】邦迪，耐适康

【产品的结构组成】通常由基底材料、胶黏剂层、吸水层、隔离纸或膜、染料组成。目前生产企业通常选用已成型的医用胶带作为原材料，基底材料一般有无纺布、纸基、聚乙烯薄膜、聚氯乙烯薄膜、聚氨酯薄膜、海绵、聚酯薄膜等；胶黏剂应为医用胶黏剂，如丙烯酸酯共聚物、氰基丙烯酸酯、有机硅共聚物、聚乙烯基醚、聚异丁烯、聚氨酯等；吸水层材质有无纺布、棉垫等。

【产品标准】分为普通型、透气型、阻水型、弹性型及其组合等。创可贴应切边整齐，表面清洁，无污渍、破损。创可贴的胶带应涂胶均匀，无脱胶、漏胶、背面渗胶现象。创可贴的吸水层应位于胶带中间，无明显歪斜、错位。创可贴的隔离层应完全覆盖创可贴的粘贴面，无胶带、吸水层外露现象。

【产品型式】一般分规则型（长方形、圆形、椭圆形等）及不规则型（如根据使用部位，为方便使用设计的异形产品）。

【产品用途】主要用于割伤、碰伤、擦伤等创面的止血和保护，不能用于手术创口。

【规格及用法】规格：70（72）mm × 18 mm；70（72）mm × 19 mm；70（72）mm × 35 mm；90 mm × 20 mm；90 mm × 25 mm；90 mm × 60 mm；40 mm × 10 mm；55 mm × 16 mm 等。用法：①使用本品前，应清理伤口；②根据伤口大小选用适合的弹性创可贴；③剥开包装纸，将吸收垫对准伤口部位，分先后左右把两面隔离纸或膜除去，用胶带固定位置；④为保持伤口卫生，宜每天更换一次。

【注意事项】①本品为灭菌产品，若发现包装纸破损或已打开，请勿使用。②本品为一次性使用产品。③拆封后忌用手接触中间复合层。④本品为低过敏性产品，一般无变态反应。

【产品评价】本品使用简便有效，现已发展为现代生活中常用的外科产品。

【贮藏】遮光，密封，在常温干燥处保存。

电子血压计

【商品名】可孚，米家

【产品的结构组成】主要由核心功能模块和辅助组件构成。核心功能模块含压力传感器（感知压力并转电信号）、微型气泵与电磁阀（控制充气放气）、带微处理器的电路板（处理信号计算血压）及电源；辅助组件有袖带、显示屏按键、数据存储传输模块等，部分带有语音或心律检测功能。

【产品用途】主要用于快速、便捷地测量人体动脉收缩压和舒张压，同时显示心率。适用于家庭、医疗机构等场景，帮助监测血压变化，辅助高血压等心血管疾病的预防、诊断与管理，部分型号可检测心律失常。

【产品型式】按测量部位可分为上臂式、腕式；按功能有基础款（仅测血压心率）、智能款（连接手机 APP、存储数据）、语音款（播报结果）等。

【注意事项】测量前静坐 10～15 分钟，避免运动、进食、饮酒。袖带松紧适中（能插入 1～2 指），与心脏位置同高。每次测 2～3 遍，间隔 1～2 分钟，取平均值。定期校准（每年 1～2 次），电池电量不足时应及时更换。腕式电子血压计需注意手腕姿势，上臂式电子血压计更适合老年人。

【产品评价】电子血压计可准确测量血压，减少由于人为操作方法不当而造成的血压误差；有利于高血压患者家庭使用，操作简便；自动测出收缩压、舒张压、心跳次数，可储存上百组数据；不受水银血压计存在的充放气速度等因素的影响；避免医生听力、视力误差及测量习惯的影响；无汞污染，更有利于环保。

【知识拓展】

动态血压监测

动态血压监测是一种连续 24 小时监测血压而不影响患者日常活动的技术，可获得 24 小时内的多次血压数值。一般 15～30 分钟测定 1 次，取 24 小时血压平均值，包括 24 小时平均收缩压、平均舒张压、平均脉压、基础血压。该监测技术可获知诸多的血压数据，实际反映血压在全天内的变化规律，是目前采用 24 小时动态血压诊断高血压的主要依据。凡是在一次或多次随诊当中，血压波动较大的，可以进行动态血压监测。

血糖仪

【商品名】鱼跃，艾科，三诺

【产品的结构组成】主要由主机（含显示屏、操作键、微处理器）、试纸插槽、电源（电池或充电模块）构成，核心是生物传感器（集成在试纸条上）。配套耗材为血糖试纸（含酶试剂）和采血针，部分型号含数据存储 / 传输模块，通过检测血液与试纸反应的电信号计算血糖值。

【产品用途】用于快速检测人体血液中的葡萄糖浓度，适用于糖尿病患者日常自我监测、医疗机构初步筛查及血糖异常人群的定期跟踪，帮助及时掌握血糖水平，辅助调整饮食、用药和治疗方案，预防高血糖或低血糖并发症。

【产品型式】按检测技术可分为：①电化学法血糖仪，通过血液与试纸酶反应产生的电信号测血糖，精度高、反应快，是主流类型；②光化学法血糖仪，利用光反射原理检测，易受环境光影响，已较少见。

按使用场景可分为：①家用便携式，体积小、操作简便，适合日常自测；②医用全自动，精度更高，多连接试纸条或采血针，用于医疗机构批量检测；③动态血糖仪，通过植入传感器持续监测血糖，可实时追踪波动趋势。

【注意事项】采血前洗净双手，避免乙醇残留影响结果。采血时选择指尖侧面，血量适中，勿挤压过度。试纸需在有效期内使用，避光防潮，开封后尽快使用。每次用新试纸需校准代码（部分免调码）。测量前避免剧烈运动、进食，保持情绪稳定。仪器定期清洁，每年校准 1～2 次，确保数据准确。

【产品评价】作为糖尿病监测不可或缺的仪器，血糖仪已在糖尿病患者中普及。通过监测血糖来调整治疗方案、实现治疗达标，是防止心、脑、肾及神经系统等慢性并发症的重要措施。但部分患者，甚至一些缺乏专门训练的医务人员，存在操作不规范导致结果不准确的问题，使血糖控制达不到理想水平，从而影响治疗效果。

避孕套

【商品名】杰士邦，高邦

【产品的结构组成】由天然橡胶胶乳制成。

【产品用途】用于男性或女性避孕和预防性病传播。

【产品规格】按形式和直径分有圆柱形特小号、小号、中号、大号，以及超薄型小号、中号、大号，共 7 种规格。特小号、小号、中号、大号直径分别为 29 mm、31 mm、33 mm、35 mm，长度不小于 160 mm。

【注意事项】①过期的避孕套已经变质，容易破裂，不宜使用。②本品为一次性使用产品。③避孕套有不同的规格，应根据阴茎勃起时的大小选择适当型号。④本品为低过敏性产品，一般无变态反应。

【产品评价】①本品不会产生类似其他避孕方式的生理副作用。②本品是预防性病、获得性免疫缺陷综合征、滴虫等传染的有效方式。

【贮藏】在阴凉、干燥和不接触酸、碱、油的环境中保存，尤其要避免暴晒。

思考与练习

一、选择题

1. 有较高风险，需要采取特别措施严格控制管理以保证安全、有效的医疗器械，如电子血压计，按《医疗器械监督管理条例》要求属于（　　）医疗器械。

A. 第一类　　B. 第二类　　C. 第三类　　D. 第四类

2. 国械注准 20153150974 是（　　）医疗器械。

A. 国产第三类　　B. 国产第二类　　C. 进口第二类　　D. 进口第三类

3. 关于医疗器械经营管理，下列说法错误的是（　　）。

A. 经营第一类医疗器械不需许可和备案

B. 经营第二类医疗器械实行备案管理

C. 经营第三类医疗器械实行许可管理

D. 所有医疗器械经营企业都需要办理医疗器械经营许可证

4. 某医疗器械经营企业想要经营一次性使用无菌注射器，该企业应当（　　）。

A. 向所在地市级药品监督管理部门备案

B. 向所在地省级药品监督管理部门备案

C. 向所在地市级药品监督管理部门申请经营许可

D. 向所在地省级药品监督管理部门申请经营许可

5. 医疗器械说明书和标签的内容应当以（　　）核准的内容为准。

A. 生产企业自行拟定　　B. 医疗器械注册或者备案

C. 经销商建议　　D. 广告宣传文案

6. 关于医疗器械标签，下列表述正确的是（　　）。

A. 标签可以随意标注“无效退款”

B. 标签内容无须标注生产日期

C. 标签禁止含有“疗效最佳”“保证治愈”等夸大性用语

D. 进口医疗器械标签无须使用中文

7. 以下关于家用医疗器械的描述，正确的是（　　）。

A. 体积较大，不便于家庭存放

B. 仅适用于健康人群日常保健

C. 操作复杂，需要专业医护人员指导使用

D. 对于慢性病患者家庭，能帮助随时观察患者情况

二、思考题

简述电子血压计使用注意事项。

第二十四章

保健食品

学习引入

随着经济的飞速发展，人们的生活水平不断提高，社会竞争越来越激烈，节奏快、压力大，人们对食物的要求发生了巨大转变，不仅要满足温饱、口味的需求，还要讲究营养保健。人们逐渐意识到增强自身身体机能、增强免疫力和抵抗力的重要性，不少消费者开始购买营养保健补充剂。保健食品正以惊人的速度在消费市场中崛起。

第一节　保健食品概述

学习目标

1. 掌握保健食品的概念。
2. 熟悉保健食品的基本属性。

一、保健食品的概念

保健食品简称为保健品，又称为功能食品，是指声称具有特定保健功能或者以补充维生素、矿物质为目的的食品，适宜于特定人群食用，具有调节机体功能作用，不以治疗疾病为目的。

保健食品旨在帮助人们更便捷地补充身体所需营养。借助现代科技，可通过萃取浓缩、加工处理或人工合成等方式，将日常需大量摄入才能满足营养需求的食物，或较难获取的稀有营养素，制成保健食品。需明确的是，保健食品属于食品而非药品，不应期待其能够快速治疗疾病。过量服用或使用方式不当可能增加身体负担，产生健康风险。因此，消费者应理性认识其功效边界与潜在副作用，结合自身状况科学使用，方能发挥保健食品的积极作用。

二、保健食品的基本属性

保健食品的基本属性主要有以下三个方面。

1. 食品属性。保健食品应无毒无害，具有营养价值并符合卫生要求，以调节机体功能为主要目的。

2. 功能属性。保健食品的功能必须是明确的、经过科学验证的。

3. 人群属性。保健食品是针对特定人群设计的，食用范围不同于一般食品，如辅助降血糖食品适用于糖耐量减低及糖尿病患者。

【案例分析】

张大爷，78 岁，退休职工，子女不在身边。在听信多个保健食品销售人员的介绍后，购买保健食品 10 余种。每日按时服用，后因身体不适就医。经医师诊断，张大爷出现结石、肝肾损伤情况。

问题讨论：

1. 张大爷出现上述情况的原因是什么？

2. 老年人应该如何选择保健食品？

【课堂随想】

保健食品与普通食品

保健食品是食品的一个特殊种类，介于食品和药品之间，具备食品的基本特征。保健食品强调具有特定保健功能，具有规定的摄取量，并且根据其保健功能的不同，有特定的适宜人群和不适宜人群。有人却认为，保健食品既然是食品的一种，又有保健功能，那么就用保健食品替代普通食品，既可以果腹，又可以延年益寿，岂不是两全其美？对此，你怎么看？

第二节　保健食品的标签标识

学习目标

1. 掌握保健食品标签标识要求、保健食品警示用语、保健食品批准文号。

2. 熟悉保健食品标签标识内容、保健食品标志。

一、保健食品标签标识要求

保健食品标签、说明书除应当标明《中华人民共和国食品安全法》规定的事项外，还应当同时标明保健食品标志、保健食品注册号或者备案号等信息，设置警示用语区并标注警示用语。营养素补充剂产品还应当标明“营养素补充剂”字样。

保健食品标识的文字、图形、符号必须清晰、醒目、直观，易于辨认和识读。背景和底色应采用对比色。标识内容必须牢固、持久，不得在流通和食用过程中模糊或脱落。必须以规范的汉字为主要文字，可以同时使用汉语拼音、少数民族文字或外文，但必须与汉字内容有直接的对应关系，并书写正确。所使用的汉语拼音或外文字体高度不得大于相应内容的规范汉字字体高度。

保健食品标签所有标识内容应与产品的质量要求相符，不得以误导性的文字、图形、符号描述或暗示某一保健食品或保健食品的某一性质与另一产品相似或相同。不得以虚假、夸张或欺骗性的文字、图形、符号描述或暗示保健食品的保健作用，也不得描述或暗示保健食品具有治疗疾病的作用。

二、保健食品标签标识内容

保健食品的标签、说明书内容应当真实，与注册或者备案的内容相一致，应当载明产品名称、保健食品标志、净含量、警示用语、原料、辅料、功效成分或者标志性成分及含量、适宜人群、不适宜人群、保健功能、食用量及食用方法、规格、贮藏方法、保质期、注意事项、生产日期和保质期、执行标准、生产许可证编号、生产企业名称与地址、投诉服务电话等内容。

三、保健食品警示用语

保健食品适用于特定人群，但不以治疗疾病为目的。为指导保健食品警示用语标注，使消费者更易于区分保健食品与普通食品、药品，引导消费者理性消费，国家市场监督管理总局发布了《保健食品标注警示用语指南》。

（一）警示用语

保健食品标签设置警示用语区及警示用语。警示用语区位于最小销售包装包装物（容器）的主要展示版面，所占面积不应小于其所在版面的20%。警示用语区内文字与警示用语区背景有明显色差。警示用语使用黑体字印刷，包括以下内容：“保健食品不是药物，不能代替药物治疗疾病。”

当主要展示版面的表面积大于或等于100平方厘米时，字体高度不小于6.0毫米。当主要展示版面的表面积小于100平方厘米时，警示用语字体最小高度按照上述规定等比例变化。

（二）生产日期和保质期

保健食品在产品最小销售包装（容器）外明显位置清晰标注生产日期和保质期。如果日期标注采用“见包装物某部位”的形式，应当准确标注所在包装物的具体部位。

1. 日期标注应当与所在位置的背景色形成鲜明对比，易于识别，采用激光蚀刻方式进行标注的除外。日期标注不得另外加贴、补印或者篡改。

2. 多层包装的单件保健食品以与食品直接接触的内包装的完成时间为生产日期。

3. 当同一预包装内含有多个单件食品时，外包装上标注各单件食品的生产日期和保质期。

4. 按年、月、日的顺序标注日期。日期中年、月、日可用空格、斜线、连字符、句点等符号分隔，或者不用分隔符。年代号应当使用4位数字标注，月、日应当分别使用2位数字标注。

5. 保质期的标注使用“保质期至××××年××月××日”的方式描述。

（三）投诉服务电话

保健食品标签标注投诉服务电话、服务时段等信息。投诉服务电话字体与“保健功能”的字体一致。

保健食品生产经营企业保证在承诺的服务时段内接听、处理消费者投诉、举报，并记录、保存相关服务信息至少2年。

（四）消费提示

保健食品经营者在经营保健食品的场所、网络平台等显要位置标注“保健食品不是药物，不能代替药物治疗疾病”等消费提示信息，引导消费者理性消费。

四、保健食品标志和批准文号

保健食品标志为天蓝色帽形图案（俗称“蓝帽子”），如图24－1所示，象征产品的合规性。标志下方需标注该保健食品的批准文号。

图24－1　保健食品标志

保健食品的批准文号是国家对保健食品合法性的重要认证，所有上市的保健食品必须取得由国家市场监督管理总局或其授权部门核发的批准文号。保健食品批准文号分为注册制和备案制两种，格式有所不同。

1. 注册制文号，须经过严格审评审批。其中，国产保健食品为“国食健注G+4位年代号+4位顺序号”（如国食健注G 20230001），进口保健食品为“国食健注J+4位年代号+4位顺序号”（如国食健注J 20220015）。

2. 备案制文号，针对部分低风险产品。其中，国产保健食品为“食健备G+4位年代号+2位省级行政区域代码+6位顺序编号”（如食健备G 202311010001），进口保健食品为“食健备J+4位年代号+00+6位顺序编号”（如食健备J 202300000123）。

第三节　药店经营的常见保健食品

学习目标

1. 掌握药店经营的常见保健食品的名称、适应证、制剂及规格。
2. 熟悉药品经营的常见保健食品的典型不良反应、注意事项及贮藏要求等。

复合维生素

【商品名】爱乐维

【适用范围】适用于妊娠期和哺乳期妇女对维生素、矿物质的额外需求。预防妊娠期由缺乏铁和叶酸所致的贫血。

【制剂及规格】复合维生素片：每片含维生素A（4 000 IU）1.2 mg、维生素B_1 1.6 mg、维生素B_2 1.8 mg、维生素B_6 2.6 mg、维生素B_{12} 4.0 μg、维生素C 0.1 g、维生素D_3（500 IU）12.5 μg、维生素E 15 mg、生物素0.2 mg、叶酸0.8 mg、烟酰胺19 mg、泛酸钙10 mg。每片含钙0.125 g、镁0.1 g、磷0.125 g、铜1 mg、铁60 mg、锰1 mg、锌7.5 mg。

【典型不良反应】①耐受性良好，少数病例会出现胃肠道功能紊乱（如便秘），但一般不需停药。②某些敏感的女性可能会出现一定程度的过度兴奋，应避免在晚间服用。

【注意事项】①高维生素A血症、高维生素D血症、高钙血症、高钙尿症者禁用。②肾功能不全、铁蓄积、铁利用紊乱者禁用。

【贮藏】在阴凉干燥处保存，避免阳光直射。

叶酸

【商品名】斯利安

【适用范围】①适用于各种原因引起的叶酸缺乏及叶酸缺乏所致的巨幼红细胞贫血。②妊娠期、哺乳期妇女预防性给药。③慢性溶血性贫血所致的叶酸缺乏。

【制剂及规格】叶酸片：0.4 mg、5 mg。

【典型不良反应】不良反应较少，罕见变态反应。长期服用可出现畏食、恶心、腹胀等胃肠道症状。大量服用叶酸时，尿液呈黄色。

【注意事项】①叶酸是水溶性维生素，一般超出成人最高需要量的20倍不会引起中毒，超出的量从尿中排出。②口服叶酸350 mg可能影响锌的吸收，导致锌缺乏，使胎儿发育迟缓，低出生体重儿增多。③掩盖维生素B_{12}缺乏的早期表现，进而导致神经系统受损，故维生素B_{12}缺乏引起的巨幼细胞贫血不能单用叶酸治疗。

【贮藏】遮光，密封保存。

蛋白质粉

【商品名】无

【适用范围】①适用于既需摄取丰富蛋白质，又必须避免吸收过多热量、积聚过多脂肪和胆固醇者。②饮食中牛奶、肉类等不足者。③适用于儿童、青少年、消化能力降低的老人，烧烫伤、脑外伤、手术前后患者，胃溃疡、胃下垂等胃肠疾病患者，糖尿病、肥胖患者，因蛋白质摄入不足而免疫力低下的成人。

【制剂及规格】常见蛋白质粉，主要成分包括大豆分离蛋白、浓缩乳蛋白、卵磷脂、二氧化硅。标志性成分为蛋白质，每 100 g 含 80 g。

【典型不良反应】过量易致：①胃肠功能减弱，机体抵抗力下降；②加重肾负担，造成肾功能下降，出现蛋白尿；③引发心血管疾病；④使人发胖，导致骨质疏松。

【注意事项】①按推荐摄入量服用。②不宜空腹服用。③受热后会失活，降低生物效价，故不可烧煮和烫食。④3岁以下幼儿不宜食用。⑤不宜与酸性食品一起食用。⑥特殊患者需遵医嘱服用。

【贮藏】在阴凉干燥处保存，避免阳光直射。

褪黑素

【商品名】曼乐静

【适用范围】适用于睡眠状况不佳者。

【制剂及规格】①褪黑素片：3 mg、5 mg、10 mg。②褪黑素胶囊：0.2 g、0.4 g。

【典型不良反应】嗜睡、头痛、头晕、注意力分散、反应力变慢、轻微焦躁症状及过敏等。长期或大规模使用褪黑素会产生依赖性，影响自身褪黑素的分泌，也可能导致内分泌功能障碍。

【注意事项】①青少年、孕妇、肾炎患者不宜服用。②剂量太高会造成低体温，释放过多泌乳素而导致不孕，男性会降低生理欲望。

【贮藏】在阴凉干燥处保存，避免阳光直射。

【知识拓展】

人体中的褪黑素

褪黑素又称褪黑激素或松果体素，化学名为 N－乙酰－5－甲氧色胺，是一种广泛存在于动物、植物及微生物中的吲哚杂环类化合物。在人体内，褪黑素主要由松果体合成分泌，作为内源性激素进入血液循环；视网膜与胃肠道亦可局部生成。其分泌受下丘脑视交叉上核调控，通过接收视网膜的光信号形成昼夜节律：日间分泌受抑制，夜间分泌活跃，最终在肝代谢。人体褪黑素水平随年龄增长呈下降趋势。

其他常见保健食品的类别及代表产品见表 24－1。

表 24－1　其他常见保健食品的类别及代表产品

类别	代表产品
有助于增强免疫力	蜂胶，乳铁蛋白，大豆分离蛋白，乳清蛋白

续表

类别	代表产品
有助于抗氧化	儿茶素，辅酶 Q_{10}，维生素
辅助改善记忆	鱼肝油，DHA 藻油
缓解视觉疲劳	叶黄素
清咽润喉	蜂蜜
缓解体力疲劳	灵芝孢子粉
耐缺氧	红景天提取物，磷脂
有助于控制体内脂肪	灵芝孢子粉，肉碱，甲壳素
有助于改善骨密度	硫酸软骨素，氨基葡萄糖
改善缺铁性贫血	灵芝孢子粉
有助于改善痤疮	富含维生素 A 及纤维素的食物
有助于改善黄褐斑	蜂胶，维生素，葡萄籽
有助于改善皮肤水分状况	含锌丰富的食品
有助于调节肠道菌群	乳酸菌
有助于消化	木瓜蛋白酶，寡糖，膳食纤维
有助于润肠通便	猴头菇
辅助保护胃黏膜	蜂胶，蜂蜜，蜂蜡
有助于维持血脂健康水平	多糖类，膳食纤维，鱼油
有助于维持血糖健康水平	蜂胶
有助于维持血压健康水平	菌菇
对化学性肝损伤有辅助保护作用	红景天提取物，党参提取物
对电离辐射危害有辅助保护作用	红景天提取物，刺五加提取物
有助于排铅	含半胱氨酸丰富的蛋白质

思考与练习

一、选择题

1. 下列关于保健食品的说法正确的是（　　）。

A. 保健食品的标签、说明书及广告有宣传疗效作用

B. 保健食品可以替代药品

C. 旨在帮助人们更便捷地补充身体所需营养

D. 以治疗疾病为目的

2. 褪黑素的作用主要是（　　）。

A. 改善睡眠　　B. 抗衰老　　C. 抗肿瘤　　D. 润肠通便

3. 服用蛋白质过量不会导致（　　）。

A. 胃肠功能减弱，机体抵抗力下降　　B. 肾功能下降，出现蛋白尿

C. 引发心血管疾病　　D. 依赖性

4. 大量服用（　　）时，可使尿液呈黄色。

A. 叶酸　　B. 蛋白质粉　　C. 褪黑素　　D. 乳铁蛋白

5. 有助于改善黄褐斑的是（　　）。

A. 菌菇　　B. 蛋白质粉　　C. 灵芝孢子粉　　D. 维生素

二、思考题

1. 简述保健食品的概念和基本属性。

2. 简述复合维生素的适用范围。

第二十五章

化妆品

学习引入

近年来，随着我国日用化学工业的蓬勃发展，化妆品行业的发展也非常迅速。新原料、新技术、新工艺不断涌现，推动化妆品行业从依赖水油乳化体系的传统膏霜形态，升级为融合生物学、医学、美容学等多学科的新兴产业。如今，化妆品已成为人们的生活必需品，并呈现出“回归大自然”的发展趋势。

第一节　化妆品概述

学习目标

1. 掌握化妆品的定义及作用。
2. 熟悉化妆品的质量特性。

一、化妆品的定义

《现代汉语词典》中对化妆品的解释是“具有清洁、护肤、美容和修饰作用的日化用品，如粉底霜、唇膏、香水等”。我国《化妆品标识管理规定》将化妆品定义为“以涂抹、喷、洒或者其他类似方法，施于人体（皮肤、毛发、指 / 趾甲、口唇齿等），以达到清洁、保养、美化、修饰和改变外观，或者修正人体气味，保持良好状态为目的的产品”。化妆品的作用部位是人体表面，包括皮肤表面、毛发表面及指 / 趾甲表面等部位，而市面上销售或者一些美容机构使用的玻尿酸（皮下注射用）、美白针等均不属于化妆品范畴。

判断一个产品是否属于化妆品范畴，可以从以下三个方面考虑：

1. 是否接触人体表面。不直接接触人体表面的日用化工产品，如香薰精油、空气清新剂、洗洁精等均不属于化妆品范畴。

2. 化妆品施用于人体的途径是涂抹、喷洒或者其他类似方法，如揉、敷等，那些通过注射、口服、吸入、手术等方法进入或作用于人体皮肤或人体内部达到美容目的的产品不属于化妆品范畴，如医疗美容机构使用的透明质酸等。

3. 化妆品不具备治疗疾病的功能，不可宣称临床功效，这也是化妆品与药品的根本区别。

二、化妆品的作用

尽管各个国家在化妆品的定义表述上有区别，但其作用一般可概括为如下五个方面。

1. 清洁作用：能去除皮肤、毛发、口唇、牙齿和指/趾甲上面的污垢，达到清洁的目的，如香皂、清洁霜、洗面奶、清洁用化妆水、沐浴液、洗发水、卸妆油、牙膏等。

2. 保养作用：能保护毛发及皮肤等，使其柔软、光滑、富有弹性，抵御寒风、烈日、紫外线辐射等造成的损害；保持皮肤角质层的含水量，防止皮肤皲裂，延缓皮肤衰老。

3. 消除不良气味：通过抑汗或掩盖方法，起到减轻和消除体臭的作用，如抑汗剂、祛臭剂等。

4. 美容修饰作用：对皮肤、毛发、指甲、口唇等进行美化和修饰，达到美容的效果，如粉底霜、唇膏、发胶、指甲油等。

5. 特殊功能作用：包括防痤疮、抗衰老、控油、去头屑、育发、祛斑、防晒等，如祛斑霜、粉刺霜、防晒霜、生发水、染发剂等。

三、化妆品的质量特性

一般情况下，化妆品在投放市场前，必须确保符合安全性、稳定性、使用性和功效性四项质量特性。

1. 安全性

化妆品的安全性指化妆品无毒、无刺激，无致畸、致癌、致敏、致突变成分，即化妆品在正常、合理和可预见的使用条件下，不得对人体健康产生危害。

在日常生活中，为了皮肤健康和美容，人们往往长期连续使用化妆品，这就要求在正常、合理和可预见的使用条件下，化妆品不能对人体健康产生危害，不能对皮肤产生刺激、具有致敏性，更不能有累积毒性和致癌性。

2. 稳定性

化妆品的稳定性指在一段时间（保质期）内，化妆品在储存、使用过程中，保持性状稳定，无变色、褪色、变味、结晶、分离、沉淀、挥发固化等异常现象。

一般情况下，密封容器中的化妆品原料或产品在规定的存储条件和保质期内能保持原有的性质特点（如香气、颜色、形态）均无变化，有一定的稳定性。但是，化妆品多为热力学不稳定的多相体系，只能在一定时间内获得相对的稳定，不可能是永久的。各种影响因素，如原料间的化学反应、杂质、紫外线、加工方法、包装材料等都会影响产品的稳定性；在制造、运输、存放和使用过程中还会受到微生物的污染。化妆品一旦失去了稳定性，就可能出现变色、破乳、分层、浑浊、沉淀、结块等变质现象，不宜使用。

因此，化妆品必须保证有足够的稳定性才能进入市场流通。稳定性是评价化妆品质量的重要指标之一，也是确定化妆品有效期的主要依据，是化妆品使用性和功效性的基础。

3. 使用性

化妆品的使用性指使用者在使用化妆品过程中的感觉与感受，体现在使用方便程度、舒适感和嗜好性上。首先，应使用方便，即形状、大小、质量、结构、功能性和携带性合适；其次，化妆品须让使用者在使用过程中有舒适感，如滋润、润滑、清爽等。

4. 功效性

化妆品的功效性指化妆品依赖于其中的活性成分和构成配方主体的基质，在正确使用条件下，能够帮助消费者改善、保持皮肤及其附属器良好状态的作用和效果。

【案例分析】

患者，女，40 岁，因面部出现黄褐斑而购买了某品牌祛斑化妆品，使用后出现红肿、皮疹、瘙痒、疼痛症状，并且面部时不时出现干燥、起皮情况。

问题讨论：

1. 患者出现上述症状的原因是什么？
2. 该患者的情况可以怎么处理？

第二节　化妆品的注册和备案

学习目标

1. 掌握化妆品的注册、备案管理要求。
2. 熟悉化妆品备案号标识要求。

一、化妆品注册、备案管理

化妆品生产经营者应当依照法律、法规、强制性国家标准、技术规范从事生产经营活动，加强管理，诚信自律，保证化妆品质量安全。国家按照风险程度对化妆品实行分类管理。化妆品分为特殊化妆品和普通化妆品。国家对特殊化妆品实行注册管理，对普通化妆品实行备案管理。用于染发、烫发、祛斑美白、防晒、防脱发的化妆品以及宣称新功效的化妆品为特殊化妆品。特殊化妆品以外的化妆品为普通化妆品。特殊化妆品经国务院药品监督管理部门注册后方可生产、进口。国产普通化妆品应当在上市销售前向备案人所在地省、自治区、直辖市人民政府药品监督管理部门备案。进口普通化妆品应当在进口前向国务院药品监督管理部门备案。

化妆品注册申请人、备案人应当具备下列条件：①是依法设立的企业或者其他组织；②有与申请注册、进行备案的产品相适应的质量管理体系；③有化妆品不良反应监测与评价能力。

申请特殊化妆品注册或者进行普通化妆品备案，应当提交下列资料：①注册申请人、备案人的名称、地址、联系方式；②生产企业的名称、地址、联系方式；③产品名称；④产品配方或者产品全成分；⑤产品执行的标准；⑥产品标签样稿；⑦产品检验报告；⑧产品安全评估资料。

特殊化妆品注册证有效期为5年。有效期届满需要延续注册的，应当在有效期届满30个工作日前提出延续注册的申请。

二、化妆品标签及批号备案号标识要求

化妆品的最小销售单元应当有标签。标签应当符合相关法律、行政法规、部门规章、强制性国家标准和技术规范要求，标签内容应当真实、完整、准确，并与产品注册或者备案的相关内容一致。化妆品标签上应当注明产品中文名称、注册人及备案人的名称、地址等内容，国产化妆品应当同时标注生产企业生产许可证编号。

普通化妆品备案编号规则如下：

国产化妆品为“省、自治区、直辖市简称+G妆网备字+四位年份数+本年度行政区域内备案产品顺序数”；

进口化妆品为“国妆网备进字（境内责任人所在省、自治区、直辖市简称）+四位年份数+本年度全国备案产品顺序数”。

特殊化妆品注册编号规则如下：

国产产品为“国妆特字+四位年份数+本年度注册产品顺序数”；

进口产品为“国妆特进字+四位年份数+本年度注册产品顺序数”。

知识拓展

“械字号面膜”比普通面膜效果更好吗?

随着人们生活水平的不断提高，越来越多的人注重对美的追求，因而医疗美容也越来越贴近人们的生活。医疗美容之后，消费者往往被推荐使用各种所谓的“械字号面膜”，宣称比普通面膜标准更高、功效更强、更安全。这些所谓的“械字号面膜”，真的是消费者更好的护肤选择吗?

其实不然！所谓的“械字号面膜”，其实是医用敷料，属于医疗器械范畴。按照医疗器械管理的医用敷料，其命名应当符合《医疗器械通用名称命名规则》要求，不得含有“保健”“美容”等宣传性词语，不得含有夸大适用范围或其他具有误导性、欺骗性的内容。因此，不存在“械字号面膜”的概念，医疗器械产品也不能以“面膜”命名。

第三节　化妆品的选择

学习目标

1. 掌握选择化妆品的原则、合理选用化妆品的基本知识。
2. 掌握常见化妆品的规格、用途及注意事项等。

一、选择化妆品的原则

化妆品的选择原则一般包括以下四个方面。

（一）看商品标签，确定化妆品的合法性

根据《化妆品标签管理办法》的规定，化妆品标签是指产品销售包装上用以辨识说明产品基本信息、属性特征和安全警示等的文字、符号、数字、图案等标识，以及附有标识信息的包装容器、包装盒和说明书。

化妆品中文标签应当包括：产品中文名称、特殊化妆品注册证书编号；注册人、备案人的名称、地址，注册人或者备案人为境外企业的，应当同时标注境内责任人的名称、地址；生产企业的名称、地址，国产化妆品应当同时标注生产企业生产许可证编号；产品执行的标准编号；全成分；净含量；使用期限；使用方法；必要的安全警示用语等。具有包装盒的产品，还应当同时在直接接触内容物的包装容器上标注产品中文名称和使用期限。特殊化妆品注册证书编号应当是国家药品监督管理局核发的注册证书编号，在销售包装可视面进行标注。

（二）看品质，确定化妆品的优劣性

化妆品的品质是选择化妆品时要考虑的重要问题。只有标识正规、品质优良的化妆品，才能保障消费者的安全。化妆品品质的鉴别要掌握以下三个原则。

1. 看质地：直接用肉眼观察化妆品的质地是否均匀、细腻、不含杂质。一般来讲，化妆品质地越细腻越好，质地越细腻，附着力越好，维持和发挥作用的时间也越长。

2. 嗅气味：优质的化妆品气味纯正，淡雅清幽，沁人心脾。有的化妆品气味很浓烈，可以给人强烈的感官刺激，但香气纯正，没有刺鼻的怪味，一般是制作过程中加入过量的香料所致，并非质量问题。

3. 观色泽：优质的化妆品应该颜色鲜明，清淡柔和。

（三）看成分，确定化妆品的安全性

选用化妆品时，尽量先弄清楚化妆品的化学成分。不要选用含铅、砷、汞等重金属成分的化妆品，这些成分虽有一定的美白、祛斑等作用，但危害极大。

（四）根据年龄、肤质、季节等特点，确定化妆品的适用性

选择化妆品时，必须考虑年龄、肤质、季节等因素，选择适合自己的产品。根据年龄特点，分别选用婴幼儿用、青少年用、成年用、中老年用化妆品。春秋季天气干燥，应注意保湿；夏季紫外线强度大，要注意防晒；冬季注意皮肤营养，重在增加皮肤的含脂量和含水量。

二、合理选用化妆品

（一）根据化妆品的种类、性能和使用目的合理选用化妆品

化妆品种类繁多，按产品功能可分为清洁类、护肤类、护发类、美容类、美发类、特殊用途类等；按照适用年龄可分为婴幼儿用、青少年用、成年用、中老年用等；按照性状可分为膏霜类、乳液类、粉饰类、棒状类等。了解化妆品的种类和性能，才能根据使用目的和皮肤类型选择适用的化妆品。

（二）根据皮肤 pH 值合理选用化妆品

正常成年人皮肤的平均 pH 值为 4.5～6.5，呈弱酸性。皮肤保持弱酸性与汗液成分中的乳酸和氨基酸、皮脂中的脂肪酸有关。这种弱酸性皮脂膜对酸、碱均有一定的缓冲能力，还可以抑制某些细菌滋生，是天然的保护层。一般情况下，接近皮肤 pH 值、缓冲作用较强的化妆品是较理想的护肤品。

（三）根据皮肤的类型合理选用化妆品

皮肤类型的分类有很多种。目前多根据皮肤含水量、皮脂分泌情况、皮肤 pH 值以及皮肤对外界刺激的反应性，将皮肤分为五种类型。

1. 中性皮肤，是较为理想的皮肤类型。其角质层含水量为 10%～20%，pH 值为 5.0～5.6。中性皮肤的特点是皮肤表面光滑细嫩，质地、肤色均匀，皮脂分泌量适中，不干燥，不油腻，有弹性，无明显脱屑或油脂分泌，皮肤呈弱酸性，对外界刺激适应性较强。但此类皮肤易受季节变化影响，夏天偏油腻，冬天偏干燥。中性皮肤也需要正确护理，包括清洁、保湿和防晒化妆品的合理使用，一般可用弱酸性、油脂含量适中的化妆品。通常，在夏季应选择乳液型护肤霜，以保证皮肤的清爽光洁；秋冬季节可选用油性稍大的膏剂，以防止皮肤干燥粗糙。中性皮肤的清洁可选用碱性小的美容皂或洗面奶。

2. 干性皮肤，又称干燥型皮肤。其角质层含水量在 10% 以下，pH 值为 4.5～5.0。干性皮肤的特点是皮脂分泌量少，皮肤干燥、细腻，缺乏光泽和弹性，皮肤酸度较低，对外界刺激（如气候、温度变化）较敏感，易出现皮肤皲裂、脱屑和皱纹。干性皮肤护理最重要的是保证皮肤得到充足的水分。洁面宜选用不含碱性物质的膏霜型洁肤品或对皮肤刺激小的含有甘油的香皂，避免抑制皮脂和汗液的分泌。日常护理宜选用油脂较多的油包水型护肤品，如冷霜、香脂、乳液等，产品中要含保湿因子和营养成分。

3. 油性皮肤，也称多脂型皮肤。其角质层含水量为 20% 左右，pH 值为 5.6～6.6。油性皮肤的特点是皮脂分泌旺盛，皮肤外观油腻发亮，毛孔粗大，易黏附灰尘，但弹性好，不易生皱纹，对外界刺激一般不敏感。油性皮肤的洁面最好使用弱酸性的洗面奶或碱性较弱的美容皂。日常护理宜选用含油脂较少的水剂、霜剂、啫喱类化妆品，不宜使用油性和易阻塞毛孔

的粉剂化妆品。

4. 混合性皮肤，是干性、中性或油性皮肤特点混合存在的一种皮肤类型。混合性皮肤的特点是面部的 T 字部位（额、鼻、下颌）呈油性，额头、鼻部表现油腻光亮，下颌经常有小的痤疮，且毛孔粗大。而双颊、双颞部等表现为中性或干性皮肤。混合性皮肤的特点是夏季油性部位会更加油腻，冬季干性部位会更加干燥，甚至出现脱屑的情况。选用护肤品时，夏季可用适合中性和油性皮肤的护肤品；冬季可用适合中性和干性皮肤的护肤品，以增强皮肤的屏障功能，防止水分流失。

5. 敏感性皮肤。敏感性皮肤最大的特点是皮肤对外界刺激的反应性强，易受刺激而产生皮炎。此类皮肤应该选择温和而偏弱酸性的洁面乳，日常护理宜选择无刺激性的化妆品，如不含色素、香料、乙醇、防腐剂的产品。初次使用前，应做好皮肤敏感性试验：在前臂内侧皮肤上薄涂一层化妆品，24～48 小时后观察，如无变态反应，方可在面部使用。敏感性皮肤不宜使用磨砂膏、去死皮膏等，避免较薄的角质层受到伤害。

（四）根据季节变化合理选用化妆品

1. 春季是人体功能活跃的季节，皮肤代谢加快，皮脂腺和汗腺的分泌活动增强，皮肤护理重在防敏感、清洁和防晒。化妆品要在膏、霜、蜜类之间灵活选用，尽量选用含油脂少且具有保湿功效的化妆品。注意皮肤的清洁，同时适当使用防晒产品。

2. 夏季人体皮肤代谢快，皮脂腺和汗腺分泌旺盛，皮肤油腻。夏季紫外线辐射强度最大，由于日光暴晒易造成皮肤伤痛、色斑加重，因此尤其要做好全天候防晒工作，选择防晒指数较高的化妆品。

3. 秋季气温逐渐降低，干燥而多风沙，皮脂腺和汗腺分泌减慢，皮肤逐渐干燥粗糙，弹性降低。秋季护肤的重点应在滋润、滋养、防干燥等方面，同时要注意防晒。

4. 冬季的特点是气候寒冷干燥，人体皮肤血管收缩，代谢活动明显减慢，油脂和含水量明显减少，皮肤容易出现粗糙和脱屑现象。可选用油脂含量高且含有保湿成分的润肤霜、保湿乳和保湿精华等化妆品。

（五）根据地域特点合理选择化妆品

不同的地域具有不同的气候特点，对皮肤会产生不同的影响。北方地区气候偏寒冷干燥，风沙大，皮肤新陈代谢受阻，容易产生干燥、皱纹、敏感等诸多皮肤问题。应选择滋润、含水量高的保湿霜等化妆品，给皮肤提供充足的营养，促进其新陈代谢。南方气温较高，紫外线强度也较大，因此要特别注意防晒。南方的空气湿度较大，皮肤上的汗液不易蒸发，不利于毛孔中的分泌物排出，因此不宜使用含油量过高的护肤品，以免堵塞毛孔，影响皮肤的正常呼吸。北方地区人群的护肤重在保湿和营养，而南方地区则重在清洁和防晒，这是由不同地域对皮肤产生的不同影响所决定的。

（六）根据年龄合理选用化妆品

对于婴幼儿，宜选用婴幼儿专用化妆品或无刺激性、少油的营养性雪花膏与蜜类护肤品。25 岁以后，皮肤生长期已过，皮肤自然保湿因子和胆固醇含量逐渐降低，皮脂分泌减少，皮肤粗糙，容易出现皱纹和色斑。此时，应注重对皮肤的防晒、保湿、抗皱，以及美白等多重保护，选用营养性化妆水、保湿性霜类和蜜类化妆品，加用眼霜以预防眼周皱纹。50 岁以后，应选择含较多油脂、保湿因子及维生素等成分的护肤品，适当使用含 α- 羟酸、维 A 酸、抗氧化剂等抗衰老成分的产品。

（七）根据性别进行选择

女性往往是化妆品消费的主力军，所以女性化妆品受关注程度远高于男性化妆品，市场上可供选择的女性化妆品种类繁多。男性护肤重在保持清洁，控制水油平衡，可选用温和且可控油保湿的洁面乳，最好选用男士专用产品。男性护肤品根据男性皮肤特点设计，一般香味较淡，无明显油腻感。

维生素 E 乳

【规格】维生素 E 乳液：每瓶 80 mL、100 mL。

【产品介绍】用于缓解皮肤干燥，改善皮肤屏障功能；也可用于日常皮肤保湿护理，适合干燥季节或干性皮肤使用。

【产品评价】①使用期间，禁止接触眼睛、口、鼻，也不能涂于皮肤破溃处。涂抹后，如果涂抹处出现红肿、烧灼感、瘙痒，应马上停用，把本品清洗干净。②如出现严重不良反应，应立即就医。③对本品过敏者禁用，过敏体质者慎用。④本品性状发生改变时禁止使用。⑤将本品放在儿童不易接触的地方。

【贮藏】遮光，密闭，在干燥处保存。

复方熊果苷乳膏

【规格】复方熊果苷乳膏：每支 20 g、30 g，每瓶 50 g。

【产品介绍】用于改善皮肤色素沉着问题。

【产品评价】①使用前必须将皮肤清洗干净，局部涂抹于患处，避免长期接受太阳光的照射。②使用期间，要做好防晒工作，防止加重黑色素沉着。③使用不当可能出现变态反应，引起不适症状，如红肿、皮疹、瘙痒等。长期使用可能会导致黑色素增加、脸部皮肤受损等。④如有严重不适，要及时停用并就医。

【贮藏】密封保存。

思考与练习

一、选择题

1. 不属于化妆品的是（　　）。

A. 眉笔　　B. 指甲油　　C. 清洁霜　　D. 香薰精油

2. 不属于化妆品品质鉴别原则的是（　　）。

A. 看质地　　B. 嗅气味　　C. 观色泽　　D. 摸实物

3. 正常成年人皮肤的平均 pH 值是（　　）。

A. 3.5～5.5　　B. 3.5～6.5　　C. 4.5～7.5　　D. 4.5～6.5

4. 较为理想的皮肤类型是（　　）。

A. 中性皮肤　　B. 干性皮肤　　C. 油性皮肤　　D. 混合性皮肤

5. 非特殊用途化妆品包括（　　）。

A. 育发化妆品　　B. 染发化妆品　　C. 脱毛化妆品　　D. 护肤化妆品

二、思考题

1. 简述化妆品的作用。

2. 简述特殊用途化妆品的类别。

第二十六章

消毒用品

学习引入

消毒是实施卫生防护的重要手段，精准规范地做好消毒工作事关公共卫生措施的落实。消毒用品一般包括消毒剂、消毒器械（含生物指示物、化学指示物和灭菌物品包装物）和消毒卫生用品。

第一节　消毒用品概述

学习目标

1. 掌握消毒用品的定义。
2. 熟悉消毒用品的分类及代表产品。
3. 了解不同类别消毒用品的特点。

根据《中华人民共和国传染病防治法》第一百一十三条的规定，消毒是指用化学、物理、生物的方法杀灭或者消除环境中的病原微生物。因此，从消毒用品与药品区别的角度来说，对消毒用品可以这样理解：①在作用目的上，它不是治病或诊断疾病的产品；②在作用机制上，它是一种用化学、物理、生物的方法消除或杀灭病原微生物的产品，而不是用药理学或免疫学的方法预防疾病的产品；③在作用对象上，它是针对环境中的病原微生物，而不是针对人的疾病的一种产品。

一、消毒剂

消毒剂是指用于杀灭传播媒介上的病原微生物，使其达到无害化要求的制剂。消毒剂不同于抗生素，它在防病中的主要作用是将病原微生物消灭于人体之外，切断传染病的传播途径，达到控制传染病的目的，常被称为“化学消毒剂”。

按照其作用的水平可分为灭菌剂、高效消毒剂、中效消毒剂、低效消毒剂。

1. 灭菌剂：可杀灭或清除医疗器械、器具等物品上一切微生物的制剂，包括甲醛、戊二醛、环氧乙烷、过氧乙酸、过氧化氢、二氧化氯等。

2. 高效消毒剂：可杀灭一切细菌繁殖体（包括分枝杆菌）、病毒、真菌及其孢子等，对细菌芽孢也有一定的杀灭作用，能达到高水平消毒要求的制剂，包括含氯消毒剂、臭氧、甲基乙内酰脲类化合物、双链季铵盐等。

3. 中效消毒剂：仅可杀灭分枝杆菌、真菌、病毒及细菌繁殖体等微生物，能达到消毒要求的制剂，包括含碘消毒剂、醇类消毒剂、酚类消毒剂等。

4. 低效消毒剂：仅可杀灭细菌繁殖体和亲脂病毒，能达到消毒剂要求的制剂，包括苯扎溴铵等季铵盐类消毒剂、氯己定（洗必泰）等双胍类消毒剂，汞、银、铜等金属离子类消毒剂及中草药消毒剂。

二、消毒器械

消毒器械是指能够杀灭或清除传播媒介上的微生物，使其达到无害化要求的器械。

消毒器械根据消毒作用原理分为物理消毒器械和化学消毒器械。物理消毒器械通过温度、辐射、机械力、电磁波等物理手段作用于微生物，使其蛋白质变性、核酸破坏或结构损伤，从而达到消毒目的。常见类型包括压力蒸汽灭菌器、蒸汽消毒柜、煮沸消毒器等。化学消毒器械通过释放化学消毒剂（如含氯化合物、过氧化物、醛类等），与微生物发生化学反应，破坏其蛋白质、酶系统或细胞膜，从而杀灭微生物。常见类型包括消毒剂生成器械、消毒剂雾化 / 喷洒器械等。

三、消毒卫生用品

消毒卫生用品是指用于杀灭或清除传播媒介上的病原微生物，使其达到无害化要求的一类产品，广泛应用于医疗卫生、家庭、公共场合等领域。消毒卫生用品通过物理或化学方式破坏微生物的结构或抑制其代谢，降低感染风险，主要用于预防疾病传播、控制感染源，保障环境和物品的卫生安全。

消毒卫生用品根据消毒原理分为物理消毒卫生用品和化学消毒卫生用品。物理消毒卫生用品是通过物理手段（如高温、辐射、过滤等）杀灭或清除微生物。常见产品包括高温蒸汽消毒袋、便携式紫外线消毒棒、紫外线消毒盒、消毒湿巾、空气净化消毒器等。化学消毒卫生用品是通过化学消毒剂的化学反应破坏微生物结构。常见产品包括 84 消毒液、漂白粉、乙醇消毒液、过氧化氢、过氧乙酸、苯扎溴铵消毒湿巾、皮肤消毒剂等。

【知识拓展】

消毒用品安全储存要点

目前，不少家庭都备有 84 消毒液、75% 乙醇等消毒用品，如果存放不当、使用不当，可能会引来“祸端”。消毒用品的安全存放要点如下：

1. 应储存于阴凉、通风处，远离火种、热源，避免阳光直射。

2. 应首选玻璃或专用的塑料瓶储存，并且必须有可靠的密封盖，严禁使用无盖的容器。

3. 不使用普通矿泉水瓶、饮料瓶等非专用容器盛放消毒剂。分装时，分装瓶一定要做标识，防止误服。

4. 每次取用后，必须立即盖紧瓶盖。

第二节　消毒产品的标签和说明书

学习目标

1. 掌握消毒产品标签、说明书的内容要求。
2. 熟悉消毒剂及消毒器械包装标签内容。
3. 了解卫生用品包装标签内容。

依据《中华人民共和国传染病防治法》《消毒管理办法》的有关规定，原卫生部发布了《消毒产品标签说明书管理规范》，加强消毒产品标签和说明书的监督管理。消毒产品的最小销售包装应当印有或贴有标签，标签应清晰、牢固，不得涂改。消毒剂、消毒器械、抗（抑）菌剂、隐形眼镜护理用品应附有说明书，其中产品标签内容已包括说明书内容的，可不另附说明书。

一、消毒产品标签、说明书的内容要求

消毒产品标签、说明书标注的有关内容应当真实，不得有虚假夸大、明示或暗示对疾病的治疗作用和效果的内容，并符合下列要求。

1. 应采用中文标识，如有外文标识的，其展示内容必须符合国家有关法规和标准的规定。

2. 产品名称应当符合国家卫生健康行政管理部门关于健康相关产品的命名规定，应包括商标名（或品牌名）、通用名、属性名；有多种消毒或抗（抑）菌用途或含多种有效杀菌成分的消毒产品，命名时可以只标注商标名（或品牌名）和属性名。

3. 消毒剂、消毒器械的名称、剂型、型号、批准文号、有效成分含量、使用范围、使用方法、有效期 / 使用寿命等应与省级以上卫生健康行政管理部门卫生许可或备案时的一致；卫生用品主要有效成分含量应当符合产品执行标准规定的范围。

4. 产品标注的执行标准应当符合国家标准、行业标准、地方标准和有关规范规定。国产产品标注的企业标准应依法备案。

5. 杀灭微生物类别应按照《消毒技术规范》的有关规定进行表述；经国家卫生健康行政

管理部门审批的消毒产品杀灭微生物类别应与国家卫生健康行政管理部门卫生许可时批准的一致；非经国家卫生健康行政管理部门审批的消毒产品，其杀灭微生物类别应与省级以上卫生健康行政管理部门认定的消毒产品检验机构出具的检验报告一致。

6. 消毒产品对储存、运输条件安全性等有特殊要求的，应在产品标识中明确注明。

7. 在标注生产企业信息时，应同时标注产品责任单位和产品实际生产加工企业的信息，如两者相同，不必重复标注。

8. 所标注的生产企业卫生许可证号应为实际生产企业的卫生许可证号。

二、消毒剂包装标签内容

消毒剂包装（最小销售包装除外）标签应当标注以下内容：①产品名称；②产品卫生许可批件号；③生产企业（名称、地址）；④生产企业卫生许可证号（进口产品除外）；⑤原产国或地区名称（国产产品除外）；⑥生产日期和有效期 / 生产批号和限期使用日期。

消毒剂最小销售包装标签应标注以下内容：①产品名称；②产品卫生许可批件号；③生产企业（名称、地址）；④生产企业卫生许可证号（进口产品除外）；⑤原产国或地区名称（国产产品除外）；⑥主要有效成分及其含量；⑦生产日期和有效期 / 生产批号和限期使用日期；⑧用于黏膜的消毒剂还应标注“仅限医疗卫生机构诊疗用”内容。

三、消毒器械包装标签内容

消毒器械包装（最小销售包装除外）标签应标注以下内容：①产品名称和型号；②产品卫生许可批件号；③生产企业（名称、地址）；④生产企业卫生许可证号（进口产品除外）；⑤原产国或地区名称（国产产品除外）；⑥生产日期；⑦有效期（限于生物指示物、化学指示物和灭菌包装物等）；⑧运输存储条件；⑨注意事项。

消毒器械最小销售包装标签或铭牌应标注以下内容：①产品名称；②产品卫生许可批件号；③生产企业（名称、地址）；④生产企业卫生许可证号（进口产品除外）；⑤原产国或地区名称（国产产品除外）；⑥生产日期；⑦有效期（限于生物指示剂、化学指示剂和灭菌包装物）；⑧注意事项。

四、卫生用品包装标签内容

卫生用品包装（最小销售包装除外）标签应标注以下内容：①产品名称；②生产企业（名称、地址）；③生产企业卫生许可证号（进口产品除外）；④原产国或地区名称（国产产品除外）；⑤符合产品特性的储存条件；⑥生产日期和保质期 / 生产批号和限期使用日期；⑦消毒级的卫生用品应标注“消毒级”字样、消毒方法、消毒批号 / 消毒日期、有效期 / 限定使用日期。

卫生用品最小销售包装标签应标注以下内容：①产品名称；②主要原料名称；③生产企业（名称、地址、联系电话、邮政编码）；④生产企业卫生许可证号（进口产品除外）；⑤原产国或地区名称（国产产品除外）；⑥生产日期和有效期（保质期）/ 生产批号和限期使用日期；⑦消毒级产品应标注“消毒级”字样；⑧卫生湿巾还应标注杀菌有效成分及其含量、使用方法、使用范围和注意事项。

第三节　常见消毒用品

学习目标

1. 掌握常见消毒用品的分类、代表产品及使用方法。
2. 熟悉常见消毒用品的使用注意事项和储存方法。
3. 了解常见消毒用品的商品信息。

消毒作为切断传染病传播途径的有效措施，在公共卫生事件的防控工作中具有重要作用。消毒是实施“人、物、环境”同防措施的重要手段。本节主要介绍药店中常见的消毒用品。

一、乙醇

乙醇，也叫酒精，75% 乙醇多用于皮肤的消毒，95% 乙醇用于燃烧消毒。乙醇易挥发、易燃，大容量装需加盖保存，定期测定，保持有效浓度；有刺激性，不宜用于黏膜及创面消毒。

乙醇消毒液

【规格】100 mL、500 mL

【产品介绍】适用于一般物体表面消毒，以及手和皮肤的消毒。

【使用方法】①手部消毒：取适量乙醇消毒液（或湿巾）揉搓手部，覆盖指缝、指甲等部位，作用 1～3 分钟至干燥。②物体表面消毒：对于手机、键盘、门把手等，用含乙醇的棉片或湿巾擦拭，或喷洒液体后用干净抹布擦拭。对于餐具、儿童玩具，擦拭后需等待乙醇挥发（约 5 分钟），避免残留入口。③医疗场景：皮肤术前消毒、医疗器械（如血压计、听诊器）表面擦拭、注射部位消毒（配合碘伏二次消毒）。④家庭日常消毒：快递包裹、外卖包装用 75% 乙醇喷雾均匀喷洒包裹表面，静置 5～10 分钟后再拆封；砧板、刀具等厨房用品消毒，用含乙醇的湿巾擦拭餐具表面，或浸泡在 75% 乙醇中 10 分钟（需确保完全浸没），使用前用清水冲洗并晾干。

【注意事项】①远离明火、热源，使用时避免在空气中直接喷洒，建议擦拭使用。储存时密封存放于阴凉、通风处，远离儿童和宠物，避免阳光直射。②必须使用 70%～75% 浓度乙醇，不可用高浓度乙醇直接消毒；不可用于黏膜、破损皮肤或大面积伤口。③对乙醇过敏者禁用；频繁使用可能导致皮肤干燥，建议搭配护手霜。④瓶装消毒液开封后建议 30 天内用完，湿巾、棉片开封后需密封，避免乙醇挥发失效。⑤避免用于镜头、屏幕，可能腐蚀镀膜；慎用于皮质家具。

【商品信息】目前市场上的乙醇消毒液种类繁多，根据使用场景分类，乙醇消毒液可分为医用乙醇消毒液、家用乙醇消毒液、工业用乙醇消毒液，涵盖液体、喷雾、凝胶等多种剂型，也有独立包装或灌装湿巾、乙醇消毒棉片或棉球，价格亲民，市场占有率高。

【贮藏】密封保存。

免洗手消毒凝胶

【规格】50 mL、60 mL、500 mL、260 g

【产品介绍】杀灭金黄色葡萄球菌、大肠埃希菌、白色念珠菌，用于手消毒。

【使用方法】①取 3～5 毫升凝胶于掌心（硬币大小）。②双手揉搓手背、指缝、指甲缝，持续 20～30 秒，直至完全干燥。③若手部污渍明显，需先用纸巾擦拭，再使用消毒凝胶。

【注意事项】①本品含乙醇，使用时远离明火、灶台，避免在加油站等易燃易爆区域使用。储存于阴凉干燥处，避免阳光直射，远离儿童和宠物。②对乙醇过敏者、皮肤破损或有伤口者禁用。频繁使用可能导致皮肤干燥，建议搭配护手霜（选择无刺激性配方）。③选择乙醇含量在 60% 以上或异丙醇含量在 50% 以上的产品，低于上述浓度，消毒效果会大幅下降。④多数产品开封后建议在 30～60 天内用完，若出现异味、分层或干燥硬化，应立即停用。

【商品信息】目前市场上的免洗手消毒凝胶种类繁多，按适用场景分类可分为医用级免洗手消毒凝胶、家用或商用免洗手消毒凝胶、儿童专用免洗手消毒凝胶，规格多样。

【贮藏】常温保存。

【知识拓展】

医用乙醇和乙醇消毒液不一样

1. 浓度不同：乙醇消毒液中的乙醇浓度一般为 75%，而医用乙醇的浓度有多种规格。

2. 成分不同：乙醇消毒液中主要成分除乙醇外，可能含有甲醇；医用乙醇中主要成分是药用乙醇，不含甲醇。

3. 用途不同：乙醇消毒液适用于一般物体的表面消毒和手、皮肤的消毒；医用乙醇的用途由其浓度决定，95% 乙醇常用于擦拭紫外线灯，70%～75% 乙醇用于消毒，40%～50% 乙醇可预防褥疮，25%～50% 乙醇可用于物理退热。

二、含碘消毒剂

含碘消毒剂可杀灭细菌繁殖体、真菌和部分病毒。可用于皮肤、黏膜消毒，医院常将其用于外科洗手消毒。一般情况下，碘酊的使用浓度为 2%，不宜用于破损皮肤、眼及口腔黏膜的消毒；碘伏使用浓度为 0.3%～0.5%。

碘酊

【规格】2%，20 mL

【产品介绍】用于皮肤感染和消毒，外用，用棉签蘸取少量碘酊，由中心向外涂搽局部，消毒后再用 70% 乙醇脱碘。

【使用方法】用生理盐水或肥皂水冲洗伤口，去除污垢、分泌物；若为深度伤口，需先用棉签或镊子清除异物。然后用棉签或棉球蘸取适量碘酊，从伤口中心向外螺旋式涂抹，覆盖范围需超出伤口边缘 1～2 厘米，避免来回涂抹造成污染。等待 1～2 分钟让碘酊充分杀菌，若为黏膜或敏感部位，可用 75% 乙醇脱碘；若为普通皮肤伤口，待其自然干燥即可，无须额外清洗。

【注意事项】①对碘或碘化物过敏者可能出现皮疹、瘙痒、呼吸困难等变态反应；甲状腺功能亢进患者碘摄入过多可能加重病情。②常用碘酊浓度为 2%，黏膜或婴幼儿需用 0.5% 以下低浓度产品，避免自行调配高浓度溶液。③密封存放于阴凉、避光处，避免阳光直射导致碘挥发失效；开封后有效期通常为 1～2 个月，若溶液颜色变浅或出现沉淀，应立即停用。④避免与红汞同时使用，碘与汞反应生成有毒的碘化汞，可能引发皮肤损伤或中毒。若需使用其他外用药，需间隔 15～30 分钟，待碘酊干燥后再涂抹。

【商品信息】目前市场上碘酊的品牌众多，种类包括 1% 碘酊、2% 碘酊、3%～5% 碘酊。每个品牌下的碘酊产品在包装规格、适用场景等方面会有所不同，但成分和浓度基本相似。

【贮藏】遮光，密封，在阴凉处保存。

碘伏

【规格】60 mL、100 mL、500 mL

【产品介绍】可以用于皮肤的消毒，通常在手术前对手术部位进行消毒以及对手术器械浸泡消毒，也可在注射的部位进行皮肤消毒。对一般的外伤，如轻度的烧伤、擦伤等，均具有良好的消毒效果。碘伏与其他的消毒液相比，具有刺激性小、不容易引起伤口疼痛、不容易出现染色、效果好等优点。

【使用方法】用生理盐水或肥皂水冲洗伤口，去除污垢、分泌物；若为深度伤口，需先用棉签或镊子清除异物。然后用棉签蘸取碘伏，从伤口中心向外螺旋式涂抹，覆盖范围超出伤口边缘 1～2 厘米，避免来回涂抹。等待 1～2 分钟杀菌，普通皮肤无须脱碘，自然干燥即可。

【注意事项】①对碘或碘化物过敏者可能出现皮疹、瘙痒、呼吸困难等变态反应；甲状腺功能亢进患者碘摄入过多可能加重病情。②常用碘伏浓度为 2%，黏膜或婴幼儿需用 0.5% 以下低浓度产品，避免自行调配高浓度溶液。③密封存放于阴凉、避光处，避免阳光直射导致碘挥发失效；开封后有效期通常为 1～2 个月，若溶液颜色变浅或出现沉淀，应立即停用。④避免与红汞同时使用，碘与汞反应生成有毒的碘化汞，可能引发皮肤损伤或中毒。若需使用其他外用药，需间隔 15～30 分钟，待碘伏干燥后再涂抹。

【商品信息】目前市场上碘伏的品牌众多，按适用场景分类，可分为医用碘伏、特殊用途碘伏；按产品形式分类，可分为碘伏溶液、碘伏棉球、碘伏棉签、碘伏喷雾剂。

【贮藏】常温保存。

三、其他

常见的有神农百草膏、肤毒军医抑菌乳膏、紫石竹抑菌乳膏、创面消毒喷雾剂、草本花露水抑菌剂、本草精华抑菌洗液等。

抑菌乳膏

【规格】15 g、20 g

【产品介绍】对金黄色葡萄球菌、大肠埃希菌和白色念珠菌有抑制作用。适用于皮肤表面抑菌。

【使用方法】用温水洗净感染部位，轻轻擦干。然后取适量乳膏（约黄豆大小）均匀涂抹于患处，轻揉至完全吸收，每日 2～3 次。若患处易摩擦，可涂抹后用无菌纱布轻覆，避免沾染衣物或被擦掉。

【注意事项】①皮肤大面积破溃、严重烧伤或开放性伤口需优先就医，避免自行用药。②孕妇或哺乳期女性使用前应咨询医师，含酮康唑、氯霉素等成分的乳膏可能通过皮肤吸收影响胎儿或婴儿；儿童避免使用成人剂型，选择儿童专用抑菌乳膏，且需监护人监督用药。③若需与其他外用药合用，需间隔 1～2 小时，避免成分相互作用。

【商品信息】目前市场上的抑菌乳膏种类繁多，按适用场景分类，可分为通用型抑菌乳膏和针对特定疾病的抑菌乳膏，还有一些特殊类型的抑菌乳膏，如含有糖皮质激素的抑菌乳膏、专为儿童设计的抑菌乳膏等。

【贮藏】常温保存。

创面消毒喷雾剂

【规格】30 mL、70 mL

【产品介绍】本品可杀灭肠道致病菌、化脓性球菌、致病性酵母菌和医院常见感染细菌，用于皮肤和伤口消毒。

【使用方法】将喷头对准局部伤口位置，按压数次，冲洗伤口，进行消毒，作用时间 3～5 分钟。

【注意事项】①对喷雾剂中成分过敏者，可能出现皮疹、刺痛或水肿；新生儿、早产儿的娇嫩皮肤，需遵医嘱选择专用消毒产品。②大面积烧伤、深度创伤需立即就医，不可自行用喷雾剂处理。③眼、鼻、口等黏膜处（除非产品明确标注可用于黏膜）使用可能引发强烈刺激，若不慎喷入需立即用大量清水冲洗。

【商品信息】目前市场上的创面消毒喷雾剂种类繁多，常见类型包括化学消毒剂类、抗生素类、生物制剂类、中药制剂类等，其中化学消毒剂类有碘伏喷雾剂、酒精喷雾剂、双氧水喷雾剂。

【贮藏】常温保存。

本草精华抑菌洗液

【规格】160 mL、260 mL、360 mL

【产品介绍】本品对金黄色葡萄球菌、大肠埃希菌和白色念珠菌有抑制作用。可用于私处清洁和日常卫生护理。

【使用方法】取 10～15 毫升洗液倒入干净容器，加温水按 1∶10 比例稀释（若产品说明有特殊比例，以标注为准）。然后用稀释液浸湿棉球或柔软毛巾，轻柔擦拭外阴部，从前往后擦，避免肛门细菌污染。擦拭后用温水冲洗干净，自然晾干或用无菌纸巾吸干，无须再用清水冲洗。

【注意事项】①使用后出现灼痛、红肿，立即用温水冲洗，停用并就医。②若出现荨麻疹、呼吸困难等全身症状，需紧急就医，告知医师使用的洗液成分。③若连续使用 3～5 天症状未缓解，或瘙痒、异味加重，可能为真菌感染或其他病因，需及时到妇科或皮肤科就诊，避免自行长期用药。

【商品信息】目前市场上的本草精华抑菌洗液种类繁多，从品牌角度来看，有妇炎洁、仁和、恩威、洁尔阴等，不同品牌的本草精华抑菌洗液在成分上也有所差异。

【贮藏】常温保存。

思考与练习

一、选择题

1. 以下属于中效消毒剂的是（　　）。

A. 含氯消毒剂　B. 臭氧　C. 氯己定　D. 乙醇

2. 以下属于灭菌剂的是（　　）。

A. 含氯消毒剂　B. 甲醛　C. 氯己定　D. 乙醇

3. 碘伏的使用浓度为（　　）。

A. 0.1%～0.3%　B. 0.3%～0.5%　C. 0.5%～0.7%　D. 0.7%～0.9%

4. 洗手消毒不推荐（　　）。

A. 苯扎氯铵溶液　B. 84 消毒液　C. 75% 乙醇　D. 碘伏

5. 下列属于醛类消毒剂的是（　　）。（多选题）

A. 乙醇消毒剂　B. 甲醛消毒剂　C. 戊二醛消毒剂　D. 异丙醇消毒剂

二、思考题

1. 创面消毒喷雾剂的使用方法是什么？

2. 本草精华抑菌洗液的使用方法是什么？

第一章

一、选择题

1. ABCD　2. D　3. A　4. C　5. ABCD

二、思考题（略）

第二章

一、选择题

1. ABCD　2. D　3. B　4. B　5. ABCD　6. D　7. A　8. A
9. ABC

二、思考题（略）

第三章

一、选择题

1. B　2. A　3. B　4. C　5. C　6. A　7. C　8. B
9. A

二、思考题（略）

第四章

一、选择题

1. D　2. D　3. C　4. A　5. A

二、思考题（略）

第五章

一、选择题

1. ABCD　2. C　3. A　4. ABCD　5. D

二、思考题（略）

第六章

一、选择题

1. C　2. B　3. B　4. C　5. A　6. AB　7. C　8. A
9. B　10. A

二、思考题（略）

第七章

一、选择题

1. D　2. D　3. D　4. D　5. D

二、思考题（略）

第八章

一、选择题

1. C　2. D　3. A　4. C　5. D　6. C　7. C　8. D

二、思考题（略）

第九章

一、选择题

1. A　2. A　3. C　4. D　5. D　6. B

二、思考题（略）

第十章

一、选择题

1. B　2. A　3. C　4. B　5. A　6. B　7. D

二、思考题（略）

第十一章

一、选择题

1. C　2. B　3. C　4. C　5. A　6. B　7. C　8. B
9. A　10. D

二、思考题（略）

第十二章

一、选择题

1. B　2. D　3. C　4. D　5. C　6. B　7. D　8. C
9. B　10. B

二、思考题（略）

第十三章

一、选择题

1. D　2. D　3. D　4. A　5. C　6. D　7. A　8. A
9. A　10. A

二、思考题（略）

第十四章

一、选择题

1. B　2. C　3. B　4. C　5. A　6. A　7. A　8. D
9. C　10. A

二、思考题（略）

第十五章

一、选择题

1. B　2. D　3. B　4. A　5. B　6. D　7. B　8. A
9. C

二、思考题（略）

第十六章

一、选择题

1. A　2. A　3. A　4. D　5. B

二、思考题（略）

第十七章

一、选择题

1. A　2. B　3. B　4. ACD　5. B

二、思考题（略）

第十八章

一、选择题

1. B　2. B　3. D　4. B　5. B　6. C　7. C　8. C

二、思考题（略）

第十九章

一、选择题

1. AB　2. C　3. D　4. D　5. A

二、思考题（略）

第二十章

一、选择题

1. B　2. D　3. B　4. C　5. D

二、思考题（略）

第二十一章

一、选择题

1. B　2. B　3. D　4. B　5. A

二、思考题（略）

第二十二章

一、选择题

1. C　2. B　3. D　4. C　5. A

二、思考题（略）

第二十三章

一、选择题

1. B　2. A　3. D　4. C　5. B　6. C　7. D

二、思考题（略）

第二十四章

一、选择题

1. C　2. A　3. D　4. A　5. D

二、思考题（略）

第二十五章

一、选择题

1. D　2. C　3. D　4. A　5. D

二、思考题（略）

第二十六章

一、选择题

1. D　2. B　3. B　4. B　5. BC

二、思考题（略）